BRASIL EM MO VI MEN TO

ORGANIZAÇÃO

Maria Borba, Natasha Felizi e João Paulo Reys

BRASIL EM MOVIMENTO

REFLEXÕES A PARTIR DOS PROTESTOS DE JUNHO

Rocco

SUMÁRIO

APRESENTAÇÃO

Brasil em movimento reúne textos, entrevistas e trabalhos artísticos coletados entre junho e dezembro de 2013 a partir dos protestos que começaram neste período no Brasil. São reflexões que não se limitam a eles, e sim partem deles, voltando-se ao mundo e ao país de uma forma geral, no espaço e no tempo.

Estão presentes historiadores, filósofos, artistas, políticos, escritores, cientistas sociais, antropólogos, economistas, líderes de movimentos sociais, arquitetos, urbanistas, cantores e compositores, um policial, um advogado, um crítico de arte e um líder indígena Yanomami.

Este é um livro datado – não tinha como não ser. Cada contribuição aqui presente foi pensada ou produzida ao longo dos ricos tempos de protestos em 2013, de modo que cada uma delas pode ser entendida como um retrato de um pensamento naquele instante. Por este motivo, decidimos organizar suas partes em ordem cronológica, explicitando a data de realização de cada trabalho, de modo que seja possível perceber, através da sucessão deles, parte do movimento pelo qual passamos e o olhar de cada autor no momento específico em que se expressou. Uma cronologia de parte dos acontecimentos ocorridos entre junho de 2013 e julho de 2014 está no começo do livro para ajudar o leitor a se localizar no momento de realização dos textos, entrevistas e imagens.

A proposta que fizemos a nós mesmos e às pessoas que colaboraram conosco sempre foi a de uma reflexão aberta, sem forma definida, afastando a pretensão de uma análise totalizante, fechada. A impossibilidade de tal análise do momento brasileiro foi destacada por quase todas as pessoas cujas ideias estão aqui presentes. Acreditamos que isso em si já diz algo sobre o período em que as entrevistas e reflexões foram produzidas.

Foi respeitando e participando desta dificuldade que convidamos cada um e cada uma a colaborar livremente, da maneira e na forma que se sentisse motivado: conversando conosco, produzindo um texto ou trabalho artístico. Esta última, a expressão por imagens, nos ocorreu durante o processo, como mais uma possibilidade de dar conta de algo ainda sem forma definida.

A edição das entrevistas foi a mínima possível, com a intenção de preservar o fio das ideias que surgiram e o caráter de uma reflexão que emerge da fala e não da escrita. A escolha dos autores só acabou pela necessidade de publicar o livro. Havia sempre uma nova pessoa para chamar, cujo olhar seria pertinente e enriquecedor ao caráter múltiplo que esperamos contemplar, em parte, neste livro.

Este projeto surgiu da angústia que sentimos diante da forma com que foram tratadas as manifestações de insatisfação, do engajamento apaixonado e da necessidade de fazer algo que pudesse nos ajudar a pensar e agir.

Maria Borba, Natasha Felizi e João Paulo Reys
setembro de 2014

IMAGEM DA VIOLÊNCIA

ANTONIO MANUEL

1968
Flan
56,5 x 38cm

BALA MATA FOME

1975
Flan
53,5 x 38,5cm

241
A IMAGEM DA VIOLÊNCIA

ALAB ATAM EMOF
pão nosso de cada dia

100 REDES E TRALHAS

TUNGA

2000
Fotografia

poema "A Fênix e a Pomba"
William Shakespeare

Tradução:
Thereza Christina Rocque da Motta

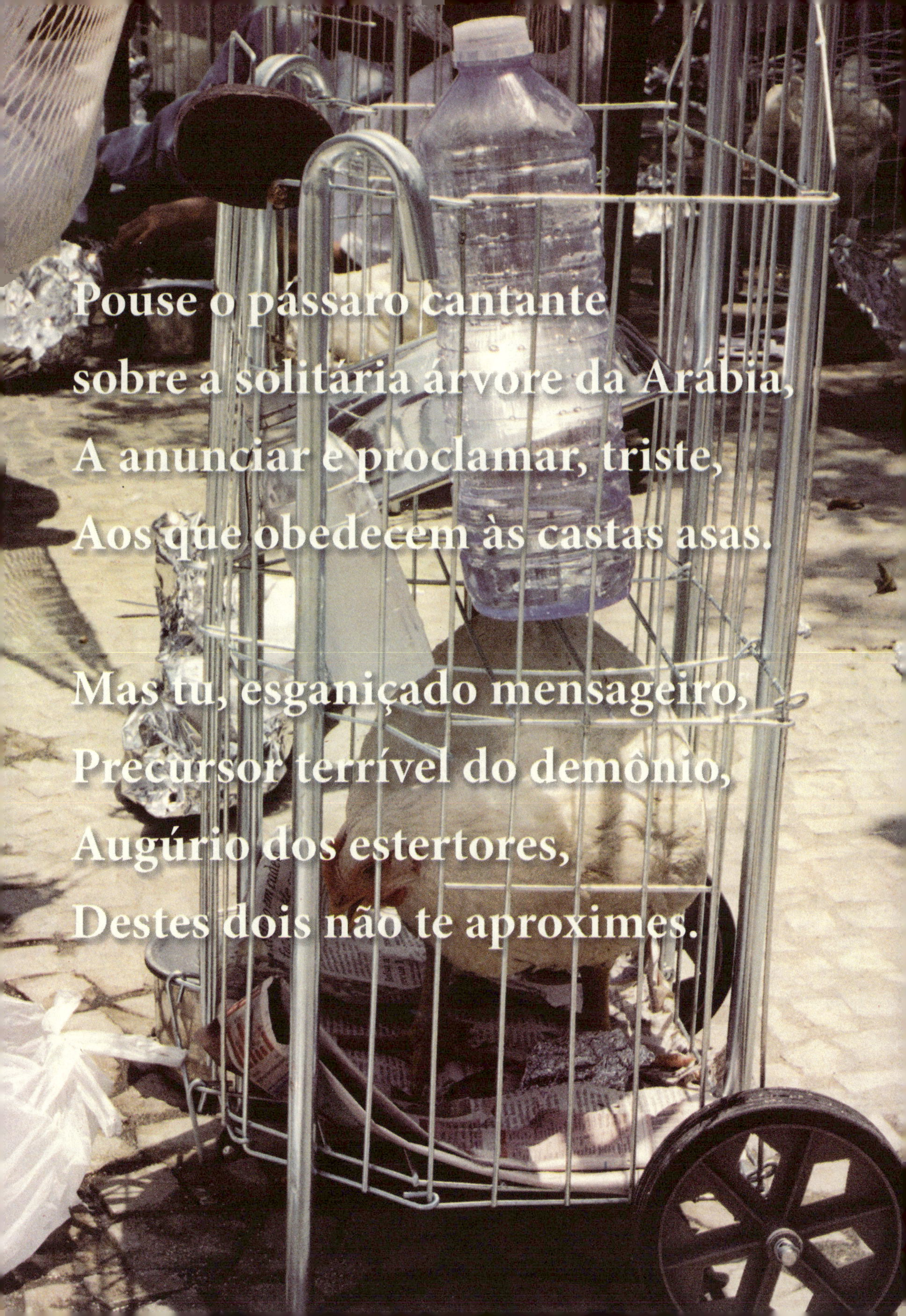

Pouse o pássaro cantante
sobre a solitária árvore da Arábia,
A anunciar e proclamar, triste,
Aos que obedecem às castas asas.

Mas tu, esganiçado mensageiro,
Precursor terrível do demônio,
Augúrio dos estertores,
Destes dois não te aproximes.

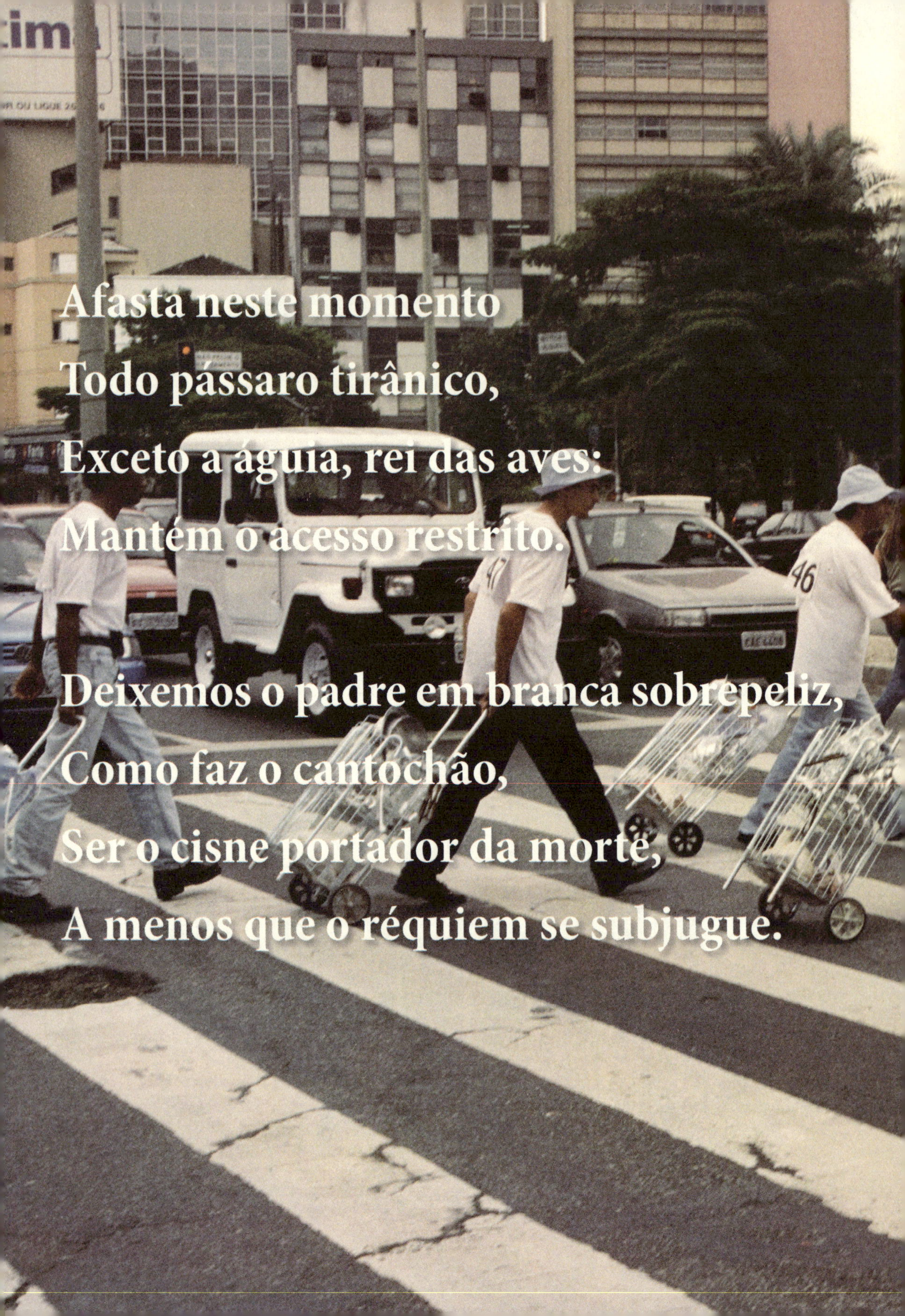

Afasta neste momento
Todo pássaro tirânico,
Exceto a águia, rei das aves:
Mantém o acesso restrito.

Deixemos o padre em branca sobrepeliz,
Como faz o cantochão,
Ser o cisne portador da morte,
A menos que o réquiem se subjugue.

E tu, corvo de canto agudo,
Que segues soturno
Como o ar que respiras,
Entre nossos enlutados seguirás.

Aqui começa nossa antífona:
Morreram o amor e a constância:
A Fênix e a Pomba partiram
Numa única flama daqui.

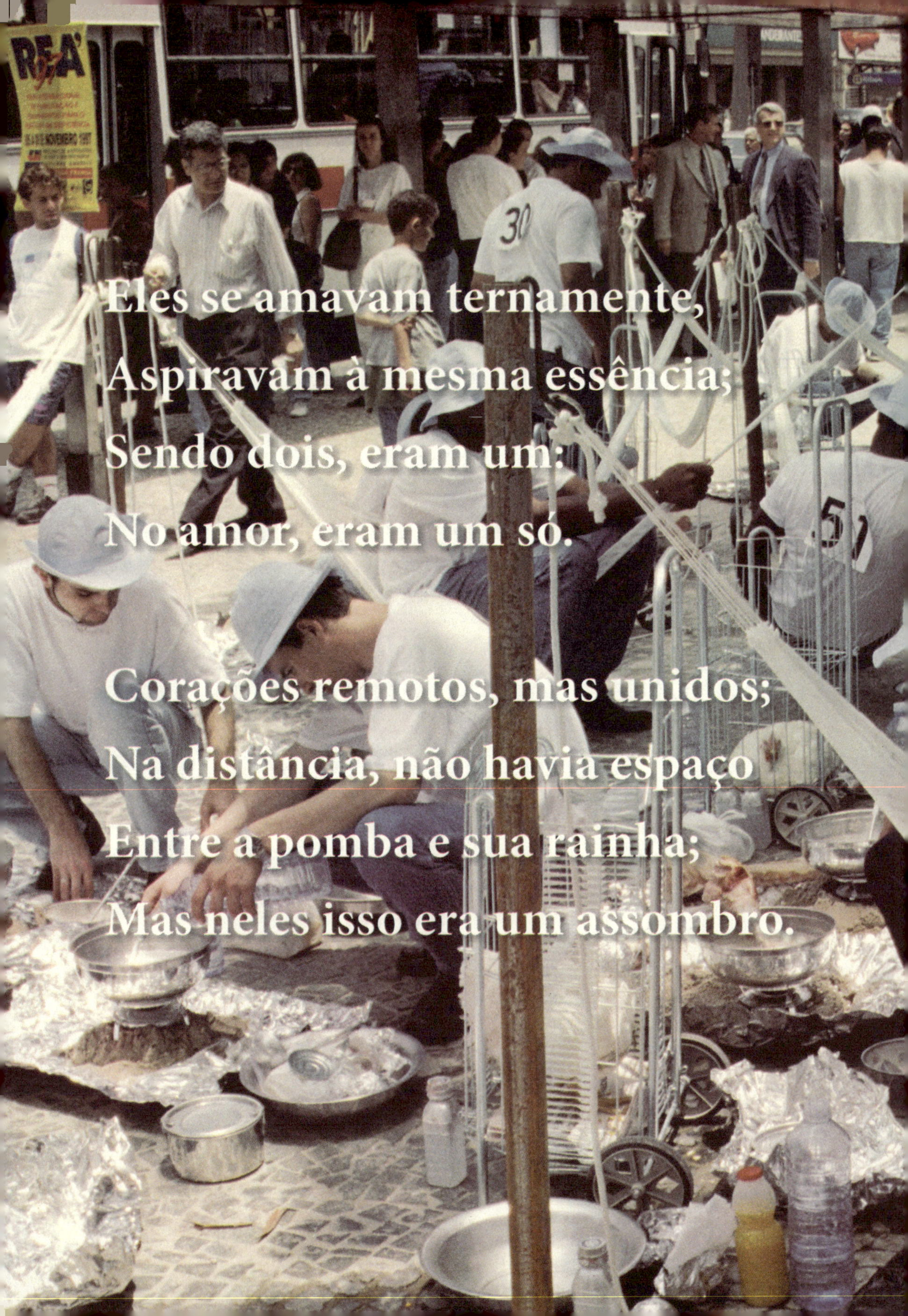

Eles se amavam ternamente,
Aspiravam à mesma essência;
Sendo dois, eram um:
No amor, eram um só.

Corações remotos, mas unidos;
Na distância, não havia espaço
Entre a pomba e sua rainha;
Mas neles isso era um assombro.

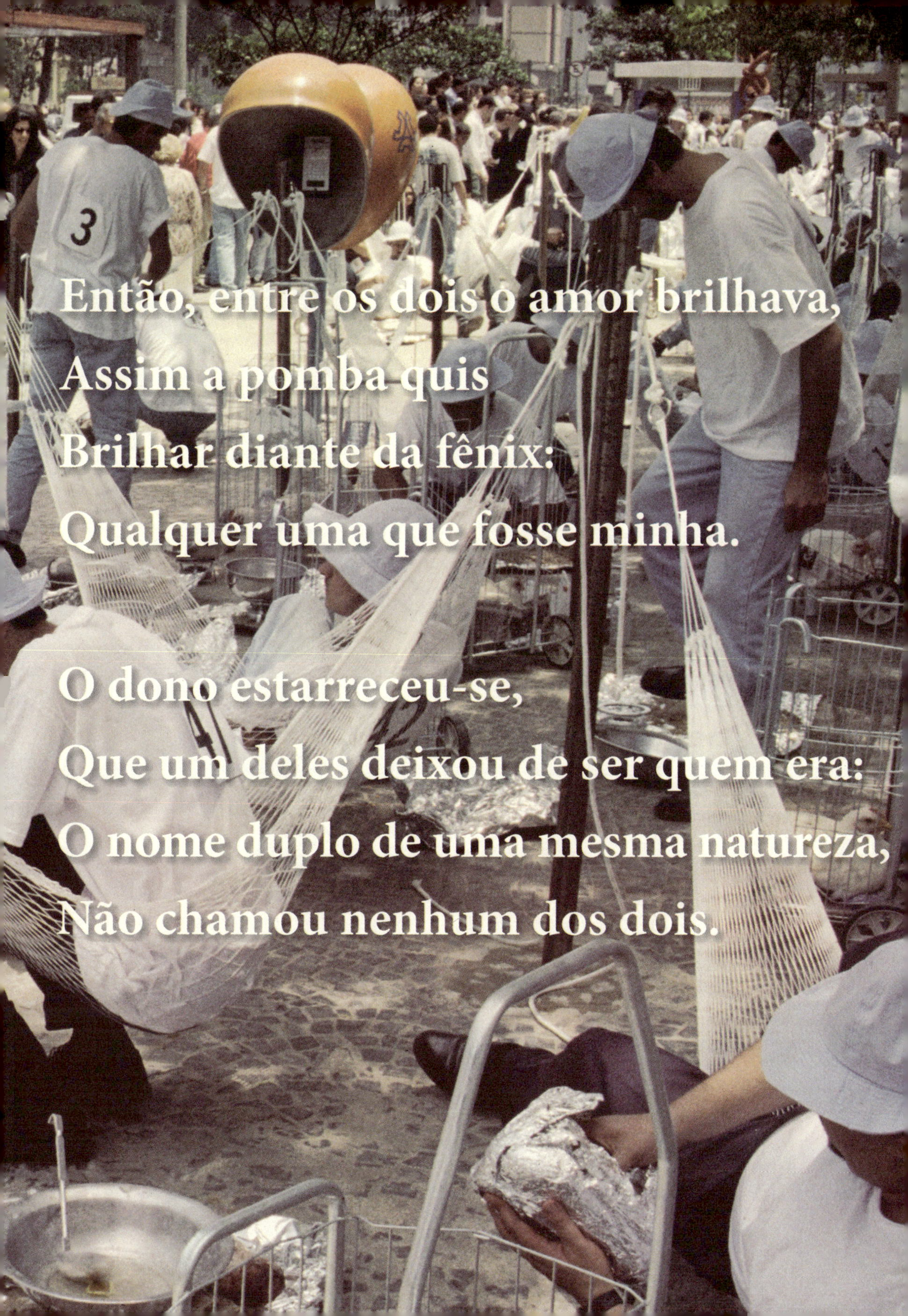

Então, entre os dois o amor brilhava,
Assim a pomba quis
Brilhar diante da fênix:
Qualquer uma que fosse minha.

O dono estarreceu-se,
Que um deles deixou de ser quem era:
O nome duplo de uma mesma natureza,
Não chamou nenhum dos dois.

A razão, confundida,
Viu aumentar a distância;
Para eles, entretanto, seguiam
Simples e bem compostos.

Exclamaram: como dois
Podem parecer um só!
O amor sabe e, ao mesmo tempo,
Não sabe o que os mantém unidos.

Assim, compôs-se este lamento
Para a fênix e a pomba,
Tão supremas e estrelas do amor;
Como coro para seu trágico fim.

LAMENTOS.

Beleza, verdade e raridade.
A graça em toda simplicidade
Aqui jaz reduzida a cinzas.

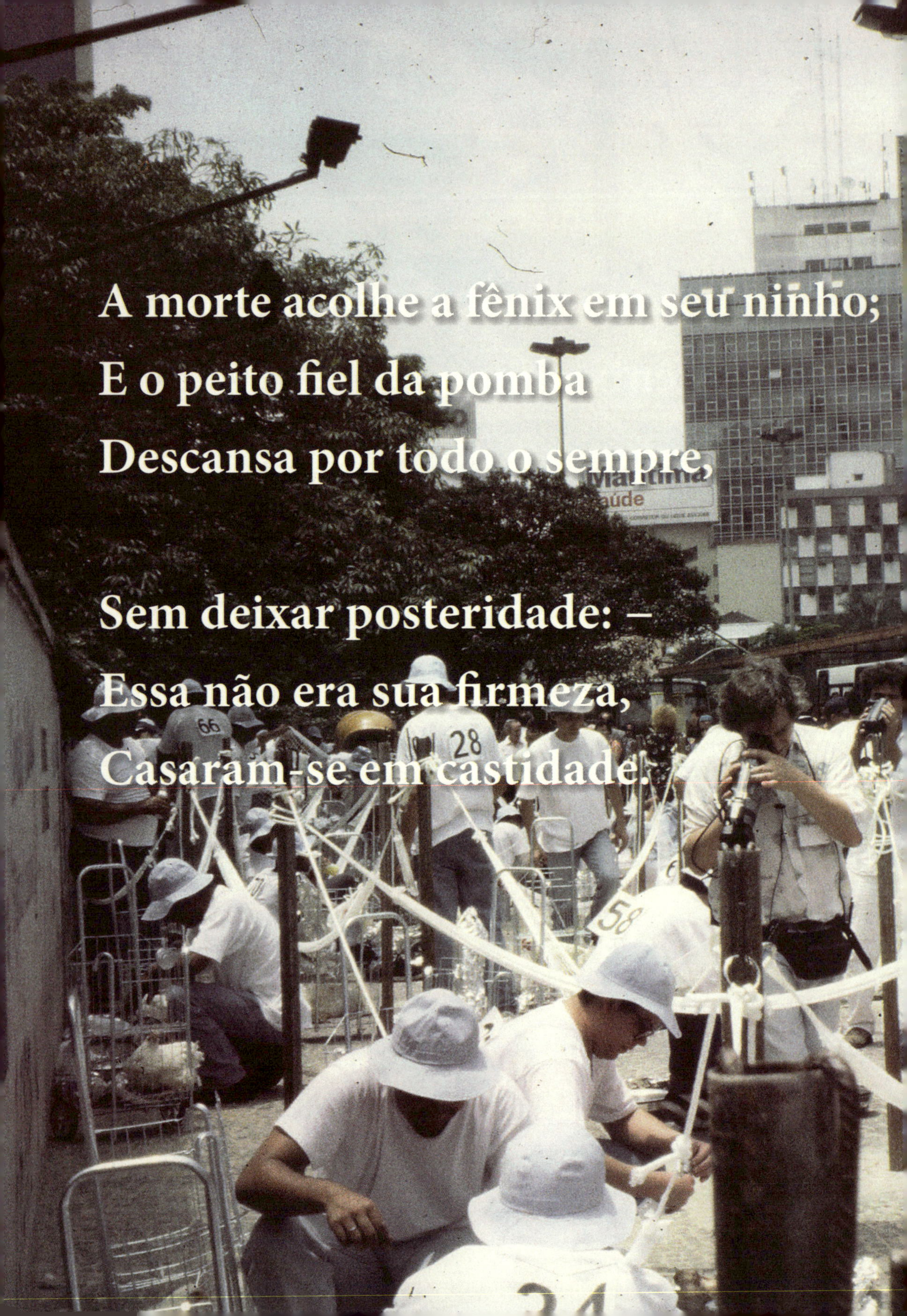

A morte acolhe a fênix em seu ninho;
E o peito fiel da pomba
Descansa por todo o sempre,

Sem deixar posteridade: –
Essa não era sua firmeza,
Casaram-se em castidade.

Parece verdade, mas não pode ser:
A beleza proclama, mas ela não é;
A verdade e a beleza são enterradas.

A esta urna, devemos sussurrar
Verdadeira ou justa;
Uma oração a estes pássaros feridos.

BURACO PARA JOGAR POLÍTICOS DESONESTOS

CILDO MEIRELES

Óleo sobre tela
2011

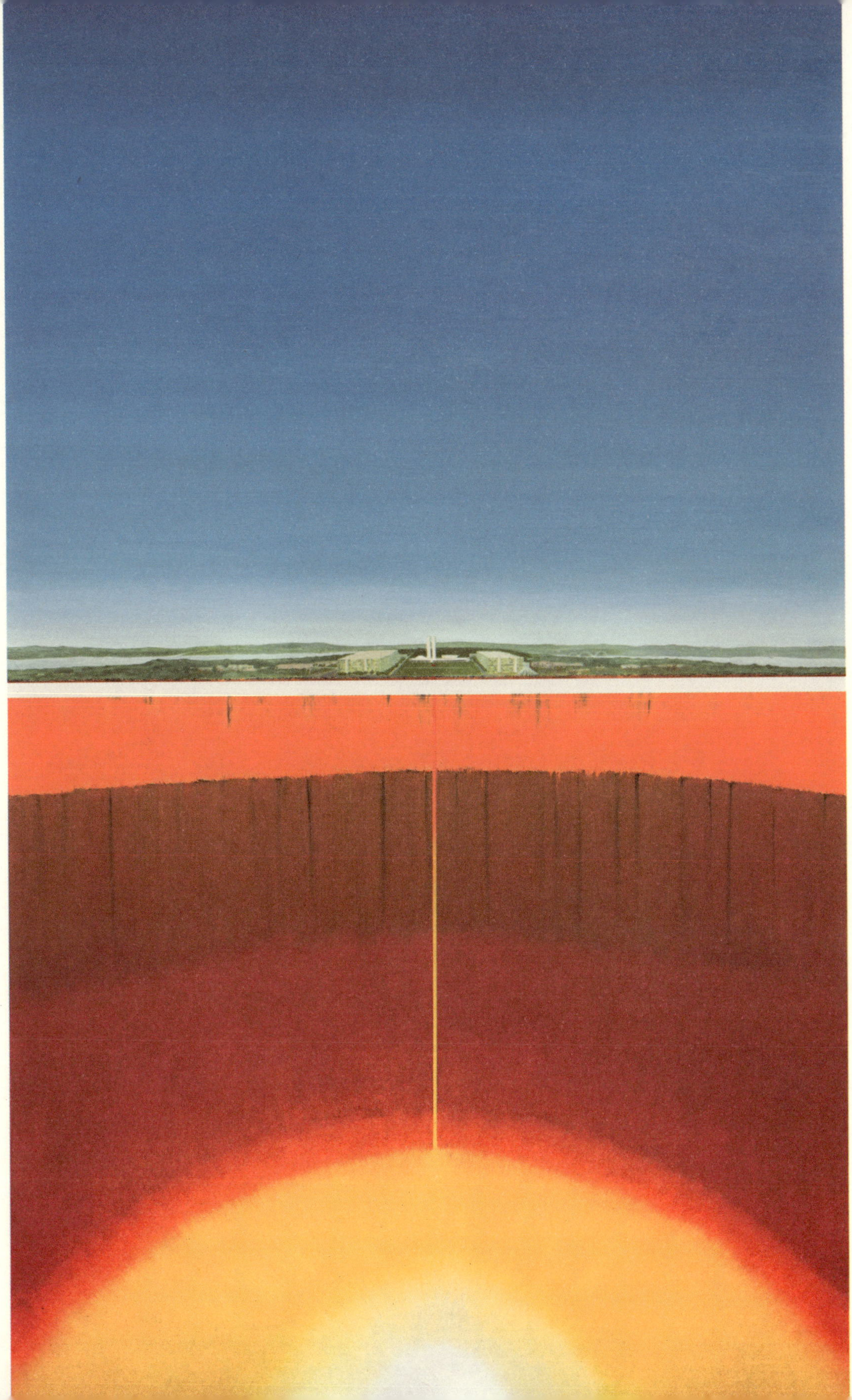

UM PANORAMA DOS DIAS QUENTES DE JUNHO DE 2013 E ALÉM

JOÃO PAULO REYS

Roteirista e montador audiovisual

8/2014

Um momento especial inaugurou-se no país em junho de 2013. A intenção deste texto é contar uma possível história destes dias, uma história que possa informar a leitura das colaborações que compõem este livro. Felizmente, os acontecimentos, práticas e sentimentos vividos naquele ano não favorecem afirmações conclusivas.

Em 18 de maio de 2013, durante ação de desocupação de indígenas Terena em Sidrolândia, Mato Grosso do Sul[1], o delegado Alcídio de Souza Araújo, da Polícia Federal, apreendeu os equipamentos do jornalista Ruy Sposati, que acompanhava a operação. Advertido na hora quanto à ilegalidade da apreensão, o delegado, já conhecido por outra ação violenta contra os Terena em 2010[2], não se constrangeu em confiscar os equipamentos do jornalista do Cimi (Centro Indigenista Missionário). Este episódio deu o tom da operação policial que afastou a presença da imprensa quando, doze dias mais tarde, em 30 de maio, as forças da desocupação assassinaram ali mesmo o índio Oziel Gabriel. O sinistro assassinato fez eco com o de Adenilson Munduruku, morto pela Força Nacional em novembro do ano anterior. A persistência da luta, a comunicação independente e a repressão prenunciaram os acontecimentos dos dias que, no mês seguinte, dariam uma nova escala para as lutas populares no Brasil.

Desde maio, militantes estavam nas ruas em Goiânia e Natal contra a última onda de aumentos na tarifa de ônibus, e São Paulo viria a entrar no processo em 6 de junho, quando o Movimento Passe Livre (MPL-SP) planejou um ato na frente do Teatro Municipal contra o aumento de R$ 3 para R$ 3,20, pretendido pelo prefeito Fernando Haddad e empresários. Milhares de pessoas compareceram ao ato, duramente reprimido pela Polícia Militar do estado de São Paulo com o uso de bombas de gás e balas de borracha contra a população. Do dia 6 ao dia 13 seguiram-se os atos contra o aumento, cada vez maiores, e catalisando novas mobilizações, na internet, dentro e fora de São Paulo, com repercussões midiáticas globais. No dia 10 de junho, o arquiteto Paulo Mendes da Rocha foi ao programa *Roda Viva*, da TV Cultura, onde falou sobre a irracionalidade do modelo urbano em vigência, atacou o automóvel particular e destacou os benefícios sistêmicos promovidos pelo transporte público, descrevendo a mobilidade como fator-chave para a mudança de todo o modo de vida urbano.

No dia 13, os dois maiores jornais de São Paulo publicam editoriais em que criminalizam os acontecimentos dos dias anteriores, exigindo que o Estado seja enérgico na repressão e inocentando a Polícia Militar das acusações de brutalidade e violência. Diz *O Estado de São Paulo*, no editorial de título "Chegou a hora do basta":

> No terceiro dia de protesto contra o aumento da tarifa dos transportes coletivos, os baderneiros que o promovem ultrapassaram, ontem, todos os limites e, daqui para a frente, ou as autoridades determinam que a polícia aja com maior rigor do que vem fazendo, ou a capital paulista ficará entregue à desordem, o que é inaceitável. O vandalismo, que tem sido a marca do protesto organizado pelo Movimento Passe Livre (MPL), uma mistura de grupos radicais os mais diversos, só tem feito aumentar. (...) Atacada com paus e pedras sempre que tentava conter a fúria dos baderneiros, a PM reagiu com gás lacrimogêneo e balas de borracha. (...) A PM agiu com moderação, ao contrário do que disseram os manifestantes, que a acusaram de truculência para justificar os seus atos de vandalismo. (...) A reação do governador Geraldo Alckmin e do prefeito Fernando Haddad – este apesar de algumas reticências – à fúria e ao comportamento irresponsável dos manifestantes indica que, finalmente, eles se dispõem a endurecer o jogo. (...) De Paris, onde se encontra para defender a candidatura de São Paulo à sede da Exposição Universal de 2020, o governador disse que "é intolerável a ação de baderneiros e vândalos. Isso extrapola o direito de expressão. É absoluta violência, inaceitável". Espera-se que ele passe dessas palavras aos atos e determine que a PM aja com o máximo rigor para conter a fúria dos manifestantes, antes que ela tome conta da cidade.

O editorial da *Folha de S. Paulo* (título: "Retomar a Paulista") reforça a condenação dos protestos e o chamado à repressão policial, aproveitando também para se opor à bandeira do passe livre, descrita como uma ideia ridícula:

> São jovens predispostos à violência por uma ideologia pseudorrevolucionária, que buscam tirar proveito da compreensível irritação geral com o preço pago para viajar em ônibus e trens superlotados. Pior que isso, só o declarado objetivo central do grupelho: transporte público de graça. O irrealismo da bandeira já trai a intenção oculta de vandalizar equipamentos públicos e o que se toma por símbolos do poder capitalista. (...) É hora de pôr um ponto final nisso. prefeitura e Polícia Militar precisam fazer valer as restrições já existentes para protestos na avenida Paulista, em cujas imediações estão sete grandes hospitais. Não basta, porém, exigir que organizadores informem à Companhia de Engenharia de Tráfego (CET), 30 dias antes, o local da manifestação. A depender de horário e número previsto de participantes, o poder público deveria vetar as potencialmente mais perturbadoras e indicar locais alternativos. No que toca ao vandalismo, só há um meio de combatê-lo: a força da lei. Cumpre investigar, identificar e processar os responsáveis. Como em toda forma de criminalidade, aqui também a impunidade é o maior incentivo à reincidência.

Os protestos permanecem vigorosos no dia 13, e as forças policiais reprimem violentamente os milhares que voltam às ruas nos protestos[3], o que é acompanhado por outros muitos milhares que assistem à cobertura feita por manifestantes através de canais de *streaming*. Entre os vários canais autônomos, publicados no Twitter e Facebook, torna-se especialmente notável o Mídia Ninja, iniciativa do coletivo Fora do Eixo, que viria a se tornar personagem importante de parte do debate sobre as manifestações. Entre as centenas de feridos pela Polícia Militar paulista no dia 13 estão repórteres dos veículos cujos editoriais haviam convocado a repressão policial. Fotógrafos da *Folha*, *Estado* e agências de notícia são atingidos pelas balas de borracha, e um jornalista da revista *Carta Capital* está entre os detidos nas diversas prisões arbitrárias por posse de vinagre. Panos embebidos no líquido são usados por manifestantes para aliviar os efeitos do gás das bombas policiais, e sua posse passa então a ser motivo para detenções, inclusive a do jornalista. A pitoresca motivação das detenções arbitrárias motiva o nome Revolta do Vinagre. Em nota, a Anistia Internacional afirma ver "com preocupação o aumento da violência na repressão aos protestos contra o aumento das passagens de ônibus no Rio de Janeiro e em São Paulo. Também é preocupante o discurso das autoridades sinalizando uma radicalização da repressão e a prisão de jornalistas e manifestantes, em alguns casos enquadrados no crime de formação de quadrilha".

No dia 15 de junho tem início a Copa das Confederações, evento da Federação Internacional de Futebol (Fifa) que serviria à entidade transnacional e ao governo federal como espécie de laboratório para a realização da Copa do Mundo, marcada para o ano seguinte. Muitas vozes nas manifestações opõem-se aos chamados megaeventos, como a Copa e as Olimpíadas, e a tensão entre a propaganda oficial do evento que se avizinha e os gritos das ruas é crescente. Muitos se indignam com o uso mal disfarçado de dinheiro público na construção de estádios economicamente irrazoáveis e o contraste com a falta de recursos para áreas tidas como prioritárias, como educação, saúde e mobilidade urbana. O governo federal institui, então, um regime especial de policiamento e controle em torno dos estádios-sede da Copa das Confederações. Em Brasília, onde ocorre a abertura do evento, no dia 15, manifestações em torno do Estádio Nacional são proibidas e reprimidas com o uso das técnicas que então se consolidam como a maneira do poder público lidar com os revoltosos nas ruas. Ganha destaque a vaia dedicada à presidenta Dilma Rousseff e ao presidente da Fifa, Joseph Blatter, que toma o estádio antes da partida entre Brasil e Japão. A partida e a Copa das Confederações concentram a cobertura televisiva, enquanto pesquisa realizada em São Paulo[4] aponta que uma maior parte dos paulistanos está mais interessada nos protestos, transmitidos e comentados em rede, pela internet, do que no evento esportivo.

No dia seguinte, 16 de junho, o sentimento de indignação transborda e alcança diversas cidades no Brasil, além das comunidades brasileiras em Dublin e Nova York. No dia 17, acontecem as maiores manifestações até então, em várias cidades, alcançando dimensões particularmente notáveis em São Paulo e no Rio de Janeiro, onde centenas de milhares de pessoas vão às ruas fazendo uso de técnicas de desobediência civil e ação direta[5]. Dezenas de milhares de pessoas vão às ruas em várias outras cidades, incluindo as capitais Belo Horizonte, Brasília, Curitiba, Fortaleza, Porto Alegre e Vitória. No dia 17, Lucas Monteiro e Nina Cappello, militantes do MPL-SP, vão ao *Roda Viva* e defendem as manifestações e a tarifa zero diante de uma bancada de entrevistadores hostil ao movimento. Nas ruas, a oposição aos grandes veículos de imprensa, denunciados como porta-vozes de interesses conservadores, ganha corpo quando um grupo de manifestantes impede o trabalho de Caco Barcellos, jornalista da Rede Globo. O crescimento do número de pessoas nas ruas é acompanhado pelo recrudescimento da repressão policial, que não consegue arrefecer a potência dos atos. Após o dia 17, chefes de instâncias do Executivo mostram sinais de abertura para as demandas populares.

No dia 18, em que as turbulências motivam conversas sobre instabilidade institucional no país, a presidenta Dilma Rousseff reúne-se com o ex-presidente Lula e João Santana, figura do alto círculo do governo petista, arquiteto de recentes campanhas presidenciais vitoriosas no Brasil, Venezuela, República Dominicana e Angola. No mesmo dia, mais cedo, Dilma discursa: "O Brasil hoje acordou mais forte. A grandeza das manifestações de ontem comprova a energia da nossa democracia, a força da voz da rua e o civismo da nossa população. (...) Essas vozes das ruas precisam ser ouvidas. Elas ultrapassam, e ficou visível isso, os mecanismos tradicionais das instituições, dos partidos políticos, das entidades de classe e da própria mídia." Ainda em 18 de junho, o prefeito de São Paulo recebe o MPL para uma reunião, o que havia sido pedido formalmente pelo grupo sete dias antes, e sinaliza a possibilidade de revogação do aumento, medida já anunciada por algumas cidades, incluindo as capitais Cuiabá, João Pessoa, Manaus e Porto Alegre. Em meio ao protesto diante da prefeitura, manifestantes incendeiam um veículo da Rede Record, e os grandes canais de TV passam a concentrar sua cobertura dos protestos em imagens a partir de helicópteros e do alto de prédios; apenas os canais de *streaming*, como o Mídia Ninja, transmitem do nível da rua.

À medida que os atos crescem, o posicionamento dos grandes grupos de mídia se adapta à nova correlação de forças demonstrada nas ruas. Em paralelo à mudança de postura – que caminha da criminalização taxativa dos primeiros editoriais para um apoio efusivo ao "civismo" –, os jornais e canais de TV, especialmente a Globo e seu canal a cabo GloboNews, associam os desejos dos protestos com pautas como o combate à corrupção e o julgamento do Mensalão, esquema de compra de apoio parlamentar posto de pé nacionalmente pelo governo Lula. Parte do debate público em torno do combate à corrupção privilegia uma indignação pelo que é tido como mau uso do dinheiro público, especialmente a apropriação direta por administradores criminosos. Outra parte do debate se dedica a denunciar e lutar contra eventos e situações específicas, como os cartéis das empresas de ônibus e empreiteiras. O enquadramento do debate público pela imprensa é comparado pelo MPL, em texto do dia 18 de junho, com o episódio do grande comício pelas eleições diretas, em 1984, narrado então pela Rede Globo como uma festa pelo aniversário de São Paulo.

No dia 19 de junho, os prefeitos do Rio de Janeiro, Eduardo Paes, e de São Paulo, Fernando Haddad, anunciam simultaneamente o recuo no aumento das passagens, uma grande vitória dos manifestantes destas cidades que veem atingido seu primeiro objetivo imediato. Nas ruas e nas redes trava-se a disputa pela legitimidade dos desejos que explodem em revolta. Os grandes veículos de imprensa propõem a narrativa do combate à corrupção, os partidos de oposição à direita aderem e atacam o governo que, com seus aliados, se defende dizendo que o povo na rua havia sido alçado à cidadania durante as presidências Lula e Dilma, e agora exigia melhores serviços. Nos movimentos sociais, nos partidos à esquerda e nos canais de *streaming*, persevera a oposição aos megaeventos, à lógica privatista de mobilidade urbana e ocupação das cidades e à relação ilegal e antidemocrática do governo com uma parte do empresariado.

Nas ruas, o sentimento anarquista anima uma parte dos manifestantes que, se não a mais numerosa, concentra a atenção fotográfica da mídia e constitui espécie de núcleo duro das manifestações: grupos anarquistas presentes em atos populares desde pelo menos o fim dos anos 1990 e que em 2013 permaneceriam na rua para além do mês de junho, após o qual o número de pessoas nos protestos viria a cair. Uma pequena extrema direita, paralelamente, ganha visibilidade na internet, onde alguns slogans e imagens se difundem. Esta propaganda, construída nos termos de uma luta anticomunista e pregando a reabilitação da Ditadura Militar, tem grande circulação como motivo de medo, sendo o risco de um golpe direitista no Brasil alardeado por apoiadores do governo.

Em meio a essas disputas e conquistas, milhões de pessoas voltam às ruas em todo o país no dia 20, com as maiores mobilizações em São Paulo, Rio de Janeiro, Vitória e Manaus, cada uma reunindo centenas de milhares de pessoas. O dia é marcado pela extensa difusão dos protestos, que alcançam também cidades médias e pequenas. Em Ribeirão Preto, o estudante Marcos Delefrate morre ao ser atropelado, com mais doze pessoas, por um empresário que avança com seu carro sobre os manifestantes. Em Belém, a gari Cleonice Vieira de Moraes, que sofria de hipertensão, morre após respirar o gás de bombas lançadas pela polícia. Em alguns lugares, notavelmente em São Paulo, militantes de partidos de esquerda e governistas são hostilizados. Em Brasília, manifestantes tentam entrar no Congresso Nacional e no Itamaraty, onde um fuzileiro naval em trajes civis se mistura aos que quebram vidraças[6]. Em Porto Alegre, a Brigada Militar e a Polícia Civil realizam operação no Ateneu Libertário A Batalha da Várzea, espaço da Federação Anarquista Gaúcha, e apreendem livros, inclusive *Os anarquistas no Rio Grande do Sul*, publicado com apoio do município de Porto Alegre em 1995, quando Tarso Genro, governador do Rio Grande do Sul em 2013, era prefeito da cidade. Em pronunciamento após a apreensão, Tarso Genro fala em uma "doutrina anárquica", e a ela se refere como "excrescência democrática". Entre os vários detidos do dia no Brasil, Rafael Braga Vieira, morador de rua no Rio de Janeiro, é preso portando uma garrafa plástica de desinfetante, e a ausência de crime não se mostra impedimento suficiente para evitar que cinco meses mais tarde Rafael seja condenado a cinco anos de prisão.

Após o dia 20, sem que as disputas entre esquerdas e direitas percam o calor, os acontecimentos ganham nova dinâmica. O MPL de São Paulo repudia publicamente as forças de direita que reivindicam para si o poder do povo nas ruas, levantando bandeiras como a redução da maioridade penal, e anuncia sua não adesão aos atos aguardados para os dias seguintes. A luta pela reversão do aumento mantém a mobilização em algumas cidades, como Florianópolis, e os entornos dos estádios da Copa das Confederações são cenário de grandes protestos em Brasília, Rio de Janeiro,

Fortaleza, Recife, Salvador e Belo Horizonte, onde Douglas Henrique Oliveira morre ao cair de um viaduto. A repressão policial é violenta e intensa em todos os estados, e o antagonismo entre policiais e manifestantes é muito forte, intensificando-se no Rio de Janeiro com a revolta após o Batalhão de Operações Especiais (Bope) da Polícia Militar matar nove pessoas no complexo da Maré nos dias 23 e 24 de junho, em retaliação à morte de um sargento baleado na favela.

No dia 24 de junho, o MPL-SP publica uma carta aberta à presidenta Dilma, que havia convidado militantes do Movimento para uma reunião em Brasília. Na carta, o MPL afirma:

> Essa reunião com a presidenta foi arrancada pela força das ruas, que avançou sobre bombas, balas e prisões. Os movimentos sociais no Brasil sempre sofreram com a repressão e a criminalização. Até agora, 2013 não foi diferente. (...) A desmilitarização da polícia, defendida até pela ONU, e uma política nacional de regulamentação do armamento menos letal, proibido em diversos países e condenado por organismos internacionais, são urgentes. Ao oferecer a Força Nacional de Segurança para conter as manifestações, o ministro da Justiça mostrou que o governo federal insiste em tratar os movimentos sociais como assunto de polícia. As notícias sobre o monitoramento de militantes feito pela Polícia Federal e pela ABIN vão na mesma direção: criminalização da luta popular. (...) Esperamos que essa reunião marque uma mudança de postura do governo federal que se estenda às outras lutas sociais: aos povos indígenas, que, a exemplo dos Kaiowá-Guarani e dos Munduruku, têm sofrido diversos ataques por parte de latifundiários e do poder público; às comunidades atingidas por remoções; aos sem-teto; aos sem-terra e às mães que tiveram os filhos assassinados pela polícia nas periferias. (...) Mais do que sentar à mesa e conversar, o que importa é atender às demandas claras que já estão colocadas pelos movimentos sociais de todo o país.[7]

Após reunir-se com Lula e João Santana, Dilma anuncia cinco pactos em um encontro, ainda no dia 24, com todos os governadores e os prefeitos das 26 capitais. Os pactos dizem respeito à economia, com ênfase na responsabilidade fiscal e no controle da inflação; à reforma política, propondo um plebiscito e a realização de uma assembleia constituinte específica para esse fim; à saúde, defendendo a vinda de médicos estrangeiros para o Brasil; à mobilidade urbana, com a destinação de verbas para obras e sem menção à reforma do modelo tarifário; e à educação, anunciando que o governo federal pretende destinar os royalties do petróleo à educação, o que depende de aprovação parlamentar[8]. Nesta reunião, a presidenta diz:

> O povo está agora nas ruas, dizendo que deseja que as mudanças continuem, que elas se ampliem, que elas ocorram ainda mais rápido. Ele está nos dizendo que quer mais cidadania, quer uma cidadania plena. As ruas estão nos dizendo que o país quer serviços públicos de qualidade, quer mecanismos mais eficientes de combate à corrupção que assegurem o bom uso do dinheiro público, quer uma representação política permeável à sociedade onde, como já disse antes, o cidadão e não o poder econômico esteja em primeiro lugar. (...) Se aproveitarmos bem o impulso dessa nova energia política, poderemos fazer mais rápido muita coisa. Cabe a nós saber retirar desse momento mais força para fazermos mais pelo Brasil e muito mais pelos brasileiros.

Cinco dias depois, em 29 de junho, o instituto de pesquisa Datafolha anuncia que a proposta de um plebiscito para consulta pública em relação à reforma política tem a aprovação de 68% da população, e a realização de uma constituinte para a realização desta reforma tem o apoio de 73%. No mesmo dia e do mesmo instituto, vem o anúncio de uma queda de 27 pontos percentuais em três semanas na popularidade da presidenta, cuja administração foi avaliada como ótima ou boa por 57% da população antes da intensificação dos protestos e por 30% depois.

No Rio de Janeiro, um acampamento levantado por manifestantes desde 21 de junho diante da casa do governador Sérgio Cabral ganha potência e mobiliza atos que passam a acontecer no Leblon, um dos bairros mais ricos da cidade. No acampamento em frente à rua Aristides Espínola, na avenida Delfim Moreira, reúnem-se militantes identificados como #ocupacabral, vários também articulados em torno da página BlackBlocRJ. O combustível da indignação permanece na luta contra os megaeventos e contra o governador Sérgio Cabral, responsável pela Polícia Militar e acusado de envolvimento com máfias e cartéis de empreiteiras como a Delta, cujo dono possui relação íntima com o governador. Em mais de uma noite do começo do mês de julho, o Leblon é tomado por barricadas, construídas por manifestantes para tentar conter os avanços da polícia, que avança com cassetetes, balas de borracha, detenções em massa e bombas de gás, cujos efeitos alcançam os apartamentos do bairro, onde diversas agências bancárias e uma loja de roupas têm suas fachadas destruídas, e slogans anarquistas e de oposição ao governo estadual são pichados nas paredes. Ao grito de "não vai ter Copa!", soma-se o "não vai ter papa!", em alusão à visita papal programada para o fim do mês de julho. As detenções arbitrárias nestes dias vitimam o militante Rafucko, ativista com grande influência online, e Jair Rodrigues, que viria a ser detido novamente.

Em 5 de julho, enquanto tramitam ações do Ministério Público Federal e de ativistas cearenses, o prefeito de Fortaleza, Roberto Cláudio, com o apoio do governador do Ceará, Cid Gomes, assina uma ordem de serviço para início das obras para a construção de um viaduto no parque do Cocó, área de conservação dentro da cidade de Fortaleza. O projeto da prefeitura sofre a oposição de ativistas, arquitetos, urbanistas e ambientalistas, que rejeitam a intervenção urbana, denunciando-o como produto de uma visão anacrônica e ineficaz de planejamento urbano voltado ao transporte individual em carros, e alertam para a degradação que o viaduto causaria no parque e áreas vizinhas. Cortam-se árvores e, no dia 12, tem início o acampamento Ocupe o Cocó, onde manifestantes reúnem-se contra a obra, abrindo mais uma frente de oposição direta a iniciativas impostas pelas administrações de maneira contrária ao interesse popular, ou sem que esse seja consultado, e em privilégio do modelo do automóvel individual.

Em 13 de julho, o filho do maior empresário do transporte público de Fortaleza, Chiquinho Feitosa, casa-se no Rio de Janeiro com Beatriz Barata, neta de Jacob Barata e filha de Jacob Barata Filho, família que domina o transporte urbano no Rio de Janeiro, com grande presença em outras cidades do Brasil e da Europa. Um grupo de manifestantes protesta diante da igreja do Carmo, no centro do Rio de Janeiro, onde acontece a cerimônia religiosa do casamento. Um grande contingente policial isola os convidados, que dali vão para o Copacabana Palace, onde se dá a festa, com custo estimado em dois milhões de reais. Manifestantes demonstram repúdio a Barata com gritos e galhofa, dificultando o acesso ao hotel e constrangendo os convidados. De uma janela do Copacabana Palace, Daniel Barata, sobrinho de Jacob Barata, lança uma nota de 20 reais para os manifestantes, e o protesto é dispersado pelo Batalhão de Choque com o uso de bombas de gás. Em depoimento à polícia na segunda-feira seguinte, o manifestante Ruan Martins Nascimento, atingido na testa por um cinzeiro arremessado da festa, identifica Daniel Barata como a pessoa que o feriu. Dois dias mais tarde, Ruan é detido com uma pequena quantidade de maconha na mochila em Santa Teresa, bairro residencial da cidade, sendo liberado após assinar um termo como usuário da droga.

Antes da chegada do papa, uma nova onda de indignação se levanta no Rio de Janeiro com o desaparecimento de Amarildo Dias de Souza, detido por policiais da UPP[9] da Rocinha. No dia 14 de julho, durante uma operação conjunta da UPP com a Polícia Civil chamada Operação Paz Armada, Amarildo é levado para dentro da base policial na Rocinha e não é mais visto. O major Edson Santos, ex-Bope e então comandante na Rocinha, afirma que as câmeras posicionadas diante da porta da UPP apresentaram defeito, e por isso não registraram a saída de Amarildo, vivo e ileso, caminhando. Defeitos técnicos também são apresentados como justificativa da ausência de registro nos aparelhos que rastreiam e arquivam as movimentações das viaturas policiais que levaram Amarildo. O desaparecimento de Amarildo e a posição oficial do comando da UPP, isentando-se de responsabilidade, com a aquiescência de seus superiores – o secretário de Segurança José Mariano Beltrame e o governador Sérgio Cabral – revoltam a população da Rocinha, que já protestava desde junho exigindo prioridade no fornecimento de saneamento básico para a favela, onde se concentravam esforços governamentais para a construção de um teleférico, tido como menos prioritário para os moradores. O desaparecimento de Amarildo motiva uma intensificação dos atos dentro e fora da Rocinha, alcançando repercussão nacional e internacional. Ao longo do mês de julho, no Rio de Janeiro, os protestos prosseguem gravitando em torno da Rocinha e da ocupação no Leblon, com manifestantes dos dois lugares convergindo nas ruas e nas pautas, questionando os gastos com os megaeventos, a repressão policial, e cobrando providências em relação ao desaparecimento de Amarildo.

Em 19 de julho, o governador Sérgio Cabral anuncia que criará a Comissão Especial de Investigação de Atos de Vandalismo (CEIV), e o faz no dia 22, data da chegada do papa ao Rio de Janeiro. Dos três artigos do decreto, o primeiro detalha a composição da Comissão com representantes do Ministério Público do estado do Rio de Janeiro, da Secretaria de Segurança Pública do mesmo estado e das polícias Civil e Militar. Os outros dois artigos, intensamente criticados no meio jurídico, são:

> Art. 2º Caberá à CEIV tomar todas as providências necessárias à realização da investigação da prática de atos de vandalismo, podendo requisitar informações, realizar diligências e praticar quaisquer atos necessários à instrução de procedimentos criminais com a finalidade de punição de atos ilícitos praticados no âmbito de manifestações públicas.
>
> Art. 3º As solicitações e determinações da CEIV encaminhadas a todos os órgãos públicos e privados no âmbito do estado do Rio de Janeiro terão prioridade absoluta em relação a quaisquer outras atividades da sua competência ou atribuição.
>
> Parágrafo único. As empresas Operadoras de Telefonia e Provedores de Internet terão prazo máximo de 24 horas para atendimento dos pedidos de informações da CEIV.

Após a publicação do decreto, Bernardo Santoro, diretor do Instituto Liberal, o critica ferozmente:

> O que seriam "todas as providências necessárias à realização da investigação"? Tortura? Sequestro? Essa redação é típica de ato de exceção. A realização de investigação criminal é privativa de delegado, expansível no máximo para o Ministério Público (com controvérsias, diga-se), e, em casos excepcionais, para CPIs, sempre com autorização constitucional. A Constituição veda que o poder executivo, fora da polícia judiciária, investigue crimes. Investigação de crimes por órgãos do poder executivo fora da polícia judiciária é típica de regimes fascistas, onde se usa desse expediente para fins políticos de perseguição de minorias e oposicionistas. Qualquer crime praticado em manifestações públicas deve ser investigado e punido como se tivesse sido praticado fora da manifestação. O fato de ter sido cometido em manifestação política não qualifica e nem desqualifica o crime. (...) (*O terceiro artigo*) é o fim da democracia. De acordo com esse decreto, fica revogado o direito de sigilo do cidadão fluminense. Entidades privadas como bancos e operadoras de telefonia estariam obrigadas a entregar toda e qualquer informação nossa à CEIV. Essa medida é tão ilegal que até mesmo a polícia, para investigar crimes, precisa de autorização judicial para poder quebrar o sigilo fiscal, bancário, telefônico e de dados dos cidadãos. E ainda assim os juízes só podem conceder autorização se a autoridade policial demonstrar que essa quebra é fundamental para as investigações.

Apesar dos gritos de "não vai ter papa!", o dia 22 vê Francisco I chegar ao Rio de Janeiro, tendo vigência a CEIV e forte esquema de segurança com uso da Polícia Militar do estado, Exército Brasileiro e Força Nacional. A visita do papa é o fato central da Jornada Mundial da Juventude, grande encontro da Igreja Católica planejado para acontecer na cidade, culminando com uma grande missa papal em Guaratiba, bairro na Zona Oeste do Rio. O terreno cedido para o evento recebe obras de terraplanagem e outros melhoramentos, e seus proprietários, entre eles Jacob Barata Filho, pretendem pôr ali de pé um empreendimento imobiliário após a Jornada. O gasto superior a 300 milhões de reais em dinheiro público brasileiro no evento católico e o benefício usufruído por Jacob Barata Filho atiçam a revolta popular, e uma grande manifestação marca a recepção ao papa no Palácio Guanabara, sede do governo estadual e palco de protestos desde junho.

O governador Sérgio Cabral, o prefeito Eduardo Paes, a presidenta Dilma e o vice-presidente Michel Temer são uns dos 650 convidados para a recepção no Palácio.

Forças policiais montam um perímetro de isolamento, no bairro das Laranjeiras, impedindo que manifestantes se aproximem do evento. Após o fim do evento oficial, o Batalhão de Choque da Polícia Militar investe contra os manifestantes com bombas de gás e balas de borracha, buscando dispersar as pessoas que se reúnem na rua Pinheiro Machado, onde fica o Palácio, e nas ruas vizinhas, especialmente na rua das Laranjeiras e no Largo do Machado, onde se encontram militantes pelos direitos civis das pessoas não heterossexuais. Várias prisões são efetuadas, sendo os policiais instruídos por superiores a prender aqueles manifestantes que gritarem aos policiais palavras como "covardes"[10]. As detenções arbitrárias efetuadas por policiais não identificados não contêm, mas ao contrário, alimentam o ímpeto dos manifestantes, que saem em caminhada pelo bairro do Catete até a 9ª Delegacia de Polícia, para onde são levados os detidos. Um a um, ao longo da madrugada, os detidos, assistidos por advogados do Instituto de Defensores dos Direitos Humanos (DDH), são liberados sob gritos de "liberdade aos presos políticos!". Um único detido, Bruno Ferreira Telles, é mantido, acusado de portar e arremessar coquetéis molotov contra a polícia. No dia seguinte, 23 de julho, segundo dia da Jornada Mundial da Juventude, o desembargador Paulo de Oliveira Lanzelotti Baldez recebe uma liminar dos advogados de Bruno e determina a sua soltura. Na decisão[11], o desembargador caracteriza a prisão de Bruno como "em total desconformidade com o nosso ordenamento jurídico e faz referência a notícias sobre algumas detenções sem amparo legal durante as manifestações populares que vêm ocorrendo recentemente no país".

Já no dia 26, após severa condenação nos meios jurídicos, o governador Sérgio Cabral altera um dos dispositivos ilegais do decreto de criação da Comissão Especial de Investigação de Atos de Vandalismo: admite a necessidade de autorização judicial para a quebra de sigilo de comunicações e retira a menção ao prazo de 24 horas para que as empresas de telecomunicações forneçam os dados requeridos pelo governo, ficando este prazo a ser determinado pelo juiz responsável por cada decisão. Permanecem irresolvidos outros vícios referentes à criação de um órgão executivo para investigação criminal e à ausência de competência estadual para determinar deveres às empresas de telecomunicação.

Chuvas intensas caem sobre o Rio de Janeiro durante os dias frios da semana da visita do papa, e os principais eventos da Jornada – a vigília no sábado 27 e a missa de encerramento que aconteceria em Guaratiba, no dia seguinte – são transferidos para a praia de Copacabana, onde já é aguardada a Marcha das Vadias, demonstração de grupos feministas e LGBT. A coincidência amplifica o potencial de atrito entre os participantes da Jornada e militantes, um católico participante do evento cospe em feministas e dois manifestantes realizam uma performance na qual quebram imagens de santas católicas e simulam masturbação com os ícones, causando revolta nos religiosos e em parte da grande imprensa.

No começo de agosto de 2013, após o retorno do papa a Roma, mais uma série de reivindicações das ruas é conquistada. O governo do Rio de Janeiro decide não demolir o Parque Aquático Júlio de Lamare, o Estádio de Atletismo Célio de Barros e a Escola Friedenreich, todos no entorno do estádio do Maracanã, e anuncia a mudança de planos quanto ao destino do prédio do antigo Museu do Índio, que se tornaria um museu dedicado às culturas indígenas, e não mais um centro cultural olímpico.

Em abril de 2012, a IMX, empresa do então homem mais rico do Brasil, Eike Batista, havia sido escolhida pelo governo Cabral para elaborar um "estudo de viabilidade técnica, econômica e jurídica para o Complexo do Maracanã". O estudo, contra todas as evidências, declarou ociosos o Parque Aquático e o Estádio de Atletismo e pediu suas demolições como parte do projeto de gestão do Maracanã privatizado. O estudo, aceito e celebrado pelo governo Cabral, baseou as diretrizes do Consórcio Maracanã S/A – formado pelas empreiteiras Odebrecht, IMX e AEG –, contemplado pelo governo Sérgio Cabral para administrar a concessão do estádio do Maracanã.

Durante o segundo semestre de 2013, os protestos, manifestações e outros atos coletivos nas ruas do país ganharam outra dinâmica. No início de agosto, os professores do Rio de Janeiro entram em greve e mantêm multidões combativas nas ruas. No mesmo período, em cidades como Fortaleza, a mobilização popular volta-se contra políticas urbanas impostas pela burocracia administrativa de maneira afinada com interesses corporativos e conservadores. No Pará, Mato Grosso, Mato Grosso do Sul, Bahia e diversos outros estados, povos indígenas combatem através de ocupações, protestos e bloqueio de rodovias o avanço das grandes propriedades monocultoras, projetos de exploração mineral e de barragens.

Em 20 de dezembro de 2013, o ministro da Defesa, Celso Amorim, publica uma portaria descrevendo o protocolo de ação das Forças Armadas em uma Operação de Garantia da Lei e da Ordem. O documento conceitua tal operação como "operação militar conduzida pelas Forças Armadas, de forma episódica, em área previamente estabelecida e por tempo limitado, que tem por objetivo a preservação da ordem pública e da incolumidade das pessoas e do patrimônio em situações de esgotamento dos instrumentos para isso previstos no art. 144 da Constituição ou em outras em que se presuma ser possível a perturbação da ordem". O inimigo previsto para as Forças Armadas neste cenário foi denominado de "Forças Oponentes", definidas como "pessoas, grupos de pessoas ou organizações cuja atuação comprometa a preservação da ordem pública ou a incolumidade das pessoas e do patrimônio". A portaria prevê o uso de tropas militares nas ruas para impedir "ameaças à ordem pública", lançando mão de um "Princípio de Guerra da Massa" de acordo com o qual o aparato repressivo em grande número toma as ruas resultando em "desestímulo para as ações das Forças Oponentes".

Um novo ciclo de aumentos de passagem chega na virada para 2014, e o povo continua indo aos milhares para as ruas. No dia 6 de fevereiro, Santiago Ilídio Andrade, cinegrafista da TV Bandeirantes, é atingido na cabeça por um rojão acendido no chão em meio a uma ofensiva policial em um protesto na frente da Central do Brasil, no Rio de Janeiro. Quatro dias depois, Santiago falece e a notícia de sua morte é transformada em um chamado ao recrudescimento da ação policial nos protestos. Cristaliza-se na retórica do poder um inimigo, uma *Força Oponente*, chamado Black Bloc. São acusados de Black Bloc os dois presos pela morte de Santiago, Caio Silva de Souza e Fábio Raposo, e o jornal e a TV Globo propagam a tese absurda da existência de manifestantes pagos por partidos de esquerda – destacando o PSOL e o deputado estadual Marcelo Freixo, colaborador deste livro – para agir violentamente em protestos.

Ainda em fevereiro, garis do Rio de Janeiro procuram o sindicato da categoria, distante das lutas da classe, e convocam uma greve para o sábado de carnaval, dia 1º de março, reivindicando aumento salarial e melhores benefícios. Assim que o lixo começa a acumular nas ruas do Rio, o movimento grevista sofre vários golpes: o Batalhão de Choque ataca uma passeata dos grevistas, a direção do sindicato recua da greve e o Tribunal Regional do Trabalho considera a parada ilegal, todos indo ao encontro dos interesses da Comlurb, empresa de limpeza urbana da cidade dirigida por Vinícius Roriz, ex-funcionário da IMX, empresa já citada aqui pela relação íntima com o poder público no Rio de Janeiro. Sob o olhar de policiais armados, grupos não uniformizados recolhem o lixo em alguns lugares da cidade, e na segunda-feira, 3 de março, ocorre um encontro entre grevistas, Comlurb e sindicato. Contra a vontade dos grevistas presentes, o sindicato assina um acordo que prevê um aumento cinco vezes inferior ao que reivindicava a categoria e anuncia a demissão de quem não abandonasse a greve até a noite daquele mesmo dia. O movimento grevista (composto de "marginais e delinquentes", nas palavras do prefeito Eduardo Paes) mantém-se mobilizado apesar do acordo entre as direções sindical e patronal e das demissões anunciadas.

A nova força das movimentações populares desde junho de 2013 mostra-se presente na greve que, com a solidariedade de pessoas e categorias pelo país, consegue arrancar da prefeitura um aumento muito superior ao acordado anteriormente pelo sindicato. A luta dos garis do Rio serve como inspiração para movimentos em todo o Brasil, e paralisações ocorrem em cidades como Belo Horizonte e Curitiba. Em maio, os rodoviários do Rio realizam diversas paralisações em um processo bastante similar ao ocorrido na greve dos garis: o sindicato posiciona-se contra a greve, considerada ilegal pelo tribunal trabalhista do estado e atacada pela imprensa, mas motoristas, cobradoras e cobradores prosseguem na luta de maneira independente. As paralisações e reuniões dos rodoviários cariocas sucedem-se ao longo de todo o mês de maio, e a iminência da Copa, com início marcado para 12 de junho de 2014, anima as mobilizações ao mesmo tempo que amplifica as tensões.

Em 5 de junho, os metroviários de São Paulo, cidade que receberia a abertura da Copa dali a sete dias, iniciam sua greve. O metrô de São Paulo, de quem a categoria exige aumento, é o centro de um esquema de fraudes em licitações envolvendo os governos de Mário Covas e Geraldo Alckmin, ambos do PSDB, e a empresa francesa Alstom, presença gigante no sistema elétrico brasileiro, incluindo usinas como Belo Monte, e a alemã Siemens, também atuante no sistema elétrico brasileiro e em outros setores importantes da economia do país. A greve dos metroviários dura cinco dias, nos quais os grevistas sofrem agressões policiais e prisões, demissões e acusações na imprensa, mas contam com o apoio do seu sindicato e de grupos solidários que se juntam a seus protestos e atos públicos. Contrariando a propaganda da imprensa que descreve os grevistas como sabotadores da cidade, a categoria propõe voltar ao trabalho liberando as catracas, sem cobrar tarifa dos passageiros, proposta imediatamente recusada pelo governador Geraldo Alckmin. Os 42 demitidos durante a greve continuam sem seus empregos, e a luta pela readmissão torna-se então uma das demandas sempre presentes nas manifestações populares em São Paulo.

Em 10 de junho, dois dias antes do início da Copa, ativistas de Brasília têm suas casas visitadas por homens que se identificam como agentes do TRE (Tribunal Regional Eleitoral), e que os inquirem sobre sua rotina. Em checagem junto ao tribunal após essa visita, os ativistas verificam que as identificações apresentadas por esses homens eram falsas, revelando mais uma ação subterrânea da repressão. No dia seguinte, véspera da abertura da Copa, uma operação da Delegacia de Repressão aos Crimes da Informática (DRCI), no Rio de Janeiro, leva quatro ativistas, Elisa Quadros, Tiago Rocha, Game Over e Anne Josephine, para instalações policiais e confisca documentos em suas casas.

A Copa tem início no dia 12 e o regime de exceção legal impera no país. Grandes perímetros no entorno dos estádios são guardados pela Polícia Militar dos estados com reforço de agentes federais da Força Nacional dedicados totalmente ao "desestímulo das Forças Oponentes". Prisões em massa e agressões são a resposta oficial para os protestos que, apesar da imposição opressiva das forças militares, insistem em acontecer. Em São Paulo, no dia 26 de junho, o ativista Fábio Hideki Harano é objeto de uma abordagem de agentes à paisana do Departamento Estadual de Investigações Criminais (DEIC), e o fato de não encontrarem nada com o militante não é impedimento para que o mesmo seja levado preso, situação em que ainda se encontrava, mais de um mês depois.

No Rio de Janeiro, a véspera da final da Copa, dia 12 de julho, é marcada por uma enorme operação policial, intitulada Firewall, em que mais de 100 agentes da repressão engajam-se na prisão de ativistas. A operação, além do costumeiro recado de intimidação destinado a outros descontentes, visa tirar os ativistas da rua para impedir que participem de atos durante a final do torneio da Fifa. O presidente da Comissão de Direitos Humanos da OAB do Rio de Janeiro, Marcelo Chalreo, falou à BBC: "As prisões têm caráter intimidatório, sem fundamento legal, e têm nítido viés político, de tom fascista bastante presente. O objetivo é claramente afastar as pessoas dos atos públicos." Altas figuras do governo petista, como o ministro da Justiça, José Eduardo Cardozo, por sua vez, elogiaram as prisões políticas. O advogado geral da União, Luís Inácio Adams, afirmou: "Tivemos zero problema na Justiça." No dia 16 de julho, os deputados federais Chico Alencar (PSOL), Jandira Feghali (PC do B), Ivan Valente (PSOL) e Jean Wyllys (PSOL) pedem ao Conselho Nacional de Justiça (CNJ), que abra processo administrativo disciplinar contra o juiz Flávio Itabaiana de Oliveira Nicolau, responsável pelos mandados que sustentaram as prisões.

Na sexta-feira, 18 de julho, o promotor Luís Otávio Figueira Lopes solicita, e o mesmo juiz Flávio Itabaiana de Oliveira Nicolau decreta a prisão preventiva de 23 ativistas que já haviam sido alvo das prisões no dia 11 e que haviam recuperado a liberdade por meio de habeas corpus concedidos pelo desembargador Siro Darlan. O acesso aos autos do processo é vedado à defesa dos acusados, sendo os manifestantes duplamente agredidos em seus direitos pelo regime de exceção legal que impera no Brasil. Por outro lado, os documentos são liberalmente compartilhados com os veículos da imprensa simpáticos à repressão, como o jornal *O Globo*, que dedica espaço em sua capa durante dias para irradiar a propaganda oficial. O MP, a polícia e *O Globo* propõem a existência de um grupo organizado para incendiar prédios e assassinar policiais e jornalistas. Este grupo é identificado pelos arquitetos dessa narrativa com a FIP (Frente Independente Popular), articulação de diferentes grupos presentes nas ruas, que se torna a *Força Oponente* da vez. A advogada Eloisa Samy, um dos alvos do processo, considerada foragida pela Justiça brasileira, procura o Consulado do Uruguai no dia 21 e pede asilo político ao país. O pedido, negado, é o primeiro feito no Brasil desde o fim da ditadura civil-militar de 1964.

Em 23 de julho, é novamente o desembargador Siro Darlan quem concede habeas corpus aos 23 ativistas atingidos pelo processo arbitrário. O desembargador, no mesmo dia, critica o delegado da DRCI, chefe das operações da polícia política no Rio de Janeiro, por ter ignorado ofício que solicitava acesso aos documentos policiais relativos às prisões.

De maneira adaptada a cada situação, o Estado mantém a linha de repressão, experimentando e desenvolvendo técnicas desde espancamentos coletivos e detenções em massa à supressão da imprensa livre e à ofensiva direta sobre a vida de ativistas, restringindo direitos dos detidos, confiscando computadores e convocando militantes para depor à polícia em horários marcados de forma a impedir a presença destes em atos públicos. Descontadas pontuais tomadas de posição por colunistas autorais, a mídia corporativa, com seus jornais, revistas, portais e canais de TV, apoia consistentemente a repressão, inclusive em atos em que seus funcionários são vítimas diretas da violência policial.

Já as lutas continuam. Desde junho de 2013, de novas maneiras e com novas forças.

NOTAS

1 A ordem de desocupação foi expedida em benefício dos proprietários da Fazenda Buriti, entre os quais Ricardo Bacha, latifundiário sul-mato-grossense e ex-deputado federal pelo PSDB daquele estado. A propriedade, garantida há décadas por papéis irregulares, está dentro dos limites da Terra Indígena Buriti, território de ocupação tradicional dos Terena. "Ilegalmente, PF confisca equipamento de jornalista que cobria ocupação indígena." Disponível em: http://youtu.be/ZRlHeOzENvI.

2 A ação de desocupação em 2010 também opunha interesses Terena aos de políticos latifundiários. No caso, de Pedro Pedrossian, liderança conservadora no Mato Grosso e no Mato Grosso do Sul desde antes da Ditadura Militar, da qual foi apoiador.

3 Vários vídeos deste dia estão no Youtube, como por exemplo "Passe Livre – 13 junho/2013 – O início da violência policial na Consolação", disponível em: http://youtu.be/cOwIiyUw-xk.

4 Diz a pesquisa: "Uma consulta sobre qual assunto de maior interesse no momento – manifestações ou Copa das Confederações –, 70% disseram estar mais interessados nas manifestações, e 18%, no torneio esportivo." Disponível em: http://media.folha.uol.com.br/datafolha/2013/06/19/protestos-aumento-tarifa-ii.pdf.

5 Para mais sobre as técnicas de ação direta no contexto das mobilizações populares do início do século XXI, ver "The New Anarchists", de David Graeber, disponível em: http://newleftreview.org/II/13/david-graeber-the-new-anarchists.

Em contraste com os entendimentos de manifestação e protesto promovidos pelo mainstream do debate público brasileiro, a ideia de ação direta envolve práticas como a construção de barricadas e a ocupação de prédios públicos, tendo sido instrumento da luta pelos direitos civis no Estados Unidos nos anos 1960 e da resistência ao Apartheid, na África do Sul.

6 O momento em que o rapaz é cercado pela polícia e resgatado por outro fuzileiro pode ser visto neste vídeo: http://youtu.be/ndUCBsSOVVU.

7 "Carta aberta do Movimento Passe Livre São Paulo à presidenta", disponível em: http://tarifazero.org/2013/06/24/carta-aberta-do-movimento-passe-livre-sao-paulo-a-presidenta/

8 A Lei 12.858/13, que viria a ser publicada em 9 de setembro de 2013, acabou por destinar 75% dos royalties para a educação e 25% para a saúde.

9 Unidade de Polícia Pacificadora, projeto de policiamento permanente de favelas, grande bandeira política do governo Sérgio Cabral.

10 Texto disponível em: http://institutoliberal.org.br/blog/?p=5062.

11 A decisão completa está disponível em: http://s.conjur.com.br/dl/habeas-corpus-favor-manifestante-detido.pdf.

ENTREVISTA

VLADIMIR PALMEIRA

Historiador e político

2/8/2013

Estamos organizando um livro que pense o Brasil a partir das manifestações que estão acontecendo agora.

Ah, futurologia.

Para tentar entender alguma coisa.

O que você puder, você pergunta. Eu respondo o que eu puder. Já vi muito debate, todo mundo está perplexo.

Viu boas coisas?

Depende do ângulo, o discurso dessa esquerda é todo igual, ataca *O Globo*, a mídia. Se tiver um pouco de estrangeiro, ataca o estrangeiro. É um discurso repetido há 150 anos.

Qual seria uma nova crítica possível a essas mídias?

A esquerda tinha que ter um jornal. Nos anos 80, eu dizia aos bambambãs do PT: "Façam uma rádio, um jornal, uma TV." É um problema de subordinação ideológica: como o PT é um partido ideologicamente subordinado à burguesia, estavam muito satisfeitos com a *Folha de S. Paulo*, que lhes dava espaço para se distinguir do *Estadão* e do *Globo*. A esquerda tem que se criticar, assumir que não fez nada. Daí você diz: "Mas você está dizendo isso depois que o PT ficou dez anos no poder." O que o PT fez? Nada. Reprimiu mais as coisas, rádio comunitária etc. Tudo o que se pode fazer é democratizar, proibir dono de rádio de ser dono de televisão, dar mais penetração às TVs regionais, criar um comitê de coordenação de TV pública que não seja estatal, mesmo sabendo que não é perfeito. E, toda vez que tiver o monopólio, você dá subsídio que favoreça o aparecimento de novas empresas. Fazer uma coisa mais independente, arejar, é isso que você pode fazer no capitalismo. Aliás, não é muito diferente do que se pode fazer também no socialismo. Você tem que ter condições para uma empresa não dominar: a Globo é uma TV de ouro, o Brasil é pasteurizado pela Globo. A internet é uma forma de convocação que tem que ser usada, mas não é só. Depois da passeata no Rio com mais de 1 milhão de pessoas, 178 mil confirmaram que iam pelo Facebook. Com as manifestações, é assim: passa na TV, a pessoa se interessa e vai.

Na passeata maior parece isso, mas nessas pequenininhas, que continuam acontecendo, a internet ajuda bastante, você não acha?

Ah, sim, não tenho dúvida. Mas, francamente, colocar duzentas pessoas na rua, qualquer um bota: junta, pega os amigos e vai. No todo, é ainda a mídia tradicional que mobiliza. Sem desfazer da internet, que é ativa, que dá o direito das pessoas de formularem. Não tenho dúvida que o conteúdo das manifestações foi muito pela internet. Quando as pessoas levam seu cartaz, isso é muito o papel ativo que elas têm na internet. Daí também esse brado de que o Brasil acordou, que é uma bobagem, mas também quer dizer que a pessoa acordou. É isso: "Eu acordei, então tá bom."

Mas isso tudo tem a ver com ser ativo e achar que está mudando. Aquele cara pedindo licença porque tá mudando o Brasil, isso é bem o perfil. O cara começa a participar e acha que está mudando, e isso é bem da internet. Mas vamos lá.

Olhando para o Brasil desde a Ditadura, as Diretas e a movimentação de agora, como avalia esse caminho e o momento que vivemos?

Nada demais. Um movimento de massa, afinal, no Brasil, o que não acontecia desde 89. Claro que há greves de peso. Houve 700 greves no Brasil, ninguém fala, mas houve – o Dieese está lá contabilizando, e eu acho que foi neste ano. Mas movimento de massa articulado, constante, perseguindo objetivos, com repercussão... o que havia era o MST, que não representava os camponeses. O MST mostrou o brilho dos seus dirigentes quando começou a arrancar gente de médias e pequenas cidades para ir ocupar terra. Não eram os camponeses em luta, era uma coisa organizada por uma vanguarda muito capaz.

Na Argentina sempre há manifestação, e isso não quer dizer que a revolução esteja mais próxima por lá. Eles têm mais condições de gerar alternativas políticas. No Chile, o país mais conservador da América, há 1 milhão de estudantes nas ruas. A gente não tem um movimento de massa constante, talvez porque o capitalismo brasileiro consiga absorver os avanços do governo Lula.

Qual é sua avaliação do Movimento Passe Livre?

Eles lidavam com pequenas manifestações: iam lá, reivindicavam, às vezes eram recebidos por um secretário. Depois que a polícia bateu demais neles em São Paulo, sucederam-se manifestações interessantes, até que se chegou àquelas grandiosas. O movimento era por transporte, mas ficou uma zona, todo mundo que queria protestar foi: a esquerda, a direita, o centro. O MPL não teve capacidade de desdobramento. Dizem que a primeira coisa em que um general pensa é na retirada. Sempre que a gente fazia movimento de massa, a gente queria saber o que vinha depois: o que vai acontecer? Se a repressão for grande? Se a repressão for pequena? A gente vai ficar nas ruas ou a gente vai para as escolas? Não se toma uma decisão definitiva, mas leva-se em conta um painel de possibilidades políticas. Por exemplo, na política daquele tempo, de 1968, o que a gente queria? Queríamos que os trabalhadores urbanos e rurais empunhassem aquela luta: você tinha desdobramento. Bom, o MPL não tinha, a não ser dizer que "não ao aumento e queremos o passe livre". Quando apareceu uma série de reivindicações, eles não deram conta, não souberam fazer esse desdobramento.

E, mesmo que houvesse, eles não tinham condições de liderar isso organicamente, porque não possuíam quadros intermediários. É uma pequena organização popular, com dezenas de milhares de pessoas sem comando. Gramsci dizia que um partido só existe quando existe um sargento. Num movimento, tem que ter estrutura. Essa estrutura eles não tinham. O sindicato tem, a UNE tem – não quer dizer que funcione, mas tem.

Você acha que o MPL é incapaz de mobilizar por ter um desenho sem hierarquia? Porque o sargento, se eu entendi, pressupõe a existência de níveis.

Não é incapaz de mobilizar, mas de liderar. É preciso um líder populista lá do alto, dando orientação. Quando digo sargento, não falo de uma coisa militar, mas uma orientação com que as pessoas estejam de acordo. É um trabalho de convencimento, e é o quadro intermediário que lidera.

Talvez signifique que eles tenham que crescer muito para poder almejar um desdobramento. Pensar um movimento de transporte em escala: por cada estado, por direção, por município, por bairro, entendeu? Eu não sei se eles conseguem.

Tive a sensação de que tinham um objetivo a cumprir. Depois as coisas tomaram uma proporção que já não era mais a deles.

Isso é verdade, mas veja bem: depois que os caras recuaram, as manifestações acabaram.

Mas aqui no Rio é muito impressionante como elas não param.

Sim, mas não há mais grandes manifestações. Você tem gente, ativistas, "Fora Cabral". Mas são duzentas, trezentas pessoas. Elas serão a liderança de um novo movimento, mas não são mais um movimento, entende? Quando se ganhou a questão do transporte, o movimento caiu. A Dilma chamou a crise para si – ela já tinha feito um discurso e fez um outro, propondo a Constituinte –, socorreu com a política. Disse que estava dando verba para educação, para saúde. Ao mesmo tempo, a Câmara votou, derrotou a PEC 37, que era o que os procuradores, talvez o setor mais organizado que eu tenha visto, queriam. Eles aproveitaram a onda, colocaram a reivindicação deles e ganharam. Teve todo tipo de demagogia, o Renan Calheiros dando meio passe livre para não sei o quê, mas o fato é que isso esvaziou grande parte da manifestação, apesar da crítica à polícia. Está certo que a polícia, naquele dia 20, agiu muito mal. Mas depois isso não foi capaz de trazer novas grandes manifestações. O que o MPL disse depois do dia 20 de junho? "Paramos, acabamos e saímos." Antes da passeata do dia 20, uma das dirigentes de São Paulo disse: "Agora é acabar com o latifúndio urbano e rural." Pelo amor de Deus! Não tem nada a ver com o que estava acontecendo. Ela tirou um desdobramento de esquerda, uma posição de origem trotskista. Eles não deviam ter parado o movimento antes que o governo garantisse que esse ano não teria mais aumento. Isso era um primeiro ponto. Segundo: eu não sou a favor do Passe Livre, não tenho nenhum problema em dizer isso. Mas eles tinham que dizer ao governo para criar um canal de discussão, em diferentes lugares do Brasil, sobre a implantação do Passe Livre. Eles podiam ter arrancado mais, pois, a essa altura, inclusive a mídia estava a favor deles.

Mas será que não foi isso o que eles tentaram conseguir na conversa com a Dilma?

Mas aí foi negociação, já não havia movimento. Eles não disseram: "Temos uma plataforma e exigimos um canal." Aliás, foi a Dilma quem os procurou, e também procurou a UNE, a federação dos jovens da espoleta, de forma que o Passe Livre ficou diluído. Depois da reunião com a Dilma, o MPL disse que ela não entendia nada do assunto, mas e aí? Acho que em tese é preciso pensar uma organização popular, como a deles, que cresça, seja enraizada em bairros e termine virando um grande movimento. É possível. Por coincidência, eu estava lendo um livro do André Lara Resende, *Os limites do possível*. São crônicas em que ele relaciona o sistema de transportes ao nível de satisfação das pessoas. Há estudos, sobretudo nos Estados Unidos, que mostram que o transporte aparece como uma questão fundamental para a população. Não tiro o mérito do MPL, mas sou obrigado a criticar. Critico com amor.

O fato de as manifestações menores continuarem significa algo? Porque é como se agora houvesse uma sopa de insatisfações onde não se consegue definir muito bem a direção. A partir daí, você sente que alguma coisa de diferente possa surgir? Outro tipo de diálogo?

Acho que essas manifestações são bem minoritárias. Podem ser a base de algum movimento, criar uma nova organização popular. O fato é que vão terminar se conhecendo. A esquerda fez algumas plenárias no auge da movimentação. A do Largo de São Francisco reuniu 18 mil pessoas. Não sei dizer se alguém vai dar uma alternativa, mas uma coisa é certa: a alternativa tem que vir deles. Não adianta a gente de fora dar alternativa, porque as pessoas de fora já deram a alternativa que tem, chamando PSOL, PSTU, MST, Consulta Popular, PCR, enfim. Isso é o que tem, e não satisfaz.

O congelamento do preço da passagem é uma vitória importante. O negócio do [Marco] Feliciano [então presidente da Comissão de Direitos Humanos da Câmara de Deputados]... O que eu mais vi na grande passeata do Rio foram cartazes contra o Feliciano, o anti-herói das manifestações. Aquela história de cura gay foi praticamente sepultada. De certa forma, foi uma vitória. E o que você faz? É como a jiboia: agora você vai engolir o bezerro, depois você vai ter fome de novo.

O que está acontecendo é importante, à exceção do pessoal que acha que a violência é um valor em si, o que é nazista. A esquerda não pode achar isso. É preciso gerar uma alternativa política. Até agora só se desenhou claramente o Black Bloc, dizendo-se anarquista e contra a propriedade privada em geral. É um grupo condenado à minoria, caso se mantiver nessa linha. A sociedade não tolera essas coisas. Nas depredações de lojas, vitrines e bancas de jornal não havia só Black Bloc, mas também bandidos. É uma confusão achar que é preciso destruir qualquer tipo de propriedade.

Depois do Mensalão, uma parte do pessoal do PT foi para o PSOL e queria resgatar a credibilidade. Eu disse que era bobagem. A população não aguenta mais, passaram 25 anos dizendo que o PT era o melhor, e o PT fez essa merda. É preciso um novo movimento de massa, novas lideranças. E isso não é feito da noite para o dia. Pode-se apoiar, mas não são as mesmas pessoas que agora vão fazer algo diferente.

E você vê isso surgindo de algum lugar?

Fui à manifestação, mas não tenho muito contato. Tem gente dizendo que a conclusão do movimento de massa vai ser nas eleições de 2014. Eu acho uma lástima. O movimento deveria gerar novos movimentos de massa – isso seria prioritário. Uma geração precisa se organizar agora para mudar o país de fato.

Você acha que as pessoas pressionam para que as coisas aconteçam dentro do governo em vez de querer estabelecer uma coisa nova?
Não acho que seja por aí. Foi uma passeata dinâmica, ótima, as pessoas donas do seu destino. Ao contrário da passeata da CUT, que foi muito boa, dez mil pessoas aqui, mas que era a passeata da CUT: quer dizer, você não via as pessoas dizendo "essa é a minha passeata". O manifestante do dia 20 dizia: "Isso aqui é a minha passeata, é o meu movimento." O senso de pertencimento era grande e pouco burocrático. Quando o governo afinal cedeu, isso arrefeceu o movimento. A maior parte das pessoas tem que cuidar da vida, trabalha. Mesmo os jovens trabalham.

Boa parte dos militantes é do PT, do PSOL e do PSTU, e eles possuem uma marca à qual o pessoal tem certa rejeição. Como é que faz? Quem tem mais experiência é quem já está nos partidos políticos. Por outro lado, parte dos manifestantes são os "sem partido" – aquela estrutura toda não os representa, eles desconfiam. Acho que alguns militantes do PSTU, PSOL, PT vão participar também. Não dá pra saber como. É possível que outros organismos, como a Consulta Popular, que terminou aparecendo, consigam algo. Isso implica uma renovação geral. É muito difícil, porque o pensamento da esquerda é dinossáurico, a esquerda é muito conservadora. Você pega um documento da esquerda hoje e é igual ao documento da esquerda dos anos 30.

Que crítica você acha pertinente ao que você chama de esquerda?
A extrema esquerda tem o seguinte problema: ela encontra uma revolução à vista. Se olharmos o mundo, e o Brasil em particular, veremos que não há revolução à vista. Nem pelo telescópio Hubble dá pra ver. Quando se acha que há uma revolução à vista, o conteúdo da luta e as formas de luta são muito diferentes. Por isso, a extrema esquerda tende ao isolamento. Quando há movimento de massa, ela vai, pois quer explorar qualquer descontentamento, sempre acha que a chama da revolução vai se transformar em fogo.

Quem é a extrema esquerda?
Aqui? PSOL, PCR, PSTU. O Consulta Popular também, moderadamente. E uma parte dos militantes do PT. O PSOL e o PSTU têm formulações políticas que só se justificam em uma revolução. O PSTU se dedica mais ao movimento sindical, e o PSOL tem deputados, senadores, é um partido com mais sensibilidade institucional. O PSTU não liga pra isso, levou umas porradas e praticamente desistiu. Aparece só em propaganda. Ambos partem de uma concepção errada. São necessárias mudanças numa situação que não seja a de revolução. O resto é modelo, partido bolchevique; é preciso esta-

belecer uma pauta de reformas para serem feitas em trinta anos, ganhar na rua e nas instituições. Quando acaba o movimento de massa, as instituições voltam a funcionar, e em grande parte retiram as conquistas que vieram dele. Então você tem que estar nas instituições para pelo menos dificultar isso. É o que a gente chama de guerra de posição. Você tem que lutar. Por exemplo, uma lei a favor dos oprimidos, é importante ter uma lei, não é o fundamental, mas é uma lei, é um direito seu, você ganhou espaço.

E a esquerda que não é a extrema esquerda?
Na esquerda institucional, nos partidos, não vejo futuro. Ela continuará a ter força, mas não será capaz de implementar essas mudanças. Reforma agrária, reforma tributária, reformas políticas, reforma da previdência, isso aí nenhum dos partidos vai fazer.

Por que você acha que eles não fazem?
Porque com o Estado no sistema eles não têm autonomia. Em dez anos o PT não fez, não vai fazer agora. Não discordo tanto assim das plataformas do PT, em matéria do conteúdo. O PSB tem uma plataforma muito semelhante, mas o governo do Eduardo Campos está tentando abrir. Ainda é muito pouco para se dizer que há uma plataforma de mudanças que seja crível. Qual é a proposta dos candidatos a prefeito e governador para os movimentos? Não existe. E os movimentos não têm proposta para os prefeitos também, é ridículo. O importante é que as pessoas viram que podem se manifestar e influenciar o Brasil indo pra rua. Isso, nos centros urbanos, tem um peso considerável, mas tem que vir pra mudar, senão a repetição continua com um soluço do movimento de massas de vez em quando.

Você acha que é possível, dentro deste sistema, de fato mudar as coisas?
Se o Lula quisesse, ele teria feito. A Dilma é muito fraca. Chamou as manifestações para si e fez duas intervenções. Na primeira, disse: "Vamos ouvir a voz da rua"; na segunda, propôs a Constituinte. Vinte e quatro horas depois, vem: "Presidente da República não pode fazer isso." Ela faz as coisas com pressa, não se pode confiar nela. É muito fraca, apesar de ser autoritária e gostar de gritar. A mentalidade da Dilma, como a do Haddad, é de funcionário público: recebe ordens e dá ordens. Quer dizer, ela precisava de uma orientação e não sabia o que fazer. Funcionário público sempre tem que ter um chefe. Ela não tem ou o chefe dela está longe.

Você falou que as ruas não estavam em disputa pelo poder, mas o grito "amanhã vai ser maior" sempre é repetido. Isso não é uma tentativa de dialogar, não é um jeito de enfrentar o poder com outro poder?

Isso é negação, aconteceu quando tiraram o Collor. É pressão, concordo, mas o Brasil não vai mudar se o Cabral sair. Tem gente que é contra partido. É preciso criar uma organização capaz de começar a se mexer pra construir um movimento de massa. Uma questão não foi colocada: os oprimidos terão o poder? Não mesmo. Em vinte, trinta anos, salvo grandes mudanças em nível internacional, isso não vai acontecer. O regime econômico é baseado em que os Estados Unidos podem tudo. Eles têm um déficit enorme e ainda vivem na base da confiança. O capital ainda está indo para lá porque é um pouco seguro. Mas o déficit que eles têm é uma coisa brutal, e isso vai estourar, e claro que quando acontecer vai pegar todo mundo, mas não vem agora. Analisando pelas condições do Brasil, pela dinâmica do nosso capitalismo, acho muito difícil um processo revolucionário aqui. Essa é a questão que se coloca: a relação com o poder. É preciso democratizá-lo, exigir mais participação popular e fazer as reformas do lado dos oprimidos.

Você acha a ideia de poder popular inócua?

Não acredito no poder popular contra o Estado. Eu acho que a noção de poder popular só aparece em crises revolucionárias ou nas sociedades agrárias através da constituição de um exército popular, como foi na China. O Brasil não é mais uma sociedade agrária e não está em crise revolucionária – não pode gerar poder popular. Aqui, nos anos 80, quando se discutia programa de governo, a extrema esquerda dizia: "Coloca aí os conselhos populares." E eu: "Só se você disser o que são." Um acha que conselho popular é o soviético, o outro, que é consultivo, o terceiro, que é deliberativo. O problema é o seguinte: se você acha isso, você termina levado à impotência, porque você se marginaliza do que é real, do que você pode transformar e vira um discurso de seita. A extrema esquerda é toda velha, no sentido teórico, e gosta muito de falar nas tradições revolucionárias. Todos os seus membros são só democratas e, no conteúdo, não avançaram nada. À social-democracia, eles acrescentaram o nacionalismo da terceira internacional. A esquerda do Brasil de hoje não tem um projeto estratégico, mas nacionalismo de esquerda estatizante. Sempre foi assim. Se bobear, o Paes já foi assim.

Você acha que, no Brasil, há uma mistura entre esquerda e direita, que elas ficam indistinguíveis?

Não, acho que uma parte da esquerda se aburguesou. Muita gente ainda acha que ser socialista é um projeto de futuro, mas nunca foi – ser de esquerda é estar ao lado dos oprimidos, a favor da sua luta. Se você for pegar esse pessoal todo, quando chegar uma luta dos oprimidos com radicalidade, todos vão estar do outro lado. São instituições da ordem, não são mais as instituições da mudança.

E essa violência de que falamos, isso que se chama de "vandalismo". Você encontra algum valor nisso?

Do jeito que é feito, não. Foram invadir a Assembleia Legislativa, não é? Antigamente, achava-se que invadindo os palácios se conquistava o poder, isso foi há séculos, a queda da Bastilha. Hoje todo mundo sabe que o poder está nos grandes centros de produção, nos bancos. Do jeito que é, acho que é um exercício da violência à toa.

Mesmo o ataque aos bancos, você não acha simbólico?

Sim, mas se você quebra o banco e a mercearia da esquina acabou-se o simbolismo. Mesmo quando se trata de bancos, sou contra. Quem usa violência é a direita, a polícia, o Exército. A esquerda só usa a violência quando é necessário, porque a luta de classes força isso. É diferente quando a polícia está lá e te ataca. É legítimo, não tem nada demais atacar a polícia de volta. Quando você começa a usar a violência, em vez de ganhar mais gente, você perde. Numa manifestação, o que se quer é ganhar pessoas. Se você faz só a violência, é só a violência que vira questão política.

Talvez eles entendessem o gesto não como manifestação, mas ação direta, dizendo: "Estou aqui."

Mas isso é um grupo. Aqui no Rio, no primeiro quebra-quebra, foi claro. A manifestação foi toda pra Cinelândia e eles foram pra Assembleia Legislativa, duzentos, trezentos caras. Sim, eles tinham direito, não têm é direito de usar manifestação pra isso. Eles que façam quebra-quebra com o conteúdo político que quiserem, mas não com dezenas de milhares de pessoas que estão pedindo outra coisa: melhoria da saúde, da educação. Não combina, é um mero uso, exatamente como a direita fez. A direita tentou usurpar. Com 1 milhão de pessoas na rua, pode haver violência, mesmo porque há infiltração. Mas isso não expressa a manifestação. Se estivesse numa situação mais radical, pode ser que sim. Mas aí você tem alvos: o governo, a polícia, podem ser os bancos, pode ser uma fábrica que tem um monopólio, pode ser tudo. No momento atual, é necessário que se passe uma mensagem política.

Tenho a sensação de que a mensagem política, pelo menos aquela com a qual me identifico em alguns momentos, é assim: "A gente não vai engolir vocês fazendo qualquer coisa." Especificamente, no Rio: "Não, vocês não vão fazer isso." Não consigo achar que esses atos violentos sejam vazios de conteúdo.
Isso não expressa o movimento. O que faz o movimento é isso que você diz: "Olha, vocês não vão passar por cima de nós." Ter expressão é colocar 1 milhão de pessoas na rua.

No Pará, houve uma ação direta talvez mais compreensível, que foi destruir equipamentos do consórcio construtor de Belo Monte.
Se a ação estava ligada à reivindicação, pode-se compreender. Agora, não deixa de ser violento porque não se usa arma. Pegaram um prefeito no Ceará e o prenderam numa agência. Isso é uma violência, mas tem um sentido, porque foram manifestantes que fizeram. E, claro, não mataram o cara, não o lincharam. Aqui no Rio, não, são grupos à parte das manifestações que fazem sua guerra particular.

Não é um perigo colocar as coisas desse jeito? Quando você qualifica quem são os manifestantes e quem não são.
Havia uma maioria claramente delimitada. No caso de São Paulo, o Passe Livre tinha o controle, as manifestações tinham uma direção. Quem foi lá simplesmente para quebrar, não era das manifestações. Não é que eles não sejam manifestantes, eles são manifestantes de outro tipo, têm uma guerra particular com o Cabral, com a Dilma, com o imperialismo, sei lá com quem. Uma minoria não pode usar a manifestação para travar sua guerra.

Como você avalia o caminho construído pelo Brasil? Em que momento vivemos?
Depende do que você chama de momento. Se você pega um momento maior, o Brasil viveu nesses 10 anos um capitalismo integrativo muito forte, o que dá muita força a ele, para desgosto do Milton Temer, que sempre gosta de dizer: "O Lula está acabando com o movimento de massa." Você não vai satisfazer o que o povo quer, que história é essa? O que foi o governo Lula? Uma tremenda redistribuição de renda, mais benefício pra população pobre, 25 milhões fora da linha da pobreza. Acho que isso aí é o mais importante. Agora do ponto de vista imediato, a Dilma está destruindo o Brasil. Não tem política econômica, não sabe o que fazer. Ela é bem intencionada: não rompeu com a política de distribuição de renda, continua com isso, até com mais força. Quando se trata de economia, a linha econômica adotada por Mantega e outros está

levando a economia a impasses que não se sabe resolver. Com isso, abre-se margem para a direita ganhar o governo. Antes das manifestações, eu não pensava em 2014, eu pensava em 2018.

A direita diz que o problema do Brasil é a inflação, a esquerda diz que é o crescimento. Todos acham que o país vai mal, menos a Dilma. Há uma lenta deterioração da economia em relação ao governo Lula. E a economia é o seguinte: o capitalismo é capitalismo, você não pode gerir o capitalismo como socialismo. Nos debates que separaram o PT da extrema esquerda, a extrema esquerda dizia assim: "Vocês estão indo para a prefeitura só para administrar." Você queria que administrasse o quê? Só se pode administrar o capitalismo, não se pode administrar outra coisa.

O Brasil está com um problema sério na balança de pagamento. Lara Resende, no livro de que falei, faz uma análise primorosa e diz que o tripé econômico que o Fernando Henrique aceitou do FMI – câmbio flutuante, superávit primário e metas de inflação – foi o fracasso do Plano Real. O Plano Real foi um êxito para a estabilidade da moeda, mas depois houve a crise de 98, 99, e aí o FMI impôs o tripé.

Agora o Brasil teve um superávit nas transações correntes, caiu, passou a ter déficit e um afluxo do capital enorme. O capital veio, supervalorizou o Real, e aí gerou déficit das transações correntes. Há um déficit na balança das transações correntes, precisamos de capital especulativo porque temos uma reserva de 300 bilhões de dólares, e aí fica naquele jeito, não se sabe pra onde ir. Como o Brasil acumula uma inflação acima do normal, o governo fica feito barata tonta. Então você vê que não tem linha econômica, a Dilma não tem ideia do que está fazendo. Vai pra lá, vai pra cá, feito barata tonta. E essa crise, tudo indica, vai levar o país para a direita.

Nas próximas eleições?
Se não nas próximas, em 2018 certamente. Mas é possível que nas próximas.

A direita não está no governo, também?
Não, veja os dois polos, PT e PSDB basicamente. É justo chamar o governo mais de centro do que de direita. E mesmo na direita há nuances. Por exemplo, Alexandre Schwartsman, que já foi colunista do *Globo* e diretor do Banco Central, quer desemprego para resolver a inflação. Essa não é a linha de Edmar Bacha, que é o economista oficial no PSDB. Se o Aécio Neves ganha as eleições, ninguém sabe quem vai mandar. Há um grande risco dos oprimidos perderem conquistas, não só materiais, mas também do ponto de vista do comportamento, da cultura. Imagine um governo de direita, naturalmente apoiado pelos evangélicos?

Tenho dificuldade de admitir essa polaridade, pensando no governo petista. O que é um governo com pessoas como Kátia Abreu, que comemora o avanço da soja, um governo que "genocida" povos indígenas?

Pois é, mas é um governo de centro, que distribui renda, que mais promoveu a luta contra a discriminação racial, mais ajudou a luta dos gays. O Brasil melhorou em muitos aspectos. Acho que o governo Lula foi o melhor governo do Brasil nos últimos cinquenta anos. Mas é um governo institucional, e o Lula nunca foi de esquerda.

Ele manteve uma política econômica convencional e fez a redução da desigualdade. Mas a Dilma está quebrando o país e não é de hoje, já tem tempo. Há três anos se escreve sobre isso, sobretudo a direita. Tem que encarar os fatos: vai fazer ou não vai fazer reforma da previdência? A direita tem feito propostas muito interessantes, o Fabio Giambiagi está propondo começar uma reforma suave da previdência. A esquerda tinha que ter uma proposta, e o que ela faz? Mantém o déficit da previdência.

Agora é a época ideal pro Brasil fazer alguma coisa, é o que eles chamam um boom geracional, época de ouro: você tem bastantes jovens, ainda não tem tantos velhos, mas já não tem tanta criança. Em 2030, a maioria da população brasileira vai ser de velhos, você vai ter poucos jovens e, em idade adulta, pouca gente. Um número restrito de brasileiros vai ter que sustentar os mais velhos. Não tem gente nova vindo, porque o Brasil não se reproduz mais, o crescimento da população é mínimo. Então não adianta ser de esquerda ou direita, o que você vai fazer? A esquerda ignora, e a direita tem propostas. A esquerda precisa de uma proposta, qualquer uma, mas precisa.

E qual foi o mérito do Fernando Henrique?

Estabilizar a moeda. Fernando Henrique e Itamar, e sobretudo os dois pensadores, André Lara Resende e Pérsio Arida, que desde os anos 80 têm desenvolvido o Real, que é uma maravilha, de uma elegância teórica sem igual.

E na época você achava bom?

Eu era contra, claro! Eu e todo mundo do PT. Mas ele é de uma elegância no combate à inflação, é fascinante. É bem-feito. A ideia do André foi uma das coisas mais interessantes que eu vi, e teve resultado. Isso foi uma conquista, pois sem Fernando Henrique não haveria Lula. Lula pegou um Brasil estabilizado economicamente, pôde reduzir a desigualdade. O resto do governo Fernando Henrique foi ruim. Para os oprimidos de forma geral, não avançou tanto. Lula se elegeu pelo fracasso de FH. Já no final do primeiro governo eles se basearam muito na âncora cambial, que é uma coisa muito difícil, porque o mundo vive em crise, e quando começou a crise, o Real desabou.

Antes do Fernando Henrique, com o Collor, já havia o que eu chamava de modernização consumidora. O Brasil tinha uma economia fechada. Abriu a economia e houve um boom de produtividade, mas não gerou uma indústria própria. Um país desenvolvido deve ser capaz de produzir qualquer coisa. No Brasil de hoje, sofremos um atraso tecnológico porque há um pessoal de extrema direita na economia que diz: "O setor de serviços está crescendo em todo o mundo e o da indústria, caindo." É verdade, mas isso é um processo lento, de transição para uma economia de bens não materiais. É, enfim, um avanço no mundo desenvolvido. No caso do Brasil, ainda é preciso ter riqueza, uma base industrial, e então desenvolver um setor de serviços ligado ao avanço tecnológico. Agora, sem indústria, vai virar agroexportador e exportador de minério. Isso é uma opção.

É a opção que a gente adotou.

Sem dúvida, mesmo que não tenha sido consciente, o Brasil está virando exportador de produtos agrários e de minério, importador de produtos industriais, sobretudo de alta tecnologia. Vivemos num país médio, que vai depender dos países que detêm alta tecnologia. Não quer dizer que seremos miseráveis, mas dependentes. O Brasil precisa ter uma posição política diferente, não pode ser um país...

... que vai meio a reboque?

É, não pode! Ou não deveria poder. Senão, vai ser algo mediano. Antigamente, a esquerda só se preocupava com a questão social. Essa é a tradição de Marx, que subestimava o fator nacional. No século XX, foi preciso tratar do nacional a partir de Lenin. Hoje há um outro fator, que é o da sobrevivência da espécie e que começou a ser tratado a partir da Guerra Fria, com a ameaça da guerra atômica; depois, com a depredação do planeta, ganhou viés ecológico. Marx não deu importância à questão ecológica porque ela não pertencia à sua época. O viés nacional que ele subestimou e que discutimos aqui – de que o Brasil deve produzir de tudo – tem consequências.

Marx não pode ficar atual *ad eternum*. Há uma série de críticas ao capitalismo nas quais ele é atual, mas o capitalismo mudou muito. Antigamente só havia luta de classe, operário contra industrial e banqueiro. Hoje não, o capitalismo está acabando com a classe operária através da automação. Perdemos o agente histórico das transformações sociais, que era a classe operária. Hoje temos uma série de atores sociais – negros, índios, mulheres, gays. É possível que a mudança se dê não com um polo dominando a contradição, mas pela mudança da própria contradição: que apareçam novos atores. Que o capitalismo acabe pela evolução de um novo sistema, como foi o capitalismo saindo do feudalismo. Ele trouxe o quê? O assalariado, o conflito de patrão e operário.

Mas a ortodoxia econômica, a manutenção e a sofisticação do capitalismo, isso tudo não leva ao colapso ambiental de maneira inexorável?
De maneira inexorável não, porque hoje o pessoal já leva em consideração o meio ambiente. Não é suficiente, mas já se começa a retardar o processo. Boa parte, não só dos capitalistas, mas dos teóricos, acha que o homem vai ter solução para tudo.

Essa é a ideologia do capital...
Estou falando do André Lara Resende. O livro se chama *Os limites do possível* porque pensa o fim do crescimento. É possível crescer? É possível parar? Há pensadores das classes dominantes pensando nisso.

Olhando pra trás, pensando na América até 1500: durante 15 mil anos, milhões de pessoas viveram sem capitalismo. Talvez esse esgotamento seja o da humanidade sob o capitalismo.
A sociedade antes do capitalismo era feudal. Você tem saudade?

Aqui na América não era...
Era um estágio ainda mais primitivo. Morriam cedo, a vida era curta. Não haviam desenvolvido o espírito. O negócio da gente é o conhecimento. O passado pra mim já passou. Aprende-se com ele, mas é preciso olhar para o futuro. Por exemplo, sou a favor das organizações sociais na saúde, da terceirização. Na concepção de que quem interessa é o pobre, não adianta ter uma estatal que não funcione. Por que o Estado precisa gerir tudo diretamente?

Mas não é um jeito de se livrar da responsabilidade? Quando ouço o Paes falar do Porto, das terceirizações e concessões, o bairro sendo administrado por uma concessionária durante 15 anos, é como se ele estivesse entregando um pacote.
Pode ser. Na verdade, você deve pagar a esses órgãos de controle. E ter uma equipe de especialistas. Eu também sou a favor disso na universidade. O dinheiro é do povo! Por que os professores ou os estudantes vão ter autonomia para fazer o que quiserem? Sou

a favor do contrato de gestão: o Estado dá dinheiro, e a universidade faz um plano de 15 anos. Depois tem que mostrar resultados.

Você tem que ter um negócio de Estado que seja acima dos governos, e por isso a necessidade de ter o setor público, algumas carreiras típicas do Estado: juízes, militares, por exemplo. Na parte econômica, não precisa. Em educação, sou contra a terceirização. Não para funcionários, mas para atividades-fim, porque isso envolve liberdade ideológica. O regime estatal garantiu esses direitos. A esquerda tinha que pensar tudo isso de forma renovada, sem preconceito. É uma luta prolongada; por isso só acredito em movimento de massa, em coisa nova, que pense no futuro.

ENTREVISTA

ROBSON RODRIGUES DA SILVA

Antropólogo e coronel da PM/RJ

8/8/2013

Você foi uma das pessoas que formulou o projeto das UPPs?

Não formulei, participei. Na verdade, fui comandante coordenador das UPPs. Cheguei bem no começo. Antes havia um comando de policiamento comunitário, eu fiz algumas propostas e dei seguimento a elas. Houve uma estruturação das UPPs e eu ajudei a construir o conceito. Depois fui para o Estado-Maior com o objetivo de preparar a polícia para esses novos afazeres. Era um caminho interessante que eu quis aproveitar. Mas a polícia não tem uma estrutura adequada, ela foi conformada para uma função diferente. Essa mudança era necessária para dar sustentabilidade ao processo, não apenas da UPP, mas ao de uma transformação de toda a PM. A UPP pretende, para uma coerência em relação à prática, primeiro formar alguns conceitos, fazer com que a polícia retome sua vocação originária de prezar por uma ordem democrática, ou seja, fazer um serviço mais próximo, mais sintonizado com os desejos da cidadania.

A polícia, no Brasil, nasceu de um modelo colonial. Foi moldada para não estar próxima, para não se identificar com o cidadão. Assim como ela, muitas instituições brasileiras também tiveram esta lógica do afastamento. Isso tem origem, a meu ver, na fundação do próprio Estado-Nacional Brasileiro – no medo das ideias republicanas. Naquele momento queríamos transformar a polícia a partir das UPPs, o que nos dava a oportunidade de nos aproximarmos dos cidadãos e de ganhar um pouco mais de credibilidade, como nunca tivemos em duzentos e poucos anos de existência.

Portanto, as UPPs nos apontam para um caminho muito mais interessante na busca da legitimidade, que deveria ser seguido pelas agências policiais numa ordem democrática, utilizando a força baseada no consenso. A gente estava nesse processo de transformar, profundamente, pesadamente a instituição, para que se pudesse dar sustentabilidade ao processo de aproximação ou reaproximação da polícia com a cidadania – como deve ser em um Estado Democrático de Direito.

Como era esse projeto?

O projeto queria transformar a formação do policial, questionar o problema da ideologia militar nas polícias. O antropólogo Celso Castro fala sobre isso, mostrando que a lógica da separação permeia a identidade militar e, por consequência, também a própria PM, por ela ser esse híbrido de uma instituição que é policial e militar ao mesmo tempo. Isso é algo típico brasileiro: criou-se uma polícia que nasce com a modernidade para mediar conflitos sobre direitos individuais, mas, pelo medo das ideias republicanas, a criação não foi tão moderna assim, foi uma espécie de despotismo esclarecido. Portanto, tivemos essa conciliação entre uma modernidade, mas não muito. As nossas instituições trazem essas características ambíguas, e a gente precisava reparar isso há muito tempo.

Portanto, a questão não está em acabar com o militarismo. Porque, ao fazer isso, se quer transformar a Polícia Militar em uma instituição civil. Já temos várias instituições policiais civis, mas será que elas prestam um bom serviço? Não. Se a lógica de afastamento permanecer, se não houver identificação com interesses verdadeiramente democráticos, os ideais republicanos incorporados, se não se resgatar a crença na modernidade (com as questões que ela traz, do individualismo, da liberdade, da igualdade), sempre vai existir a construção de quartéis, de alguém que está acima do indivíduo comum, que é superior, em uma relação verticalizada. A questão maior não é tirar o militarismo somente porque ele é um ranço da ditadura, é preciso mudar as estruturas, mudar essa ideologia.

Há uma ideologia militar e ela tem sua razão de ser: criar, com rituais, aquele que vai proteger a sociedade em caso de guerra. As fronteiras e as identidades nacionais são criadas para você se diferenciar e se distanciar de uma coisa que é a humanidade. O militar tem que passar por esse ritual, de criar uma identidade própria, que se diferencie do cidadão comum, esquecendo sua identidade humana. Caso contrário, ele não vai para o front, vai se identificar com um outro, com o seu "inimigo", que também é humano como ele. A nacionalidade é uma construção arbitrária, mas a humanidade é da natureza do homem. Como lidar com isso dentro do Estado Nacional? Você cria nações dentro de nações? Cidadanias diferenciadas? É complicado.

O fato é que permanecer com a lógica de separação impede que a polícia realmente se aproxime como precisa. Isso já foi naturalizado, não só pelos policiais, mas também pela sociedade.

A padronização das forças estaduais como militares, e a sua constitucionalização, foi uma obra do Estado Novo de Vargas – quando cada força estadual tinha seu nome e eram diferentes. Cada uma com seus padrões, apesar de militares, como se diz. Não tinham essa vinculação direta com os militares federais, com o Estado-Maior, com as forças armadas, com o Exército. É mesmo a partir de Vargas que essa questão vai ser levada ao nível da Constituição Federal. Ele amarrou todo mundo como uma forma do Estado Novo segurar esse perigo que representavam as forças nas mãos dos governadores, principalmente pela importância do papel que representou a força pública de São Paulo na Revolução Constitucionalista de 1932. E isso nunca foi discutido depois.

O que Vargas fez exatamente?
Padronizou e subordinou todas as polícias militares ao Exército.

Antes disso, como era?
Antes, cada estado tinha sua autonomia federativa respeitada, ou seja, cada estado tinha suas forças públicas, legislava, isso não era um assunto constitucional, da competência da União Federal.

Não era um assunto da Constituição Federal?
Não. A subordinação e a vertebralização vão ser trazidas pela Constituição criada com o Estado Novo, e vai ser muito bem aproveitada na ditadura, que coloca as polícias civis dentro das delegacias e as retira das ruas. Isso aí transformou as polícias civis em balcões cartorários, e a Polícia Militar ganhou o monopólio do policiamento ostensivo. Essa aberração é o maior problema, porque afetou ideologicamente a racionalidade do serviço público. Para melhorar a qualidade do serviço, você tem que falar de polícia de ciclo completo. Temos, de um lado, uma Polícia Civil que só faz investigação, mas que não está nas ruas, perdendo muito de sua capacidade de investigação (onde você pode estar próximo da população, atendendo-a da melhor forma, e sensível às suas questões), e, de outro, uma Polícia Militar, que detém o monopólio da polícia ostensiva e que não pode investigar. Quando você não permite mais isso, é porque o monopólio do policiamento ostensivo e da presença nas ruas é da Polícia Militar, e foi mantido desde a sua concessão. O jeitinho que o Brasil deu pra fugir dessas amarras constitucionais foi tentar integrar o que eu chamo de

duas mulas mancas que se escoiceiam, que geram problemas como, por exemplo, no auge da histeria, do caos, das cobranças, a polícia civil querendo fazer policiamento ostensivo, e o militar querendo fazer investigação de uma coisa que não é sutil como o Bope. Vai dar problema.

Então a questão é mesmo muito mais profunda do que a mera desmilitarização. Se você vai só até ali, mas não tem a racionalidade do serviço público, o cidadão, que é o seu maior destinatário e para quem as instituições devem estar voltadas, vai continuar sendo prejudicado. É muito difícil atingir essa transformação, e não vai ser com uma ação simples que você vai desconstitucionalizar as polícias. A questão tem que ser bastante discutida e de forma aprofundada.

O problema constitucional seria a definição que separa as polícias?

Sim. Isso amarrou todo mundo, subordinou as polícias ao Exército e definiu a competência de cada uma: "Você fica aqui e você ali" – isso em 1968.

O problema é que no período democrático não se discutiu a respeito, e nem depois. O Luiz Eduardo Soares fala muito bem sobre esse assunto. Na Constituinte de 1988, quando era oportuno consertar isso, não se discutiu. Há uma resistência, um conservadorismo muito grande. Porque nós somos uma instituição de manutenção de ordem, fomos formados para a manutenção do *status quo*; então essa coisa revolucionária, transformadora, não é algo fecundo dentro da instituição. Mas você também não pode olhar a instituição de uma forma generalizada, homogênea, ela não é uma massa monolítica, tem grupos de interesse, ideologias que se digladiam, não fisicamente, mas simbólica e ideologicamente. Entretanto, devido à hierarquia, uma determinada ideologia é a hegemônica em determinado momento. E é por causa desse fator que a identidade da polícia brasileira – algo muito *sui generis* – é também militar.

A instituição policial foi criada junto com as cidades, com a urbanização da vida, para mediar conflitos, direitos e interesses individuais; por isso que devem estar próximas. No meio da cidade há essa separação, e isso traduz a lógica, a racionalidade – como diz Foucault – do esquadrinhamento. A primeira coisa a fazer para que isso aconteça de fato seria implodir esses quartéis que não têm nada a ver.

Com que intuito você acha que essa separação foi feita na época de Vargas?

Seu intuito era o controle. As forças estaduais eram ameaças – a força pública de São Paulo era mais aparelhada que o Exército, para você ter uma ideia. Foi uma briga, e até hoje os paulistas são orgulhosos disso.

E até hoje comemoram a data, o ano de 32...

A primeira coisa que se procurou fazer foi amarrar e subordinar: "Opa, espera aí, não vem bater cabeça para mim, porque esse negócio está esquisito." O exército limita a força, no sentido de controle de armamento – tudo tem que passar pelo exército.

Hoje também?

Até hoje, e é anacrônico. É preciso pensar sobre isso. Lógico que existem pessoas dentro da corporação que vão ser contra, que são extremamente conservadoras. Agora, é muito melhor para a população, e para a corporação, você ter a legitimidade do povo.

Tentamos promover algumas mudanças, mas não conseguimos. Foi uma frustração, nosso tempo é muito curto no comando, e por causa da resistência não conseguimos. Nós estávamos com o projeto da reforma administrativa, e as pessoas ficaram muito assustadas porque começamos com uma reforma geral para dar sustentabilidade ao processo de pacificação.

Como é o processo de pacificação?

É falho em várias coisas, mas tem algo que foi fundamental: a partir do momento em que a polícia começa a se identificar, rompe a separação e dá os primeiros passos na direção da população. Neste momento, ela começa a se sensibilizar e, junto com os cidadãos, tenta construir algo de forma mais legítima, começa a ganhar credibilidade e ganha consenso. Pouquinho, mas ganha. Esse é o caminho. Procuraríamos melhorar nossas estruturas, para que pudéssemos otimizar esse ganho de legitimidade, porque quanto mais legítimo se é, menos força se faz, mais a autoridade é reconhecida. Se essa autoridade for conduzida de forma legítima, mais econômica e racional é a ação da polícia, menor é o desgaste da corporação.

Vejo hoje a UPP como um grande balão de ensaio. Ela começou de um acaso, um acaso feliz, eu diria. Alguém atirou no que viu e acertou no que não viu. Não foi um programa no sentido clássico do termo, um programa definido, com um objetivo. Mas foi bom que também não fosse, porque reflexões surgiram a partir daí. Eu cheguei depois, e neste momento não havia programa desenhado com objetivos, com indicadores para monitoramento.

O que havia?

Pouquíssima coisa. Tinha a ideia de que seria uma polícia comunitária do morro, mas sem nenhuma reflexão sobre isso. Quantos policiais eu preciso para ocupar quarenta favelas, até 2014, se nessa aqui eu ocupei com tantos policiais? Onde havia boca de fumo era colocado um policial, o espaço era ocupado – uma ocupação territorial, não havia nenhuma racionalidade de como usar recursos a partir de construção de legitimidade. Foi aí que a gente começou a refletir sobre as UPPs. Eu tive uma sobrevida na corporação por causa disso, porque estava pensando. Acho que por isso acabei chegando lá [na Coordenadoria de Polícia Pacificadora].

Era muito difícil, pois tínhamos um cronograma insano de fazer, fazer, fazer e, ao mesmo tempo, tínhamos que refletir para poder construir a partir de um laboratório. Então era assim: "O que isso aqui tá conseguindo?" Só que havia uma cobrança, até da Secretaria, para que nós fizéssemos o programa. Aí eu: "Pô, tá louco, eu tô gerenciando, agindo, eu não posso parar"; "Não, mas vocês têm que fazer". Foi quando eu falei: "Falta programa, e isso é um problema da Secretaria, não pode pôr a polícia para fazer isso agora." "Não! Mas vocês escrevem aí", nos disseram. Pelo amor de Deus! Não é assim. Foi quando eu solicitei a contratação de uma consultoria para fazer isso, indiquei alguns nomes, e dentre eles foram contratados o professor Ignácio Cano e a professora Jaqueline Muniz, que começaram a desenvolver um trabalho. Criamos algumas comissões para estabelecer alguns conceitos, dialogando com as equipes deles.

A gente tinha um projeto que era o que chamamos de *Unidade de Proximidade*, ou *Batalhão de Proximidade*, porque você tem um batalhão convencional, que está com a estrutura errada, e ao mesmo tempo uma UPP, que foi um ensaio e não tem sustentabilidade dentro do Estado podre, e nem é solução para ele. A ideia era convergir para algo novo a partir dessa experiência, e fazer deste *novo Batalhão* aquilo que deveria ser a polícia como um todo, rompendo com a lógica de separação, ou seja, um batalhão aberto e que vai, a partir da experiência da UPP, pegar as boas práticas, aquilo que está verdadeiramente dando resultado e, também, o que conseguirmos pegar nas pesquisas – há algumas muito interessantes. Temos que potencializar os acertos e eliminar, na medida do possível, os erros. A partir daí você tem de trazer todas essas ferramentas modernas de gestão para você rechear esse batalhão. Vai precisar de menos recursos humanos, e esses recursos humanos têm que ficar centrados no seu fazer precípuo. Esse projeto estava todo desenhado, mas, infelizmente, a Secretaria não aceitou.

Seria um projeto de reforma administrativa?

O programa de reforma administrativa é para as estruturas que são arcaicas. A Polícia Militar é um retrato do Exército de quarenta anos atrás. Só que o Exército avançou e a polícia ficou, porque não definiu o seu caminho. É uma fotografia em branco e preto – e amarelada pelo tempo daquelas estruturas. Quando chegamos, a primeira coisa foi fazer um planejamento estratégico a partir das experiências das UPPs que apontavam para um caminho interessante.

Teve muita luta, muita briga, muita resistência interna, mas também houve muita adesão.

E como se daria essa aproximação?

A partir da reformulação de todos os quartéis da polícia. Um plano para ser implantado onde já houvesse UPPs. Seria mais fácil, os recursos humanos seriam racionalizados. Com algum diálogo, alguma construção, será menor o esforço no processo de legitimação da autoridade e da segurança, não haverá necessidade de tantos policiais. As relações de desconfiança geram a necessidade de haver mais policiais. Isso era uma conta que não ia fechar.

A ideia seria aprimorar toda a máquina a partir do centro, da cúpula, do quartel-general e depois todos os batalhões sendo gradativamente reformulados com essa doutrina, com os novos direcionamentos, e com indicadores para medirem as performances desses policiais, que os orientem para essa sensibilidade profissional que os faça retornar à sua vocação de proximidade. Tudo isso está sendo construído. Tomara que tenha continuidade, sobretudo dentro da corporação. Porque dentro da Secretaria isso não foi à frente, infelizmente. A gente precisa de recurso para poder contratar as pessoas, poder contratar as consultorias, porque isso não pode sair só de dentro da cabeça da corporação. Incluí um processo muito grande de convencimento interno. Ficou lá alguma coisa escrita nesse sentido, textos que vou tentar também publicar e que alguém pode aproveitar. Pode se adequar a outras polícias, e até talvez a polícias de fora que tenham essa característica de uma formação colonial, de afastamento. Essa ideia não pode morrer, foi um investimento de mais de um ano no Estado-Maior, onde a gente refletiu com a ajuda de muitas pessoas. Seria uma desonestidade muito grande com a população. É muito valioso o trabalho que foi feito. Pelo menos há algum caminho por aí ainda. Não que seja um definido ou definitivo, mas que pode ser adaptado e utilizado.

Percebo que as ideias de reformas vêm de pesquisas. Parece existir um consenso, em algum nível, de que isso melhora o serviço. Como você acha que a polícia pode ser mais permeável à racionalidade dessa pesquisa? Ao fato de que assim funciona melhor?

O policial tem essa característica, geralmente são profissionais que lidam com arma, com a parte muitas vezes mais suja da sociedade, e que por isso desenvolvem um certo ceticismo, um cinismo, uma desconfiança muito grande do ser humano. Esse afastamento precisa ser trabalhado no sentido de vencermos esses muros físicos e simbólicos. Creio que avançamos muito. Pelo fato de eu ter uma inserção na academia, o comandante, numa forma até muito generosa, me permitiu que eu aproximasse a corporação da academia. Nunca tivemos uma aproximação tão grande quanto a desses últimos tempos. Muitos acadêmicos nos ajudaram, às vezes a contragosto de alguns. Porque há um entendimento, um senso comum profissional, de que quem sabe de polícia somos nós. Ninguém vem aqui nos ensinar. A polícia do Rio, nesses últimos anos, principalmente enquanto eu estive à frente, se aproximou muito da UFF, da UERJ, da UFRJ, da PUC, e também do CESeC [Centro de Estudos de Segurança e Cidadania], do Tiago Borba, entre outros. Esses pesquisadores muitas vezes foram antagonizados pela polícia, como o caso da Julita Lemgruber, por exemplo, mas produziram trabalhos interessantíssimos para as UPPs. Quando fui comandante das UPPs, eu me vali muito deles.

E qual era a estratégia de ação nas UPPs?

A estratégia? Não havia estratégia. Por não termos tido isso programado, nós tínhamos estruturas antigas para fazer algo que era uma novidade. Havia um problema na maneira como o policial era formado. Ele foi treinado nas últimas décadas para agir, nunca falar, e seu instrumento de trabalho é a arma. Na representação dessa violência, da guerra, o soldado tem que estar armado. Imagina você com tudo, com arma de fogo, você esquece, né? Você foi atrofiando a habilidade do diálogo. E é só a partir dele que rompem nossas estruturas que reproduzem valores como: hierarquia, disciplina e falta de diálogo interno. Há inclusive a máxima de que o subordinado não pode criticar o superior. Então, como é que você tem espaço de diálogo? Você não exercita para dentro, muito menos pra fora.

Há duas habilidades que são fundamentais no processo de proximidade: saber ouvir e saber falar – isso é o básico. Havia uma grande perda de tempo, porque tínhamos que desenvolver ali, improvisadamente, algo que a estrutura já deveria me entregar. E, outra coisa, eu tinha que dar autonomia para os policiais, coisa que a hierarquia centralizada do mundo militar não dá – havia um conflito muito grande entre o que a gente estava tentando fazer com o que a polícia era. E havia uma crítica da sociedade muito grande: "Ah, a polícia não é feita para ficar com as crianças"; "Isso é só uma maquiagem." Não! Se a nossa missão é prevenir e fazer a manutenção, se com isso conseguimos entender que há um conflito claro entre jovens, e que eles são as maiores vítimas da ação da polícia nessas comunidades, nessas favelas, precisamos fazer, sim. E, nesse universo, a violência na maioria das vezes dá em violência letal.

Os conflitos são bem marcados por essa relação entre o jovem policial militar e o jovem da comunidade. O primeiro, formado para exercer a violência em nome do Estado, tem que aprender a se aproximar e conversar, saber se identificar com o segundo, apesar da formação, da criação e das barreiras identitárias. Não há instituições que fazem essa passagem. Entre eles a violência cresce como valor, tem prioridade. Eles se colocam no mercado informal, muitas vezes da droga, e para resolver seus conflitos valorizam a violência. São duas identidades violentas que se antagonizam, que não conversam; portanto, seu encontro vai resultar em violência. Então comecei a explicar isso [para os policiais] de uma forma improvisada, muito rapidamente, porque são conceitos muito complexos que precisam ser construídos desde a base. Era uma forma muito rápida por causa dessa sandice que foi fazer um programa sem estrutura.

De não fazer um programa, não é?

De se aventurar num programa sem programa, vamos dizer assim. Um programa no sentido formal. Mas pelo menos fez-se alguma coisa, e com esse fazer você teve um balão de ensaio. O grande passo seria a sistematização desse ensaio para que ele possa ser reproduzido racionalmente. Era o que eu estava tentando fazer, encarando aquilo como um verdadeiro laboratório para, num futuro próximo, aplicar dentro da corporação, porque, em determinado momento, ela também via aquilo como um elemento estranho, e de fato era. De que forma eu posso fazer essa conciliação para tirar o melhor dos dois lados e ter estruturas que possam dar continuidade e oferecer o melhor?

Nós nos baseávamos praticamente naqueles policiais que, intuitivamente, sem o suporte de um programa sistematizado, tinham talento para a mudança. Porque os outros reproduziam internamente o que a polícia fazia lá fora. A ideia era formar grupos de difusão e grupos para estudo do que eles estavam fazendo. Se havia uma correlação de causa e efeito com a diminuição da violência e da sociabilidade violenta, ela deveria ser sistematizada e, aí, difundida e ensinada. Esse seria o suporte da nova escola da corporação. Os policiais muitas vezes vinham de fora com um dom, mas a coisa do diálogo, da conversa, com os valores da igualdade, da liberdade, precisava ser desenvolvida. Muitos chegavam lá deturpados por uma ideologia muito próxima da ideologia de segurança nacional, onde o todo deve prevalecer sobre o indivíduo, controlando e limitando o papel do espírito do corpo. Eu pegava aqueles talentosos, que não haviam sido tão violentados a potencializar essa ideologia invertida, e os premiava. As vezes que éramos levados para falar em outros países, eu levava alguns deles. Uma forma rápida de fazer as coisas, mas também de tirar proveito. Esses policiais estão lá fazendo acontecer, seus trabalhos merecem um estudo, merecem uma sistematização. Estive esses dias na Secretaria de Segurança e recebi uma notícia que me deixou triste: o cancelamento da pesquisa que os professores Ignacio e Jaqueline Muniz estavam fazendo. Ela já estava no finalzinho, era a construção dos indicadores para avaliar e monitorar as UPPs, a partir desses objetivos que o programa traçava. Era um avanço e acabou de ser cancelado.

Dentro da sua experiência nas UPPs, alguma implementação se aproximou mais do seu ideal, conseguiu chegar mais perto do que você queria?
Nós tivemos alguns sucessos por causa desses talentos. Eu cito algumas UPPs, quer dizer, alguns comandantes, porque na verdade eles é que mudaram. Temos comandantes talentosíssimos que a gente procurou estimular, dar maior liberdade. O capitão Nogueira, o capitão Carvalhaes, da Formiga, que agora tá no Caju. Tem também o Major Sena, acho que já é major, e hoje está no Fallet. Não vou falar da UPP, porque é um processo, mas sim dessas pessoas. Tem que dar o protagonismo para eles. Esses e outros, por terem tido liberdade e compreendido o que nós estávamos discutindo, também criaram seus grupos de proximidade, dando a mesma liberdade para os policiais fazerem aquilo que eles estavam fazendo.

Como essa ação chega à comunidade?
O processo é lento, pelo menos com as comunidades que têm um histórico de traumas com a polícia. Os policiais que não acreditam no processo, que não foram sensibilizados, já são, num primeiro momento, refratários ao programa e à população. Mas a gente apostava muito, porque são as nossas representações que acabam nos impelindo a agir de determinada maneira, e elas são construídas socialmente. Então as representações sociais, coletivas, como construto que são, também podem ser desconstruídas com a prática.

Para que nós invertêssemos esses rituais copiados da instituição militar, que eu chamo de rituais de desumanização, teríamos de apostar na aproximação com rituais de humanização ou re-humanização. E isso convencia. E muitas vezes a gente via a transformação na prática, registrava, e os policiais internalizavam aquilo, se sensibilizavam, começavam a se identificar com o outro. A criança é um elemento incrível neste processo. Eu pude comprovar aquela máxima de que, se você está fazendo bem ao meu filho, está fazendo bem a mim. Houve casos em que o policial não era bem-visto pelos padrões militares por ser muito aberto. No modelo, o militar tem que ser o cara contido, mas na lógica da aproximação era excelente, e eu precisava de um talento assim: "Vá lá e faça isso! É um dom, eu preciso que você faça isso." Esse cara foi lá, trabalhou na Cidade de Deus, dentre vários, muitos! Muitas crianças eram filhas de detentos do sistema penal e estavam proibidas de se aproximar de um PM, mas depois começaram a vencer a resistência. O esporte também era elemento de contato. Muitas vezes eu começava também praticando junto com eles para tentar mostrar como é que eles poderiam fazer. Primeiro ouvir, entender e saber receber as críticas, e então era catarse total. Depois da catarse feita, tinha um novo momento para conversar. Era fundamental. Primeiro saber entender bem os jovens, as formações diferentes e que isso é algo positivo, que a gente pode construir alguma coisa que seja um consenso, identificar o que é de valor.

Dificilmente a gente tem antropologia na corporação e a gente precisava ter. Eu dava algumas noções de forma improvisada, e melhorou intuitivamente. Os policiais começaram a ser incentivados para isso, apesar das críticas da população que não entendia. Nós comunicávamos nos informes de onde nós estávamos e a imprensa às vezes não queria saber disso. Mas desta forma nós nos aproximamos e formamos parcerias com todos os projetos de esporte. Não é só a criança da comunidade que está aprendendo com esse contato, o policial está aprendendo também, é um aprendizado mútuo.

Se se respeitarem as diferenças e entender que cada caso é um caso, e que em cada um tem que ter uma solução criativa, com a finalidade da aproximação onde vai economizar suas forças, vai ter um espaço muito menos traumático. É errado chegar dentro da comunidade e dizer: "Não, você não sabe nada, eu vou ensinar isso." Não, não vai! Vai aprender muito. Essa é uma visão arrogante, verticalizada, etnocêntrica. Se você não se despir disso, vai se estrepar.

Você sente que, de alguma forma, este caminho está sendo traçado?

Há dois movimentos: um que você está praticando ali e outro que você tem que fazer nas estruturas para poder dar suporte a isso. É uma correria louca, porque o projeto acaba se tornando político, querem a paternidade, e aí foge da autonomia da polícia.

Eu não vi profundidade em outras áreas, a não ser na academia e com esses policiais. A coisa estava na polícia, não estava na cúpula da polícia, não estava na figura do secretário ou do governador – é algo genuíno. Mas também não digo que o que aconteceu aqui vai dar certo em outra polícia ou que vai dar certo em outro estado, em outro país. Mas é necessário. Essa coisa de briga por paternidade, essa vaidade... a UPP deve ter uns cinquenta pais. Então quando vocês me dizem: "Você é?", eu digo: não, os protagonistas são esses que estão lá na ponta da linha.

Agora, é preciso orientar quem vai fazer, quem está disposto a colaborar, para se tirar o maior proveito disso. Às vezes as pessoas já começam com uma visão muito deturpada e superficial: "Ah, foi lá e pacificou, então está tudo certo." Não tá! É uma construção diária que às vezes tem um pouco de avanço e às vezes tem um pouco de retrocesso. Eu não vou pa-ci-fi-car aqueles moradores, não é isso. Eu vou aprender também. E esse policial que está indo lá não está muito seguro. Tem que transformar o policial e tem que transformar lá. É de fato uma coisa que tem de ser consensual, porque esse policial às vezes não está muito seguro do que lhe dizemos, e por qualquer coisa ele perde a sua crença, que já estava fragilizada. O processo tem riscos.

Como é a pacificação? Como é quando vocês chegam lá?

Bom, quando surgiu, não tinha nem nome. Foi algo que aconteceu no Santa Marta pela primeira vez. Nessa época eu era vice-presidente do Instituto de Segurança Pública, mas estava sintonizado com algumas questões. Uma companhia de policiamento comunitário surgiu após uma demanda por segurança na região e foi feita da seguinte forma: como já se tinha uma experiência de policiamento comunitário, tinha alguma coisa que foi jogada ali, então o processo de humanização e reconhecimento mútuo começou a ocorrer, e as pessoas começaram a ficar encantadas. Tanto os policiais quanto a comunidade – aquilo foi quase que revolucionário. Você imagina, o Rio de Janeiro com todos aqueles problemas de guerra e da Polícia Militar. Depois se partiu para umas ações pontuais. Ocorreu a ocupação lá na Cidade de Deus, que foi uma ação meio autônoma de um coronel que foi lá e colocou, mas não sabia o que ia fazer depois. E também no Batan [sub-bairro de Realengo, Zona Oeste do Rio de Janeiro], quando teve o sequestro de uma jornalista por uma milícia, a polícia respondeu com ocupação.

Eram coisas dispersas, não sistematizadas. Mas viram potencial nelas, tiveram essa percepção, essa sensibilidade. Juntaram tudo e sistematizaram de uma forma muito superficial, cartesiana. As informações da inteligência, cujo grande inimigo era o narcotráfico – na época, a milícia foi uma coisa pontual –, começaram a desenhar todo o plano de ocupação até 2014. Qual a capacidade de formação dos policiais? Se eu formar tantos policiais, quantos eu vou ter até 2014? Se eu os tiver, quantas favelas eu posso fazer a partir desse modelo? Aí criaram o nome, e aí, vamos que vamos!

Eu cheguei depois, tentei dar uma estrutura mínima, pelo menos uma coerência lógica para o que ia se fazer, mas eu já estava com uma enorme demanda para implantar, implantar, implantar. Não havia um objetivo, um norte: implantar aqui, construir e refletir sobre a melhor forma que eu possa fazer e trabalhar para esse objetivo. O processo que ficou célebre é muito performático, muito cinematográfico, aquele da ocupação preliminar, aquela coisa de se anunciar. O lado positivo é que não há conflito – o cara vai embora porque há um risco muito grande de a população denunciá-lo. Mas não se consegue entender que esse é o melhor caminho.

O território é um fator fundamental, devido às características dessas atividades criminosas. A opção deliberada do Estado formal, de se afastar dessas comunidades, fez com que eles se desenvolvessem informalmente. Têm que sobreviver! São sobreviventes. Muitas das vezes por razões econômicas, atividades criminosas por meio da força vão utilizar esses espaços que ficaram aí, na penumbra do Estado, para poderem manter suas atividades. E o que prevaleceu nesse sentido: a força, uma força que a gente disputa com o Estado, mas que a gente também disputa com outros estados paralelos, outras milícias, é uma coisa feudal, pré-republicana, um troço louco, um troço de você ir lá ocupar e para você ocupar você precisa de arma e, se você precisa de arma, você precisa de violência e ter disposição para usar arma. Ainda por cima, os jovens são mais destemidos e portanto eu vou ter aqui um exército de reserva só trocando as peças. Se você tira desses territórios, você desterritorializa essa atividade e tira essas armas, esse estado paralelo consegue aumentar escala, e a coisa começa a passar para outro patamar.

Aí você vê jovens que têm essas características, socializados pela violência, à disposição mesmo. Com muito dinheiro (do tráfico), para o patamar deles, e alimentando um mercado que é muito obscuro, que é o mercado de armas. Quando a polícia via isso com a lógica da guerra, acontecia o seguinte: ali está o inimigo, então vou me armar também, porque eles estão bem armados. Esse era o pensamento: "Vamos ter que fazer guerra." São os Antônios Conselheiros que são as ameaças. Nós temos que tirar isso, é um mau exemplo. Agora com a força? Mais violência? Então as UPPs, por mais que tenham sido um acaso, tiveram seus acertos. Quanto mais se formaliza o território, mais você o deixa inóspito para essas atividades [criminosas].

Nem todos ganham dinheiro nessa atividade, mesmo porque o custo para mantê-la é muito alto: corrupção policial, arma, lavagem de dinheiro, compras com ágio

– só os cabeças é que têm estrutura para sair e serem aceitos em outras comunidades. Mas é lógico que muitas vezes conseguem retirar o armamento [da polícia] porque as nossas instituições policiais são falhas, o sistema de justiça criminal é falho, não há uma racionalidade de serviço, as informações não chegam, a inteligência acaba sendo malfeita vai ter ainda uma disputa de mercado mesmo que não tenha aquela escala que tinha. A garantia para a manutenção dessas transações numa escala maior é o território. Se eu sou dono desse morro, tenho mais cacife para negociar alto, porque se tenho uma perda tenho como mexer; agora, se eu perder esse morro, se eu tiver que deixá-lo e for inquilino em outro morro, não vou ter condições e meu risco aumenta, meu negócio vai se inviabilizando cada vez mais. Esse é um fator que também deve ser levado em consideração nesse mercado ilícito; então, a possibilidade de eu negociar, de eu transacionar, diminui. Aí mora o risco, porque esse cara vai investir em outras atividades, qualquer atividade que vier, ele vai traçar. Então essa coisa de "ah, o tráfico melhorou" tem vários sentidos nessa migração. Muda sim, é mercado, o mercado se adapta. Ele cai um pouco aqui, e daqui a pouco sobe. Então o crime tem que ser visto sob essa ótica do mercado. Em suma, todo o sistema de justiça criminal e segurança pública tem de melhorar, ser aprimorado, porque senão a UPP sozinha não sustenta essa paz que promete.

Qual é a sua ideologia policial?

Não essa ideologia militar, de separação. A ideologia policial deve ser a da proximidade. É a ideologia que conecta e faz interagir com os atributos da individualidade moderna. É isso que chamo de ideologia policial, cujos valores o policial deveria introjetar. Ainda tem muita falha nessa formação.

No setor da polícia onde a ideologia militar é forte, acredita-se que a guerra contra as drogas é um combate que pode ser vencido?

Esse é o problema. Isso sempre foi colocado, já teve governador que falou que ia acabar com tráfico de drogas em seis meses. Primeiro, você vai ver, mercado é mercado! E é um dos mercados mais lucrativos que existem, porque é do prazer, entende? Esse é o meu ponto de vista, essa questão já devia ter sido discutida. É uma questão de como você coloca o dever moral dentro disso. Pela racionalidade, algumas coisas deveriam estar liberadas. Senão, pelo contrário, a gente vai estar, vamos dizer assim, estimulando ainda mais, não o mercado, mas a violência em si. Ao manter o combate aguerrido a isso, vou abastecer o mercado das armas. Porque essa lógica é perversa: um mercado se alimenta do outro. O Luiz Eduardo [Soares] fala isso, é uma lógica feudal – e é mesmo. Essa coisa de você colocar o inimigo, essa coisa moral... porque a formação militar é assim, mesmo, maniqueísta. A honra!

E a sociedade compra isso...

Compra. Isso não é só na polícia, não. Há uma sintonia perfeita. É um discurso que nasce nos Estados Unidos. Há toda uma construção a partir de grupos de interesse, que é uma agenda bem doméstica americana, mas que acabou se mundializando pela força que eles tinham naquele momento [nos anos 1970]. Na época, aquilo caiu como uma luva no discurso de Nixon, um discurso baseado na moralidade, para destruir simbolicamente os seus adversários políticos.

O Nixon aparelhou globalmente, assim, a guerra contra as drogas?

Não, foi a ONU. A questão do que vai ser proibido ou permitido deveria ser interna, têm que ser respeitadas certas culturas. O que houve foi um atropelo quando se considerou isso globalmente, e a ONU virou fantoche a partir desse interesse. Se você tem uma guerra, tem mercado de guerra. Qual o interesse econômico nisso? É uma questão moral. Com a guerra ao álcool, a Lei Seca criou todo um departamento que já funcionava voltado pra isso e que mobilizava toda uma estrutura de Estado. Só que essa estrutura ficou completamente irracional e incoerente com a crise de 29, principalmente por causa dos gastos. Muitos cortes foram feitos, os caras foram explodidos, ficaram lá, mas era só o que sabiam fazer. Então começaram uma luta de formiguinha para tentar reemplacar essa ideia. E quando foi abolida a Lei Seca por esses cortes no programa, ficou claro que a proibição é que gerava violência, banditismo, criminalização. Porém, ficaram claros também os benefícios conseguidos – econômicos, políticos etc. Eles venceram o medo que se tinha, o medo que era criado por esse moralismo contra o álcool.

Depois foi só reinventar um novo inimigo para a estrutura se reiniciar. E qual foi esse inimigo? As drogas. Isso começou dentro dos Estados Unidos e depois se tornou quase uma imposição para outros países devido ao seu poderio econômico e militar com Bush. Não sei se esse conservadorismo, esse moralismo, foi uma coisa do Partido Republicano. Mas os países foram forçados a entrar nessa onda. As drogas viraram o grande mal da sociedade ocidental. E os Estados Unidos financiaram guerras a ela. Fora do território deles, lógico. Isso mobilizou fortunas. O exemplo mais emblemático foi o Plano Colômbia. O documentário do Fernando Henrique mostra alguma coisa nesse sentido, é interessante que as promessas de reduzir o consumo, de acabar com a violência, vão por água abaixo. Mercado, cara! Nesse sentido, a UPP é revolucionária, porque ela não quer a guerra, quer mudar os padrões de sociabilidade violenta, padrões que são potencializados pelo uso da arma, como elemento de embevecimento de conflito.

Isso chama a atenção de outros países, porque com a diminuição da supremacia norte-americana no cenário mundial você tem uma liberdade aumentada para se pensar contrariamente ao que se pensava, àqueles padrões morais. Vários países começaram a questionar, também esses que hoje são ex-presidentes do Brasil, do México, o Fernando Henrique encabeçando essa lista. Quando eram presidentes, não batiam de frente, iam junto. Mas agora eles têm contribuído com uma discussão muito interessante, que na prática era o que eu via.

Existem comunidades onde o consumo interno é muito grande, e antes não era. O Brasil hoje é o segundo maior consumidor de cocaína do mundo. Então essa política de combate só aumentou o consumo e diminuiu o preço. Está ali na comunidade uma oferta muito grande, ora! Acabou tendo proximidade de consumo e, quando você diminui a oferta, você tem esses problemas de crises de abstinência. Agora, não tem uma estrutura de saúde pública suficiente, porque sempre se pensou que fosse problema de segurança – erradamente. E a polícia também acreditava que poderia resolver isso com a guerra. Então não se pensou nessas estruturas, nessas alternativas. A gente tem que olhar outros países, os próprios Estados Unidos hoje já começam a se repensar, mas cada caso é um caso, não adianta também você copiar o que está sendo feito lá. Tem que ir ao Uruguai, à Guatemala, a Portugal, à Espanha, cada um tem um modelo que precisa ser entendido. A política de redução de danos com relação à heroína na Europa também é interessante de ser observada.

Só para garantir que você vai falar de manifestações, como você vê o fato de os protestos existirem e como avalia a atuação da polícia?

Os protestos foram algo inusitado para toda a sociedade, eu acho. A academia, a imprensa... e a polícia não está fora desse contexto, mas, diferentemente do mundo acadêmico, precisa ter tempo para maturar as reflexões. Na polícia você tem que agir todo dia. Não se concebe uma teoria a todo momento, ela vinha se preparando para um contexto diferente daquele que se apresentou. Não é questão da desmilitarização, você vai ter Força de Choque em polícias que não são militares, porque isso é parte da possibilidade do Estado de usar a força. Agora, como e quando usar é a grande questão. A Força de Choque, o armamento não letal, é quase um consenso em vários países. O grande problema para a polícia é quando você tem uma miríade de intenções, de pautas. Isso inviabiliza um protocolo, um padrão que organizava o uso da força e a identificação da liderança. Em tese, você pressupõe uma liderança, mas essa pressuposição foi por água abaixo. Eu não estava no lado operacional, mas como já fui do Batalhão de Choque tenho uma ideia do que se passava. A utilização do Choque logo de início foi equivocada.

O grande problema são as leituras: "Ah, é uma manifestação, usa-se o Choque!" É preciso entender a complexidade dessa manifestação. É a mesma lógica usada no treinamento de uma polícia de aproximação. Você não pode olhar a favela, ou as favelas, e fazer um padrão como a Secretaria de Segurança quer: primeiro ocupa com as forças militarizadas, depois vem a UPP. Não funciona assim, não tem receita de bolo. Tem que fazer leituras rápidas e dar respostas criativas, sem perder de vista os princípios democráticos. Por isso, a UPP deve ter muito mais princípios – autonomia com responsabilidade. Não deu tempo de entender a complexidade do que acontecia, e o Choque usou os seus velhos protocolos.

Um outro problema: há muito tempo o Choque não era acionado. Essa fase de contestações, das grandes manifestações tinha passado. Mesmo aquelas manifestações anteriores, elas tinham, como falei, uma pauta única, como Diretas Já ou Fora Collor, e não deram problema nenhum com a polícia, não como agora. Se entendia a ação policial dessa forma. Lógico que aqueles que vinham com a intenção do confronto, os mais radicais, vamos dizer assim, se valiam do anonimato, da mesma forma que o traficante, que é minoria na favela, se vale da penumbra criada pela ausência do Estado. Os caras que querem a violência se valem disso, mas a leitura equivocada da polícia que se faz de fora é a leitura homogênea, cartesiana. A polícia vai pra cima como se fosse uma guerra, é a mesma coisa. Durante esses anos, o Choque foi sendo usado nas ruas para redução de indicadores criminais, complementando a presença policial mais massiva nas regiões onde havia carência de policiamento. Antes, principalmente no período da transição democrática, aconteceram muitas manifestações e ele era acionado frequentemente. Isso fez com que, na época, a polícia desenvolvesse uma metodologia, uma estrutura, onde todas as unidades dos batalhões locais prendiam o mínimo, faziam uso gradativo da força, uso de equipamentos não letais. Essas unidades chamadas Forças de Choque eram a primeira voz em todos os batalhões, a primeira ação, não de policiamento normal, mas do policiamento de tropa, coletivo. Isso foi se perdendo, as unidades não mais treinavam suas Forças de Choque. Não valia a pena, porque não havia mais manifestações, seus efetivos haviam diminuído porque tinham outras prioridades. Quando as manifestações de caráter fragmentário começaram a acontecer em vários locais, com várias pautas, as estruturas policiais estavam sem treinamento e, mesmo que estivessem treinadas, o protocolo já estava anacrônico.

O último problema são as Forças de Choque sem treinamento psicológico, a primeira coisa que se fazia era usar o gás. Tiraram as armas de fogo. Mas aí vão ficar sem as armas de fogo? Lá na Assembleia Legislativa, quase mataram policial. O policial vai ficar com medo, ou ele vai fugir, ou ele não vai fazer, ou ele vai se assustar com isso. Por isso, o comando decidiu dar as munições não letais, gás etc. Pronto! Era gás, tiro de borracha, e caramba, foi uma loucura, não havia critérios. Bastou uma primeira ameaça para que o pessoal mais radical, nos movimentos e na polícia, partisse para o enfrentamento. É sempre no final, para esvaziar o movimento. O pessoal radical já sabia: dada a tensão, era só jogar um morteirozinho, que depois era estouro da boiada. Havia uma tensão, um estresse, e a polícia ali, tentando com todos os problemas que ela tem. Quem perde é a sociedade.

O pessoal então me deu a oportunidade de treinar outra coisa. Começamos pegando um grupo que era mais tranquilo. São pessoas treinadas, não ficam intranquilas, sabem que podem dominar com as mãos; então esse cara sem a arma se segura. Foi quando colocamos aqueles números identificando cada policial. Foi se criando esse grupo de uma forma improvisada, nós não avisamos porque era um ensaio, não vamos alardear como uma solução. Começamos a adestrar, foi aí que começou a mudar a padronização da polícia nessas ações, e como o coronel Luis Castro, esse que está assumindo o comando da PM agora, viu isso, acreditou e se entusiasmou. Tenho certeza que ele vai ampliar esse conhecimento.

Mas isso tudo é uma discussão, eu não sou comandante, eu sou do administrativo. A gente viu reações dos manifestantes superpositivas. A questão é que a maioria não quer o vandalismo; então a gente tem que estar lá e falar e proteger as pessoas. Mas como fazer? A gente tem que chegar antes e fazer a função da polícia, porque ali tem criminoso, o cara assalta, o cara quebra, o cara saqueia: é crime, não é manifestação. Ou então é uma manifestação equivocada, anacrônica nos nossos conceitos. Mas o pessoal tem essa visão do "todos contra todos, nós contra eles". Se fizer a função policial como deve ser, a gente vai ganhar legitimidade ou um pouco mais de credibilidade. Do jeito que está, tá ruim, estamos mal.

Existem inúmeros registros em vídeo mostrando policiais sem identificação. Isso era um protocolo do Choque?

Não, não. Desses últimos ou dos outros?

Há um vídeo em que uma pessoa pergunta a policiais por que estão sem nome. Essa pergunta foi ignorada.

Olha, cada caso é um caso. Não dá pra dizer que isso foi feito deliberadamente. Houve uma necessidade muito grande de mobilizar policiais em cada manifestação, e foram eventos próximos uns dos outros. Muitas vezes havia um nome, mas por cima do nome vai um colete. Entende?

Mas é permitido estar sem o nome?

É o seguinte, no caso de uma prisão, você é obrigado a se identificar. Eu estou te prendendo, eu sou o policial tal. Mas pode ser uma série de coisas: um policial pode querer se clandestinizar deliberadamente, mas essa pode ser também uma questão logística em que, num esforço administrativo, se agiu preservando o interesse público. A lei exige que você se identifique, você se identifica. Mas não quer dizer que toda a hora o cara vai estar lá. E pior: os radicais. Tem radical dentro e fora da polícia. Começam a fazer terrorismo na internet: pegaram o Facebook dos policiais e começaram a destroçar, aí as pessoas ficaram mais apavoradas. Uma coisa levava a outra, aí o que nós fizemos pra evitar esse negócio todo? Identifica-se o comandante, e o resto não muda. Demos um número para cada policial. Foi uma estratégia rápida. Os coletes a gente teve que adquirir rápido pra entregar pra cada um. Colocamos bem chamativos os números para as pessoas falarem "é o número tal". Eram oito grupos alfa, cada um com dez policiais. Então não tinha número igual, todos tinham números diferentes e bem evidentes, com letras fluorescentes.

Por que – por exemplo, na grande passeata da Presidente Vargas –, mesmo depois de a manifestação ter se dispersado, ocorreu aquela ação tão ostensiva, na Lapa, fora do contexto da manifestação? Com que intuito isso foi planejado? Foi de fato planejado?

Não foi planejado. Eu não era o comandante das ações. Como observador eu vi que, além de falhas de leitura – uma leitura homogeneizante, que não entende a complexidade do que é manifestação e do que não é, do que é uma ação criminosa e do que não é –, além disso, houve uma falha de ordem logística nas comunicações. As tropas recebiam informações de um centro de comando e controle do que estava acontecendo, e se preparavam para o controle das multidões. Então foi dito: "Olha os manifestantes!", "Houve um saque ali perto!", e uma câmera mostrava pessoas saqueando vários utensílios e indo se esconder nos bares da Lapa. Quando deram essa ordem, no calor da coisa, eu acredito que na hora foi muita tensão, devem ter falado: "Manifestantes saindo pelo lado." Aí a tropa fez a leitura: "Manifestantes, onde?"; "Estão indo pela rua das Marrecas", se não me engano. Acho que era uma Lojas Americanas que tem ali e estava com muita gente passando e levando coisas, estavam atravessando aquele sinal que vai dar na Lapa. É lógico, equívoco do comandante que estava lá e que tinha que ter feito uma melhor leitura. Mesmo se o cara que saqueou entrar em um bar, você não pode chegar daquele jeito. Foi tanto uma falha local quanto uma falha de comunicação, falha estrutural do comando. Depois o rádio não funcionava, todo mundo falando ao mesmo tempo. Estouro da boiada – foi isso que aconteceu: estresse, despreparo e falha logística.

Tanto nos vídeos quanto nas manifestações, e até fora delas, tive a sensação de que não há um reconhecimento entre cidadãos e policiais. Como se o cidadão não reconhecesse a legitimidade do policial e o policial se sentisse pessoalmente atingido pelas agressões e palavras de ordem.

A polícia não pode ser olhada como uma massa homogênea. Eu fazia parte de grupos que pensavam a reforma da corporação, e havia muita resistência interna. Quando se animam esses antagonismos, evocando um ranço da ditadura, tratando os policiais como se fossem uma massa homogênea, revela-se uma falta de percepção de fora para dentro também, o que inviabiliza os nossos esforços que já sofrem resistência dentro da corporação. Esse momento foi ruim, todo mundo saiu chamuscado ali. E atrasou os processos de reforma porque aumentou a reação conservadora. Não sei como eles vão se dar agora. Para mim foi lamentável. Sem razão.

Como eu falei, essa abertura, principalmente para a academia, está mais intensa agora, e gera opiniões radicais, generalizantes, de ambos os lados. Isso não é bom para o discurso de mudança. Eu acho que é mais salutar entender que há pessoas com boa vontade em todos os setores da sociedade, assim como há radicais e picaretas, inclusive na polícia. Não se pode entender as coisas de forma homogênea, nem quando se olha para a favela, nem quando se olha para as manifestações, nem quando se olha para as instituições. Então a gente procura o consenso, porque algum consenso, mesmo que mínimo, sempre se encontra. Erros? Tem. Os erros são estruturais, e a reforma deve ser estrutural. Os erros pontuais, deliberadamente violentos, excessivos, têm que ser punidos. Agora, tem que dar também a oportunidade da corporação punir, e a corporação tem punido pra caramba. Mas essa falta de diálogo propositivo atrapalha, não ajuda.

E você acha que a gente está caminhando nesse sentido?

Olha, são passos ainda muito curtos. Eu não diria que nós temos um grupo muito forte. Esse grupo de boa vontade ainda não é necessariamente expressivo para se fazer a transformação que precisa ser feita. Mas ele está maior do que já esteve. Esse processo é irreversível, mas leva tempo. Tem muita semelhança com a UPP: ele vai depender dos talentos individuais e do estímulo que os talentos individuais possam receber das instituições e da sociedade.

ENTREVISTA

DAVI KOPENAWA

Líder indígena Yanomami

15/8/2013

Você poderia nos contar como começou a sua luta?

A história é muito longa, é muito longa mesmo. Conheci o primeiro branco, ele entrou na nossa comunidade, na Terra Yanomami, eu mesmo não conhecia, não sabia que existia isso de homem branco no Planeta Terra. Vocês, brancos, chamam "Brasil". Nós, eu, liderança, preferimos chamar "Planeta Terra" – lugar em que estamos todos, em que moramos e vivemos.

Então eu comecei cedo, tinha mais ou menos quinze anos. Com quinze anos, eu enfrentei o homem branco, que está fazendo erros e que veio estragar a nossa floresta, o nosso costume, língua, o nosso lugar. O homem branco vem fazendo muito erro sem pensar, sem falar com a liderança. E vem acontecendo assim, mas eu não gostei. E eu sou um Yanomami que não gostei do costume e do trabalho da civilização. E por quê? O nosso país, o Brasil, ele é tão bonito, é muito rico, de floresta, água, as montanhas, indígenas, pássaros, animais, a saúde, o costume dos indígenas. A cultura tradicional é muito bonita. Então fui escolhido como liderança, a força da natureza me colocou pra defender o direito do meu povo Yanomami. Para defender o meio ambiente, que é nosso, é nossa floresta, como a nossa casa.

Indígena é, pertence. Pra nós, ele [meio ambiente] é como irmão. Nós somos ali – nascemos ali. O primeiro indígena Yanomami, chama-se Omama. Omama ensinou a proteger o nosso lugar, preservar o meio ambiente, e nós usamos a riqueza da floresta. Vocês sabem muito bem também, vocês brancos usam as frutas, como buriti, açaí, castanha e caju e outras que a natureza plantou – plantou tudo para nós comermos. Nós estamos estragando, e eu vi quando era pequeno o primeiro homem que entrou na região do Surucucu. Aí eles chegaram lá procurando o igarapé, cavaram o buraco como se fossem tatus. Cavando terra à procura de areia. Areia, ouro, diamante, cassiterita e outras pedras preciosas. E homens brancos vieram de muito longe, vieram atravessando o outro mundo. E chegaram invadindo a nossa floresta – do Brasil. E nós, povos indígenas, não gostamos. Por quê? Por falta de respeito. Homem branco parece que não tem dono. Nós temos dono, foi a natureza que criou. Então aí aconteceu, quando eu fui crescendo, eu fui olhando os garimpeiros derrubando as árvores, os políticos da cidade criando problema, criando briga, corrupção. Aí eu apanhei muito, mas aprendendo. Ficaram mexendo com a gente, deixando a doença nas comunidades, a doença que veio [o homem branco], trazendo de avião, de navio e do rio.

Estou continuando essa luta, essa luta não vai parar, não tem limite pra chegar. Essa luta não tem fim. Nós, lideranças tradicionais, gostamos de viver sem invasores, sem problema, mas nós não temos [vida] assim, sossegada, tranquila, hoje. Antigamente, tinha sim. Antigamente, eram nossos problemas, vivia bem, andava bem, andava na floresta e subia na montanha. E gostava da nossa beleza da floresta. Era assim, mas hoje, agora, 1900, 2013, aumentou de novo, há invasores. Está começando a repetir.

O governo passado já estragou, daqui para a frente, vinte anos. Invasores estão aumentando de novo. Os invasores estão preparando de novo pra acabar, estragar o nosso país, estragar a nossa floresta, os nossos rios, estragar nossos lugares, onde a gente está protegendo. Mas homem branco gosta de destruir, como tatu. Como porco, como animal. E nós, povos indígenas, nós somos gente. É por isso que vocês encontraram o nosso país vivo. E em pé. Mas agora não, estão destruindo. A minha preocupação, o que nós estamos tentando, é lutar pra conquistar o governo brasileiro. O governo brasileiro, hoje, é uma mulher que se elegeu pra cuidar do nosso país. Mas, ao contrário, o pensamento deles é só para destruir. Pensamento para acabar com a floresta, acabar com os índios, com a nossa cultura tradicional, acabar com a nossa saúde. Os políticos estão lutando pra começar a estrada de novo.

Como é que você organizou o seu povo pra fazer essa luta?

Nós organizamos, eu fui conhecer outras lideranças. Lideranças Macuxi, Wapixana, Ingarikó, eles já tinham luta. E outros também, lideranças como Ailton Krenak, Marcos Terena e as lideranças Caiapó, as lideranças Xavante e o tio Raoni.

Raoni, ele já estava lutando quando eu era pequeno. E então o encontrei, eu aprendi com ele a lutar junto. Nós estamos longe, mas estamos juntos para defender o nosso direito. Então eles conheceram a minha luta. Alguns brancos do Brasil, eles não conheciam, eles não queriam escutar o que eu falava com a Funai, falava com o governo Sarney. Ele não queria demarcar, ele não queria tirar garimpeiro, mas eu tenho sorte. Eu tive a sorte com o Ailton Krenak e a liderança Tukano. Eles fizeram uma carta e mandaram para os Estados Unidos. Então a ONU, ela recebeu a minha carta dizendo, contando para o estrangeiro. E eles entenderam que eu estava lutando sozinho. O europeu conheceu a minha luta e eu estava lutando sozinho, pensaram que poderiam ajudar. Para salvar a vida dos povos Yanomami. Foi reconhecido assim, eu fui reconhecido com a ONU. Você sabe que a ONU existe nos Estados Unidos. Então lá eles me deram um prêmio. Um prêmio dos Estados Unidos que abriu muito espaço para eu poder sair do meu país e chegar no outro mundo para contar sobre o meu povo Yanomami, que estava sofrendo. E o povo morrendo de doença de malária, doença de gripe e tuberculose, e outras doenças que acabaram com a nossa vida. Os garimpeiros mataram também, mataram a essência Yanomami. Então eu saí pra contar para o outro mundo. Os Estados Unidos me deram apoio para me ajudar a resolver os problemas da terra Yanomami, tirar garimpeiro e demarcar a nossa terra. É assim que aconteceu a minha luta, até hoje estou continuando.

Qual é a maior dificuldade que você encontra nessa luta?
A maior dificuldade com que eu estou lutando é a política pública. A política pública eu não conheço, nem nós conhecemos, a política pública eles criaram assim. Discutiram no legislativo, criaram uma instituição federal que os brancos escreveram, mas isso aí eu não conheço. A maior dificuldade, estou enfrentando. Eu não consegui chegar aos políticos de Brasília. Brasília é uma autonomia, autonomia do político que manda. É uma pessoa do Brasil que quer ser dona de terra de todo mundo. Então aí estou com muita dificuldade de conversar com os políticos. Deputado, eu não conheço deputado. Eu não tenho amigo deputado, senadores, eu não tenho. Eu não tenho amigo assim de confiança, é por isso que eu estou com um tanto de dificuldade.

Tem alguma questão muito fundamental que está sendo discutida e decidida pelo governo nesse momento?
Nós tentamos conversar com o governo a respeito do nosso Planeta Terra. Pra nós isso é fundamental. É prioridade pra tudo, não é só pro índio, não é só pro branco, é pra tudo. Aí nós tentamos explicar às autoridades, eles não querem saber, não querem saber preservar a terra. Não querem saber preservar a natureza, não querem saber respeitar. Eles querem saber só destruir a riqueza da Terra. A riqueza da Terra, a parte da nossa comunidade. Querem só fazer negociação pra os outros países. Eles estão

fazendo isso, nós não temos assim boa notícia para os índios, nós estamos com muita dificuldade. Como é que nós vamos resolver, conversar, com a autoridade da cidade?

Você diria que a situação hoje é mais grave que antes? Considera que houve retrocessos nas conquistas? Já foi melhor ou pior?

Essa é a segunda vez. A primeira vez já sofremos, já perdemos, já perdi mais ou menos 2 mil Yanomami. Agora, segundo, sobre 2013, vai acontecer muito forte porque os senadores, os deputados estão querendo acabar com o nosso artigo que defende ou garante a nossa sobrevivência. Nós vamos começar enfrentando, estamos muito preocupados. Vai deixar pior pra nós, em 2013 ou 2014. Eles estão preparando para ir contra o povo indígena, contra a nossa terra, contra a nossa floresta. Eu acredito que vai dar muito problema, vai dar muita briga, muita confusão.

E você tem acompanhado as manifestações que vêm acontecendo no Brasil?

Eu acompanhei sim. Bom, eu achei bom porque o povo da cidade reagiu, porque o povo da cidade, eles conheceram a minha luta, a luta nossa, do povo indígena. Então eles fizeram uma manifestação contra governo, contra a política que está errada. Achei muito bom e eu acredito que nós, povo do planeta, nós estamos sofrendo juntos, os brancos, os negros, os indígenas e o nosso Planeta Terra. Então eu gostei que o povo da cidade se manifestava contra o governo Dilma. Porque a Dilma está errada, ela parece bonitinha, mas o que que eles pensam? O que eles estão olhando é o brilho da terra que ela quer arrancar para negociar, mandar a nossa riqueza para os outros países. Por isso que nós continuamos lutando, mas o povo da cidade tem que ser assim forte e junto com a gente. Não é só índio que defende nós. Não é só índio que luta, nós queremos também que vocês não índios levantem a sua bandeira para conquistar a nossa autoridade do Brasil.

A luta de vocês já é antiga. Você reconhece algum motivo especial para as pessoas da cidade terem ido pra rua agora?

Nossa luta é muito antiga, é antiga sim. E o povo da cidade fica só olhando a gente, olhando a nossa luta contra invasores. E o povo da cidade só fica olhando como televisão. Fica olhando, e nós lutando contra político, contra autoridade. E agora, [há] pouco tempo, acho que eles pensaram que povo da cidade poderia também lutar. Nós lideranças achamos bom; se a gente não reclamar, assim, não vai acontecer nada bom pra nós, não.

E você acha que, de algum jeito, as pessoas da cidade indo mais pra rua podem ajudar na luta de vocês?

Sim, pode sim. Isso aí é bom porque continua na luta junto com nós. O povo da cidade não pode parar não, vamos reclamar juntos, não podemos ficar calados e a autoridade ficar pisando em nós. Porque é o nosso direito, nós estamos no Brasil, ninguém de fora do Brasil. Vocês nasceram aqui no Brasil e vocês estão do nosso lado, eu queria que vocês continuassem falando com as autoridades. Falar com médico, falar com seus amigos, falar com outros que gostam de lutar, que gostam de meio ambiente, preservar nosso país. Seria muito bom assim, eu queria que vocês criassem mais coragem para continuar a reclamar com as autoridades.

E você acha que ter mais participação, mais lideranças indígenas nos papéis de políticos, senadores, deputados, ajudaria?

Eu acho que são vocês que poderiam ajudar povos indígenas. Vocês que precisam conhecer a gente, a realidade, conhecer a nossa família. Conhecer a nossa humanidade, conhecer todo o território indígena. Como vocês não conhecem nós, nós não poderemos, nem eu, nem vocês, resolver o problema que estou enfrentando.

Nós precisamos da força de você, não é só de mim. Nós. Não tenho amigo branco de confiança para lutar junto, para conseguir frear invasores na terra indígena. Eu acho que nós [devemos] aproximar mais, nós temos que conhecer mais, entrar em contato mais, ficar mais amigo. Achar um amigo senador, achar um amigo deputado, governadores. Os militares, que são também as armas pesadas. Eles são protegidos pelos militares, e nós, povos indígenas, não temos militares para proteger nós. Mas quem vai proteger nós é a natureza. Eu penso assim.

Eu acredito nas forças da natureza. Quem sabe tem um homem da cidade honesto que pensa bem, pensa no futuro, no futuro adiante. Eu acho que tem. Não se pode se considerar inimigo de todo mundo, muita gente está entendendo agora a nossa briga. Então acho que vai ter que divulgar mais pra entender mais, pra eles criarem coragem para reclamar com a nossa autoridade brasileira. Tem que respeitar o nosso povo, autoridade não é para maltratar, não é pra estragar o nosso país. O nosso país é o mais bonito, é uma beleza. É cheio de água, cheio de riqueza, cheio de riqueza das chuvas, não é cheio de riqueza de ouro não; é saúde que é riqueza para gente viver bem. Então nós vamos conversar, divulgar entre gente, pro homem grande respeitar tudo nós.

O que significa democracia para você?
O que é democracia? Explica você bem claro pra mim.

Quais valores você gostaria que o governo tivesse? Qual seria uma boa relação entre Estado e povo?
Acho que pra mim está faltando uma pessoa da cidade que pensa, que sonha. Que sonha a natureza do Planeta Terra. Nós não temos. E tem muita gente que está repetindo os mesmos erros. Antigamente tinha uma pessoa aqui no Brasil. Agora não é mais, agora todo mundo está assim cheio de riqueza. Todo mundo quer meter a mão na nossa terra do Brasil, arrancar tudo, levar tudo pra fora, e depois a gente fica sem nada. Nós não temos uma pessoa como deputado do índio, do nosso lado. Não tem um homem senador pra ficar do lado, para brigar com a gente, não tem deputado, senador e governador. A maioria está junto com gente grande, fica contra nós. Está faltando uma pessoa pra defender nosso direito.

Não é só direito dos indígenas, não, nosso direito ao país, direito à terra, como [está na] Convenção 169 da OIT. Mas eles esqueceram, não estão mais respeitando. Eu não gosto de ficar chamando de ladrão, essa palavra não serve pra nada, é muito ruim. Essa palavra eu digo para a cutia, que é ladrão, que rouba nossa riqueza. Eles são o maior grupo, que fica contra nós, fica dando nossa riqueza pra outro país.

Antes deste governo, teve alguém que defendeu melhor a causa indígena?
Antigamente tinha uma pessoa que conhecia de nós. Chama Fundação Nacional do Índio – Funai. A Funai vestiu a nossa roupa pra defender nós. Tinha também um governo. Eu gostei muito da Funai, e quem manda é gente grande. Tinha, agora mudou. Mudou pra estragar outra vez. E, como eu falei, tem uma mulher que virou a presidente, e não é o papel dela só apoiar os políticos, apoiar os garimpeiros, apoiar roçadeiro, apoiar pecuarista. Então nós não estamos bem contentes com ela, não.

Quais os direitos fundamentais que devem ser garantidos para os Yanomami e outros povos indígenas?
É fundamental para nós todos uma terra. Uma terra que nos ajuda, dá comida, dá uma alegria. E é fundamental nossa saúde, todo mundo com saúde é bom, trabalhar, dar, brincar, fazer uma festa. E também é fundamental a floresta, sem floresta não tem vida. É fundamental os indígenas, eles são guardiões do nosso país. Se acabar com os índios junto com a natureza, não tem vida. É fundamental tudo que nós temos.

Aqui no Brasil é fundamental a saúde, a água. Também o governo poderia construir hospital bom, hospital de qualidade, estamos precisando de hospital bom pra todo mundo fazer tratamento de saúde. Também é fundamental escola de qualidade para povo indígena estudar – e também para o povo da cidade. Nossos filhos estudam. Tá faltando isso. A autoridade não quer gastar no que vai servir pra nós. Eles só querem gastar o dinheiro, destruir, derrubar.

Por que você acha que o homem branco construiu uma relação com a natureza tão diferente dos indígenas?
Homens brancos são acostumados a estragar a floresta, acho que você já viu o histórico. Os estrangeiros já começaram a estragar a Europa, matar nossos parentes indígenas americanos. Vieram aqui no Brasil e estão repetindo: matar meio ambiente e derrubar. E também nós que moramos [na floresta], deixaram morrer de doença. Estão trabalhando para destruir nosso lugar, destruir o pulmão da floresta, o coração da Terra. E depois não vai funcionar pra todo o povo do Brasil.

Por que você acha que eles estão destruindo?
Porque é negociação para pagar dívida, pra pagar dívida pra outros países. Estão devendo, estão arrancando areia com um pedacinho da pedra, mas essa pedra de ouro não se come. Os filhos, a mulher dele, não vai ser para barriga deles; só vai deixar estragar a nossa Terra porque estão pagando a dívida. E é isso que o homem do Brasil está fazendo, porque eles querem dinheiro, e homem não manda no Brasil, quem manda é dinheiro, a política do mundo geral.

De que forma o homem branco poderia viver melhor com a natureza e que fosse melhor para o país e o planeta?
Então homem, governo, mundo geral, precisa conhecer a natureza de perto. Chegando nas comunidades, conversando com indígena, conhecendo as montanhas. Conhecendo toda a natureza como que nasceu. Porque o homem da cidade não conhece, o homem só conhece no mapa. Olhando no mapa, internet. Ele precisa sair do gabinete dele, viajar pra Manaus, Boa Vista, pra terra indígena. Isso que eles estão precisando conhecer. Como não conhecem de nós, estão querendo estragar tudo de nós junto com a natureza.

O que você procura ensinar para as crianças da aldeia?

Eu estou ensinando com os meus amiguinhos, meus filhinhos, para eles aprenderem a lutar, aprenderem a caminhar ao nosso lado. Se eu não ensinar a eles, eles vão virar igual a branco, porque o costume do branco é muito forte no índio. E o branco, ele sabe enganar: dá comidinha, dá cabritinho, dá roupa. Ele pensa que ali é bom, mas no fundo, no fundo, não é realmente bom para os indígenas, não.

Quando você está na sua aldeia, o que você mais gosta de fazer?

Quando eu estou na aldeia como eu sou acostumado, como eu sou criado desde a origem, eu gosto de andar na floresta e matar saudade. Gosto de conversar com a natureza, olhar igarapé e os pássaros. Andando assim pra caçar, pescar, ir trabalhar no roçado, ajudar os amigos que precisam. O meu costume nunca fugiu, ainda está assim, inteiro. Quando eu volto para minha comunidade, eu vivo bem, eu vivo tranquilo. Porque ali é espírito puro que está lá, e me sinto muito bem. Aqui na cidade, muito barulho de carro, de televisão, muito esquisito. Quando eu estou na cidade, eu fico doente, eu fico tonto. Só estar na aldeia e eu vivo bem, como se tomar banho, né, ar puro. Assim como se toma banho, e eu vivo tranquilo. Eu assim.

E tem algum recado que você gostaria que o mundo ouvisse?

Eu gostaria de mandar a minha mensagem para todos, para o povo do mundo inteiro. O mundo inteiro, o nosso mundo, ele está de olho. E quem não me conhece vai conhecer a minha voz, minha mensagem. Quem que eu sou, sou filho da natureza. Que mora no pulmão da floresta, lá na Amazônia brasileira. Então a minha mensagem para todos, jovens, estudantes, crianças, adultos, igual a todo mundo, para eles escutarem: o meu pensamento é diferente, o meu pensamento é pra preservar a natureza. Aí eu escolhi uma palavra que é muito bonita pra mim, como a natureza ensinou pra defender ela, e não a mim. Pra defender a natureza da Terra Planeta. O mundo inteiro pensar e respeitar com a nossa natureza. Ela traz é uma alegria. Ela traz é um conhecimento, um conhecimento tradicional. Ela traz um antropólogo, antropólogo que está estudando, pesquisando. Antropólogo precisa também preservar a cultura brasileira. A cultura do mundo. Sem mundo, onde vocês vão me escutar?

Então eu queria que vocês acreditassem. Eu não sou professor da cidade. Sou professor da aldeia, das montanhas que conheço, eu sei ler no chão, no sol, aonde que o sol vai, aonde que o sol sai pra gente levantar pra trabalhar. Isso é muito bom. Fosse todo mundo assim como eu penso, seria muito bom pra nós todos, Terra Planeta viveria bem, sem briga, sem corrupção. Essa é a minha mensagem para todas as crianças, moças, rapazes e autoridades também: quem quer preservar a Terra Planeta, é deixar planeta vivo, ficar em pé para outra geração continuar a viver, continuar a trabalhar, continuar a cuidar do nosso país. Essa é a minha mensagem pra vocês.

MOBILIDADE E TARIFA ZERO

LÚCIO GREGORI

Engenheiro, ex-secretário de transportes de São Paulo entre 1990-1992

15/8/2013

As Jornadas de Junho, como são chamadas as recentes manifestações populares iniciadas em junho de 2013, não aconteceram do nada. As manifestações do Movimento Passe Livre contra o reajuste das tarifas de transportes coletivos foram o estopim, sobretudo em São Paulo, cidade que sempre atrai maior atenção da mídia. Essas manifestações, todavia, ocorrem há muitos anos em todo o país, porém com menor ressonância. Desta vez a escala e a repercussão foram enormes.

Não tenho a pretensão de interpretar fenômenos como esses que desafiam sociólogos e analistas políticos, mas tão somente dar uma contribuição, particularmente vinculada à questão da mobilidade, que é o assunto deste texto.

Em 2013, preocupado com a inflação, o governo federal resolveu pedir a estados e municípios que adiassem até junho os reajustes tarifários dos transportes coletivos urbanos e metropolitanos, e que eles fossem abaixo da inflação ocorrida desde a última alteração. De certa forma, ao fazer esse movimento, o governo jogou um holofote na questão. Provavelmente isso acentuou a repercussão dos protestos no momento dos aumentos mais do que em anos anteriores. Além disso, as oposições também deram sua contribuição ao visualizarem nas preocupações do governo uma fragilidade a ser explorada com relação à inflação, dando grande destaque ao assunto nos comentários na mídia no período que antecedeu os reajustes, antes portanto das primeiras manifestações.

Tudo isso conferiu às manifestações contra o aumento das tarifas um poder de repercussão que não ocorrera em anos anteriores. Destaque-se que as tarifas de transportes coletivos são o estopim de revoltas populares há muito tempo. Assim foi na Revolta do Vintém, em 1879; no "quebra-quebra" de 1947, em São Paulo; na greve dos bondes em 1956, no Rio de Janeiro; na Revolta do Buzu, em Salvador, em 2003; e na Revolta da Catraca em Florianópolis, em 2004, apenas para citar as mais significativas.

A mobilidade urbana ou, melhor dizendo, o descalabro da (i)mobilidade urbana no país atingiu níveis de absoluta intolerabilidade. Transportes coletivos ruins, caros e, pior, com investimentos voltados para megaeventos, deram a impressão à população de que ela mesma não tem importância alguma. Importantes e valorizados são os megaeventos e só em função deles ocorrem investimentos em mobilidade, mesmo assim discutíveis em muitos casos.

O foco no reajuste tarifário, e por decorrência na questão da mobilidade, foi o fator central para as Jornadas de Junho. Outras pautas se seguiram, mas é curioso verificar que quase somente na questão da mobilidade ocorreram reivindicações concretas e propostas específicas, dentre elas a Tarifa Zero. Nas outras pautas viu-se a generalidade de "mais e melhores serviços públicos, como educação, saúde e segurança, combate à corrupção etc."

Ao ser o foco das manifestações, a mobilidade foi trazida para o campo onde efetivamente tem de ser discutida e equacionada, ou seja, no campo da política. Deixou de ser uma discussão "técnica", com propostas de solução a partir de alternativas tecnológicas, operacionais ou de oportunidade, como BRTs, VLTs, Monorails, megaeventos etc.

Talvez pela primeira vez nos últimos tempos tenha ficado clara a dependência entre mobilidade e política, aí incluídas formas de exercício da democracia, reforma tributária, separação entre interesses privados e interesses públicos, cuidado melhor, mudanças e inovações, nos chamados serviços públicos, para citar alguns aspectos do que chamamos de política. Menos palavras e mais ação consequente e de prioridade efetiva na defesa dos interesses da maioria.

O MPL (Movimento Passe Livre), com quem mantenho convívio e troca de informações há oito anos, além da reivindicação imediata do cancelamento do reajuste da tarifa, pautou a necessidade de mudar a política de mobilidade hoje centrada no automóvel e colocou também a necessidade de tratar o transporte coletivo urbano como efetivamente público, e não privativo, dos que pagam a tarifa, pautando assim a Tarifa Zero. O MPL mostrou que estuda e debate há muito tempo a questão e, portanto, é um manifestante e interlocutor confiável para a população. Teve um trabalho de "formiguinha" ao longo desses anos, aproximando-se e buscando linguagem comum com movimentos populares, sindicais e sociais.

Faz sentido, pois, detalharmos a proposta da Tarifa Zero e entender seu potencial de debate político. Ela significa a ponta de um grande iceberg chamado mobilidade urbana e metropolitana. Pelo seu ineditismo aparente, chama a atenção. E ao ser discutida oferece um leque enorme de questões sobre a própria sociedade em que vivemos, seus limites e suas fabulações que defendem os interesses de poucos, que apostam na certeza de contarem com a interminável crença das maiorias nessas fábulas.

O enorme "iceberg mobilidade", diferentemente de outros, não é direito social. O artigo sexto da Constituição Federal elenca como direitos sociais a educação, a saúde, a alimentação, o trabalho, a moradia, o lazer, a segurança, a previdência social, a proteção à maternidade e à infância, a assistência aos desamparados.

Não elenca entretanto a mobilidade urbana e metropolitana, necessária para acessar boa parte dos serviços relativos aos demais direitos, tendo em vista que cerca de 80% da população vive nessas áreas. Como ter o direito à saúde pública se é necessário pagar para chegar ao posto de saúde? Idem para educação pública? E como usufruir, de fato, as vantagens da vida nas cidades – sejam de convívio social, de lazer, cultura – se não houver recursos para acessá-las, fazendo parecer que a população só tem o direito de ir e vir do trabalho?

Por essa razão, uma primeira questão importante é a inclusão da mobilidade no citado artigo, através da aprovação da PEC 74 do Senado, já aprovada na Câmara sob a denominação de PEC 90, de autoria da deputada Luiza Erundina, ex-prefeita de São Paulo. A PEC 90 é de sua iniciativa: durante seu governo, em 1990, a Tarifa Zero foi proposta e encaminhada junto com a respectiva reforma tributária, que gerava recursos adicionais ao orçamento municipal, a fim de garantir esse novo serviço pago indiretamente, e não no ato de sua utilização, como ocorre com a coleta e destinação final de lixo, a iluminação pública, para não falar da saúde, educação e segurança públicas.

A reforma tributária era baseada no princípio da progressividade pelo qual "paga mais quem tem mais, menos quem tem menos e não paga quem não tem". Não é o caso de entrar aqui nos detalhes da reforma, mas é fundamental ter em mente que 76% da população a aprovava para que propiciasse a gratuidade nos transportes municipais, conforme pesquisa feita em novembro/dezembro de 1990 pelo Instituto de Pesquisas Toledo e Associados. Na mesma pesquisa, cerca de 68% desejava a aprovação do projeto pela Câmara Municipal e 25% não desejava. É fácil perceber nessas porcentagens uma clara divisão: a maioria "tem menos e a minoria tem mais". Simples assim.

Mas essa minoria tem grande poder de comunicação e de formação de opinião, e assim se deu o debate onde ela formulou, como hoje ainda ocorre, formas de desqualificar ou mostrar sua "inviabilidade". Isto é feito nos mesmos termos do discurso da Teoria da Reação Contrária[1] e aparece de diversas formas: falando, por exemplo, da "perversidade da proposta" (que atingiria o efeito oposto ao desejado: queda de qualidade, ônibus lotados, vandalismo etc.) ou da sua "futilidade" (irrealismo, utopia, falta de compromisso com a realidade, "coisa de moçada" etc.); ou da sua possível "ameaça" (se isso acontecer, de repente se exigirá tudo de graça e isso conduzirá à total ruptura social, com efeitos imprevisíveis); ou nos termos da retórica da piora dos outros serviços, desconhecendo que a proposta da Tarifa Zero em nenhum momento propõe a retirada de recursos de outros serviços, mas, sim, o acréscimo de novos recursos a partir de reforma tributária ou realocação de outras despesas públicas, frequentemente feitas em favor do transporte individual motorizado.

É preciso ressaltar que a Tarifa Zero poderá ter diferentes equacionamentos financeiros para sua implantação e que estes poderão variar em cada município ou estado. Alguns municípios podem implantá-la a partir de recursos já existentes ou com pequenos ajustes entre suas despesas orçamentárias. É o caso de municípios de alto PIB per capita como Porto Real (RJ), o qual já tem esse serviço, ou Agudos (SP), que tem o serviço há cerca de 10 anos tendo feito apenas a realocação e o controle de outras despesas. Ou Muzambinho (MG).

Rigorosamente não existe limitação em função do tamanho da cidade. O que existe, como se disse, são diferentes equações e engenharias financeiras para cada realidade. É óbvio que enormes aglomerações (não são enormes por acaso, não é?) apresentarão dificuldades maiores para esse equacionamento, mas não se pode falar em impossibilidades em função do tamanho. Essa é uma comprovação que terá de ser feita, caso contrário permanecerá no campo das "retóricas da intransigência".

Tanto isso é verdade que em 1990 a reforma proposta em São Paulo criava recursos adicionais para aumentar em cerca de 50% a frota para atender à demanda represada pela tarifa e pela migração de parte dos automobilistas. Esses recursos viriam da reforma tributária, com reajuste progressivo nos valores do IPTU. Os imóveis com menos de 60m², faixa que compreendia 33% do total de imóveis da cidade, eram isentos de IPTU, e seus moradores, portanto, não sofreriam aumento de custos com o reajuste deste tributo, ganhando com a gratuidade dos transportes. No caso dos imóveis que incorriam mensalmente em pagamentos de IPTU entre Cr$ 1 e Cr$ 1.990, recorte que representava 44,7% do total de imóveis da cidade, o reajuste seria de Cr$ 1.990. No modelo então vigente, onde a tarifa do ônibus era de Cr$ 35, duas pessoas que morassem num desses imóveis gastavam, juntas, Cr$ 140 por dia apenas para ir e voltar do trabalho de ônibus. Em um mês com 22 dias úteis, este gasto alcançava Cr$ 3.080: gasto, portanto, superior ao reajuste planejado para o IPTU. Devido à gratuidade dos transportes, estas duas pessoas teriam uma economia de Cr$ 1.090 por mês. Somados estes dois grupos, chegamos ao número de 77,7%

de residências da cidade cujos moradores ganhariam com a gratuidade vinculada à reforma tributária.

Em todas as simulações, por região, tamanho e tipo de imóvel, haveria um saldo positivo entre o não pagamento da tarifa e o aumento de impostos[2]. Curioso observar que os 77,7% dos imóveis correspondem, praticamente, aos 76% da população que foi favorável ao projeto Tarifa Zero, como citado anteriormente.

É necessário ressaltar que a Tarifa Zero pressupõe um novo modo de encarar a contratação do setor privado e a prestação desse serviço de utilidade pública. O atual modo segue uma tradição brasileira, típica das sociedades mais "atrasadas" ou de "capitalismo tardio", como se dizia outrora; a concessão dos serviços de transportes coletivos por prazos praticamente intermináveis para os mesmos grupos empresariais por cidade/região e que acabam por se constituir em enormes cartéis, alguns em escala nacional. Esse modo de concessão estabelece a tarifa cobrada como garantia do equilíbrio econômico-financeiro do contrato e tem prazos de duração de até 25 ou 30 anos, e que se prorrogam ou se eternizam com a contratação das mesmas empresas. Tudo isso resulta num modelo que se assemelha ao Estado Cartorial a que se referia Helio Jaguaribe. Como ter concorrência, inovação e aperfeiçoamentos com um modelo assim? Trata-se de um enorme descompasso com a realidade econômico-social e de século XXI em que o país se encontra.

Será necessário passar para um contrato do tipo fretamento de frota. Feito um projeto de linhas, amplamente discutido com os usuários, se pagará o fretamento da frota necessária para fazer o serviço especificado. O empresário do fretamento não terá nenhum envolvimento no projeto das linhas e na tarifa cobrada. Receberá pelos seus custos operacionais e de capital, mais a remuneração deste. A tarifa será determinada pelo poder público contratante, segundo suas possibilidades orçamentárias. De preferência com altos subsídios e, no limite, a Tarifa Zero. Quando muito, os contratos poderão seguir o modelo de concessão que separa a "tarifa de remuneração" da "tarifa pública", nos termos do artigo nono da Lei de Mobilidade, de janeiro de 2012.

De outro lado, o trinômio indústria automotiva, indústria petroleira, "indústria" imobiliária dominou e, em geral, ainda domina o conceito e o *modus operandi* das políticas de mobilidade dos governos. O resultado está aí: transportes coletivos de baixa qualidade, precários, caros e pensados praticamente em termos de viabilidade empresarial, e não de atendimento a população e estruturação das cidades. Nem se diga do baixíssimo uso da tração elétrica nos ônibus de última geração, que prescindem do uso dos captadores de energia, grande empecilho da sua flexibilidade operacional e que significam transporte limpo e de baixo nível de ruído.

Não é possível cair no erro de que "o que se precisa é aumentar a qualidade" ou mesmo "o que falta é planejamento e planos de mobilidade". Nada contra o planejamento. Sabemos todos, porém, que os planos acontecem, em geral, diferentemente do planejado, sempre ao sabor de forças e interesses conjunturais.

Como o que se espera agora é ação, entendemos que é hora de editar um Código Nacional e Códigos Estaduais e Municipais de Desempenho dos Transportes Coletivos e Mobilidade, inscritos no caso de municípios e estados, nas respectivas cartas magnas, para garantir sua permanência e continuidade.

Os códigos estabelecerão os padrões de desempenho dos veículos como, por exemplo, a obrigatoriedade de uso de câmbio automático, ar-condicionado, níveis máximos de ruídos internos e externos, ocupação máxima de quatro passageiros por metro quadrado. Estabelecerão, ainda, que todo polo gerador de tráfego, seja de comércio, de prestadores de serviços ou habitacional de grande porte, deverá prover serviço de micro-ônibus ou assemelhado para seus usuários, até terminais mais próximos de transportes coletivos. Deverão estabelecer, também, a obrigatoriedade de faixas exclusivas para transporte coletivo em qualquer via que apresentar fluxo de passageiros desse modal, superior a determinada carga horária etc. Esses Códigos podem ser produzidos por especialistas e movimentos sociais em 90 dias para serem submetidos aos respectivos poderes legislativos.

Então o que aconteceria com essa especificação de melhoria de qualidade do serviço? Os custos seriam muito altos; portanto, seu acesso ficaria mais difícil ainda para quem deve utilizá-lo. Mais do que nunca, a melhoria da qualidade exigiria o subsídio tarifário crescente, até o limite da Tarifa Zero. Além dos recursos locais, se poderia pensar na criação de um Fundo Nacional de Financiamento da Tarifa do Transporte Urbano e Metropolitano, cujo acesso seria exclusivo através da observação do Código Nacional. A Tarifa Zero apresenta uma diferença de qualidade em relação a uma tarifa "pequenininha". Por exemplo, não exige o controle de quem pagou ou de quem não pagou, inclusive nos terminais. E estes controles que têm custos, além de consumir tempo e dinheiro, causam desconforto aos usuários.

Assim, a Tarifa Zero entra no mérito e propõe transformações em todo esse ideário economicista-contábil-cartorial ou para usar a palavra "catraca" (*tourniquet* em francês) propõe transformações nesse "torniquete", que impede a mobilidade dos cidadãos. Não por outra razão o MPL tem como lema "descatracar as cidades".

Duas considerações finais sobre a Tarifa Zero. Ela pode ser implantada em etapas até chegar à totalidade do sistema. Cidades como Manchester, na Inglaterra, Sydney, na Austrália, e Baltimore, nos EUA (uma dentre as cerca de trinta cidades com "fare free" do país) têm algumas linhas gratuitas que seguem estratégias de limitação de circulação de carros ou de estruturações planejadas das cidades. Vale lembrar que a destarifação apresenta resultados favoráveis para a economia urbana, dinamizando-a pela maior mobilidade das pessoas e consequente acesso e consumo de variados bens e serviços e, no oposto, diminuindo os custos marginais decorrentes de acidentes, atropelamentos, poluição e perda de tempo produtivo, tudo em consequência de congestionamentos e excesso de transportes individuais motorizados. À guisa de exemplo, o município de Santa Bárbara D'Oeste (SP) suspendeu a Tarifa Zero aos sábados, existente desde janeiro de 2013. A Associação Comercial local apontou perda de cerca de 15% no movimento do comércio após a suspensão[3].

Mesmo na lógica operacional do sistema, o estudo econométrico de 1991, denominado "Tarifa Zero e eficiência no transporte coletivo urbano"[4], mostra as vantagens da Tarifa Zero: "Esse trabalho pretende provar que a Tarifa Zero possibilita modelos tributários mais justos e uma produção de transportes mais eficiente [do que o transporte pago mediante tarifa]", diz o texto. É o que o trabalho comprova.

Não estranhe, portanto, que num certo mês de junho tenha acontecido o que aconteceu. A voz das ruas avisou o *Titanic* que existem icebergs pela frente. O da mobilidade é, talvez, o maior. A Tarifa Zero é a luzinha que pode evitar o perigo de uma trombada. Ou o *Titanic*, tal como está concebido, não tem como evitá-la?

NOTAS

1 Ver HIRSCHMANN, Albert. *Retórica da intransigência*. São Paulo: Companhia das Letras, 1992.

2 Ver o texto "Procurando entender", do então vereador Chico Whitaker, disponível em: http://tarifazero.org/2011/08/25/procurando-entender-a-tarifa-zero/.

3 Conforme matéria disponível em: http://disktel.com.br/novidades/diversos/fim-de-onibus-gratuito-aos-sabados-gera-prejuizo-a-passageiros-e-lojistas.

4 De autoria do professor João Luiz da Silva Dias, editado em: junho de 1991 pela Fundação João Pinheiro e publicado na revista da ANTP número 53, de setembro de 1991, o estudo está disponível em: http://tarifazero.org/2009/11/23/tarifa-zero-e-eficiencia-no-transporte-coletivo-urbano/.

ENTREVISTA

PAULO MENDES DA ROCHA

Arquiteto
16/8/2013

Paulo, queríamos ouvir o que você pensa das manifestações e que fizesse uma reflexão sobre o Brasil a partir desses eventos.

É um horizonte enorme. Mas, para esse nosso encontro, o que eu queria dizer é que, do meu lado, o que surge no âmbito da política é a questão das cidades contemporâneas. Se a cidade tivesse uma razão de ser – porque há muitas –, diríamos que fazemos as cidades para poder conversar. Digamos que entre nós tenha havido surpresa pelo aparecimento de algo chamado *movimento* – só essa palavra já é linda, não é? –, surpresa diante de algo espetacular e público que há muito tempo não havia. Isso só poderia aparecer na cidade. Por que estávamos calados há tanto tempo? Você mede um quadro de alienação anterior com o aparecimento do espetáculo. É melhor indagar sobre o silêncio anterior para ver a genealogia dessa questão maravilhosa.

O aparecimento desse movimento na cidade mostra principalmente a virtude da cidade, a emoção indispensável: a indignação. O que está implícito é a aparição de um projeto corrigido em relação às rotas de desastres, à política, à própria existência da república democrática, que é o que se chama "o país". Pode haver uma república democrática em lugares abaixo de zero ou nos trópicos. Não é uma questão da natureza, é uma questão do trabalho e do engendramento humano na história. Isso é muito interessante, porque leva a uma crítica sobre a construção da espacialidade da cidade.

Vou comentar alguns aspectos que há muito tempo nos preocupam. O primeiro é o modelo tolo de segregação e a ideia de campus universitário, que tira os estudantes do centro das cidades. Em São Paulo, particularmente, e no Rio também. Com a criação da "cidade universitária", os estudantes, a juventude, saem da cidade, desaparecem, e ela se esvazia. A classe mais alta também foge da cidade porque, bem ou mal, a cidade que está aí é democrática: se você quiser, dorme na rua. Nos bairros estritamente residenciais, a polícia não te deixa dormir na rua. Então há um abandono da área central pela classe mais alta em direção a esses bairros. Com isso, o que se abandona é a estrutura daquilo que deveria ser a cidade para se isolar nesses conjuntos estritamente residenciais. É o desmantelamento da cidade. A falta de transporte público, os incentivos ao transporte individual com a venda de automóveis e o mercantilismo de uma maneira geral destroem a cidade.

As cidades mais vigorosas, mais interessantes e ricamente configuradas do século passado foram fundadas em torno das universidades. Elas são matrizes da cidade. Aqui em São Paulo também foi assim. A escola politécnica estava nas margens do rio Tietê; na rua Três Rios ficava a faculdade de medicina e, no Largo São Francisco, a faculdade de direito, ou seja, aqueles que se dedicam com maior profundidade ao conhecimento convivem com a cidade na sua totalidade. A cantina da escola é o bar da esquina. Ali você conversa com operário, jornalista, cientista etc. É essa confraternização que faz a ideia de vida ativa intensa e é o objeto da própria cidade.

Só para você ter uma ideia, essa universidade em São Paulo, que já era configurada no centro, em certo momento foi deslocada para a cidade universitária, que era lá não sei onde, sem condução etc. No Rio de Janeiro é no Fundão. O ensino que é grátis, financiado pelo governo e estabelecido como universidade, só pode ser frequentado por quem tem automóvel. Depois de setenta, oitenta anos, quase um século, o metrô quase chegou lá, mas impediram que entrasse por "razões de segurança". E agora estão impedindo os estudantes de falar também "por razão de segurança". O que menos se deseja na cidade é esse tipo de segurança. Ao contrário, só se navega flutuando em perigo, se submetendo aos ventos e se guiando pelas estrelas. É bem perigoso.

Então, em um claro momento de crise, a juventude apareceu no espaço que é a cidade. A passagem de ônibus, direito a não sei o quê: esses são pretextos para dizer que a coisa não está bem estruturada. A direção desse movimento é muito mais ampla do que a bandeira estrita desse ou daquele episódio. É mesmo um levantamento, às vezes nem tão consciente – mas eu também não acredito que seja inconsciente –, do desastre que tem sido o desenvolvimento da cidade estritamente ligada à especulação mercantilista. É vender automóvel, vender metro quadrado de apartamento de qualquer jeito. Temos que rever a cidade que existe. As manifestações podem ser um projeto para isso. Não para remendar porcarias já feitas, mas para realizar os altos desejos que existem e, principalmente, para evitar o desastre.

Esse movimento tem uma dimensão política extraordinária, mais do que possa parecer. A grande questão que fica é como estruturar isso, para que não se perca como episódio fútil. Contestar o governo, principalmente na área da educação, é fundamental. A educação vai muito mal. Acho absurda a ideia de ensino pago. Vivemos com a esperança de continuidade, nossa vida é muito curta. Não é a nossa existência de cinquenta, sessenta, setenta anos de vida útil que vai resolver. Vivemos com a esperança de poder transmitir o conhecimento, a formação da consciência e da linguagem para dizer e avisar o outro. Os filósofos perguntam com muita propriedade: *Se nós sabemos que vamos morrer, por que estamos tão animados? Mas não nascemos para morrer, nascemos para continuar*. Morrer é um episódio surpreendente como outro qualquer, apesar de ser inexorável. A questão da educação é fundamental, não pode ser objeto de negócio, não se pode cobrar para ensinar.

Por exemplo: o homem que disse que não é o Sol que gira em torno da Terra, mas a Terra que gira em torno do Sol, foi condenado à fogueira. Hoje não se faz isso. Ao contrário, você dá 1 milhão de dólares para quem faz uma descoberta como essa. Alguma coisa mudou no que tange à formação de uma cultura popular, de uma consciência sobre o conhecimento e da interlocução. Estamos num pequeno calhau de matéria, desamparados no Universo, regidos pela mecânica celeste. É só deixar cair os óculos na mesa que você vê uma força. Um simples voo de avião já te põe setenta graus abaixo de zero, é congelar na hora, não há oxigênio. Por outro lado, há um engenho feito por nós, que está em Marte, e que os cientistas foram capazes de apelidar de Curiosity. Há nisso senso de humor e crítica muito fina. Nossa curiosidade hoje está em Marte, mandando notícias. Esse movimento mostra que temos que construir a cidade contemporânea como o verdadeiro habitat do homem no planeta, porque a natureza por si já é, para nós, um desastre ou uma questão. É isso que os movimentos fazem pensar, que a cidade tem que conversar com todos. Grandes revoluções estão sendo esperadas, e elas são inadiáveis para que se possa continuar, senão o planeta vai pro brejo. As coisas podem ser vistas com certo otimismo, mas esperança é melhor que otimismo.

A crítica ao ensino pago é o começo da questão: a transmissão do conhecimento. Essas parecem ideias muito fluidas no ar, mas podem ser objetivas.

As manifestações foram desencadeadas pela questão do transporte, que, como você já disse, não pode ser pensada separadamente da questão da habitação. Como vê a formação das periferias em relação ao espaço da cidade?

A periferia é uma forma de habitação absurda, pois os moradores foram alijados do direito à cidade, que deveria ser direito de todos. A ideia de que a periferia é necessária é um engodo para manter uma estrutura de repressão do homem pelo homem.

Veja as favelas: é particularmente interessante assumir o quadro que está aí. Veja Copacabana, um mercado que se exacerbou. Para uma certa classe faltava uma outra classe: babá para as crianças, a faxineira, a cozinheira, o porteiro, quem limpa a rua. Consentiu-se que eles subissem o morro, porque o especulador imobiliário não queria construir no terreno difícil, queria construir no plano. Então a favela se formou ali, na cara do poder público. Como você invade uma parte de Copacabana e te deixam ficar? Essa classe trabalhadora era necessária. Foi um acordo tácito entre classe dominante e classe oprimida, clarissimamente configurado. A cidade precisa da favela porque precisa da classe trabalhadora, para quem não vamos planejar nem providenciar nada que possa favorecê-la. Eles que se virem! É um acordo e tanto.

Esse cinismo vem à tona com os movimentos. Por exemplo: agora se enfrenta a questão da habitação fazendo casa popular, mas não se consegue fazer a casa popular. Só é possível fazer a casa contemporânea. Se você for capaz de resolver tudo isso – esgoto, água ligada a uma rede, capaz de ser tratada e voltar à natureza etc. –, eis a casa contemporânea. Você teria que fazer porcaria de propósito para ter cara de popular. Por que fazer casa popular? Faça casa. É uma questão política séria.

Estamos envolvidos numa política errática, justamente para discriminar. E vivemos formas modernas de escravidão, de exploração do homem pelo homem. Se abolirmos a exploração do homem pelo homem, veremos que tudo isso é uma falsidade inexorável. Se essa tal casa popular é feita de forma rudimentar, longe dos planos urbanos consolidados, terá que se estender redes de esgoto, água, energia elétrica. Será preciso providenciar transporte para a população essencialmente trabalhadora com horários. Sem isso, você retira da vida dessa população um dos maiores privilégios do planejamento da vida e da cidade, que é o que se chama tempo livre. Se o operário não precisasse gastar três ou quatro horas por dia no transporte, ele teria três ou quatro horas para estar aqui, nessa roda, conversando sobre esses temas. Portanto, uma das formas mais eficientes da opressão do homem contra o homem, na minha opinião, é manter o outro constantemente aflito: como fazer com a criança, como arranjar comida para amanhã, como ir para casa e voltar etc. Manter um estado de desequilíbrio e desorganização na vida é uma forma de escravatura mascarada. Depois do episódio do aumento da tarifa começou uma onda de manifestações sem agenda definida, como se todos estivessem só esperando por um estopim e houvesse uma insatisfação generalizada.

É a formação de uma consciência de que isso não pode ficar assim. Porque, quando você protesta e diz que não pode ficar assim, o que está implícito é que você saberia como fazer diferente. É aí que vem a indignação. Não se trata de ficar na rua dando pedrada a vida toda, mas dos projetos que temos na mente. Eu acho que seria uma visão mesmo de revolução, de formação de uma consciência e de um discurso sobre a possibilidade de que as coisas não sejam assim. Tudo isso leva a crer que podemos imaginar projetos germinando no nosso inconsciente, no sentido de uma indignação contra a posição conformista. As coisas não têm que ser assim. Somos produto do nosso projeto, ninguém nasce predestinado a coisa nenhuma.

Essa é uma questão humanamente discutível e o âmbito dela é político. Numa política construtiva, é necessário retomar alguns aspectos difíceis, mas inexoráveis, organizar questões como a da habitação, do transporte público, corrigir os erros horríveis que cometemos contra a natureza, os rios. Como você pode tratar os rios brasileiros sem considerar uma parceria com outros países? Tem tudo isso, a questão da territorialidade do planeta, do que é o outro. Não é o inimigo com outra bandeira, outro exército, mas sim o parceiro para resolvermos.

Vivemos em um mundo em revolução, cujo quadro pode possuir aspectos dos movimentos feitos no Brasil e em outros países. É uma transformação rápida que não tem a ver com tiro ou morte necessariamente. A crise europeia não é outra coisa senão uma crise da política colonial. Felizmente podemos dizer que estamos revendo criticamente a política colonial no mundo inteiro, foi ontem o tempo desses horrores. É tudo muito recente, somos os agentes e temos que discutir tudo isso no âmbito da política. A república democrática é boa, mas tínhamos que ter projetos que durassem mais que quatro anos para que o sucessor pudesse se comprometer a cumprir. É claro que não é simples assim. Nós estamos numa revolução muito forte para a humanidade toda, e tudo isso faz ver que é possível construir a nossa condição no mundo. Temos que inventar novas paixões, uma visão mesmo de caráter erótico sobre a vida. Nascemos para continuar e vai ser com grande prazer. Ainda que se passe uma vida inteira sem dar muita risada. O prazer pode ser outra coisa.

Tem alguma coisa diferente nesse movimento. Às vezes parece que sua organicidade é um valor em si. Como se o fato de não ter bandeiras o tempo todo fosse um valor por ser algo...

... de caráter vital. Intrinsecamente humano, só nós poderíamos fazer isso. Esse sentido orgânico não deveria ser alimentado, porque há qualquer coisa nesse aspecto da nossa existência ao qual não devemos simplesmente nos submeter, é para compreendermos e transformarmos em política. Não podemos abdicar da nossa condição orgânica, porém o que nos distingue da natureza é conseguir armazenar a experiência pragmática em conhecimento. Elaborar qualquer coisa, transmitir experiências.

Somos um movimento, uma reação à formação de consciência que inclui essa parte orgânica. Se sabemos que o fogo queima, é porque alguém já queimou a mão. Essa é a parte orgânica. Mas na hora que transformamos o calor em locomotiva dá pra ver a relação entre o orgânico e a formação da inteligência, e a capacidade fabril do homem em transformar.

Sou apegado a um conto de Borges, "O informe de Brodie", no qual é apontada a diferença entre o primitivo e o degenerado. O degenerado não é o que não sabe, mas o que transformou o saber, algo virtuoso, em horror. É o que pode acontecer conosco. Eis a questão do plano da cidade: você pode não saber exatamente para onde ir, mas deve evitar direções que necessariamente são erráticas, como a questão do automóvel, ou estabelecer guerras no mundo pelo petróleo, que é matéria para ser enfiada numa lataria que pesa 700 quilos, que leva um cretino que pesa 60 quilos e que quer ir para casa.

É impossível não constatar que a questão é fácil de criticar – eis a indignação. Tudo isso está na formação desse consciente que já está em todos nós, é inexorável. Coisas que você viu, te tocam e ficam.

Agora, nós somos humanos. Você poderia dizer: mas que belo discurso para quem acabou de apagar um cigarrinho no cinzeiro. Faz mal à saúde, mas você fuma porque te dá prazer, é um hábito que você adquiriu. Então o outro diz: o meu automóvel também.

Portanto, essa correção toda é um trabalho, não é uma coisa fácil. E por isso exige ação. Afinal, a ideia de trabalho é você modificar aquilo que seria natural. A força da gravidade é um trambolho. Mas, se você conta com certa geometria, você faz um arco romano, sem cimento, só pelo talho da pedra. Fazemos com que essa forma que é um desastre se torne virtuosa. Eis o homem.

Nossa grande questão é transformar os fenômenos da natureza em virtudes. E entre erros e acertos vamos vivendo. Quem manda é um desiderato do coletivo, nós. Um homem sozinho não faz cidade. Você tem que se submeter a alguns acordos e é justamente essa a grande graça, a sedução. Afinal, um bom projeto não tem virtude se não conseguir seduzir o outro para fazer aquilo. Eis a dimensão artística da nossa existência, todo gesto humano tem uma dimensão artística, o grande laboratório é a nossa própria emoção, é a nossa condição urbana, de viver juntos. Isso pode nos destruir ou construir um certo futuro possível. Projetar é isso, é prever e montar antes que se faça. É daí que você tira a conclusão de resultado positivo ou negativo.

Existe um embate, essa tendência à mercantilização quer prosseguir e se opõe ao desejo de que a cidade seja outra coisa.

Os movimentos não devem ser vistos como uma vingança. Ao contrário, a manifestação da consciência de que é possível transformar é desejável para todos; para o governo, inclusive. O conformismo prejudica o próprio governo, que acaba não sabendo bem o que fazer. A voz tem que aparecer e está aparecendo.

Que significado isso tem para a construção do Brasil, levando em conta a nossa história?

A grande esperança vem do fato de que isso não está acontecendo só no Brasil, o mundo está passando por uma revolução, sem dúvida. Um dos focos é a formação de consciência sobre nossa condição na natureza. O planeta é um só. A questão aqui é a mesma questão em qualquer parte do mundo. Isso é que nos favorece, porque, se fôssemos só nós, teríamos que carregar o mundo nas costas. Não se trata de vingança nem de um murmúrio contra a opressão. É uma manifestação de que temos de mudar essa rota e isso se dá num momento que está mudando. Nossos movimentos já são produtos de um êxito dessa consciência, não são fenômenos naturais. Não é efêmero, não é biológico, não é orgânico. É humano! Eu tenho todas as dúvidas que vocês têm, mas eu penso assim.

ENTREVISTA

MARIA LUCIA MONTES

Antropóloga e cientista política

17/8/2013

Queria que você conversasse um pouco com a gente para ajudar a pensar essa situação toda, porque a gente está ouvindo tanta coisa...

O que vocês estão ouvindo? Gente dizendo "que maravilha", gente dizendo "que horror"?

Há um consenso de que é bom as coisas acontecerem, mas que, ao mesmo tempo, precisa-se de uma organização que não existe. É como se as pessoas estivessem insatisfeitas há muito tempo e agora estivessem motivadas a botar para fora.

É engraçado porque a conversa com você hoje é diferente em relação ao primeiro momento em que nos falamos em julho, quando me perguntou a respeito. Eu tenho uma preocupação imensa, porque, a partir do terceiro dia das manifestações aqui em São Paulo, quando um tonto de camisa branca se pôs a quebrar a prefeitura, eu falei: "Opa, aqui tem algum negócio complicado."

Com o tempo, as multidões que estavam nas ruas deixaram de estar. Isso tem a ver, em parte, com a própria novidade dos meios de mobilização: rede social, Facebook. O primeiro momento é "oba-oba, vamos para a festa", depois é preciso certo princípio... e aí foi minguando. Sobrou o que é organizado, basicamente PSTU e PSOL e o pessoal do Passe Livre – que se diz apartidário, mas não é bem assim, é ligado ao PSTU e ao PSOL –, e a direita, cada vez mais organizada.

Estava vendo a mudança da capa da *Veja* – na primeira semana, a glória, os meninos envoltos na bandeira nacional. Hoje: "Os meninos de cara tapada, que saem para depredar tudo, quem são eles?" Desde o começo, estava claro que a quebradeira não era inocente, mas tinha uma organização pela direita, e a mídia inteirinha não viu, manipulou para capitalizar numa coisa que eu acho gravíssima, que é o descrédito da política. "Todos são bandidos, todos são corruptos e tem mais é que quebrar tudo, porque só isso me representa" – é uma coisa tenebrosa, é um passinho para o fascismo. Essa gente é organizada, não brinca em serviço. Os radicais de esquerda estão felicíssimos, achando que pela primeira há um espaço que nunca existiu quando havia a contraposição PT e PSDB.

O pessoal do Passe Livre é mais cuidadoso... mas, eu diria, é mais mole num certo sentido e mais estratégico em outro. Há esse escândalo dos trens em São Paulo, quer dizer, com a corrupção do PT você tem que acabar, com a do Alckmin, não. Os metroviários dizendo "fora, Alckmin" e o MPL dizendo "não, não, nós não". Nesse sentido eu digo que é mole e um pouco oportunista também. Está perfeito como estratégia do partido, mas é complicado, porque se há alguma coisa organizada e perigosa é essa direita pesada, que vai atrás dos punks. Não chega só nos anarquistas bonitinhos, que são todos de classe média; até porque não há anarquista na periferia, há punks. E, finalmente, há a molecada vítima desse caos urbano, que está pronta para botar para quebrar o que puder. A violência da polícia existe todo dia lá dentro [da periferia]: "Que bom ter uma multidão para me proteger, para eu poder quebrar e bater na polícia." São motivações muito diferentes dentro do quebra-quebra, da violência, mas o núcleo organizado disso é de extrema direita, que está aí para proteger o que até hoje foi protegido.

A imprensa continua a fazer a mesma coisa desde que o Lula assumiu, a função é essa. Como diz o Paulo Henrique Amorim, a linha editorial brasileira é uma merda, todo dia encontra uma razão para o país acabar. Eu faço um exercício: abro *O Estadão* e vejo o que está acabando hoje. Se você pensar em termos de classe, há um interesse sendo contrariado um pouquinho de nada pelos governos Lula e Dilma. Só pela taxa de juros estar em 7% – nos tempos áureos do neoliberalismo, chegou a 45%. Imagina: se eu tenho dinheiro, vou botar para render. Todo atraso do desenvolvimento industrial, toda a falta de tecnologia tem a ver com o predomínio do capital financeiro, o que não é um fenômeno brasileiro, é mundial.

Por isso o Occupy foi muito legal, tinha um alvo: "Somos os 99% e há o 1% que está dominando o mundo." Era uma coisa centrada, pontual, mas com alcance global; por isso gerou os indignados, todo o resto, era focado. No Brasil, a situação era completamente diferente do que era o mundo daquele momento: 25% de desempregados na Espanha, 50% na Grécia. Aqui, o que se tem é uma crise urbana. Ela está aí desde sempre e foi piorando, piorando; então a insatisfação é mais do que justa. Agora, junte a isso uma mídia que há 12 anos produz editoriais do tipo "O Brasil é uma droga" – há uma criminalização da política. E já não havia muita educação e consciência política...

Gente da geração de vocês não tem a menor ideia do que foi viver neste país com vinte anos de ditadura. Foi um sacrifício produzir alguma coisa parecida com a democracia. Quem está lembrando que existia tortura? O STF diz: "Não mexemos na lei da anistia." Agora tem a Comissão da "meia-verdade", porque não pode ser da verdade inteira, há muitos interesses a contrariar. Não tem como a geração de vocês ter noção do que é o preço, o significado, de ter uma democracia.

Lembro do dia da eleição do Tancredo, quando ele leu aquele discurso maravilhoso, escrito pelo Santayana. Eu chorava, mas chorava... e me perguntava: "Por que estou chorando tanto?" De repente entendi: era como se tirasse um monte Everest das minhas costas – o peso que eu carreguei durante 20 anos de repressão. Entrava na sala de aula e não sabia se alguém que fazia uma pergunta era um aluninho que viu a luz, apesar de tudo, e pedia ajuda para entender melhor, ou se era um policial. No dia em que ouvi o Santayana, pela voz do Tancredo, dizer que a paz é uma frágil conquista dos homens, eu pensei: "A gente faz política", que é a arte de gerir os conflitos da sociedade "para garantir um convívio humano".

Fui amiga do Fernando Henrique a vida inteira, menos dele do que da Ruth, porque eu dava aula com ela. Vi a fundação do PT e do PSDB e, num certo sentido, ajudei a fundar os dois, porque dei aula feito louca no lugar de um monte de gente que estava fundando partido. Desde o começo eu dizia, no PT, as melhores cabeças lá, Antonio Candido, Singer, essa gente incrível, mas eu dizia: "O problema do Brasil não é o problema dos trabalhadores. Isso é uma visão estrita." Já o PSDB, no começo, tinha uma coisa fundamental, que era a ideia de desprivatizar o Estado. Vamos tornar público o que é público.

Que louco, né? E isso se inverteu completamente.

Exato. Essa era a tese de Fernando Henrique e de todo mundo: "As estruturas estatais estão viciadas, temos que restituir o caráter público, porque é público, e retirar o domínio privado das instituições"; era bem mais razoável estar do lado desse partido, que pensava com amplitude. Nunca fui inimiga do PT, mas a visão mais ampla era do PSDB. Então votei no Covas, no Fernando Henrique e, aos poucos, vi chegar essa loucura neoliberal – venda-se tudo, Estado mínimo. Percebe a perversidade?

Você dizia que o problema do Brasil não era o dos trabalhadores. Qual era?

Era mais geral. O PT tinha uma visão marxista estreita, de luta de classes: "Estou do lado dos trabalhadores e todo o resto é inimigo." É mais complicado do que isso. Tanto é assim, que o PT só se viabilizou eleitoralmente quando deixou de ser sindicalista.

E quem é que ajudou a fazer isso? O Zé Dirceu. Ele é um grande articulador político. Foi quem ajudou a mudar a visão sindicalista e igrejeira.

O que ele trouxe para fazer isso?

A ideia de que não se está representando apenas os trabalhadores, mas o conjunto dos oprimidos de uma sociedade injusta, de uma sociedade de capitalismo selvagem, e que precisa ser controlada de algum modo. Não é um interesse apenas sindical. Em termos leninistas, houve um momento em que o PT era quase um sindicalismo economicista – o direito do trabalhador, a organização sindical do trabalhador –, nasceu daí. Também nasceu com o apoio da Igreja, de onde vinha sua ética.

Não existiria PT se não fossem as Comunidades Eclesiais de Base. Era um momento importante na Igreja, de revisão política geral. A Igreja voltada para as oligarquias promovia os dois concílios do Vaticano, havia o predomínio da Teologia da Libertação. Depois, quando veio o João Paulo, acabou essa brincadeira de teologia para os pobres – "A gente é anticomunista." Depois colocam o Bento, aquele intelectual, finérrimo, que toca Beethoven no piano. Só podia dar errado mesmo. Hoje, o outro [papa Francisco], sem o radicalismo da Teologia da Libertação, está voltando a pensar numa Igreja dos pobres. Aí tem sentido você falar em ética, essa coisa toda. Lá nos primórdios da fundação do PT, as CEBs eram fundamentais, não havia mais sindicato, partido, instituição nenhuma. A Igreja era a única instituição que estava de pé.

E, graças a Deus, existia dom Paulo Evaristo. Quando o negócio estava ruim, a gente dizia, brincando: "Vai se queixar com o bispo." Literalmente, era o que se tinha a fazer, porque ele era o único com status para dizer a um militar: "Não dá para matar desse jeito." Ele salvou um bando de gente. Então você tem um caldo de cultura do qual surge a possibilidade de um partido dos trabalhadores.

O Vladimir Palmeira, que entrevistamos para este livro, falou de organização de bairro, que agora existe uma potência, uma energia, mas que estamos longe de ter uma organização de base necessária para articulação. Você concorda com isso?

Sim. Acabei de ler um artigo que me mostrou a importância de pensar a dialética do local e do global. Saul Leblon diz que a metrópole é uma correlação de forças variadas em confronto. Hoje, no mundo globalizado, o capital e o capital financeiro, que se traduzem em especulação imobiliária e no monopólio de serviços, como o transporte, são a força hegemônica nas cidades. Então é imprescindível que se consiga pensar na construção de uma força que se oponha em bloco a esses interesses. Pensar a cidade global e se organizar no plano local é fundamental. Sem essa organização que havia lá nos anos 1970 não haveria PT. O que me afligia no PT, que eu chamava da lógica igrejeira, era uma ética abstrata: "Só nós somos morais, todos os outros são horríveis." Isso não existe. A ética é sempre política, em função de situações concretas e de que lado você está.

O PT se viabiliza como partido quando começa a pensar o Brasil. O terrorismo do PSDB dizia: "Se o Lula ganhar, todos os investimentos vão sair. Os empresários terão que ir embora, vamos virar Cuba." A hora da transformação do Lulinha Paz e Amor foi quando o PT resolveu dizer: "Não é bem assim. A gente está do lado dos trabalhadores, mas está pensando o Brasil. E ninguém é irresponsável de dizer que não vai cumprir os contratos." Foi o que acalmou o mercado.

A Carta aos Brasileiros?

Sim, foi a hora em que pela primeira vez o PT começou a se viabilizar como partido, porque estava pensando o Brasil. Ao mesmo tempo que ele fazia esse caminho, o PSDB, cada vez mais, de uma maneira perversa, transformava aquela ideia linda de desprivatizar o Estado em: "Deixemos a iniciativa privada tomar conta do que lhe cabe, isto é, de tudo." A ideia do Estado mínimo. Isso é a dilapidação completa de qualquer estratégia quanto ao patrimônio nacional. A Petrobras, meu Deus... Getúlio morreu para garantir a Petrobras, para garantir o monopólio energético, que é um negócio essencial para mantermos a segurança nacional. Como você vai poder dizer que é responsável por um país, se você não tem aço, combustível, nem domina as telecomunicações? Os milicos tinham tanta certeza disso que mantiveram o monopólio das telecomunicações. Isso tudo foi, de repente, sumindo. No começo eu achava que era bobagem de petista falar do neoliberalismo. De repente comecei a me tocar do tamanho que tinha esse negócio. Não era o Fernando Henrique, era o mundo, eram os bandidos americanos, a Thatcher... Você estava vendo eles destruindo o Estado e, junto com ele, tudo aquilo que ele tem obrigação de garantir, como direito para a população, de modo geral, para o pobre, trabalhador, mais ainda.

Tudo isso foi feito sem mudar o discurso da desprivatização do Estado?

O discurso foi sumindo. "Estou privatizando o Estado porque não deixo que a estatal seja um lugar com um bando de gente em cabides de emprego, massa de manobra do poder." Vende-se. Quando chegou a vez da Vale do Rio Doce, é que a gente se deu conta do tamanho do descalabro que foi vender uma coisa daquele tamanho por um valor tão baixo. Até certo ponto a gente pode dizer "tá, a gente tira os cabides de emprego das estatais; a gente vende duas ou três empresas-chaves para ser exemplar", mas, quando a ideia é o desmonte do Estado inteiro, o negócio fica muito grave.

Enquanto isso, o PT fazia outra coisa, que era pensar o Estado minimamente, e o que se tinha que dizer era que os contratos seriam mantidos. O PSTU, o PSOL e os radicais dentro do PT ainda têm a ética igrejeira: "Somos socialistas, qualquer concessão aos capitalistas já é perder os princípios." Há toda uma oposição de esquerda organizada em partido, ou mesmo dentro do PT, que provavelmente nunca entendeu a genialidade do Lula como estadista. Se eu quiser cuidar dos de baixo, hoje não há nenhuma correlação de forças que permita dizer "danem-se os de cima". É preciso equilibrar. Por isso que o Lula dizia com a maior alegria desse mundo: "Tirei tantos milhões da pobreza e banqueiro nunca ganhou tanto." E ele tem toda razão para dizer isso, porque ele não teria nenhuma correlação de forças para jogar esse cara [o banqueiro] para fora. Até hoje não tem. Qual é o apoio no Congresso que seja minimamente de esquerda? O PSB, o PDT, o PCdoB, inclusive até o PSOL: é mínimo. A maioria continua fisiológica.

O PMDB, partido de onde surgiu o PSDB, é outra tristeza. Fernando Henrique uma certa hora o definiu como o partido-ônibus: tudo que for oposição tem que caber aqui dentro. Um pedaço do PMDB pensava: "Somos oposição, mas qualquer brechinha está bom." Ao mesmo tempo, havia o Ulisses, um opositor histórico, diretor do processo constituinte. O Covas, inclusive, hesitou sair daquele PMDB para ir para o PSDB. Finalmente foi, porque era uma coisa mais clara, definida, como projeto de Brasil, de Estado.

Tudo isso para dizer que, voltando aos nossos movimentos, há um caldo de processos políticos que a geração de vocês não viveu, não sabe o que significa. Há uma ignorância da História do país – o que eu estou contando para vocês, que deveria ser o bê-á-bá, garanto que partes disso vocês não sabem. Há uma falta de educação política geral, patrocinada por aqueles que, mesmo ganhando tudo o que ganharam... Você vai contrariar os interesses dos cientistas? Os cientistas são quem? São os caras associados aos grandes bancos. Quem são os grandes bancos? É o efeito da globalização: não são mais brasileiros. É Wall Street em pessoa dominando o mundo, que está aqui, unha e carne com nossos queridos banqueiros. Aliás, o Itaú está horrorizado porque recebeu uma multa. Coitadinhos.

Em torno do que seria possível se organizar agora? O problema é urbano?

Não apenas. O povo das manifestações, inteiramente urbano, não tem noção do que acontece neste país. Os meninos do Passe Livre têm alguma noção, porque foram ao Fórum Social e o MST estava junto, mas é uma noção teórica. Garanto que quem foi para a rua não só desconhece o resto do país, como é centrado no próprio umbigo. A pessoa de esquerda não aguenta os *coxinhas*, e existe um lado *coxinha* absolutamente irrecusável. Um dia achei no Facebook umas cinquenta fotografias, "o perfil *coxinha* dos nossos protestos", impressionante.

"Coxinha" é o burguês com interesses próprios?

É pior. Como dizia Marilena: "Eu odeio a classe média!" É um perfil de classe média metido a besta. É o mauricinho, com a estreiteza de visão que é própria da classe. O burguês vai bem, obrigado, ganhando rios de dinheiro em que o Lula não quis mexer.

Essa coisa chamada classe média está louca de medo dos que estão subindo. A maior queixa é: "Ai, mas os aeroportos estão lotados." Pobre andando de avião? "Pobre fala alto, não tem educação, não sabe se comportar." E, por outro lado, qual é a aspiração deles? Chegar lá em cima, que virou a estratosfera, e lá não se chega nunca mais. E tem a segurança: "Eu quero limites claros, não sou igual a esses mal-educados do aeroporto." Aí, buscam-se símbolos de distinção. É roupa de marca, um certo estilo de linguagem. Isso é o que define o *coxinha* – classe média com sentido da distinção.

E a hora que você põe qualquer coisa que seja ameaça à posição de privilégio deles, eles caem matando. É um negócio complicado. Até uma hora a Dilma era ótima, lua de mel. O péssimo era o Lula – "nordestino, migrante, torneiro mecânico e ainda queria fazer um governo melhor que o do Fernando Henrique?" Quando ela começou a mexer na taxa de juros, que foi parar em 7,5%, deixou de ser legal. A classe lá de cima não teve grande prejuízo; aliás, não teve prejuízo nenhum. Mas os de baixo tiveram uma mudança absolutamente inédita na história do Brasil – "nunca antes na História desse país" – o Lula tem toda razão. Nunca se cuidou dessas classes da gente mais ferrada, mais pobre, o sertão mais perdido desse mundo. E por que o Lula fez isso? Por que ninguém mais foi capaz de fazer? Porque ele sabe qual é nossa realidade, ele nasceu nela. O prestígio do Lula é a capacidade que ele tem de falar a língua que o povo fala, porque ele é do povo, ele não está inventando uma língua para falar com o povo. As pessoas não entendem por que o Lula é o Lula, é porque ele é um deles.

Você acha que, no inconsciente da classe média, existe uma ameaça?
Claro.

Sinto que, de certa maneira, o PT justifica alguns dos problemas, como o do desenvolvimentismo marrom, a questão ambiental, a relação do governo com as empreiteiras e as alianças com ruralistas, nos termos que você falou, como ações necessárias para que haja a ascensão de uma certa classe desfavorecida.
Se houvesse força social, não seria preciso fazer aliança com ruralistas, tão à direita. Tem que governar esse país! Veja Marina: "Ah, que maravilha de ideia. Eu sou 'rede', não sou partido, sou candidata à Presidência da República!" Você vai governar com quem? Só se negar todas as instituições – parlamento, judiciário, governo de estado. É uma visão genérica e abstrata, não está assentada na democracia que defendo, que me custou anos de vida e de luta. Não precisaria fazer aliança com os ruralistas, nem abrir tanto as pernas no Código Florestal, se houvesse uma pressão social por meio de representação parlamentar, outra correlação de forças no Congresso...

A Dilma não foi torturada à toa, ela não estava lá de brincadeira. Você acha que ela adora essas alianças?

Não, você faz aliança factível hoje para fazer outra coisa amanhã. Eu me lembro do Fernando Henrique na época da reeleição; comprou votos para poder fazer emendas etc. Nessa época eu não estava nem aí. É importante que se mantenha uma política em que se tirem dos piores caras pelo menos os anéis, porque eles vão querer conservar os dedos. Tinha o ACM, que era um pilar de sustentação do FHC... Tira o ACM, que ele mobiliza a direita inteira para acabar com o FHC.

Não tem como, no abstrato, dizer que não gosta das alianças com a direita. Era absolutamente importante, em termos da governabilidade, manter pelo menos uma correlação de forças, com o ACM lá dentro! Por outro lado, tem outro problema sério: você tem um atraso de tecnologia, de um modo geral, quer dizer, educação largada e sucateada, pesquisa e inovação tecnológica largada, porque a indústria não interessa, você ganha mais investindo no banco do que cuidando de investir na produção.

Se você quiser manter o mínimo de possibilidade de crescimento econômico, levando em conta a brutalidade da defasagem que você tem de tudo que te tornaria competitivo no mundo do capitalismo global, você tem que trabalhar em cima das coisas que te dão renda, que trazem afluxo para o país. É a exportação de commodities? É.

Fiz uma crítica ao governo por um viés de esquerda. Por um viés liberal, falaria da diminuição do crescimento chinês, da subida dos juros nos EUA, do esfriamento das commodities. Esse modelo não se esgota?
O modelo nunca foi só esse, ele foi acompanhado do PAC – o cuidado com a infraestrutura. Mas só se o Estado fosse totalitário para fazer um investimento sozinho. A Dilma abriu as pernas até onde pôde para oferecer vantagens à indústria. "Ah, se forçar um pouquinho mais, ela sobe a taxa de juros. Se forçar um pouquinho mais, ela diminui a parte que temos que dar ao Estado." Os caras fazem questão absoluta de não investir no que deveriam. Isso é um modelo alternativo que se está fazendo no Brasil: cuidando de dez planos ao mesmo tempo. O tanto que foi oferecido de incentivo para a indústria, e que as obras de infraestrutura teriam alavancado qualitativamente o desenvolvimento industrial. Mas tem a luta de classes, tem um lá querendo estar no bem-bom. Eles não vão, do dia para noite, deixar de cuidar dos seus interesses de classe.

A questão ambiental não pode ser colocada de forma solta. Eu, pessoalmente, concordo com você. Dói no fundo da minha alma ver fazer as benditas hidrelétricas, eu acho um pavor passar por cima dos direitos dos povos indígenas; agora, isolando qualquer uma dessas questões, não se vê o país, a política é a famosa arte do possível. Por que a Marina não conseguiu se manter no Meio Ambiente? "Porque a questão ambiental é fundamental. Então nada vai passar se não tiver a resposta que eu quero." O que me desespera é que ela não tem a menor visão de país, a menor perspectiva de um programa. Não dá para dizer: "Sou tão absolutamente inovadora que vou fazer democracia direta e plebiscitária para tudo." Vai fazer plebiscito sobre a pena de morte? Te garanto que volta a pena de morte. Vai fazer um plebiscito a respeito da questão do casamento homoafetivo? Crucifiquem-se todas as bichas desse mundo. E nisso ela acredita, porque é evangélica, esse é que é o problema. Há um lado conservador e reacionário na Marina que fica bem escondidinho.

Sobre o casamento igualitário, ela defende um referendo explicitamente.
Como você vai referendar direito civil? Estado serve para quê? Não tem Estado na cabeça da Marina, nunca teve. Porque nunca teve Brasil no conjunto. Ela conhece muito bem o que é a situação dos pobres, sabe muito bem o que mudou a situação deles.

Você acha que haveria uma forma melhor de pensar o conjunto?
Tem que ter uma forma melhor. É para isso que a gente faz política. Não é que eu ache que está tudo ótimo; pelo contrário, eu gostaria que fosse outra coisa. Como trabalhar para isso? Volto à questão da organização, que tem a ver com a "rede" da Marina.

Como pensar o mundo contemporâneo e o Brasil nesse mundo? Há dois anos, escrevi um texto que deu o maior rebuliço. Era para comemorar o aniversário da biblioteca da USP. Refleti sobre o que são bibliotecas como depositários do conhecimento, o que fazer hoje, quando o conhecimento está disperso em ciberespaço, e não mais concentrado. Disse que o que está em jogo é o poder sobre o controle do conhecimento. A biblioteca faz parte de um modelo de custódia do conhecimento e só tem acesso a ele quem tem direito a ter acesso a ele. Não adianta você dizer "eu sou bom porque eu sei política e o carinha que está se informando pelo Facebook é um tonto". Ele pode ser um tonto, ele será um tonto, mas ele terá poder para me contestar. Isso é a coisa mais fundamental, a mudança na capacidade técnica de produção do conhecimento, com a consequente organização das famosas redes sociais.

Meu artigo termina dizendo que o fascínio pelas novas tecnologias talvez se deva a algo muito parecido com o que eram os mestres griô da África: eles eram a memória da sociedade e repartiam aquilo numa interação direta, contando o pedaço da história que interessava para aquela aldeia. As redes sociais fazem isso: elas engajam as pessoas numa relação próxima e em torno de assuntos do seu interesse. Num certo sentido, talvez a fascinação seja porque você veja esperança de se ter voltado com a oralidade e não essa coisa do controle do saber pela escrita, que a gente diria, em termos políticos, pelas instituições.

Em relação à segurança nacional e a essas polícias secretas dos Estados, como é isso agora, com Wikileaks e Snowden? Há ineditismo no que eles fazem?

Completamente. Acho que esses caras são heróis. Estão botando a vida em risco para enfrentar o império.

Finalmente, alguns carinhas estão desafiando esse poder planetário, disponibilizando informação secreta para o mundo. Em momento algum se pôs em risco a segurança nacional, como querem fazer crer os EUA, para ferrar com a vida deles. O aparato do Pentágono é muito maior do que qualquer Wikileaks da vida. O que está em jogo é o poder. Não se tem a menor noção de onde a onda vai dar. As redes são as redes... cada uma delas pode estar fechada em seu mundinho, mas pode ter um poder de expansão de natureza política, como aconteceu na primavera do Egito e aqui.

Oliveiros Ferreira, meu mestre querido, pessoa mais controvertida que eu conheci na minha vida, porque ele conversava com os milicos na época em que eles estavam fazendo a Constituição de 1968, dizia: "Alguém tem que ir lá conversar com os caras, senão eles vão fazer qualquer coisa", e aí a esquerda dizia: "Meu Deus, ele foi cooptado pela direita." Para mim, o grande nó desse momento é: para onde isso vai ser capitalizado em termos de organização?

É preciso pensar a cidade como um todo, e para isso não se pode ter só uma ótica *coxinha*. O MPL não tem essa ótica *coxinha* e tem uma razoável visão de conjunto, em termos de classe, porque inclui a periferia. O problema dos vinte centavos não seria um problema para eles, mas seguramente para o pessoal da periferia. Dessa perspectiva estão corretíssimos. Por outro lado: "Somos tão absolutamente estritos que só falamos de passe livre. Somos alternativos, somos horizontais, somos independentes, ninguém fala por ninguém." Aí, na hora da manifestação, você está do lado do PSOL e do PSTU, o que eu acho perfeitamente justo, os caras estão querendo capitalizar em cima disso. Tem base social para tanto? Se tivesse, já teria elegido muito mais gente, você não concorda?

Quando a extrema esquerda pega as questões concretas, não pensa o todo. Eles são capazes de crescer bastante, no bojo dessa coisa. Acho bom que cresçam, não tenho nada contra, mas é preciso estar organizado. São poucos os que estão organizados do lado da esquerda, mas do lado da direita está muito mais organizado, porque aí você tem a coisa internacional envolvida. Fico esperando a hora em que os partidos de extrema esquerda sejam capazes de perceber que precisam ampliar a formulação da questão para ter apoio.

Você tem alguma intuição de como isso pode acontecer? Acha que é a partir dos partidos que estão aí?
Eles estão aí, né? Você quer que eu faça o quê? (risos)

O Rio é engraçado: as manifestações, mesmo em escala pequena, continuam, e parecem desorganizadas, mas as pessoas não estão arredando o pé enquanto as coisas não mudarem. A CPI do ônibus, por exemplo...
Mas escute, você não pode parar a cidade porque você perdeu uma votação na Câmara! Eu tinha uma fotografia daquelas que só o *Estadão* coloca: um sujeito subindo num carro, com os dois pés em cima do capô! Garanto que a população inteira vai dizer: "Mas que gente é essa!" O outro foi lá e cagou em cima da mesa da presidência. Simbolicamente, isso tudo é interessante, mas deixa eu falar de mais um aspecto simbólico: por incrível que pareça, foi um reacionário, o Magnoli, quem me alertou para isso: os meninos do Fora do Eixo, mais do que os meninos do Ninja, falam de uma estética. Há uma estética da violência. E essa estética – por isso que eu fico horrorizada de lembrar que foi ele que me alertou para isso – remete aos anos 1970,

ao Baader Meinhof e às Brigadas Vermelhas da Itália. Era uma coisa radical de esquerda, base importante de classe média, mas nisso havia uma ideia importante de estética – estou trabalhando contra os símbolos do mundo capitalista, que eu detesto. Não é à toa que se quebra banco. É uma coisa que é extremamente interessante do ponto de vista de quem está dentro – a estética da violência e o ataque simbólico àqueles ícones capitalistas – mas, do ponto de vista político, é um negócio extremamente complicado.

Por outro lado, a sensação que dá é que, no Rio, Sérgio Cabral e Eduardo Paes foram afetados. Dá a sensação de que fez algum efeito...

Mas tem efeito. Por que você acha que o Congresso Nacional se mexeu para votar em um mês coisas que estão lá há vinte anos? Agora, esse efeito é enganador, porque, na verdade, estão favorecendo o oportunismo dos que são capazes de votar meia dúzia de leis e: "Pelo amor de Deus, plebiscito não. Uma constituinte específica para fazer reforma política, não." Você pode até mudar um pouquinho a correlação de forças. Inclusive tem o famoso... como eu louvo, como eu digo que é uma maravilha: "Ah, os movimentos, e viva a democracia"; é oportunismo puro para não mexer em nada, ou mexer em coisas que são secundárias. Quando é que vão, por exemplo, forçar o Supremo a tirar Satiagraha de onde ela está? Na época diziam: "Se abrir a Satiagraha, fecha o país", porque mostra o comprometimento absoluto de todas as esferas: a sociedade civil, os empreiteiros, os ruralistas, todos os políticos de todos os partidos, o Congresso, o Legislativo, o Executivo e o Judiciário. Como você vai mexer nessa coisa? Corrupção! Cadê os focos? O que eu vejo é que justifica o oportunismo dos políticos, isso é uma tradição brasileira.

A gente querer que as coisas mudem do dia para a noite, não vai ter jeito. Isso é um processo, e eu tenho muita esperança nele; acho que é importante, acho que é uma coisa fundamental.

Voltando à história da mídia. Acho que, num primeiro momento, era centrado, o passe livre, algo concretamente orientado. A repercussão da primeira para a segunda passeata não teve nada a ver com o passe livre, mas com a brutalidade da polícia. Foi uma das coisas mais gloriosas que eu já vi, tive vontade de chorar de ver a gente na rua dizendo: "Não pode haver esse tipo de arbitrariedade – o Estado não foi feito para isso." E o direito de manifestação é perfeito. Na terceira manifestação, começaram a quebrar a prefeitura. A partir daí, quando viu o tamanho do negócio, a mídia pensou: "Opa, vamos cooptar, vamos trazer para o nosso lado." E aí passou a pautar: "Contra a corrupção genérica!" O que é "corrupção genérica"?

Nada. Quanto mais se protesta por tudo, não se protesta por nada. As benditas bandeiras nacionais embrulhando os meninos... Num primeiro momento é bonito, num segundo é apavorante. É fascismo puro. E aí, como essas mobilizações foram feitas pelas novas tecnologias, eu tinha esperança de que com o tempo elas fossem minguando, porque acabada a festa *coxinha* quem sobra é quem tem causa para defender. Não por acaso sobraram os partidos e sobrou a direita organizadíssima. Os tais Anonymous gelam a minha alma, porque em qualquer lugar do mundo esses caras são de esquerda, são progressistas. O único lugar em que eu estou vendo essa gente ser completamente de direita é aqui.

Uma coisa complicadíssima no futuro é o que vem junto com a tecnologia e as redes sociais – é o que em antropologia se chama pós-modernidade –, é o individualismo exacerbado. Eu me comunico com o mundo pelo computador, não preciso mais de gente. Eventualmente eu saio do virtual e vou pro real e tomo o maior susto: "Nossa, que bom, que festa!" Aí eu tiro um monte de fotos e ponho lá no Instagram, no Facebook, é lindo! Estou fazendo história. Depois cansou. Da próxima vez você vai pra balada. O que sobrou é a gente organizada.

Há um lado deles, paralelo a eles, ou eles mesmos sendo organizados, que tem uma ideologia boa, da horizontalidade, da falta de liderança etc., que é o que está dando o maior rolo com o Fora do Eixo. As pessoas ainda não entenderam que é possível haver cooperação voluntária como forma de organização e de produção que não passa necessariamente pelas redes monetárias. O nó que está por baixo é a organização. Se você só pode falar por você mesmo, não tem como abrir um canal de comunicação coletivo; então tem outra coisa bonita sendo gestada por trás, que é outra forma de organização na base da horizontalidade real, da capacidade de estarem solidariamente trabalhando em conjunto etc. Agora, isso vai junto com essa ideologia que, levada às últimas consequências, é a do individualismo total e de uma impossibilidade política de organização total. Acho que tem os dois lados. Como é que a gente muda isso? Tem que ser dentro dos partidos? No momento essa é a realidade que eu tenho.

Acho importantes os desdobramentos do atual momento das ruas dentro da política institucional. Como o caso da demolição do complexo de esportes aquáticos e atletismo em volta do Maracanã, que não vai acontecer por causa das ruas. Não é porque existe uma representação dentro da política institucional...

Você está agregando força social. Instituição só serve se estiver apoiada por força social. Tem outra coisa que eu queria comentar: o que o PT deixou de fazer. Todos os militantes acabaram ficando ocupados em posições de representação democrática para influir na perspectiva da política institucional. Aí todo mundo diz: "Cadê a militância do PT? Sumiu?" Não, está organizada em torno de instituições, mas em compensação largou a rua – não tem mais capacidade de mobilização de massa: "A gente está cuidando do avanço onde ele deve ser cuidado e largou para trás os não politizados."

Os não politizados são a juventude *coxinha*. Mas tem essa gente toda, que veio dos dez anos de mudança social. Isso que a Dilma chama da nova classe média, da qual a Marilena urra de ódio: "Uma abominação política, porque é reacionária, uma abominação ética, porque é conservadora e uma abominação cognitiva, porque é ignorante." Essa nova gente que o governo chama de classe média e ela diz que é uma extensão da classe trabalhadora, gente que mudou de patamar e está nas periferias, então não me espanta nada que gente venha da periferia se juntar, *coxinha* ou não... Eles estão falando de problemas que são meus. "Vem para a rua!" Esta gente melhorou de status socioeconômico, mas piorou em termos de vida urbana, porque você tem a especulação imobiliária.

Há um enorme potencial de insatisfação, lá na lonjura, que corresponde à insatisfação *coxinha* de você não poder andar no seu carro porque o trânsito está um horror (e, além do mais, a culpa é do Lula porque ele abaixou o IPI). Dessa gente eu desisto – ninguém engole ideologia de classe média. Mas aquela gente da periferia precisa de uma educação política e não tem. Não é educação política do tipo "vou lá dar aulinha", precisam se organizar em torno do problema dos bairros, porque aí vão entender a força política que têm, quando virem os resultados. Isso que vocês veem no Rio. O PSTU e o PSOL não sabem o que é periferia, não faz parte do mundo deles, e o PT, que sempre fez parte da periferia, está ocupado nas instituições. As pessoas estão ao léu, abandonadas. A coisa mais fácil é mobilizá-las pela extrema direita.

Como já acontece nos movimentos skinheads e fascistas. É tudo da periferia...

Isso. Punk. Lembra a música do Gil? "Sou o punk da periferia, sou da Freguesia do Ó"? Eu morava na Freguesia nessa época, a situação é muito complexa. Vivemos um momento de enorme incerteza, mas que traz dentro do seu bojo uma esperança. Por mais oportunista que seja a mudança da política institucional, ela está sendo obrigada a reconhecer que algo acontece nas ruas, tem possibilidades fortes de isso dar um salto de organização, digamos assim.

É preciso conciliar o que está na rua, permitir a expressão de cada um. Tem que criar um canal institucional, onde isso se reflita, senão não adianta nada. É promissor pensar novas formas de organização política que pudessem ter as características da modernidade global, quer dizer, não são só os movimentos do Brasil que importam – eles não estão sozinhos, estão junto com os movimentos de todos os outros lugares. A longo ou médio prazo, é preciso repensar as formas de organização institucional da política, abrindo cada vez mais espaço para participação direta das pessoas.

Vivemos um momento especial no Brasil de um ponto de vista histórico?
Não diria que esse é um ponto de inflexão da História. Isso aqui, para mim, não tem a ver com a campanha das Diretas. Ali eu sabia que a gente estava fazendo uma coisa que, ganhando, o Brasil ganharia junto. Hoje, o que está na rua tem uma quantidade de condicionantes externos ambíguos: tem um lado positivo e um lado perigoso, e da mesma forma que começou pode acabar. Enquanto os carinhas estiverem subindo em carro ou fazendo cocô em cima da mesa da Assembleia, não sei o que isso vai trazer de bom. Pelo contrário, isso vai trazer uma reação de desgosto da população em geral e, eventualmente, de legitimação da violência. Veja a quantidade de gente que eu vejo pedindo que voltemos à Lei e à Ordem, porque a gandaia chegou a um ponto que é preocupante. A Lei e a Ordem é um horror, a gente sabe o que ela é, e foi ela que colocou na rua esse tanto de gente. Mas, dependendo do que você faça, você vai dar munição para essa gente.

Chegamos a um momento em que já experimentamos dois mandatos de FHC, dois de Lula, um da Dilma... E agora, o que vem?
Mas quem te disse que isso é assim? É assim para quem está na rua. Olha o resto dessa população inteira. Por que você acha que o Lula disse com aquela tranquilidade toda "A Dilma vai ganhar a eleição"? Porque isso diz respeito aos núcleos urbanos com todas essas contradições. Olha o resto do Brasil. Você acha que alguém vai estar preocupado com passe livre se mora no Amazonas e quer desesperadamente um médico? O país é muito maior do que esse núcleo urbano. Não há um momento de inflexão. O país é outra coisa – a gente é urbano, não tem noção do país. O que eu acho produtivo é que o MST está junto, tentando fazer o mundo urbano tomar consciência. E eles são também gente radical de esquerda, querem uma reforma agrária, e tem que ter mesmo. Tem que acabar com uma Katia Abreu da vida. Mas não é por decreto que a gente faz isso, é quando a gente acumula forças sociais.

O que você está dizendo é que a gente sente um esgotamento, mas que esse esgotamento não é sentido pelo Brasil inteiro?
Está longe de ser sentido. Esses problemas dizem respeito a quem vive nas cidades. O máximo que se pode fazer para criar uma sensação de desconfiança, descontentamento e medo é a mídia que faz, tipo o caso da suspensão do pagamento da bolsa-família. Deu aquele rebuliço: "Oh, meu Deus, como vai ficar a vida da gente?" Não suspendeu o bolsa-família coisa nenhuma, porque esse bolsa-família bendito continua sendo necessário enquanto se está tentando qualificar os filhos dessa gente. Coloca eles na universidade e vai ter outra geração, vai ser outra coisa. No momento, é isso que a gente tem. Quando se está preocupado com a Caixa Econômica deixando de pagar o bolsa-família, não se está preocupado com o esgotamento do nosso modelo político na base de exportação de commodities, nem com o caos urbano, com a falácia da representação democrática e a necessidade de representação direta. Isso não faz parte do universo de experiência de vida da grande maioria da população desse país. Eu te diria que a gente está em um momento extremamente interessante, extremamente delicado, e eu acho que tem uma promessa muito grande de avanços possíveis. Por isso que eu te digo, inflexão seria uma mudança de rumo, acho que efetivamente têm coisas que estão mudando e terão que mudar porque o conjunto da política nacional e internacional está realmente colocando desafios fundamentais para a gente, a que a gente tem que responder. Tem que começar a fazer coisas, é importante etc.

Mas eu ainda espero o que vai acontecer nas eleições do ano que vem, eu acho que todas as forças da oligarquia não vão nem de Serra, nem de Aécio, nem de Eduardo, eles vão todos de Marina. Não sei se vão ter força para... Acho que segundo turno é muito provável, mas ganhar eleição tem que ter muita coisa acontecendo ao mesmo tempo no país. Não acho que a eleição da Dilma está garantida. Não é nada sossegado. Mas por outro lado não acho que tenha uma ameaça iminente de ela ser jogada fora do jogo político. Uma vitória da Marina, aí sim eu te diria que é um ponto de ruptura, agora... para o bem ou para o mal? Eu diria que, por tudo que eu estudei de política – e dei aula 15 anos –, eu diria que é mais para o mal do que para o bem. Não houve tempo para organizar esse novo modelo político, essa nova forma de participação das ruas. Isso não está organizado, isso não é força social que a sustente, mas quem vai sustentá-la – e ela vai precisar deles – são os Renans da vida.

O pessoal diz: "O Lula é analfabeto!" O Antonio Candido diz: "É uma das pessoas mais inteligentes que eu já vi na minha vida e que teve a melhor formação, que nenhum curso vai dar." O Paul Singer dando aula para ele, cultura, o Antonio Candido explicando para ele. Eu queria ter o Antonio Candido explicando o Brasil para mim! Queria eu estar nessa escola. São os melhores caras da *intelligentsia* brasileira, que estão dando aula no concreto, à griô, sobre a História do Brasil que interessa neste momento. E o Lula aprende isso com uma velocidade espantosa, todo mundo sabe disso. Capacidade intuitiva, aquela coisa de ver o conjunto. E por isso que a mensagem do Lula nesse momento para a juventude é: "A única coisa que vocês não podem fazer é desistir da política. Vocês não gostam do que está aqui, têm toda razão, não gostem mesmo. Vão fazer política para mudar." O perigo maior que a gente corre é essa degradação da política: "Todos os políticos são bandidos, são corruptos etc." Isso é um passo para o fascismo, e é uma sacanagem que ninguém tem o direito de fazer com essa juventude. Você tem uma moçada maravilhosa, que está descobrindo pela primeira vez o que é a importância da presença deles no espaço público, você não tem o direito de tirar o horizonte da política da cabeça desses meninos. Acho que isso é a pior coisa que a direita pode fazer. Acho que isso é coisa inviável.

ENTREVISTA

RAQUEL ROLNIK

Arquiteta, urbanista e relatora especial da Organização das Nações Unidas para o direito à moradia adequada

21/8/2013

Que relação podemos fazer entre os problemas que hoje enfrentamos nas cidades e os processos de transformação urbana que já estavam em curso anteriormente desde a democratização?

Eu queria remeter à ideia de se terem direitos na cidade. De que um patamar básico de urbanidade (que inclui direito à cidade extensivo ao conjunto dos cidadãos) foi uma das frentes de articulações políticas que constituiu, junto com outras forças – como a da luta pela liberdade de imprensa –, a pauta da agenda do processo de democratização no Brasil do final dos anos 70 e ao longo dos anos 80.

A afirmação do direito à cidade era um componente forte na medida em que, já naquele momento – e nós estamos falando do final dos anos 70 –, principalmente nas grandes cidades (nas áreas metropolitanas), a maior parte dos moradores estava inserida de forma incompleta e, na maioria das vezes, ambígua. No seguinte sentido: será que as favelas, as periferias fazem ou não parte da cidade? Têm direito ou não têm direito a receber serviços públicos, a serem atendidos por esses serviços etc.? Essa pauta estava muito presente.

Então, o que a gente tem que analisar, passadas essas décadas do processo de democratização? Uma dimensão diz respeito à tese que estava colocada naquele momento: a de que a maior parte das pessoas não estava incluída na cidade e não tinha direito à cidade, porque não estavam incluídas no processo decisório a respeito da política urbana, dos investimentos e de como essas cidades se constituem. Por isso essa pauta estava muito ligada à ideia da participação popular, direta, e à ideia de que os mecanismos de representação política tradicionais, sob a forma de eleições, partidos,

dos parlamentos e dos executivos não conseguiam dar conta de representar, de fato, o conjunto de interesses presentes na sociedade.

O que vai acontecer agora? Esses movimentos de junho, para mim, fazem uma espécie de balanço do que andou e do que não andou nessa história. É fato que passamos a votar, o voto é universal e todos votam; é fato que nós temos eleição direta para presidente, para todos os cargos; a imprensa é livre, pode falar o que ela quer, não existe mais o controle que havia na ditadura; os partidos também são livres, assim como os sindicatos, ou seja, aquele modelo de democracia, e uma parte daquela agenda da democratização foi implementada e está aqui. Entretanto, permanecem uma condição precária de urbanidade e uma ambiguidade sobre se ter ou não se ter direito à cidade. Por quê? Mesmo nas periferias e favelas que foram objeto de investimentos públicos, no sentido da sua consolidação, o produto desses investimentos e dessa consolidação é absolutamente precário. Se hoje temos mais escolas na periferia do que tínhamos nos anos 70, que escolas são essas, qual a qualidade dessas escolas? O que acabou se consolidando foi uma cidade sem urbanidade.

Se a gente for pensar na outra discussão: será que, através dos mecanismos de representação política tradicional que conquistamos com a democracia brasileira, os interesses das maiorias estão representados? Não. Porque os mecanismos de controle social, de participação direta, os processos decisórios sobre políticas públicas também são absolutamente restritos, continuam fechados. Então acho que as pautas das ruas retomam, de alguma maneira, aquela pauta. Mesmo que com novos personagens, muito mais jovens, que nem tinham nascido nos anos 70, a questão volta e estabelece um balanço de onde chegamos.

Como a política habitacional foi conduzida no Brasil até agora? Observamos continuidades ou rupturas em seu processo?

Essa história de ficar dando uma enorme importância aos projetos de grandes eventos, como se eles estivessem produzindo uma enorme transformação urbanística na cidade, é uma falácia. Na verdade, o que se tem em investimentos concretos nas cidades-sede desses eventos são no máximo dois, três corredores de ônibus. Em algumas cidades, nem isso. Há a construção de estádios e dos entornos dos estádios, remoção de assentamentos para dar lugar a estacionamentos ou a ampliação do sistema viário pra dar lugar a estádio. Não há projetos mais importantes do que estes. Mas essa não é totalidade da política urbana no Brasil, é um pedaço. Temos que pensar qual é a totalidade da política urbana do Brasil, como ela se coloca.

No campo da habitação, há investimentos massivos no programa Minha Casa, Minha Vida, investimentos baseados na compra da casa própria com muito subsídio público pra quem tem menos renda. E também recursos pra urbanização de favelas. Se olharmos como isso se dá, o que percebemos muito claramente é que o Minha Casa, Minha Vida na faixa 1, que são os mais pobres, se insere no mesmo território precário e de urbanidade incompleta dessas periferias e tecidos de assentos informais, sem transformar essa condição. Não se faz política urbana com habitação. O programa Minha Casa, Minha Vida é um programa de produção de casas, não um programa urbano. E aí você perguntaria: qual é o programa urbano no Brasil, a política urbana do Brasil? Não tem. O que há são programas de investimento de dinheiro pra construir casa, dinheiro pra fazer saneamento aqui e ali, e, agora, principalmente depois das manifestações, pra investir em alguns projetos de mobilidade. Mas a produção de cidade não se resume a fazer casa e a botar cano de saneamento. Produção de cidade, que é o que estou chamando de urbanidade, é a possibilidade de circular livremente por um território que apresente oportunidades de desenvolvimento econômico e cultural para o conjunto das pessoas, algo que possibilite a qualidade do espaço público, do equipamento público. Não temos nenhuma política pra isso.

Do ponto de vista da mobilidade, se retomarmos toda essa trajetória, transporte coletivo no Brasil sempre foi coisa de pobre. E como sempre foi de pobre, sempre foi pobre. Sempre foi de péssima qualidade, com muito pouca eficiência, muito pouca oferta. Por outro lado, os modelos de estruturação da cidade sempre privilegiaram os investimentos em sistemas viários ligados a uma mobilidade sobre pneus, automóveis, que era uma mobilidade das classes médias. Até anos atrás, esse era um grupo completamente restrito, menos de 30% da sociedade brasileira, dependendo da cidade. Se você pegar Fortaleza, Salvador, Recife, isso aí é menos de 20% ou 15%.

Você pode pegar o exemplo do Rio de Janeiro, de São Paulo: grandes investimentos foram feitos no sentido de viabilizar frentes de expansão imobiliária de bairros de classe média. Aí se constroem mais ponte, mais avenida, mais viaduto. Tudo isso para viabilizar a circulação por automóveis de setores de maior renda, enquanto os investimentos em transporte coletivo de massa são absolutamente restritos e precários. O que acontece nesta década em que vivemos quando se traz o tema da mobilidade para a agenda fundamental? É engraçado, nos meios de comunicação, até muito recentemente, o tema nunca foi a qualidade do ônibus, do trem, dessas ferrovias de subúrbio, que sempre foram muito ruins, muito precárias. O tema era o congestionamento dos carros. O que aconteceu nos últimos dez anos é que aumentou muito o número de carros devido ao aumento de renda da população e às políticas de apoio à aquisição do automóvel (redução do IPI etc.). E aí, naquelas vias por onde um pedaço muito restrito da população circulava tranquilamente, agora que elas são compartilhadas com mais gente, ninguém circula. Todos ficaram parados no congestionamento. Então surge a pressão por investimentos em transporte coletivo por parte da própria classe média, que também está presa nesse congestionamento, junto com todos.

Em que os investimentos para a Copa reincidem sobre esse tema? Em nada. Vamos pegar uma cidade que está fazendo BRT; por exemplo, o Recife. Os BRTs levam para Lourenço da Mata, onde é o estádio. Quem disse que isso é prioridade para a mobilidade da cidade do Recife? Tem muitos eixos que precisariam de um corredor de boa qualidade muito antes! Ou, no Rio de Janeiro, os BRTs que vão fazer as ligações com a Barra da Tijuca: quem disse que isso é prioritário? Quem disse que lá é onde se tem a pior situação de mobilidade? Não é. O BRT vai melhorar a circulação pra lá? Vai! Quem vai usar o BRT vai ficar mais feliz? Vai! É legal ter BRT? É! Mas quem disse que a prioridade era fazer um BRT pra lá?

Podemos dizer o mesmo em relação às favelas. O caso do Rio de Janeiro como exemplo, quais são as favelas escolhidas para se colocar UPP e urbanizar? As que estão no entorno da Zona Sul e na zona de expansão da Zona Sul, não as favelas que tinham as piores condições urbanísticas. Nem mesmo as favelas que tinham as piores taxas de mortalidade e de violência, que estão na Zona Oeste do Rio de Janeiro. Acho que o exemplo da Rocinha foi muito importante e eloquente dessas manifestações de junho. Não sei se vocês se lembram, mas o povo da Rocinha, que vai ter teleférico, desceu pra dizer: "Nós não queremos teleférico, queremos saneamento." Estão pondo um teleférico na Rocinha, que vai ficar lindo na fotografia, mas o saneamento, aquela coisa mais básica da urbanidade, não está sendo feito. Acho que a discussão é essa. A população questionando os investimentos para se terem os jogos. Por que estamos fazendo isso, e não aquilo? Eu não faço uma leitura disso como a imprensa fez, que é "Ah, porque é superfaturamento, é corrupção". O que o povo está discutindo é: em que era mais importante gastar o dinheiro? Quem decide o que é prioridade? Quem decidiu que fazer estádio era mais importante que resolver o problema de mobilidade em todo o Brasil? Quem decidiu que essa favela que vai ser urbanizada é a mais importante? É neste momento que as pessoas saem na rua pra dizer: "Quando meu filho estiver doente, vou levá-lo ao estádio." Quem discutiu o projeto da Copa do Brasil? Por onde passou o projeto urbanístico da Copa? Apenas por políticos, pelo prefeito, governador, e por interesses empresariais estruturados em torno disso. Só, mais nada.

Em que medida o aparato institucional político brasileiro comporta que essas decisões sejam tomadas de maneiras mais populares, mais democráticas?

As manifestações deixaram isso muito claro. Vivemos um momento no qual, na medida em que os partidos que se formaram nos anos 1980, no chamado "campo democrático popular", chegam ao poder, formou-se uma tal coalizão de interesses que, em vez de reformarem o Estado, esses partidos são reformados por ele. Acabam reproduzindo, dentro do jogo político eleitoral, as velhas lógicas que esse jogo já tinha: a privatização do Estado pelos grandes interesses econômicos; a relação entre isso e a reprodução dos mandatos; as coalizões hegemônicas não só no país, como nas cidades. Na medida em que isso começa a ficar muito claro, as pessoas saem às ruas pra dizer: "Esse ciclo chegou ao limite. Queremos mais, queremos ampliar a democracia."

Essa é a aflição que ronda as pessoas agora: que alternativas políticas e institucionais se apresentam? Foi interessante verificar que a reação da presidente Dilma, "vamos convocar um plebiscito e trabalhar com uma Assembleia Constituinte para que ela possa refazer o pacto político", foi imediatamente abortada pela coalizão dominante, o que mostra os limites de uma proposta como essa. Construir uma alternativa ao que está aí não vai ser fácil nem rápido.

Por outro lado, todos tomaram um susto com as manifestações. Elas mexem com essas questões e abrem novos espaços. O Brasil não é uma ilha e, não sendo uma ilha, muito dos conteúdos e das práticas colocados nas ruas – e estamos falando da especificidade dessa articulação brasileira – está presente no resto do mundo. O sistema de representação política está em xeque no mundo inteiro. Nas ruas do Cairo, nas ruas da Espanha, da Grécia, de Istambul. As agendas locais têm especificidades, mas também um substrato comum. Novas formas de representação política, novas formas de processo decisório são coisas que estão sendo pensadas, mas que não têm resposta. O modelo construído por uma hegemonia liberal é muito forte e presente em nossas cidades. Ele está sendo rejeitado, deu com os burros n'água, mas a hegemonia disso no campo político ainda é absolutamente impressionante.

Por outro lado, as manifestações já influenciaram decisões. Tomo como exemplo a Vila do Autódromo, no Rio de Janeiro. Mandei para o prefeito Eduardo Paes, como relatora, inúmeras cartas pelo direito à moradia, ponderando que aquelas retiradas não poderiam ser feitas. Ele ignorou solenemente porque se acreditava sustentado por uma enorme maioria que ignorava o tema e para quem tudo o que estava sendo feito era absolutamente maravilhoso, incrível. E aí ele foi indo, foi indo, foi indo. Diante das manifestações, inúmeras coisas foram mudadas. Por exemplo, ele declara agora que a Vila do Autódromo não será mais removida, que talvez ele tenha errado, que tenha sido autoritário, coisa que há seis meses era totalmente impensável. Assim como o governador Sérgio Cabral saiu demolindo tudo que estava em volta do Maracanã e agora não sei se vai demolir mais. Algumas mudanças já começam a acontecer, numa tentativa de quem está no poder de apresentar alguma resposta às demandas que estão na rua.

Tomando como exemplo as irregularidades em projetos que vão desde a construção da Usina de Belo Monte, às concessões de operação para empresas de ônibus, à revitalização da Zona Portuária do Rio de Janeiro, temos ou não um aparato legal suficiente para impedir que essas irregularidades aconteçam? Essas concessões não seriam ilegais?

A meu ver? Além de ilegítimo, também é ilegal. Mas a Justiça no Brasil, assim como outras questões, é objeto de conflito. Então, no âmbito da Justiça brasileira, há instrumentos que defendem o cidadão, que defendem e obrigam a participação, o controle pela sociedade. Eles existem. Entretanto, o que vivemos é uma guerra de interpretação desses instrumentos e, quando eles não são obedecidos, não há nenhuma consequência.

Posso dar um exemplo muito claro. Temos uma legislação que reconhece o direito à moradia das pessoas que ocupam uma área sem oposição há mais de cinco anos e que tenha até 250 metros quadrados. Isso está plenamente legislado no Brasil, está dentro da Constituição, dentro do Estatuto da Cidade. Tem mais umas quatro, cinco leis que regulam isso, que dizem como vai ser feito, como funciona, tudo. Entretanto, faz-se remoção sem respeitar esse direito, ao arrepio da lei e com juízes do próprio Judiciário brasileiro dizendo "faça!". Ou seja, é o judiciário não obedecendo a legislação ou fazendo uma leitura conservadora da legislação, não reconhecendo os direitos. Então a justiça também é um campo de conflito no Brasil. Temos uma legislação, mas, ao mesmo tempo, aplicá-la ou não, depende! Acho que essa é a questão.

A mesma coisa acontece com a participação popular. Se você for olhar a Constituinte, a participação é obrigatória. O projeto olímpico nunca poderia ter sido feito da maneira como foi, sem participação nenhuma. No entanto, ele foi feito. Alguém foi lá e colocou o prefeito na cadeia? Por que não? Aí dá pra começar a entender as coalizões. Uma parte da Justiça está muito envolvida nelas. E aí temos toda a história política do Brasil, os laços de compadrio, as relações pessoais, o primo do tio do irmão, não sei quem que casou com o outro, o amigo do condomínio, e por aí vai. O modelo político no Brasil opera desse jeito, é muito excludente, estruturado em torno de círculos restritos. Quem tem o número do celular do ministro ou do gestor, que fala com ele e que despacha com ele, toma uísque junto e resolve. E o cidadão comum, como faz para participar do processo decisório?

Em entrevista para este livro, Paulo Mendes da Rocha afirmou que toda a questão de mobilidade é, no fundo, uma questão de habitação. Qual a sua opinião?

Que legal que o Paulo Mendes falou isso, porque eu acho exatamente a mesma coisa. O tema da mobilidade, inclusive, começa com o tema da habitação e a sua inserção na cidade. Historicamente, o lugar dos pobres na cidade se define como um lugar sem urbanidade ou com urbanidade mais precária e, em geral, mais longe dos centros de oportunidade, desenvolvimento econômico e cultural etc. A gente fala dos empregos, mas não é só longe dos empregos. É também dos polos de produção de cultura, das universidades, dos museus, enfim, de todo o aparato que faz com que as pessoas vivam na cidade pra aproveitar.

Disso decorre a necessidade do deslocamento em direção a essas oportunidades, a esses empregos. E o problema dos fluxos na cidade também decorre daí, porque você tem que fazer deslocamentos enormes na medida em que a maior parte dos territórios onde mora a população não tem oportunidade, não tem emprego, só tem uma urbanidade bem tosca, bem básica e de baixa qualidade. A mobilidade está diretamente relacionada à habitação e nossas cidades são estruturadas no modelo de segregação: o lugar dos pobres, o lugar dos ricos e quem pode ou não usufruir da cidade.

Também em texto para este livro, Lúcio Gregori argumenta sobre a necessidade de medidas radicais para que o transporte público chegue a ser o que deve. Até onde é possível administrar a crise e em que nível fazer o necessário significa tomar medidas radicais politicamente?

Concordo com o Lúcio de que precisamos de mudanças radicais, sim. Sou absolutamente convencida disso e acho que é o que as ruas também estão dizendo. Não é "bota um corredorzinho aqui e uma escolinha aqui", são mudanças mais radicais. No caso do modelo de política urbana, temos que construir mudanças no modelo de Estado. O atual modelo, na área de política urbana, é muito parecido com o que havia desde a ditadura militar, por incrível que pareça. Tem um grande peso das empreiteiras, das concessionárias de ônibus, das concessionárias de lixo, e a gente não rompeu com isso. Isso tudo passa pelo processo eleitoral e pelas câmaras municipais. Há uma relação na forma como a cidade é organizada, o modelo de gestão política e eleitoral, e os interesses que historicamente ganharam grana ou poder através desse modelo. Para poder romper com ele, é preciso romper com esses interesses. Por isso não é fácil, e por isso também que as ruas exigiram uma resposta bastante radical. E resposta não é "eu vou te prometer e aí você vai votar em mim". E também não é – isso é superimportante dizer: "Ah, vamos tirar aquele político corrupto, vamos colocar outro político não corrupto no lugar." Estamos falando de um modelo. O político corrupto está junto com o juiz, que o sustenta legalmente, que está junto com o empresário, que ganha dinheiro, que por sua vez está envolvido nas decisões de projetos urbanos que serão feitos ou não. É uma coisa só. Como é que desmonta isso? Aí entram os interesses dos cidadãos, um projeto de cidade discutido no espaço público, na arena pública... Essa é a construção que a gente vai ter que fazer nos próximos anos, não é uma coisa imediata.

É possível pensar uma política de gestão do espaço, uma política de urbanidade que contemple o Brasil na sua diversidade, incluindo espaços urbanos, cidades menores, florestas, reservas indígenas?
Claro, isso se chama planejamento territorial, que é exatamente o que não temos. Pensar o espaço e pensar uma forma de utilização dele que não tenha como único protagonista aquele que vai explorá-lo economicamente; pensar uma forma de utilização do espaço que não tenha como único valor o econômico. Há o valor ambiental, o valor cultural, o simbólico, e que ela seja baseada na ideia de reconhecimento dos direitos de quem está lá, que não é muito diferente daquilo que os indígenas, os quilombolas e os posseiros urbanos estão colocando. Estamos falando do mesmo tipo de conflito: quem está na terra, quem vive nela, não é reconhecido, é expulso, não é considerado. Um processo de planejamento territorial tem que levar em consideração o conjunto dessas questões e o conjunto desses interesses.

Quão perto ou longe deste objetivo estamos hoje?
Tecnicamente, é totalmente possível. O que existe de experiência concreta de planejamento participativo no Brasil, o que já existiu de experimentação, de tecnologia social pra fazer isso, de pensamento, é riquíssimo, nós estamos mais que preparados. Politicamente é que eu não sei. Que força tem quem luta por isso para implementar as mudanças necessárias nessa direção? A pergunta é de natureza política. Temos um aparato legal pra isso, temos aparato institucional, temos um monte de coisas.

A função social da cidade está escrita na Constituição de 1988. Por que não é implementada? É como todo o resto, depende da correlação de forças políticas. Por isso a pergunta: será que os movimentos estão indicando para uma nova correlação de forças políticas? Tenho a maior dúvida, sabe por quê? Porque estiveram presentes nas manifestações de junho pautas e posições que vão nessa direção, mas também que vão na direção contrária, que são muito conservadoras. Uma parte, por exemplo, que esteve presente nas ruas foi um movimento cuja postura em relação à política é achar tudo lindo, maravilhoso, menos os políticos, como pessoas. Então, ao dizer isso, no fundo – vou usar as palavras do Vainer –, o que eles estão pedindo é democracia direta do capital. Só o capital manda, tudo direto, sem políticos. Porque, além do mais, político atrapalha e ainda pega um pedaço do dinheiro.

As manifestações de junho trouxeram questões novas pra você pessoalmente, como urbanista e pensadora?

Nossa, que alegria! Primeiro trouxeram pra mim a ideia da volta da utopia, para o que eu acho que foram fundamentais. Eu tinha um sentimento de estar completamente isolada, comecei a pensar que estava ficando louca, que só eu estava vendo alguma coisa. E, de repente, eu vi muitas pessoas vendo a mesma coisa e me senti menos *outsider*. As manifestações também trouxeram coisas novas, a pauta do Movimento Passe Livre traz coisas novas. Há muitos elementos novos que as ruas trouxeram e acho que isso é um enorme aprendizado para todos. Do ponto de vista de uma agenda de política urbana no Brasil, apesar de eu ter falado muito do passado, não acho que é a volta da agenda do passado, o que começa a aparecer é uma nova pauta de política urbana que vai além da reforma urbana. Que, enfim, atualiza a agenda e a pauta desse tema nesse momento.

ENTREVISTA

PEDRO ABRAMOVAY

Advogado

29/8/2013

Gostaríamos de ouvir suas impressões quanto ao trabalho na AVAAZ[1], e depois, que você falasse sobre como esse tipo de mobilização funciona.

A AVAAZ é dessas boas ideias que aparecem no momento certo. Se surgisse há dez anos, não teria feito nenhum sentido e, daqui a dez anos, talvez não faça também. Ela entra num momento em que a relação das pessoas com a política está mudando.

Antes de falarmos propriamente da AVAAZ: todas as economias da intermediação foram profundamente alteradas pela internet. Gravadora de disco, editora de livro, agência de turismo – tudo o que é uma intermediação entre quem produz e quem consome foi alterado. A política parece, ou parecia, ser o último reduto de uma economia da intermediação não afetado profundamente pela internet. Eu digo afetado, não substituído, porque nenhum desses intermediários deixou de existir, mas se reconstituiu, entendendo que agora as pessoas podem se conectar diretamente, e isso muda tudo. A política não deixa de ser uma economia de intermediação, de interesses e ideias. Acho que a AVAAZ faz sentido porque ajuda a transformar a política a partir da internet. Antes, para conseguir criar um movimento político, você precisava de uma associação, de um partido, de um sindicato, algo que pudesse fazer a intermediação por você; a partir de agora, rapidamente você pode se conectar com outras pessoas, outros grupos que não precisam concordar em tudo, mas que de repente estão juntos em alguma coisa. Você vai se conectando com o *cluster* de interesses e de ideias que vão formando a *timeline* da vida política.

O que é interessante na AVAAZ são as demandas que talvez ficariam barradas pelas instituições tradicionais de intermediação, que furam o caminho conectando pessoas, fazendo algo chegar no centro do poder. Aconteceram coisas incríveis nesse sentido. Para o Código Florestal, foram 2 milhões de assinaturas. Era uma campanha global, que aqui no Brasil foi entregue para três ministros centrais do governo Dilma na véspera de ela anunciar os vetos. É claro que a pressão teve importância na sua decisão. No caso do voto secreto, a gente conseguiu aprovar a PEC no Senado. Agora está na Câmara, mas a aprovação do Senado foi depois de uma campanha. Foram vários os casos em que se conseguiu produzir um efeito a partir de petições, de estratégias, interferindo no debate político.

Quando eu entrei, em março de 2012, a AVAAZ tinha cerca de 1 milhão de membros no Brasil – o que é muita coisa. Ela já tinha um papel importante dentro do debate da Ficha Limpa, mas ao longo desse período, e sobretudo a partir do começo desse ano, explodiu. A AVAAZ é a maior organização do tipo no mundo, e o Brasil é o maior país da AVAAZ, hoje são quase 5 milhões de membros só aqui. A França fica em segundo lugar, com um pouco mais de 2 milhões – é realmente muito impressionante. A AVAAZ teve casos impressionantes, que são um sucesso em termos de tamanho: teve o caso Feliciano, a PEC 37, e também o do Renan, que foi entregue a seis senadores, com 1,6 milhão de assinaturas, a impressa toda cobrindo, um cartaz gigantesco na frente do Senado. Quando chegou no Congresso, aquilo foi barrado: "A gente não vai responder a isso."

Muitas vezes, em entrevistas, tive que responder à seguinte pergunta: "Vocês não estão despolitizando as pessoas? Isso não é um ativismo de sofá? A pessoa vai lá, clica e acabou." O que eu sempre dizia, tudo isso antes de junho, era: ao contrário, a gente está trazendo para o debate político pessoas que nunca se interessaram por política. Quando alguém compartilha algo no Facebook, uma manifestação política contra o Renan, contra o Feliciano, a favor de uma mudança na lei, toma uma posição política perante seu grupo de clientes, amigos, pessoas com quem ela nunca discutiu política antes. É como se de repente ele subisse num púlpito virtual e falasse: "Eu tenho uma posição política." O que acontecia era uma politização, não uma despolitização. Não acho que o debate feito por associações, por sindicatos ou por um parlamento seja necessariamente mais qualificado que esse. É algo novo o que está acontecendo, e tem muito a ver com o que aconteceu em junho. Há um universo de pessoas que se conectam de uma nova maneira.

Você falava de como é conseguir colher as assinaturas, chegar ao Congresso e lá dizerem que não vão responder a isso. Que tipo de limitações e problemas esse tipo de mobilização encontra? Como poderia funcionar melhor?
São as mesmas limitações que você vai encontrar em uma passeata. Pode haver uma passeata de 1 milhão de pessoas e o Congresso não responder a ela. Isso torna a passeata menos importante por causa disso? Não. É um movimento político, e você quer uma resposta política. Muitas vezes, as pessoas querem enquadrar e dizer: "O problema é que não há validade jurídica", mas não se pede validade jurídica para passeata. Temos que entender o papel de cada coisa. Não acho que o Congresso deveria ser obrigado a fazer algo no sentido de que, se há x assinaturas, deve votar conforme elas indicam. O que temos que pensar são os mecanismos de torná-lo mais responsivo, ou seja, de mostrar a obrigatoriedade que ele tem de responder às demandas da população. Decida o que quiser, só não brinque de avestruz e se enfie debaixo da terra, preste contas para a população o tempo inteiro – o Congresso, o Executivo, a política em geral. O que muda nessa intermediação é que ela não pode mais se fazer apenas a cada quatro anos por meio do voto; ela tem que ocorrer o tempo inteiro, cotidianamente.

No caso Renan, por exemplo: se há 1,6 milhão de assinaturas, o Congresso poderia ser obrigado a fazer um voto de desconfiança em relação ao presidente da casa ou da comissão. Se quisesse, poderia mantê-lo, mas não poderia dizer que já votou, e que agora só votará novamente daqui a dois anos – foi o que aconteceu. Isso corrói completamente a legitimidade da democracia.

Existe um mecanismo na Constituição que é a urgência constitucional: o presidente pode pedir ao Congresso para votar fora do regime vigente. Se o presidente pode fazer isso, por que que o povo não pode? Deveria poder – depois de 1 milhão de assinaturas, a pauta do Congresso seria travada e ele ficaria obrigado a votar. Temos que pensar em novos mecanismos, porque estamos numa democracia em que se tem a capacidade de interação cotidiana entre o povo e a política. Poderia haver mecanismos como: se você tem uma pergunta com 200 mil assinaturas para um ministro ou um parlamentar, a autoridade pública seria obrigada a respondê-la em vídeo, não em ofício. Hoje existe a Lei de Acesso à Informação. Consiste em encaminhar uma pergunta para um ministro e em algum burocrata do ministério responder com um ofício. Isso é positivo, mas não é o que a nova política pede; ela pede que a pessoa dê a cara a tapa, que grave um vídeo que será usado para defender a posição de quem for a favor e que será editado por quem for contra, brincando em cima disso. Política não pode mais ser essa coisa parada, estática. As instituições que temos hoje foram pensadas numa época onde essas possibilidades tecnológicas não existiam. Temos que repensar como vamos reconectar as pessoas com a política a partir desses instrumentos.

Como você pensa a aproximação do povo com a política, entre sociedade e Estado no Brasil, onde essa é uma questão secular? Gostaria que você desse a medida da máquina do poder e das possibilidades reais de se realizarem mudanças como estas que mencionou.

Nosso Estado tem uma cultura patrimonialista gigantesca, em que o poder econômico entra e se apropria. Entra em todos os lugares não para defender o interesse público, mas o interesse privado. Essa é uma estrutura muito antiga e não conseguimos rompê-la. Desde a maneira como o BNDES concede empréstimos ao jeito como funcionam as votações no Congresso e as agências reguladoras. O que não significa que, em momentos específicos, isso não possa ser rompido por pressão genuinamente democrática. Há momentos em que isso de fato acontece. O Ficha Limpa é um exemplo. É claro que existem críticas específicas a como foi feito o projeto, mas é evidentemente um momento no qual a lógica podre do Estado *tem* que se rearrumar em função de uma pressão gigantesca da população sobre o Congresso. É possível que a pressão interfira lá dentro, já vi isso acontecer.

O difícil é disputar agenda. Quando se consegue ganhá-la, não é tão difícil que o Congresso vote de acordo com o que a população quer. São mudanças possíveis, mas a gente *precisa* manter a vibração democrática da pressão popular sobre o Congresso. Se não, a força contrária é a inércia do patrimonialismo, do poder econômico – este é o caminho natural do nosso Estado e da nossa política.

Você acha que de alguma maneira os protestos de junho traduzem uma vontade de determinar uma agenda ao poder ou de que se mude o poder radicalmente?

Ambas as coisas. Sem dúvida, algumas agendas foram colocadas. A questão da PEC 37 é interessante porque apareceu como um grande ponto, porque a vitória foi mais importante do que o fato em si. Há quem diga que o Ministério Público pode ou não pode investigar, mas os motivos pelo qual o Congresso estava votando aquilo eram péssimos, eles não estavam preocupados com uma investigação justa ou com o superencarceramento e a quantidade de pessoas presas injustamente no Brasil. Não conheço nenhum pobre que esteja preso hoje devido a uma investigação do Ministério Público, porque ela afeta exatamente os donos do poder. Era muito claro que desejavam se livrar, esse era o motivo real, e fazer daquilo prioridade, do jeito que estavam fazendo, foi um tapa na cara da população, simbolizou a distância gigantesca entre o Congresso e a sociedade. Havia ali um abismo entre os poderes constituídos e a população: "Vocês não entendem nada do que a gente quer, vocês não criam minimamente os mecanismos para escutar a gente e não estão nem um pouco preocupados com isso." A grande pauta era "nós não estamos sendo ouvidos", e isso vai desde "precisamos colocar novas agendas", até mudar radicalmente o jeito como o poder é colocado.

Há um texto do Marcos Nobre chamado "Choque de democracia", que faz uma análise muito interessante sobre os protestos. Ele diz que o PT se constituiu a partir de dois projetos: o de lutar contra a desigualdade e o de mudar a maneira de se fazer política – até com relação às esquerdas. Isto significa que o PT é uma novidade nos anos 80 em relação a toda a esquerda latino-americana, no sentido de apostar na democracia e não na luta armada, de apostar no novo sindicalismo. O Orçamento Participativo, que era uma marca do PT na luta pelos direitos dos trabalhadores contra a desigualdade, é uma mudança na forma de fazer política.

Quando o PT foi cumprir a agenda da luta contra a desigualdade, ele abriu mão da possibilidade de transformar a política – esta é a análise que o Marcos faz, que é até generosa. E, quando o PT faz isso, acaba com o horizonte que vivíamos pelo menos desde 1989, e não se pode tirar do horizonte uma coisa que faz parte dos desejos das pessoas. Os protestos têm muito a ver com isso, com um sentimento de que precisamos reorganizar, não sei se tanto as instituições, mas no mínimo as preocupações, e precisamos ter gente disputando o poder que esteja preocupada em mudar a maneira de fazer política, porque a atual é insustentável.

O tema da reforma política apareceu em meio às manifestações. O que você entende por isso, quais os pontos com os quais você concorda e com os quais você discorda?

Há pelo menos vinte ou trinta anos, quando se fala em reforma política, pensamos em reforma eleitoral, que é importante – briguei por isso boa parte da minha vida política. Quando estava no governo, fui um dos que redigiram o texto que o presidente Lula enviou para o Congresso sobre reforma eleitoral. Nosso sistema é o que melhor se encaixa com os nossos defeitos, quer dizer, os nossos defeitos são alimentados pelo nosso sistema eleitoral, porque ele tem uma fraude dentro de si. Por exemplo, na eleição para o Congresso, as pessoas têm a sensação de que votam em um candidato, mas estão votando numa lista partidária, e só vão saber quem elegeram depois de terminada a apuração – é uma maluquice que gera situações do tipo "fazer votos de protesto" e votar no Tiririca, o que ajuda a eleger o Genoíno. Essa é uma situação real que gera distorções gigantescas, e as pessoas não sabem disso.

E as campanhas são caríssimas. A quantidade de dinheiro que é preciso levantar para se eleger deputado federal em São Paulo só pode ser doada pelas empresas, às vezes em caixa um, às vezes em caixa dois. Então, o poder que essas empresas têm sobre os deputados é gigantesco. Na hora H, entre o eleitor e o financiador, se escolhe o financiador, fazendo com que quem mande na democracia seja o dinheiro – uma plutocracia. É um sistema horrível, e há várias propostas para corrigir isso. Existe o financiamento público, que é muito interessante, sobretudo por proibir doações de empresa. E há modelos eleitorais diferentes: o voto distrital e o voto em lista. Eu tenho muitos problemas com o voto distrital, não sei se vale a pena aqui. Mas, ainda assim, é melhor que o modelo atual, que considero o pior. As vantagens que o voto distrital traria, por exemplo, seriam por aproximar o eleitor do congressista. No voto distrital puro, num estado como São Paulo, os distritos teriam 400 mil eleitores; no distrital misto, uns 800 mil eleitores – que é o equivalente a mais de 1 milhão de habitantes, ou seja, as eleições para todos os deputados seriam enormes, como eleições para prefeitura de cidades de mais de 1 milhão de habitantes, o que de fato não aproximaria ninguém. Como acontece com os candidatos do Executivo que têm medo de assumir posições mais avançadas porque têm que disputar o conjunto de todo o eleitorado. No espaço para o qual está concorrendo, precisam conseguir também o voto dos conservadores, e isso faz com que o discurso de todos os candidatos se aproxime do centro.

Nos cenários do voto distrital, certo?

Exatamente. Faz com que se tenha um Congresso mais voltado para o centro, conservador, e com menos gente capaz de apontar temas novos. Isso é um perigo. Se olharmos para os Estados Unidos, cujo sistema é este, vemos vários problemas. Primeiro, trata-se de um voto em que o peso das questões locais se sobrepõe ao das questões nacionais, porque o candidato vai ser sujeito no debate do lugar ao qual pertence, ou seja, o que importa é o que se faz pela região, não para o país. Nos Estados Unidos a política é de um clientelismo gigantesco.

A questão é como dividir esse distrito. Digamos que todo um bairro vote no PSDB. Se ele for mantido inteiramente em um distrito, provavelmente o deputado será eleito lá; se um terço dele for colocado em cada distrito, o voto vai se diluir, e aí o PSDB não faz nenhum voto. É uma divisão extremamente política. Não é um sistema perfeito, mas prefiro o voto distrital.

O voto em lista dá às ideias um poder maior do que aos indivíduos. Diz-se que se dá muito poder para os partidos e menos para o eleitor. Hoje, quem vota tem pouco poder porque não é capaz de saber em quem está votando de verdade, por mais bem informado que se seja. Não se sabe *em que lista* está votando, porque ela é aberta, só se vai saber quem ajudou a eleger ou não no final. O voto em lista deixa claro para o eleitor quem são os candidatos elegíveis.

Há um engessamento e o eleitor não tem nenhum poder. Uma solução muito inteligente, apresentada pela OAB e pelo pessoal do Movimento Ficha Limpa, é a proposta de se fazerem dois turnos. No primeiro, uma lista fechada, com uma ordem definida pelo partido, fazendo com que se vote só no partido. Daí são tiradas quantas cadeiras cada partido vai eleger e aí se tem um segundo turno.

Digamos que o PSDB fez quatro cadeiras e que para o segundo turno vão os primeiros oito da lista – o *dobro* do número de cadeiras; o PT fez cinco, vão os dez primeiros da lista – e aí você vai ter que escolher nessa lista. Faz-se campanha em cima de ideias, do partido, de propostas, e isso se define na eleição: ao eleitor é dado poder para decidir, dentro daquela proposta, quem são as melhores pessoas para defendê-la. É um modelo muito interessante.

Estamos falando de uma reforma eleitoral que mantenha um tipo de política, que é a política que existe hoje, e que precisa ser feita, mas a reforma política é muito mais do que isso. Quando reduzimos a reforma política à reforma eleitoral, corremos o risco de transformar o Brasil numa boa democracia do século XX, tendo a oportunidade de transformá-lo na primeira democracia do século XXI, que de fato conecte as pessoas com as políticas, que torne o Estado mais permeável à demanda da população, respondendo permanentemente a elas, não só a cada quatro anos; um Estado que pense transparência de outro jeito, que não apenas forneça às pessoas números e planilhas, mas que torne as pessoas aptas a fazer o autogoverno, dando informações a partir da quais a sociedade possa governar.

O que você pensa de problemas envolvendo outros poderes do Estado, como os casos de Belo Monte e das remoções feitas pela prefeitura do Rio, em que condicionantes ou condenações da OIT, por exemplo, não repercutiram?

Há muitas coisas aí. A primeira resposta para uma regra que não é cumprida está no Judiciário. Temos muitos mecanismos de chegar até ele, mas não percebemos que o Judiciário muitas vezes está dominado pela lógica do poder econômico. É necessário ter um mecanismo para fazer a pressão chegar lá. O Mensalão é um caso no qual o diálogo com a opinião pública aconteceu – corretamente ou não, mas pelo menos se mostrou possível. Se o Judiciário acha que tem que obedecer à opinião pública, isso é muito ruim, porque ele deve ser independente sem ignorá-la, precisa respondê-la.

A resposta para todos esses casos é ter mais espaços nos quais as pessoas precisem responder publicamente. Se pudéssemos fazer com que os ministros Edison Lobão e o da AGU gravassem um vídeo explicando por que as condicionantes não foram cumpridas, eles teriam que formular uma resposta, pensar um pouco e dar a cara a tapa. Como o poder fica confortavelmente distante, esse tipo de provocação pode conseguir fazer com que certas coisas não aconteçam.

Tendo em mente o que você disse, e voltando ao começo da nossa conversa, quando falamos que a internet pode promover diferença nas intermediações, o que te aterroriza, ou não, entre controle e liberdade na internet?

A questão da privacidade é um tema que ganha nova dimensão na internet. Como vamos lidar com uma exposição tão grande da nossa intimidade? É preciso ter controle sobre a possibilidade de o Estado e de outros indivíduos devassarem a privacidade, que é um direito fundamental. Então são necessários alguns mecanismos. Fora isso, os ganhos da liberdade na internet são tão maiores do que quaisquer outros prejuízos, que todo controle imposto para não se preservar a intimidade do cidadão, mas para resguardar o Estado, que é sempre mais poderoso do que o indivíduo, é inválido. E a função do direito é, sobretudo, proteger o indivíduo perante o Estado. Lei não é para fazer com que o Estado tenha mais poder sobre o indivíduo, é para fazer com que o indivíduo tenha poder perante o Estado. Temos que pensar em uma regulação para isso. Não regulação não significa liberdade, ela deixa o caminho livre para o mais forte ganhar. Portanto, ela serve para garantir alguma neutralidade da rede, e não para proteger o Estado. Tratar como grande terrorista aquele que vazou as informações do WikiLeaks dos Estados Unidos é um equívoco. Qual o prejuízo de fato? Quem morreu por causa do vazamento desses dados? Ao contrário, empoderou-se ainda mais o cidadão. É preciso proteger quem vaza dados na internet, criar um direito de asilo claro para essas pessoas.

Você imagina uma reversão sobre os porões desse controle com os backdoors e esse meio de ação que os vazamentos do Snowden mostram?

Acho que a disputa política por essa reversão tem sido tímida. Deveríamos nos empenhar mais, porque o único jeito é, de fato, conseguir colocar a questão no centro da agenda política mundial e fazer um grande movimento político. Os poderes de controle não têm nenhum interesse que isso mude. Então é quase impensável que isso vá acontecer pela simples exposição, é preciso muita batalha política.

De que maneira você localizaria a situação do Brasil no que tange à liberdade de dados na rede? Algumas pessoas dizem que temos uma política muito avançada, outras discordam.

O Marco Civil é algo que coloca o Brasil numa posição muito diferente da grande maioria dos países. É um texto em defesa, e não de perseguição ao cidadão, ou de defesa do Estado e do poder econômico, mas ele não foi aprovado. Estamos a ponto de decidir para onde vamos: cair na mesmice internacional, deixando o controle para o poder econômico, ou aprovar o Marco Civil e nos tornar vanguarda internacional, com muitas possibilidades econômicas surgindo a partir disso, do ponto de vista da liberdade da rede.

Gostaria que você falasse sobre as questões de política pública de segurança e dos problemas correlatos a isso no Brasil, da sua experiência dentro da administração e de quais são as possibilidades de mudança.

São muitos temas na segurança pública, desde violência policial até...

Claro que temos em mente as violências policiais, pelo que tem acontecido, mas será bom se conseguirmos ver a ligação entre uma coisa e outra.

Há um tema central, que é tratar a segurança pública como política pública, e não como resposta ao medo, o que sempre deu errado. O número de mortes subiu, criou-se uma polícia que bate, que pode justificar qualquer coisa, porque afinal ela está respondendo ao medo, a uma exceção, dizendo que isso é um auto de resistência, pois há uma guerra. Justificar que matou porque a pessoa era traficante e tinha um pouco de droga, não pode. No Brasil não existe pena de morte; portanto, isso não é uma justificativa válida, no entanto a gente tem um monte de autos de resistência onde a única justificativa é que a pessoa portava droga. A gente precisa reduzir o número de homicídios e pensar quais são as técnicas mais eficientes. Neste sentido, as UPPs aqui no Rio foram um avanço – a polícia precisa parar de entrar na favela, matar e sair, e para isso não podemos achar que vamos conseguir erradicar o tráfico, porque seria impossível, mas diminuir os homicídios, ter uma polícia presente. Há uma série de problemas que vão aparecendo e é preciso corrigir, como em qualquer política pública. No caso da violência policial é a mesma coisa, como a gente pode ter uma polícia treinada, preparada para lidar com grandes eventos, manifestações? Qual o tipo de arma mais adequada, qual o dano que cada uma faz, em que momento se deve usá-las? É necessário ter padrões para isso, para que se possa responsabilizar as pessoas quando se foge deles, e aí você trata a questão como política pública. Nossas polícias não têm um protocolo ou têm coisas muito ruins. São mal treinadas, não têm governantes que as liderem e inspirem a trabalhar dentro de marcos democráticos, não temos controle sobre elas.

Temos que parar de achar que a polícia pode tudo porque responde aos medos. Ela está fazendo política pública e, portanto, como qualquer outro agente público, precisa ter regras e objetivos. Por que ela está lá? Há técnicas para evitar que se quebre tudo. O que ela quer evitar? Evitar que as pessoas estejam na rua? Isso não pode, está na Constituição. Se a polícia está indo para as ruas, tudo é quebrado e as pessoas apanham, é porque está tudo errado.

Conversamos com o coronel Robson. Ele tem uma ideia de polícia que não se deve só a convicções pessoais, políticas, ideológicas, nela há também* hard facts. *Em particular, ele possui uma relação com a academia que gerou um arcabouço de planilhas e tabelas evidenciando alguns dados, mas isso não foi suficiente para convencer os outros e garantir a mudança – enfrenta-se resistências de outra natureza. Existe algum paralelo entre a sua experiência dentro do governo e isso? Como é pôr em prática, dentro da máquina, algo que se sabe a partir de pesquisas, de construção de conhecimento?

Não é simples, mas te digo que, quando eu estava lá, na maioria das vezes em que eu tinha um bom argumento, ele foi levado em consideração. Acho que há espaço para bons argumentos colocados do jeito certo. Muitas vezes (isso eu aprendi com o Tarso Genro), se você acha que não vai ser ouvido, o jeito é jogar o argumento para fora, ou seja, para a sociedade; e aí ela vai fazer com que esse argumento ganhe peso. Quem está dentro do governo, em geral, fica muito bravo com esse tipo de estratégia, mas acho que a democracia ganha com isso. Se não querem debater o tema, coloque-o na agenda política e faça o jornal debater, a sociedade – isso força o governo a debater. Se você acha que tem razão, provavelmente vai ganhar o debate. Há estratégias. É claro que alguns espaços são mais fechados, outros mais abertos. Na polícia, e o Robson é parte disso, muita coisa mudou a partir de argumentos. Não se ganha todas, mas se ganha várias.

Como foram para você, pessoalmente, os fatos de junho? O que aquilo fez com os pensamentos e sentimentos políticos?

Tive uma sensação de concretude. Estamos vivendo, no Brasil e na América Latina, um momento único, por duas razões. Pela primeira vez temos uma geração formada na democracia, que deixou de ser um pequeno intervalo entre ditaduras: ninguém hoje acha que não se vai ter isso. Se acreditamos nela, temos que mudar o jeito de as pessoas pensarem, de se informarem. Essa é uma democracia muito nova e, portanto, mais apta a transformações reais. Na Europa ela já está envelhecida, sem nenhuma capacidade de se repensar. Essa democracia com frescor, digamos assim, mas ao mesmo tempo, consolidada, hoje só temos no Brasil e na América Latina.

Em segundo lugar, pela primeira vez, também na América Latina, desde 1492, o debate político não é feito a partir de forças externas. Não é o colonizador, não é o imperialista, não é FMI. Os rumos que a América Latina vai tomar dependem dos países da própria América Latina. Acho que junho mostra isso: a gente tem uma oportunidade, hoje, de oferecer ao mundo um novo modelo de democracia e cabe a nós, só a nós, pisar no acelerador e levar isso a fundo, né? Podemos perder e desperdiçar essa oportunidade, mas ela nunca foi tão forte quanto é agora.

NOTA

1 Rede ativista internacional que promove por meio da internet campanhas de mobilização em defesa de causas ligadas aos direitos civis, ecologia, combate à corrupção, entre outros. (N.E.)

PURGATÓRIO

ANDRÉ SANT'ANNA

Escritor
2/9/2013

Todo mundo, lá, pensando em dinheiro.

Naquela angústia das novas classes, a nova classe média, a nova classe, a Classe Baixa Alta. A Classe Baixa Alta com alto poder de compra comprando tudo o tempo todo, comprando aqueles iogurtes que ajudam as mulheres com mais de 40 anos a evacuarem regularmente e a não ficar com acúmulo no intestino e umas batatas fritas chips no saquinho prateado e comprando aquelas ideias, na televisão, no jornal da televisão, nas mídias, nos sistemas eletrônicos e virtuais de distribuição de ideias, no programa da igreja da televisão, o bispo Edir Macedo, da Igreja Universal do Reino de Deus, na televisão, em superclose, dizendo ao povo de fé que Deus, Jesus, não queria que o fiel sofresse na Terra, que não era necessário fazer qualquer sacrifício durante a vida terrena, que Deus, Jesus, julgaria o fiel levando em conta apenas a oferta do fiel, a quantidade de dinheiro ofertada a Deus, através da conta bancária da Igreja Universal do Reino de Deus, cujo número aparecia na televisão, assim debaixo do rosto em superclose do bispo Edir Macedo. E Deus, Jesus, lá no Céu, esfregando as mãos, contando dinheiro, pensando em como ganhar cada vez mais dinheiro, ficar cada vez mais rico, milionário, batendo recordes e mais recordes de faturamento, alta lucratividade, o mercado financeiro, essas parada, Deus, lá, pensando em dinheiro e Jesus, o do Evangelho, lá, na Montanha, fazendo o Sermão da Montanha, falando sobre desapego aos bens materiais, sobre desapego à necessidade de se ganhar dinheiro, de ficar trabalhando para juntar dinheiro para comprar roupas mais bonitas, Jesus falando que os Lírios do Campo não pensavam em dinheiro, não pensavam na roupa que vestiriam. Os Lírios do Campo não tinham essa noção pequeno-burguesa de bom gosto e mesmo assim, Ele, Deus, sempre cuidava para que os Lírios do Campo estivessem sempre bem vestidos, lindos, e para que os passarinhos estivessem sempre assoviando, sem se preocuparem demais com coisa nenhuma. Eram coisas desse tipo que Jesus falava, contra a riqueza, aquela história do camelo e da agulha, a favor do perdão irrestrito, a fraternidade geral, contra a hipocrisia dos que apedrejam adúlteras e prostitutas, Jesus, lá, transformando água em vinho, que era para o pessoal, lá, ficar meio alegre, de porre, meio feliz, com a percepção alterada, percebendo que a realidade é uma ilusão, que nem Sidarta, o Buda, tinha dito. Jesus, lá, mendigo, com as prostitutas e os leprosos. Jesus assoviando. Amor e essas coisas.

Tudo começou com Adão e Eva. (Riocorrente etc.)

O Adão e a Eva, lá, pelados, provando o Fruto Proibido da Árvore do Conhecimento e ganhando rapidamente o poder de perceberem a si mesmos, a própria miséria, os restos de excrementos ainda grudados em suas bundas e também na parte interior das coxas e de perceberem o céu cheio de estrelas e as maravilhas cósmicas, nuvens de poeira cósmica colorida, as partículas do átomo, combinações de sons formando música, o Adão e a Eva passando a distinguir o Bem do Mal, sentindo inquietações filosóficas, dúvidas existenciais, a arte, a morte, a política, revolução, o Fogo das Paixões Revolucionárias do Tarcísio Meira Cryzto em *A idade da Terra*, aquele filme do Glauber Rocha, o último filme do Glauber Rocha, quando confundiram a lucidez de Glauber Rocha com a loucura de Glauber Rocha. Esses caras sempre confundindo tudo pensando em dinheiro e o Glauber Rocha dizia que A Revolução É uma Eztétyka.

O Presidente da República falando aquelas coisas todas para o Povo, com uma linguagem, uma eztétyka do Povo, para o Povo, dizendo que as mulheres com mais de 40 anos do Povo, também, agora, poderiam tomar iogurte para baixar diariamente o acúmulo do intestino e que os machos do Povo, agora, também poderiam dirigir por aí os seus próprios carros, automóveis de Primeiro Mundo, aquela conversa do Collor, por aí, pelos acostamentos, na volta do feriado, nervosos, suados, barrigudos, orgulhosos dos próprios arrotos com odor de picanha com alho e que o Povo também passaria a voar de avião e que as Elites Dominantes teriam de suportar a falta de educação do Povo, da nova Classe Baixa Alta andando de avião e as Elites Dominantes, lá, também arrotando picanha com alho, se comportando mal no avião, na praia, sujando tudo, cagando tudo, fodendo com tudo, sonegando impostos, subornando o Parlamento, se comportando muito mal junto com a Classe Baixa Alta, comendo batata chips, se comportando muito mal na fila do banco, na fila do supermercado, na Faixa de Pedestres, aquele cara que berra naquele programa de tarde, na televisão, gritando aquelas coisas todas para o Povo, gritando que é preciso botar na cadeia e dar umas porradas em pessoas com menos de 18 anos de idade que botam fogo em pessoas vivas e arrastam, de carro roubado, carro de Primeiro Mundo, pelo asfalto, por ruas de terra e pedras, vários metros, bebês que ficam em carne viva, arrebentados, o cara da televisão berrando meio histérico, com a voz meio aguda, pouco viril, dizendo que quem mata alguém tem de ser morto também, pela Sociedade, que deve tratar um assassino psicopata da mesma forma como um assassino psicopata trata uma pessoa que não é um assassino psicopata da sociedade que não é assassina e psicopata, mas que deve se comportar como assassina psicopata, segundo o cara berrando de tarde, na televisão, que não é um assassino psicopata, na hora de condenar à morte um assassino psicopata. O assassino psicopata, lá, na cadeira elétrica, estrebuchando, com fumacinha saindo pela orelha e a família da vítima achando legal, porque, agora sim justiça foi feita, com aquele bafo de picanha com alho. E aquela cantora Gospel, na televisão, cantando aquela musiquinha que manda as criancinhas juntarem umas moedinhas no cofrinho de porquinho para ofertar a Deus, já que Deus, Jesus, gosta muito de dinheiro e pensa em dinheiro o tempo todo e uma criancinha dar um monte de moedinhas para Deus é um gesto espiritual, que pode garantir à criancinha, que dá dinheiro para Deus, um monte de moedinhas, uma vaga no Céu, aquele lugar cheio de dinheiro, onde Jesus e todos aqueles que deram bastante dinheiro para Deus, durante a vida terrena, ficam o tempo todo pensando em dinheiro, falando em dinheiro, trocando dinheiro uns com os outros, e Deus nadando em uma piscina de dinheiro igual à do Tio Patinhas. QUAC!

O Brasil, lá, cheio de dinheiro, se tornando uma potência do dinheiro, o Brasil, lá, crescendo sem parar naquela angústia agradável, a Classe Baixa Alta cada vez mais alta, superando a nossa velha Classe Média em poder de compra, em picanha com alho, em iogurte contra acúmulo no intestino, e o Presidente da República falando o tempo todo, falando em dinheiro, para a Classe Baixa Alta, que ela, a Classe Baixa Alta, era boa, que ela, a Classe Baixa Alta precisava comprar muitos carros e muitos iogurtes de fazer cocô, que, assim, o Brasil iria crescer, crescer muito, ganhar muito dinheiro, porque nós, os brasileiros, que não desistimos – nunca! – somos bons, somos o troço mais sensacional que existe entre as Nações, muito respeitados no exterior pela nossa economia vencedora, pela nossa virada em nível de dinheiro, mas, pô, não é uma vergonha um país assim tão rico ter tanta criança na rua, uns filhotinhos de pretos sendo torturados, estuprados, escravizados, maltratados por toda essa gente pensando em dinheiro o tempo todo, inclusive pelas autoridades policiais e judiciais, uns animais primitivos, cuja atividade profissional, cuja prestação de serviço público é espancar menores, esses menores que o cara berrando na televisão do bispo Edir Macedo, cujo Deus só pensa em dinheiro, quer botar na cadeia logo, que é para o cidadão de bem poder comer batatinhas chips croc croc em paz, poder dirigir pelo acostamento, em paz, na volta do feriado, a privada da casa que ele alugou no feriado toda entupida, o acúmulo todo lá, enquanto o Brasil vai crescendo, crescendo, crescendo, crescendo sem parar?

Aquele filme do Padilha, que não é fascista. O Policial Honesto, lá, enfiando um saco de plástico na cabeça de um pré-adolescente pobre meio bandidinho merreca e dando porradas na cara do moleque e enfiando um cabo de vassoura no cu do menino e dizendo que fazer isso era errado, mas era necessário, e o Policial Honesto, lá, dando umas porradas nos maconheiros de Ipanema, porque os maconheiros de Ipanema ajudam a financiar a violência no Rio de Janeiro, ao comprar maconha, aquela planta meio vagabunda que nasce em qualquer lugar e que não teria qualquer valor comercial se não fosse proibida, permitindo que os bandidos da favela ganhem dinheiro para comprar armamento pesado das forças policiais e militares brasileiras, à paisana.

O Brasil cheio de policiais honestos vibrando com o filme do Padilha, dando tapas nas caras de adolescentes e jovens de cor escura que usam boné com a aba para trás e corrente no pescoço, e esguichando spray de pimenta em cara de mendigo no banco da praça e aqueles outros policiais honestos quebrando a guitarra e pisando na cabeça do guitarrista, porque o guitarrista estava com um chapéu na rua, para arrecadar um dinheirinho, porque guitarristas, policiais, a Classe Baixa Alta e as Elites Dominantes e o Kassab só pensam em dinheiro, e o prefeito da cidade cosmopolitaça, mais de 20 milhões de pessoas andando pelas ruas pensando em dinheiro, considera o guitarrista um camelô que deve ser retirado da rua para não atrapalhar os passantes pensando em dinheiro e não atrapalhar a arrecadação de impostos por parte da prefeitura municipal. Tolerância zero igual Nova York.

As Elites Dominantes, os Bancos, os Produtores de Soja Transgênica, os Produtores de Comida Gordurosa e umas Empresas Aí e umas Empresas de Plantar Cana e Produzir Etanol para a Classe Baixa Alta ir emporcalhar o litoral brasileiro todo, lá, financiando a Barbárie, usando a linguagem do Povo, a estética da Classe Baixa Alta, e produzindo produtos mais ou menos para o Povo comendo cocô, pagando caro e achando gostoso.

Recordes bancários internacionais extra deluxe, plim plim plim, *extra point*, melhores faturamentos de todos os tempos, a Classe Baixa Alta batendo recordes de todos os tempos na aquisição de Empréstimos Pessoais, aquela modalidade de empréstimo na qual os bancos que bateram todos os recordes de todos os tempos emprestam um dinheirinho para pessoas de baixo poder aquisitivo que pensam em dinheiro o tempo todo, para comprar um aparelho eletroeletronicocibernetico, ou comprar remédio para a mãe que está com câncer, mas que fica demorando demais para morrer, e o cara da Classe Baixa Alta, que é alta, mas é muito mais baixa, que não sabe de nada, não entende nada, o cara muito mal-educado que fica endividado até o pescoço, a corda no pescoço, o cara ainda arrotando picanha com alho, as prestações do carro longe de serem quitadas, o cara não sabe nem mexer direito no caixa eletrônico, horas e mais horas na fila do banco pensando em dinheiro, os preços das coisas todas aumentando e o comércio aumentando o preço de tudo porque agora a Classe Baixa Alta pode comprar todas as batatas chips que existem e o Brasil crescendo entre as nações, em desenvolvimento acelerado, crescendo, credor do FMI, e aquelas criancinhas todas que deveriam é tomar porrada mesmo, segundo o cara de voz pouco viril de tarde na televisão, todo dia elas ali, de madrugada, dormindo embaixo do caixa eletrônico e no inverno é frio para cacete.

Eztétyka da Vyolêncya, Eztétyka da Barbárye.

Dentistas pegando fogo, bandido saqueando cidadão, polícia saqueando bandido, o cara na televisão berrando lá, querendo matar todo mundo, o Padilha torturando menores e dando lição nos maconheiros da PUC, o novo Código Florestal defendido com unhas e dentes pelo comunista do Ministério dos Esportes, ministério responsável também pelas obras das instalações da Copa do Mundo, dos Jogos Olímpicos, recordes internacionais sensacionais, em aliança com os ruralistas plantadores de Cana de Etanol, de Soja Transgênica, que querem que a demarcação das terras indígenas deixe de ser responsabilidade do Poder Executivo, para ser do Poder Legislativo, onde se negociam as paradas todas pensando em dinheiro, onde comunista é amigo de latifundiário, cagando a Amazônia toda, o Pantanal todo, a Mata Atlântica toda, aqueles hotéis lá, no litoral, aquela batata frita toda, toda aquela gente baixando o acúmulo pensando em dinheiro. Eztétyka da Vyolêncya, Eztétyka da Barbárye, aquele menino boliviano de baixo poder aquisitivo morto.

Aqueles caras lá na televisão, com aquele cabelo penteado e de terno, que é uma vestimenta que deixa os homens mais dignos, aquela gravata, aquele pano cheio de dignidade amarrado no pescoço, formando a opinião de que todos têm o direito de se manifestar, desde que não se cometam atos de vandalismo, achando que a Eztétyka da Revolução é uma coisa toda assim limpinha, achando que o pretinho que dorme debaixo do caixa eletrônico, que não tem nem um lugar privado para baixar o seu acumulozinho podre, vai se transformar num cidadão de bem, trabalhador, cobrador de ônibus, vai se tornar um humano capaz de perceber as estrelas do céu, a poeira cósmica colorida, a arte, a morte, que não vai se tornar um animal escuro sem vida e sem morte e aquele samba que fala do dia em que o morro descer e não for carnaval, os caras dignos da televisão, lá, o cara berrando, de tarde, chamando uma pretinha de quatorze anos viciada em crack de monstro e o especialista do telejornal sério da emissora séria achando que, através de manifestações ordeiras, com reivindicações bem elaboradas, objetivas, a Democracia Brasileira avançaria, sem maiores ameaças às instituições e à ordem pública.

O Povo, lá, apedrejando as agências dos bancos com maior faturamento de dinheiro em todos os tempos, naquela eztétyka da televisão do Deus pensando em dinheiro o tempo todo, esperando um Cryzto para ser crucificado.

ENTREVISTA

GILBERTO GIL

Cantor e compositor

3/9/2013

A gente está fazendo um livro por conta das manifestações que começaram...
Por que tão rápido, um livro?

Na verdade, a gente começou com vontade de fazer um jornal...
Melhor...

E no momento de imprimi-lo recebemos a proposta para fazer esse livro...
Tá bom.

Não pudemos recusar.
Acho prematuro, precipitado, mas enfim... São tantos discursos em busca de uma interpretação razoável do que seja isso. É um fenômeno tão vasto, tão grande... Livro é lugar pra coisas mais assentadas, é melhor esperar mais um tempo, sei lá, um ano... Ver o que ainda vai acontecer esse ano. Essa insistência que a multidão está tendo no sentido de manter. A gente ainda não sabe exatamente se é uma expectativa, uma esperança ou uma crença de que o poder da multidão vai ter condições de dobrar o poder institucional e se essa pulverização das vontades poderia de fato reunir algo. O que há pra falar agora? Falar do novo não tem como, o movimento é ainda movimento! É como se o pessoal, ano passado, tivesse feito um livro sobre o Occupy...

Fizeram!
Mas provavelmente o livro não vai além da notícia jornalística... porque não pode ir, não tem base, não tem substância pra isso. O livro, não creio que possa ir muito

além. Ainda não li o livro do Castells, que é sobre o movimento a partir da Espanha, certo? E são movimentos que já têm dois anos. Occupy já tá indo pro terceiro ano, o movimento da Espanha também. Esse daqui não sei, tem essas expectativas agora em relação ao 7 de setembro, tem que ver o que eles vão fazer... e o desdobramento da espontaneidade do movimento, a partir dessa dimensão não individualizada, não liderada etc. A gente não sabe ainda, eu não sei propriamente o que dizer, a não ser isso que foi notícia, o velho fenômeno da mobilização social, de todos os tempos da história, que se repete agora. E ao mesmo tempo há os elementos novos, que trazem mais eletricidade, digamos assim, pra esse movimento, que é a coisa das novas formas de comunicação, internet, rede social... Isso tudo está aí.

Conversamos com o Pedro Abramovay, que falou sobre a internet eliminar intermediários de processos, como na música, e ele colocou a seguinte questão: o que significaria uma política sem, ou com menos, intermediários?

É um fenômeno. Uma das características percebidas pelo conjunto dos analistas é que a mediação política está sendo feita a partir de elementos que não se colocam propriamente como mediadores. Eles são parte do processo, não se destacam da multidão pra serem os guias, as referências. O Fora do Eixo se coloca um pouco dessa maneira, a Mídia Ninja também. Quer dizer, cada indivíduo é o mediador, o interlocutor, a interface com os sistemas postos em questão. Essa é uma característica do *peer to peer*, algo possibilitado pela internet, pela dimensão *ciber*. As pessoas podem se comunicar diretamente entre si, e esse fenômeno das ruas reflete um pouco isso: que o *peer to peer* pode se instalar nas comunicações interpessoais. Acaba-se chegando ao que seria uma convocação, que não é feita propriamente por alguém, mas por todos. Você vê a torcida do Corinthians através dos celulares: “Vamos encontrar não sei onde pra brigar com a torcida do Palmeiras.” Antes do celular não tinha isso. Eu posso lhe encontrar rapidamente onde você quiser, e vice-versa. Rede, né? Essa coisa dos pontos móveis da rede é um dado que a nova tecnologia colocou e que vai se transferindo aos poucos para os vários campos. Você disse que essa pessoa que foi entrevistada falou que na música já era assim, eu tô dando o exemplo da torcida de futebol – quer dizer, a mesma coisa é a convocação pra ir protestar sobre isso, sobre aquilo, pra ir se queixar daquilo ou pra exaltar isso ou aquilo, enfim.

O fenômeno dos 3 milhões de pessoas em Copacabana para ver o papa. Claro que a velha maneira de comunicação da televisão, a convocatória eletrônica, as chamadas, os anúncios de “papa tal hora, tal dia, na praia de Copacabana! Venha para a praia de Copacabana!”, claro que tudo isso ainda teve um papel, uma influência, especialmente nesse caso, onde a presença do papa mobilizava o esquema de comunicação clássico... Esquema moderno da televisão e dos meios de comunicação tipo televisão: uma mensagem para milhões, de uma fonte para muitos. Mas, mesmo ali, naquele fenômeno, tinha muito *peer to peer*, muita gente dizendo: "Ô, cê tá indo ver o papa em Copacabana?!" "Ah, o papa vai estar em Copacabana?! Nem sabia! Ah, eu vou, me encontra lá!" Da mesma maneira que os jovens se convocam mutuamente para as raves. Por isso que, no início das manifestações, cheguei a me referir a elas como uma rave com outra finalidade, mas com o mesmo ingrediente: as pessoas se reunindo para estarem juntas por muito tempo, para estabelecerem objetivos a partir do fato de estarem juntas. Essa fenomenologia nova tá aí e vai pra tudo quanto é coisa. Começou com a música e vai passar por tudo que é mobilização, todas as esferas, todas as instâncias possíveis de serem concebidas e pensadas vão estar submetidas a essa aceleração, a esse processo de dinamização que a rede social vai possibilitar.

Olhando para a história do Brasil, e em especial para o processo de democratização, como enxerga o momento que vivemos agora?

Primeiro, há uma repetição, no sentido de que as massas se manifestam ao longo da história. Spartacus, a massa escrava que resolveu de repente se manifestar; os operários americanos na formação da vida sindical americana; a Revolução Russa; a Revolução Francesa, a decapitação de Maria Antonieta; os chineses na Praça da Paz Celestial; o massacre da massa na Praça do México; as massas pelas ruas nas revoluções da América do Sul, na Argentina, no Brasil, no Chile, em todo lugar. Isso é a história, ela se faz com massas nas ruas. Tem sido assim, de uma forma ou de outra. Organizadamente, na Grécia, com a Ágora, onde as pessoas iam falar. No Hyde Park, em Londres, tem um lugar específico onde as pessoas vão fazer discursos, protestar, gritar, instalar uma espécie de versão popular do parlamento. Esses fenômenos não fogem à regra, são de novo a liberdade de reunião, a liberdade de expressão se fazendo valer. Não é? A novidade é o conteúdo difuso. Antes era preciso ter alguma motivação específica ou algumas motivações enlaçadas num tipo de pacote que levava as pessoas às ruas. Agora é difuso, porque os meninos das favelas têm um tipo de diálogo com o mundo a partir das linguagens que foram desenvolvidas no cotidiano deles; os meninos de Copacabana, da classe média, do Leblon, têm um outro tipo, às vezes coincidindo com os interesses do menino favelado. Quando eu falava da festa rave, eu falava também do arrastão. Essas mobilizações de agora têm um pouco de festa rave, têm um pouco de arrastão. Ao mesmo tempo, tem algo de passeatas sindicais, de mobilizações de associações de bairros... tem de tudo ali!

Quando você pergunta: e o momento brasileiro? O momento brasileiro, a oferta temática de um momento como o do Brasil... mas não só do Brasil, de qualquer nação! Em qualquer país, hoje, a oferta temática para esse tipo de mobilização é imensa: as pessoas têm queixas pra tudo, não falta motivo pra reivindicar. Não faltam coisas a apontar no sentido negativo, mas também no sentido positivo: as pessoas também se reúnem nos festivais, onde vão celebrar a liberdade do corpo, à la Woodstock. Ao longo da história, existiram momentos em que as pessoas tentaram identificar a positividade do fato de estarem vivendo um mundo em conjunto, fruindo possibilidades criativas em relação ao comportamento, ao afeto etc. E as pessoas escolhiam esses momentos e esses lugares para irem apontar isso, levantar suas cartolinas positivas, exaltando coisas. Tudo isso é magnificado pelas novas técnicas, pelas novas possibilidades.

Não vejo, no caso do momento brasileiro, nada propriamente novo. O julgamento do Mensalão atiçou um pouco as grandes curiosidades, no sentido do que é possível fazer contra os malfeitos vindos da política, contra as apropriações indébitas do dinheiro público e coisas desse tipo. Mas isso também não é novidade, a corrupção está aí há muito tempo. Adhemar de Barros: "Roubo, mas faço" – não é de hoje! Essa questão nem é particularmente brasileira, é de todo lugar. Com algum esforço, encontram-se alguns elementos ali: a reforma política, a corrupção, o enquadramento possível do mundo político a uma dimensão ética mais coletiva, mais social. É uma exigência desses movimentos, mas é a mesma coisa na Espanha. Lá ainda têm o desemprego e a submissão da Espanha aos ditames da União Europeia, ao Banco Central da Alemanha. Portugal se queixa da ditadura alemã sobre os países periféricos da Europa – é a mesma coisa! Insatisfações variadas da sociedade em relação a núcleos que aglutinam o poder na política, na vida econômica, na vida cultural etc. São tentativas de quebrar células "cancerígenas" do sistema, que cresceram muito e são anomalias dentro dos organismos. Ao longo da história, essas tentativas sempre foram feitas e vão continuar sendo feitas, agora com as características da dinâmica contemporânea, pós-moderna, do fragmentário, do individual mascarado... A máscara que mais aparece no mundo, inclusive nas manifestações brasileiras, é a do Guy Fawkes, não é? O inglês que protestava séculos atrás. Eu as conheci durante o exílio na Inglaterra. Há uma festa que se faz até hoje, com fogos etc., para celebrar o Guy Fawkes, aquela figura anarquista que se manifestava contra as células cancerosas do sistema sociopolítico-econômico. Não há, no Brasil, um governo federal que seja execrado pelo povo. A figura da Dilma é popular, tem índices bastante razoáveis de aprovação. O governo dela não é nada desastroso, pois, como todos os outros do mundo hoje, joga um jogo global, de interdependências grandes, variadas. A economia brasileira não depende só de si mesma, mas de uma série de coisas, essa coisa da mundialização. Por isso o sentimento de incômodo das manifestações pegou muita gente de surpresa. "Por quê? O que está tão incômodo assim, no Brasil, para as pessoas se manifestarem?" Outros momentos da vida brasileira foram até mais incômodos, e não possibilitaram esse grau de manifestação.

Outra característica é a insistência, a pulverização, a micromanifestação que substitui a grande manifestação e que se dá em vários lugares ao mesmo tempo, em todos os dias da semana, até aos domingos, na porta dos estádios, durante a Copa das Confederações. Elas se juntam e se diluem, do ponto de vista temático, com as grandes manifestações à presença do papa. Ali, as pessoas vão fazer mais rave do que arrastão. Em outros momentos o arrastão prevalece em relação à rave. Mas tudo está ali presente o tempo todo.

O que eu às vezes penso é que, meio que no inconsciente coletivo, a gente começa a viver um cansaço da civilização tal como ela vem se fazendo nos últimos tempos. Há os compromissos globalizados, todos eles basicamente ditados por interesses superiores, no sentido de virem de cima, de grupos do capital financeiro internacional, e a racionalidade institucional do tipo Fifa, que estabelece um modelo negocial para o futebol e para tudo que diga respeito ao futebol. Enfim, é um pouco isso! As pessoas dizem: "Vamos reclamar da Fifa!" Porque ela significa isso, ela significa essa tentativa de submissão das particularidades, das peculiaridades de cada povo. Nós, com nosso futebol, que era democrático, no início um esporte elitista, das elites do café, em São Paulo, e depois se tornou popular, quando os grandes estádios se abriram... E agora vem a Fifa e, de certa forma, reintroduz um elemento elitizante no futebol, um elemento de discriminação – então vamos reclamar disso! Não podemos reclamar propriamente da Dilma, mas da Fifa: é uma forma indireta de reclamar, porque, afinal, a Dilma se submeteu a isso, o ministro dos Esportes está fazendo o jogo que a Fifa quer. A queixa não é contra o Brasil! Nossa queixa não é propriamente em relação aos nossos males, é em relação a males generalizados da sociedade humana. É o cansaço desse modelo de civilização, dessa máquina mercante, como já dizia Gregório de Mattos há três séculos: "Ó, quão dessemelhante..."

É a velha queixa, a velha necessidade permanente da gente se queixar, apontar disfunções, assimetrias e tentar chegar a situações melhores. Com as novidades tecnológicas, surgem as capacidades mobilizadoras onde cada indivíduo diz "eu mobilizo a mim mesmo e, pronto, isso já é suficiente! Vou pra rua e tenho certeza de que vou encontrar os *peers* lá, porque eu sou um *peer e*... pronto, sou a multidão!" O fenômeno permite leituras assim, muito livres, de uma certa maneira, porque é disso que está se falando. "Liberdade, liberdade, liberdade, ó liberdade...", quanto mais, melhor. E entra tudo aí, a política, o comportamento etc.

Penso no significado que isso pode ter para a gente, porque, quando você fala da Espanha e dos outros movimentos, a sensação que eu tenho é de que já havia uma tradição maior de se ir pra rua... Mas nós, é como se estivéssemos quietos há muito tempo.

Não acho, não. Na Espanha, então, nos últimos vinte, trinta anos, nada... ali tudo calmo, um consenso a respeito da inserção na Europa, as regionalidades espanholas todas muito bem equilibradas, em diálogo com o governo central, enfim. Estados Unidos também, nada. Não vejo. Eu acho que é mesmo o espírito do tempo, que não nasce de uma particularidade brasileira, não.

Também acho que não nasce de uma particularidade brasileira, mas teria algum significado especial pra nós, no sentido de saber que podemos ir pra rua e reclamar? De tentar ter uma relação mais próxima com o poder público?

É aquilo que eu falei: a expectativa agora é de que, com essa insistência, com a pulverização e as micromanifestações permanentes, diárias, enfim... Isso é uma esperança de que finalmente vamos poder dobrar a institucionalidade política, a institucionalidade do poder econômico, do poder cultural, das comunicações. Tempos atrás as manifestações gritavam contra a Globo, contra a concentração do poder midiático. Desta vez, menos. Foram buscar outros temas. Ao mesmo tempo, o poder midiático também teve a esperteza de se associar de alguma maneira – a Globo estava transmitindo reportagens do Mídia Ninja! Todo mundo tentando se ajustar, porque muitos daqueles que são objeto das nossas queixas difusas, também têm suas queixas! Eles também se associam aos queixosos que estão se queixando deles! É muito complexo e variado. Claro que há particularidades brasileiras: o Brasil é o Brasil, o Brasil não é Espanha, não é Estados Unidos. "A Bahia tem um jeito que nenhuma terra tem / Você já foi à Bahia? Não! / Nega, então vá!" – Dorival Caymmi. Temos o nosso próprio jeito, o jeitinho brasileiro. Eu vejo, viajo. No mês de julho eu estava na Europa, fui a Israel, fui a vários lugares, fui à Inglaterra, Alemanha. Todos perguntaram: "Mas e aí? O que tá acontecendo no Brasil?" Eu digo: "É alguma coisa diferente do que tá acontecendo aqui?!" Eles se dão conta de que o Brasil faz festa com tudo. Aqueles meninos na avenida Paulista, horas e horas andando de um lado pro outro, eu logo pensei em festa rave, foi irresistível fazer essa associação. Então é como se eles percebessem, lá fora, que aqui temos disposição para uma mobilidade permanente que não se traduz propriamente em mobilização. Aqui as pessoas têm uma disposição permanente para se juntar e fazer alguma coisa, talvez um pouco maior do que em países europeus.

É curioso, porque muitas pessoas tentam usar esse caráter de estar junto, de ter um pouco de festa, como um aspecto que desqualificaria as manifestações.

O contrário, isso qualifica, requalifica as manifestações. Quando falei dessa assimilação rave e arrastão, lembro que um repórter israelense, lá em Tel Aviv, me perguntou: "Mas parece que você tá achando isso negativo. Você tá colocando isso como uma coisa negativa?" Eu disse: "Não! Isso é o que modifica, é o que transforma, que determina uma mudança em relação ao modelo anterior." Nada é só bom, é bom e ruim. Há uma "contemporaneização" do velho movimento de protesto que vem de tempos imemoriais.

Disso que você falou do cansaço civilizacional, né?

Aí sim, porque as pessoas estão ali em Salvador, em Recife, em São Paulo, no Rio de Janeiro, na Cidade do México, em Tóquio... passam duas horas imprensadas naquele trânsito terrível. Mesmo os que têm carro, mas os que estão nos ônibus e também nos metrôs. Você vai no metrô de Tóquio, aquela lata de sardinha onde as pessoas são empurradas, não podem entrar, não tem como, não tem mais. Isso tudo é muito fleumaticamente assumido, tomado por todo mundo. Mas vai um dia, dois dias, seis meses, um ano, dez anos, quinze anos, vinte anos... as pessoas começam a *cansar*. Tem um certo estresse um pouquinho acentuado no modelo civilizatório, demasiadamente acelerado, demasiadamente regido pela técnica, pela acumulação do capital, que gera acumulação de poder, de controle. Não à toa, nós nos mobilizamos há vinte, trinta anos atrás, pelas questões ambientais, prenunciando tudo isso, dizendo: "Olha, vamos começar a reformar, fazer um mundo mais suave, mais relaxado." A questão da explosão demográfica também foi objeto de preocupação coletiva no mundo inteiro há vinte, trinta anos. Onde é que vai botar tanta gente com a escassez de recursos? A Terra não pode, ela não vai crescer em seu volume nem na sua superfície. É como nas cidades, não têm como. Cabem cem mil carros a mais num ano, mais duzentos mil carros no outro ano? Acaba chegando dez anos depois, dá um nó, tá difícil!

Diante de algumas questões como barramento do Xingu, mudanças nas regras de demarcação de terras indígenas, as pessoas que entrevistamos falam assim: "Não tem como, governa-se com o que tem, a correlação de forças políticas no Brasil é essa, e a gente avança pra onde e como é possível." Como alguém que trabalhou no governo, qual é sua impressão? De dentro da máquina institucional atual, o que é possível fazer de fato?

Olha, primeiro, eu não sou especialista, não me dedico especialmente à análise da questão política nem nada. Tive uma vivência como gestor público; portanto, fazendo parte de uma máquina governamental etc. Mas você pega o Obama, o nó político que ele vive nos Estados Unidos. Qual é a diferença em relação ao nó político que a Dilma vive por causa do PMDB, por causa de não sei o quê? Aqui, a diferença é que o problema maior é dado pelas forças da própria coalizão, e lá é de uma oposição. Do ponto de vista prático do que aquilo provoca na condição de governar, no jogo da instrumentalização do poder, é a mesma coisa: ele está lá sem poder fazer reformas de qualquer espécie, porque os republicanos não deixam. Aqui, a mesma coisa, mas a oposição está dentro da máquina governamental.

São os mesmos velhos impasses. Uma incapacidade de chegar junto, de interpretar a necessidade do movimento no mesmo momento em que ele se insinua. Esse delay da vida governamental eu vivi, durante os seis anos no Ministério da Cultura. Ao mesmo tempo, eu não queria muito saber disso. Ia um pouco à maneira dos manifestantes, abrindo minhas cartolinas: Empreendedorismo! Protagonismo popular! Novas tecnologias! Recursos pra museus! Desenvolvimento de videogame brasileiro! Fortalecer os músicos independentes, abrir portas no exterior pra eles! Enfim, fiquei ali, tentando: "Tem a indústria da música, a indústria fonográfica clássica, mas tem os independentes – então vamos lá fortalecê-los, abrir portas no exterior pra eles!", fomentar a pulverização dos meios e das capacidades, das formas de ação para se contemplar capacidades novas de agir. É assim, a característica da contemporaneidade, não é? Da pós-modernidade. É tudo ao mesmo tempo agora, e vamos ver como é que fica, porque não fica, tudo vai se deslocando muito rapidamente. Há pessoas que têm que pensar como a cozinheira, que tem que dar conta todo dia da comida, abrir as bocas do fogão, colocar as panelas e as tábuas de tempero, ir à geladeira e tirar os ingredientes de lá... da mesma maneira que os que trabalham nas fábricas, nos bancos, nos serviços. O cara que dirige o metrô em São Paulo, o cara que dirige o ônibus no Rio, o cara que está ali no táxi indo para a porta de um, para a porta de outro, fazendo aquilo dez, doze horas por dia, e continuando no dia seguinte. A polícia que tem que agir, que tem que fazer isso, que tem que fazer aquilo; e os que têm que estruturar, planejar, estabelecer critérios estratégicos para essas coisas todas, que têm que pensar menos "verbalizantemente" do que eu tô fazendo aqui. Quer dizer, tem que fazer leituras *tópicas* ali das questões relativas àquele lugar, àquelas relações específicas, enfim. O pessoal apanhador do lixo, o gari, não tem jeito, ele tem que recolher aquele lixo, senão não dá. Mas, ao mesmo tempo, é preciso que haja essas interpretações, leituras que trabalham com maiores deslocamentos, com a dimensão oceânica dos fenômenos: "Em que praia isso vai bater, e como a onda vai ser?" Isso cabe a intérpretes desse tipo, como eu, enfim, que ficam fazendo essas leituras mais abertas. Tem o pessoal da prática, que é o pessoal que lida com as coisas do dia a dia na prática, mas tem o pessoal da teoria... e uma não vive sem a outra.

Ouvimos de alguns entrevistados que a ida das pessoas às ruas foi, em parte, fruto de um investimento mais pulverizado da cultura, de algum modo relacionado com o trabalho que fez enquanto esteve no Ministério. O que acha disso?
Acredito que sim. Se é de bom-tom avaliar desempenhos e considerar desdobramentos vindos de uma determinada forma de agir, a nossa forma no Ministério foi um pouco assim. Não é gratuito o fato de que muitos me chamavam de "ministro hacker", no sentido de que hacker é aquele que vai desmontar as partes dos motores para ver de que são feitos e eventualmente recompor essas partes numa nova formação. O hacker é aquele que tem uma curiosidade ativa, que vai agir no cerne das coisas para ver como elas são, como se modificam, e no que podem dar. Nesse sentido, muito do que está aí foi consequência de chamarmos atenção pra esse fenômeno, convidando Castells pra vir aqui participar de conversas conosco, assim como o Tim Berners-Lee, o menino do software livre, o John Barlow. Fizemos essa mobilização internacional para fazer e dizer que o Brasil participa de tudo isso. Trabalhamos pela convenção da diversidade cultural, insistindo que as diferenças precisam ser consideradas, respeitadas. Tudo isso antevendo uma fenomenologia que estava por vir e está aí agora – o conceito da multidão, do saudoso professor Milton Santos: é o tempo da multidão, fase popular da história, em que o grande ativo da história contemporânea é o povo, a massa dos indivíduos. E a gente procurou, entre outros afazeres do Ministério, chamar atenção para essas coisas. Então, não é absurdo considerar isso aí resultado do que a gente propunha como estratégia de gestão pública, né? Estratégia de gestão pública.

Voltando ao cansaço civilizacional de que você falou, acha que faz sentido falarmos em um papel para o Brasil no entrelaçamento global desse cansaço? Eduardo Viveiros de Castro certa vez disse que o Brasil está perdendo a oportunidade de oferecer algo novo para o mundo, uma nova forma de viver, de se relacionar com a natureza. Qual seria o nosso papel nesse entrelaçamento global?

É uma contribuição original que o país precisava dar, mas pra isso ele também precisava de um determinado grau de autonomia em relação aos canais globais. Mautner fala disso muito bem, melhor do que eu. Às vezes ele é alertado por alguns sobre a possibilidade de incorrer no erro do ufanismo, da autoexaltação. Mas é o tal negócio: ao mesmo tempo que o Brasil tem sua originalidade, seu modo próprio, sua alma específica – elementos que podem ser grandemente contributivos para uma outra maneira de se enxergarem as sistemáticas mundiais –, eu não sei até que ponto o Brasil vai ser capaz de se desvencilhar dessa canalização mundializante.

Ainda ontem li uma crônica de um jornalista esportivo, em que ele recebia subsídios de um pensador de futebol inglês sobre o futebol atual. O inglês chamava atenção para o modo de os clubes de futebol se constituírem hoje na Europa, com os grandes capitalistas, investidores, petroleiros, *tycoons* russos, e como isso começa a configurar outro panorama de futebol. As grandes corporações futebolísticas tipo Barcelona, Bayern, Manchester United. Os brasileiros resistiam a esse modelo. No final, o cronista brasileiro dizia: "E os clubes brasileiros? Será que não vão começar a enveredar pelo mesmo caminho? Será que não estaria aí a salvação do clube como a grande unidade fornecedora do futebol?" Uma coisa leva à outra, às arenas, aos estádios modelo Fifa etc. O mesmo ocorre na economia, na questão da energia. Vamos fazer as Belos Montes do jeito que dá? A questão ambiental, a questão indígena está aí, fica como um pequeno elemento ao qual a gente dá certa atenção, mas só até o ponto em que não impede a construção da barragem.

Aí tem o carnaval, essa capacidade extraordinária de celebrar, mas, enfim, eu não sei se o Brasil, a originalidade brasileira, vai resistir. É uma coisa que tá também ameaçada.

Um dos entrevistados para o livro foi Davi Kopenawa, líder Yanomami. Numa das primeiras perguntas que fizemos a ele, formulamos de um jeito que a questão era "o Brasil...". A resposta dele foi: "Quando eu entrei em contato a primeira vez com o homem branco, eu nem sabia o que era Brasil. Primeiro de tudo, não tem Brasil!" Faz sentido pensar em um Brasil?

Pelo movimento dos 360 graus, eu tô chegando praticamente a isso: não há um Brasil hoje, porque não pode haver. O mundo não deixa! Apesar de tudo, do estatuto da diversidade cultural, do reconhecimento do valor da diferença etc., o movimento uniformizador do capital internacional e do modelo civilizacional mundial se faz mais forte. Esse Brasil que o índio não conhecia e passou a conhecer, esse índio é parte constituinte dessa originalidade do Brasil. Mautner tem mais esperanças do que eu. Quando eu vejo o carnaval, eu fico esperançoso, mas não sei. "Poetas, seresteiros, namoradas, correi..." É aquela coisa do "é chegada a hora de escrever e cantar / Talvez as derradeiras noites de luar", desse pessimismo que eu manifestava ali, nas minhas primeiras canções, de talhe tecnológico. Talvez seja o cansaço da velhice, a perda do entusiasmo juvenil, mas eu fico temeroso de não dar tempo de o Brasil se desvencilhar propriamente desse nó global e cantar com sua própria voz. Não sei, eu tenho a esperança, mas eu guardo uma reserva de ceticismo para o caso de precisar dela!

Para terminar: quando recebemos o convite para fazer este livro, ele veio inspirado em uma música sua: "O Eterno Deus Mu Dança."

Ah, o Eterno Deus Mu! Do ponto de vista simbólico, da dimensão simbólica, acho ótimo, porque é isso! É um deus da Lemúria, uma das civilizações anteriores a essa. Essa é greco-romana, começa com China, Grécia etc., mas antes já teve Atlântida; segundos uns, teve Lemúria. O Deus Mu era um deus da Lemúria, eu fiz a associação com a mudança e com o processo da transformação permanente de tudo. Essa música é um pouco isso, as pessoas nas arquibancadas, nos lugares, né? O grito da multidão que pede mudança... e o Mu dança! Essa é a dimensão que não se pode perder, a dimensão da celebração. Sem a festa, sem a celebração, não se muda nada! Essa talvez seja a grande informação brasileira para o mundo: sem o carnaval, não nos salvamos!

E o livro é pra isso, né? Pra documentar esse não saber de agora.

CIDADE OCUPADA

ANA LUIZA NOBRE

Arquiteta

3/9/2013

Imagens: Ana Luiza Nobre

"Minha casa, minha vida é onde eu moro", diz Márcia, da janela da sua casa no Morro da Providência, mais antiga favela do Rio de Janeiro[1]. A casa de Márcia é uma das "casas marcadas" para demolição devido a obras ligadas ao Porto Maravilha, emblema máximo das transformações urbanas em curso no Rio. Em troca da remoção, foi oferecida a Márcia uma casa nova, a ser construída pelo programa federal Minha Casa, Minha Vida. Mas Márcia não quer deixar sua casa, nem sair do morro onde mora. Seu olhar seco resume uma insatisfação que foi crescendo, nos últimos tempos, em paralelo à intensificação de um processo de transformação urbana sem precedentes para a cidade, impulsionado pela realização da Copa do Mundo em 2014 e dos Jogos Olímpicos e Paralímpicos em 2016.

A lista de projetos e obras em andamento é extensa: dois museus foram inaugurados nos últimos meses (o MAR/Museu de Arte do Rio e a Casa Daros Latino-Americana), e há pelo menos mais dois em construção (o Museu do Amanhã e o MIS/Museu da Imagem e do Som). Lugares históricos e carregados de simbolismo estão sendo radicalmente transformados, como o estádio do Maracanã e seus arredores, a Cidade Nova e toda a área portuária. Uma série de concursos públicos de projetos foi organizada pelo IAB/Instituto de Arquitetos do Brasil, como o do Parque Olímpico, o Porto Olímpico e o Morar Carioca (os dois primeiros destinados a instalações olímpicas e o último, à meta ambiciosa de urbanizar 260 favelas até 2020). Enquanto espaços públicos como a Marina da Glória (em parque tombado pelo IPHAN/Instituto do Patrimônio Histórico e Artístico Nacional) são objeto de concessões e projetos de revitalização desenvolvidos em meio a grande polêmica.

Além disso, investimentos massivos em infraestrutura são canalizados para áreas críticas, boa parte deles em parceria entre o governo do estado e o governo federal e recursos do PAC/Programa de Aceleração do Crescimento, como o teleférico do Complexo do Alemão, o Elevador do Cantagalo e a elevação da linha férrea em Manguinhos. O metrô está sendo ampliado (com a construção da linha 4, que vai ligar Ipanema e Barra da Tijuca, com 16 km de extensão e 6 novas estações, e a previsão da construção da linha 3, ligando Niterói a Itaboraí). Estão em construção quatro linhas de corredores expressos para ônibus (tipo BRT/Bus Rapid Transit): Transcarioca, Transoeste, Transbrasil e Transolímpica. E está em vias de ser iniciada a implantação do VLT/Veículo Leve sobre Trilhos, que vai ligar a região portuária ao aeroporto Santos Dumont, com recursos que resultam de parceria entre a prefeitura e o governo federal.

Em função do pacote de incentivos fiscais para o setor hoteleiro aprovado pela prefeitura, há também um verdadeiro surto de construção e reforma de hotéis por toda a cidade, para garantir o compromisso assumido com o Comitê Olímpico Internacional, de passar de 29 para 50 mil leitos até 2016. Já na área portuária, emblema máximo das operações em curso, a demolição da Perimetral segue junto com a abertura de quatro quilômetros de túneis, incluindo trechos com 50 metros de profundidade escavados sob o centro histórico do Rio de Janeiro e alguns de seus sítios de maior valor histórico, paisagístico e simbólico para a cidade, como o Morro de São Bento e o Morro da Saúde.

A essas obras somam-se outras de grande escala e impacto na região metropolitana e no estado do Rio de Janeiro, em decorrência da descoberta recente de reservas de petróleo na camada de pré-sal da Bacia de Campos, como o Arco Metropolitano (rodovia de 146 km em construção, ligando os municípios de Itaboraí e Itaguaí), o Comperj (Complexo Petroquímico do Rio de Janeiro, em construção em Itaboraí, pela Petrobrás) e o Porto do Açu (empreendimento logístico do grupo EBX em São João da Barra, considerado um dos maiores investimentos em infraestrutura portuária das Américas). Além disso, surgem novas unidades industriais na Baixada Fluminense e segue em expansão o polo automotivo localizado entre Resende, Porto Real e Itatiaia.

O grau de imprecisão desta lista é grande em função da opacidade que tem sido a tônica dominante nesse processo e da insuficiência das informações disponibilizadas publicamente. Mas como ocorreu nos anos 1990 em cidades como Barcelona e Berlim, o Rio de Janeiro saiu de um período de longa estagnação para se ver em meio a uma ciranda de políticos, arquitetos, grupos empresariais e investidores de várias gerações e latitudes, que apostam em parcerias com empresas, instituições e corporações nacionais e transnacionais claramente alinhadas com a lógica do mercado e estratégias de *city marketing*. Ainda que em novo registro, conta-se assim mais uma vez com o apelo da "modernização" para levar adiante um modelo de transformações e intervenções urbanas fortemente ancorado na arquitetura, do qual esta evidentemente se beneficia, em termos de um aumento progressivo de clientes, projetos e negócios.

Mas quanto de inovação trazem consigo esses projetos, e quais deles são dignos da arquitetura e dos espaços públicos que esta mesma cidade já produziu? Que alternativas têm sido apresentadas para o padrão altamente predatório que domina as grandes cidades hoje – seja no Brasil, seja na China – com edifícios cada vez mais desumanos, ainda que supostamente conscientes de sua responsabilidade socioambiental? Em que medida as intervenções em curso conduzirão efetivamente à redução das desigualdades sociais que são tão profundas na cidade, sem cair na lógica perversa de gentrificação que tem conduzido muitos processos de reestruturação urbana mundo afora? Que grau de participação tem tido a sociedade neste processo? E que cidade resultará deste processo, afinal?

Interrogações como essas ecoaram, de algum modo, em meio aos protestos que vararam o Rio nos últimos meses, na contramão do otimismo que parecia até então reinante na cidade – apesar dos focos de resistência que foram gradualmente eclodindo aqui e ali (com os índios expulsos da Aldeia Maracanã, os moradores da Vila Autódromo ameaçados de remoção, os atores e produtores impedidos de trabalhar nos teatros fechados pela prefeitura e outros grupos). Porque, ao expressar suas múltiplas insatisfações, a multidão nas ruas veio cobrar de uma vez só todos os seus direitos represados ("é muita coisa, não cabe aqui", diziam cartazes espalhados pela cidade). Mas também demandar um projeto abrangente de cidade, mais atento às necessidades básicas de seus habitantes e usuários, e, por que não, também aos seus desejos.

Por mais que as demandas tenham se multiplicado, as manifestações mostraram, no fundo, uma insatisfação geral com a política urbana. E o mais espantoso não foi só a velocidade com que os protestos se disseminaram e tomaram as ruas, praças e até pontes de muitas cidades do Brasil, mas o fato de não terem ficado restritos às capitais e terem mobilizado igualmente cidades de médio e até pequeno porte, de Norte a Sul do país.

Sabemos como isso começou: uma reivindicação pontual pela revogação do aumento da tarifa de ônibus em São Paulo, da ordem de 20 centavos. Mas isso, claro, foi só o estopim. Logo ficou claro que os protestos organizados pelo Movimento Passe Livre miravam na situação crítica do transporte público no Brasil, com base na recuperação e atualização do *motto* lefebvriano do "direito à cidade" que alimentou os protestos de Maio de 68 na França[2]. Hoje, não resta dúvida de que a reivindicação básica do MPL vai muito além da simples redução do valor das tarifas de ônibus e diz respeito ao direito à mobilidade urbana – ponto nevrálgico da discussão sobre a cidade contemporânea no mundo todo – e à crise do sistema de transportes urbanos que atinge e faz sofrer a maior parte das grandes cidades brasileiras.

A Carta Aberta do MPL à presidenta Dilma Rousseff, de 24 de junho, foi direto ao ponto: "O transporte é público se for acessível a todos." Nela, o MPL lembrou dados de pesquisa recente do IPEA, segundo a qual o Brasil investe 11 vezes mais no transporte individual que no transporte coletivo, com obras viárias e políticas (como a redução do imposto sobre a produção de carros e caminhões, vigente desde maio de 2012), que incentivam o crescimento da frota e privilegiam o uso do automóvel particular – uma invenção extraordinária, mas cujo impacto sobre as cidades mostra-se cada vez mais insustentável, em função do seu consumo em termos de combustível, aço, borracha e solo urbano.

Assim, por mais que sua reivindicação pela tarifa zero seja discutível, o MPL veio nos lembrar a todos o quanto as redes de mobilidade urbana constituem uma dimensão efetiva da esfera pública, que se contrapõe frontalmente às formas de consumo materializadas no automóvel e que dizem respeito à cidade como um todo.

Por coincidência ou não, os primeiros confrontos entre manifestantes do MPL e policiais nas ruas de São Paulo aconteceram poucos dias depois do início dos protestos que pararam Istambul. Se em São Paulo o estopim foi o aumento de 20 centavos das tarifas de ônibus, na Turquia foi o projeto de construção de um shopping no lugar de um parque. Pouco? De modo algum. O que os confrontos mostraram foi o grau de insatisfação popular com as políticas urbanas vigentes: com o transporte público, num caso; com a truculência do processo de transformações urbanas de uma cidade que começa a se preparar para as Olimpíadas, de outro, ou seja, guardadas as diferenças de contexto político e cultural, o que veio à tona, no fundo, foi a própria crise da cidade, junto com a recusa a um modelo de cidade limitada a poucos, em detrimento de muitos. Por isso, se as reivindicações se mostraram variadas, e muitas vezes difusas, a estratégia não deixou de ser fundamentalmente a mesma: ocupar (e tensionar) o espaço público – seja ele uma praça, uma rua, um túnel ou os jardins de um palácio.

Ocupa Cabral

Com a ocupação em série de praças pelo mundo todo, em 2011 (na esteira dos eventos que eclodiram com a Primavera Árabe e se multiplicaram no Cairo, Manama, Barcelona, Nova York e centenas de outras cidades), o movimento Occupy abriu possibilidades concretas para a construção de novas práticas sociais, alinhadas com novas formas de ação política. Resistir, protestar e ocupar tornaram-se palavras-chave quase intercambiáveis, que encontraram no espaço público sua esfera primordial de ação, recolocando essa categoria já desgastada[3] no centro da agenda urbana.

No Rio, a ocupação mais resistente, dentro da onda recente de manifestações, ocorreu do dia 21 de junho ao dia 6 de setembro não numa praça, mas na esquina da casa do governador (em frente ao Posto 12, no Leblon, zona sul da cidade). Na primeira manhã, havia crianças jogando baralho, mães com bebês, jovens bronzeados e sorridentes que faziam questão de oferecer comida e água aos passantes e não escondiam um raro sentimento de liberdade e prazer, ao interromper ruidosamente o fluxo do trânsito e esparramar-se sobre um pequeno território até então destinado aos carros. Alguns dias depois, a ocupação já era visivelmente menos permeável, mais densa e autoprotegida. Novas barracas, novas pessoas e novas palavras, já não tão espontâneas nem coloridas. Do outro lado da rua, a praia cheia já ignorava solenemente a ocupação: o mesmo mate, o mesmo vôlei, os mesmos biquínis. Os carros que passavam também já não buzinavam na mesma proporção. E sequer a polícia parecia dar maior atenção aos manifestantes, então restritos a uma faixa bem delimitada e protegida por cones e grades, que já não bloqueava o tráfego nem incomodava muito a ninguém.

Na semana seguinte, a configuração espacial e social já era outra. A ocupação – ou reocupação, uma vez que a primeira tinha sido removida à força numa madrugada chuvosa – estava agora espremida entre carros no canteiro central da avenida, com tendas improvisadas (barracas de camping haviam sido proibidas) e um ar bem mais pesado, com palavras mais ameaçadoras, uma quantidade considerável de lixo acumulado por toda a parte e muita disposição para fazer barulho. Instalada sob lonas precárias num terreno por assim dizer inexistente, na região com o metro quadrado mais caro da cidade, a ocupação mostrava então mais que o sintoma de um mal-estar que teve momentos dramáticos (como a perseguição da tropa de choque aos manifestantes na areia), mas a partir de algum momento passou a ser estranhamente tolerada até pela polícia. O varal de roupas estendido entre as palmeiras denunciava, mais uma vez, a histórica indissociação entre as esferas pública e privada no Brasil, e com ela a dificuldade de colocar em prática uma concepção transformadora de espaço público sem romper com modelos mentais tradicionais e de cunho privatizante, profundamente arraigados nos hábitos cotidianos dos ocupantes.

Se a ocupação se justifica, em princípio, pelo anseio de ruptura de quem recusa os espaços institucionais, as estruturas político-partidárias e governamentais, as formas dominantes de comunicação, não seria de se esperar que ao menos fossem ensaiadas ali formas alternativas de convívio social, civilidade e definição de espaço público? Ou não haverá no legado dos "ocupas" de Wall Street também uma experiência renovadora em termos de organização socioespacial, que incluiu desde a instituição de um "microfone humano" para suprir a proibição do uso de megafones até a criação de um centro de compostagem e uma usina de energia movida a pedaladas de bicicleta[4]?

Saneamento sim, teleférico não

Na noite do dia 25 de junho, os ocupantes do Leblon receberam a "visita" de moradores da Rocinha. Organizados em passeata, caminharam de São Conrado ao Leblon, em repúdio ao teleférico cuja instalação fora anunciada pela presidente Dilma meses antes, com recursos do PAC 2 e sistema semelhante ao já instalado no Complexo do Alemão e no Morro da Providência. Seguindo a onda das manifestações, fecharam a avenida Niemeyer nos dois sentidos, em pleno horário de rush de uma terça-feira. No Facebook, a convocação mostrava a imagem de um elefante avançando meio sem jeito sobre a Rocinha sob a frase: "Saneamento básico sim; elefante branco não."

A pauta inicial, muito focada no problema da mobilidade urbana, desdobrou-se assim de maneira surpreendentemente rápida num conjunto quase ilimitado de questões, que acabou interpelando a política da "paz armada" ("Cadê o Amarildo?"), os sistemas brutais de controle policial e militar, o amesquinhamento da representação política, a desmoralização da democracia representativa, a farsa da mídia. E, direta ou indiretamente, também o desvario do imenso conjunto de obras em curso no Rio de Janeiro, sobre o qual até agora pouco se conhece para além daquilo que tem sido veiculado – no mais das vezes, de maneira bastante superficial – pelos veículos oficiais e pela grande imprensa. O que, no caso do Rio de Janeiro, praticamente se resume hoje a um jornal, controlado pelo mesmo conglomerado de mídia responsável por vários dos mais acessados canais de televisão gratuita e paga, emissoras de rádio, revistas e produção cinematográfica. E agora também pelos mais importantes museus recém-construídos ou em construção na cidade: o MAR/Museu de Arte do Rio, o Museu do Amanhã e o MIS/Museu da Imagem e do Som (apresentados no site da Fundação Roberto Marinho como "três novos projetos da Fundação" que serão "a síntese de toda a trajetória da instituição" – embora realizados em parcerias com o poder público, via Ministério da Cultura, governo do estado e/ou prefeitura).

Nesse quadro, não resta dúvida do impacto transformador que as manifestações recentes podem ter para a reflexão sobre a cidade, ao questionar abertamente o engodo da redenção urbana prometida pelos megaeventos esportivos e dar visibilidade pública a temas-chave da arquitetura e do urbanismo contemporâneos, os quais ganham uma urgência ainda maior diante da carência de projeto que assola o Rio de Janeiro hoje – no sentido mais rigoroso da palavra, e não nos termos distorcidos pela retórica do *city marketing* e do planejamento estratégico. Por outro lado, é possível também que as manifestações e ocupações – por mais discutíveis que sejam, como estratégias de ação política – venham a abrir um novo campo de possibilidades para a arquitetura no Brasil, ao forçá-la a sair do seu ensimesmamento e confrontar-se com a dimensão política que é – e hoje sabemos bem disso – inerente à cidade. E ao mesmo tempo conduzir à recuperação do caráter insurrecional próprio da arquitetura, como uma prática criativa que, conforme lembra Argan[5], se faz sempre *contra* – contra o destino, contra a especulação imobiliária, contra a exploração do homem pelo homem, a inércia dos hábitos e costumes, a adversidade da natureza, a resignação, o imobilismo.

Como sugere Margit Mayer[6], isso requer também imaginação suficiente para rever a prática do projeto (de arquitetura, urbanismo, design) para além da sua concepção mais ordinária, como serviço voltado para a solução de problemas e demandas, e considerando sua potência para tematizar e considerar criticamente as relações sociais. Neste sentido, quem sabe este seja um ponto de não retorno para a arquitetura. Afinal, se não se pode esperar menos das manifestações que a revitalização da política[7], talvez se possa desejar também que depois delas não haja mais como adiar a revitalização da arquitetura e da própria ideia de cidade no Brasil.

NOTAS

1 *Casas marcadas*, documentário dirigido por Adriana Barradas, Alessandra Schimite, Ana Clara Chequetti, Carlos R.S. Moreira, Éthel Oliveira e Juliette Lizeray, 2012, 10 min.

2 LEFEBVRE, Henri. *O direito à cidade*. São Paulo: Documentos, 1969.

3 GORELIK, Adrián. "O romance do espaço público". In: *Revista Arte & Ensaios*, número 17, 2008, pp. 188-205.

4 Ver LYNNE, Elizabeth et al. (org). *Beyond Zuccotti Park: Freedom of Assembly and the Occupation of Public Space*. Nova York, New Village Press, 2012.

5 ARGAN, Giulio Carlo. *Projeto e destino*. São Paulo: Ática, 2000.

6 MAYER, Margit. *Social Movements in the (Post-)Neoliberal City*. Londres: Bedford Press, 2010.

7 BURGOS, Marcelo. "O levante democrático das ruas no Brasil". In: *Boletim Cedes*, jul-set 2013. Disponível em: http://www.cis.puc-rio.br/cedes.

MICARETAS DA CIDADANIA

FAUSTO FAWCETT

Escritor

5/9/2013

O título deste artigo, como você leitor pode observar, contém uma dose de humor na caracterização das manifestações ocorridas nos últimos três meses, mas que tiveram seu epicentro de terremoto social em junho, quando um autêntico surto de massa mexeu com os chamados "brios de cidadania", gerando catarse de alguma consciência social em forma de fúria cobradora cheia de frustrações e ressentimentos, mas também de senso comemorativo, impulso carnavalesco. Daí a palavra "micaretas", que são carnavais fora de época que acontecem pelo país afora, o ano inteiro, fazendo companhia à palavra "cidadania". Como suas primas estrangeiras, as nossas manifestações foram antes de tudo um grande evento social movido por 30% de "basta a tudo que tá aí", 50% de nostalgia do que não se viveu no que diz respeito aos engajamentos da assim chamada Juventude, tratada como ponta de lança de revoluções, principalmente nos anos sessenta durante a pseudorrevolta estudantil em Paris (aquela onde, como dizia Nelson Rodrigues, "não correu uma gota de sangue, não se quebrou um braço e onde se renegavam todos os Voltaires, Victor Hugos, todos os Molières, enfim, a cultura francesa"), 10% de carências variadas e outros 10% de alguma eficiência, alguma vaga pertinência nas reivindicações, vide a volta atrás nos aumentos das tarifas dos transportes, o recuo da PEC 37 e um certo rebuliço por parte do despreparado governo visando dar alguma satisfação à população no velho estilo "agora que a porta foi escancarada, arrombada, vamos fazer finalmente uma tranca decente".

Sempre que acontece alguma tragédia, desordem ou falha no sistema de infraestrutura, o que surge dos porões da democracia brasileira? Surgem incompetências, mutretas, conluios, jeitinhos jurídicos, propinas etc. O de sempre. Seja com um desastre aéreo, um desabamento, uma tubulação que estoura, uma chacina suculenta, uma série de mortes em hospitais sucateados, acidentes em parques de diversão ou nas estradas, incêndios em edifícios cheios de precariedade, boates fervendo homicidamente, explosões em equipamentos urbanos etc. Sempre que acontece algum flagrante gigantesco e midiático da falta de infraestrutura, da falta de fiscalização e seriedade de competência profissional em vários setores da vida nacional, os governos inventam pacotes de providências, medidas provisórias e decretos históricos, muitas vezes esquecendo que a Constituição ou o cardápio legislativo já contém soluções e discriminações para os problemas.

Trinta por cento de catarse revoltosa contra a precariedade e cafajestice em tudo, 10% de carências variadas que uniram marginais a fim de quebrar tudo, cheios de bagulho nervoso no coração e na mente, parasitas do vandalismo a sonsos que não sabiam pra onde o vento reivindicativo soprava, passando pelos encontros de namorados e rapaziada festiva. Dez por cento de, digamos, conscientes do que estavam fazendo, no caso os meninos do Passe Livre. Conscientes mas ingênuos, já que sua reivindicação para ser aplicada precisaria de um remanejamento de dinheiro vindo de outro setor, ou seja, grana vai faltar nalgum lugar a fim de resolver o problema. A crise do transporte público toca fundo na administração das cidades brasileiras, principalmente Rio e São Paulo. Toca fundo em virtude, desculpem a expressão chula, mas é preciso, do rabo preso dos seguidos governos federais, estaduais, municipais com a indústria automobilística e concessões a empresas de ônibus etc. Todos sabem que as cidades brasileiras são fundadas ou funcionam no tripé indústria automotiva, construtoras imobiliárias e grandes empreiteiras. A população é figuração nesse cenário, pelo menos a maioria, já que os ricos mexem na paisagem de acordo com suas necessidades e capacidades de negociação, aproximação com autoridades governamentais, mas também com alguma alta diretoria desses três pilares da urbanidade descontrolada brasileira. Uma das razões por que o Brasil não anda pra frente em velocidade de cruzeiro é o tradicional coronelismo industrial empresarial, que mantém laços com os governos, impedindo que o país deslanche em iniciativas privadas massificadas. Empresários atrasando empresários. São as famosas forças do atraso cercando, puxando as ilhas de excelência. Freio nas modernizações. E, finalizando nossas porcentagens participantes das micaretas, 50% de nostálgicos que viveram agitações nos anos 60 e 70 e os pseudonostálgicos, petizada que precisava viver a caricatura das manifestações, precisava ter a sensação de consciência política.

Marshall McLuhan dizia que as pessoas iam aos filmes de Ingmar Bergman para ter uma sensação filosófica de densidade existencial, já que eram devidamente industrializadas, comercializadas, unidimensionalizadas e salvas da sua mediocridade vazia pelo consumo (isso está cada vez mais preciso, apesar de esquerdofrênicos acharem que tudo é construção ardilosa do sistema que cria marionetes sociais para serem estupradas na sua essência bondosa). As pessoas precisavam de alguma sensação de impacto filosófico, já que as religiões da política ou do espírito já estavam colonizadas por grana e audiovisual. As pessoas, segundo McLuhan, precisavam/precisam assistir aos filmes de Ingmar Bergman para ter alguma espécie de enlevo filosófico que só pode ser obtido através de uma espécie de fascinação impulsionada, provocada pela presença da tela, o que nos traz rapidamente para os tempos atuais onde as telinhas, telonas, telas variadas tomam conta do nosso cotidiano emocional, cognitivo, intelectual. Como dizia Baudrillard, vivemos na era da tela total. Para injetarmos TVs e monitores na veia falta pouco. Como os enlevos nos filmes de Bergman, a garotada precisava de uma sensação política. No mundo todo. A brasileira não ficou atrás. Realmente a Razão não passa de um oitavo sentido, hoje em dia. Micaretas da cidadania. Cidadania como espetáculo já demonstra o quanto estamos distantes dela num país que sempre foi porrada pura, apesar dos que gostam de botar panos quentes nessa violência brasileira dizendo que somos acima de tudo gente fina, gente boa. Somos sim, é claro, mas a nossa, digamos, "alma nacional" tem muito de autoritária, escravocrata e individualista, no pior sentido da palavra, ou seja, egoistamente cordial e cafajeste. Além do mais, dizer que não houve guerra civil é desdenhar dos levantes e batalhas do século XIX e principalmente da revolução de 32. Fora os desmandos e falta de respeito a qualquer conjunto de direitos que vai de grupos de extermínio até a estupidez dos motoristas e pedestres. Guerra civil sorrateira. Cidadania como espetáculo escancarando o quanto estamos distantes da intenção de emancipação, de adultidade de cada indivíduo constitutivo da sociedade. Ser dono do seu próprio nariz empreendedor e contribuinte (argh) sócio do Estado e de suas atribuições. Será que exercemos mesmo o direito de ter direitos? Arcamos com as obrigações da cidadania nesse país? Claro que não. A postura é: nós aqui e o Estado lá, nós como vítimas eternas e eles como algozes eternos.

As reivindicações já são uma perversão da situação democrática. Mas o problema é que no mundo inteiro acontece a tal crise de representação e participação, que é uma parte da crise humanista que vem solapando nossas vidas desde as duas guerras mundiais, as guerras quentes no começo do século XX passando pela Guerra Fria e os sucedâneos das três juntas depois de 89, a saber: Estados-nações abalados o tempo todo por megatransações financeiras, mafiosas ou não. Juntem-se a isso a tecnociência e a sociedade da eficiência, do desempenho onde a crise é a lei e inspiração. Saturação de ocupação comercial, colonização mercantil e tecnológica de todos os aspectos da vida humana e não humana no planeta. Simbiose entre seres humanos e máquinas, mente movida a aplicativos, remédios inibidores e desinibidores. Tentativas de turbinar a consciência. Sinestesia, o desregramento dos sentidos profetizado por Rimbaud parece ter sua versão social nos déficits de atenção, nas hiperatividades e nas novas capacidades cognitivas e sensoriais, nos novos reflexos de reação advindos da utilização intensa e cotidiana das aparelhagens digitais levada a cabo pelos assim chamados nativos digitais, a garotada que já cresceu embalada, mimada, estimulada, formatada pela digitalização da comunicação. O que não exclui a óbvia existência de milhões de idiotas digitalizados, imbecis da conexão. Sinergia é a boa e velha cooperação a partir de empatias e entendimento, cumplicidade na visão de mundo de duas ou mais pessoas devidamente aceleradas pela rede social. Nesse cenário, a cidadania fica complexa e, vamos admitir, um pouco mais confusa e interessante.

Confusa e complexa, pois sacudida, perturbada no seu significado de direitos e deveres dos indivíduos por descrenças, desdéns, dúvidas que se penduram em duas já antigas mentalidades modernas: a conservadora (direita), que é sempre vitoriosa, pois mais próxima dos seres humanos, das suas fraquezas, irracionalidades e inconsciências, e a outra revolucionária (esquerda) utópica, sangrenta, totalitária, que mediante um projeto moral aliado à tecnologia e a uma certa educação nos guiaria a uma sociedade virtuosa, visando a um novo homem mais gregário do que nunca, superando seus flagelos – egoísmos, conflitos e vícios de ódio e indiferença. As duas mentalidades se entrelaçam nesse ciclo de manifestações que vem acontecendo no mundo inteiro. Alertando que a segunda vem sempre com um molho de teoria da conspiração capitalista e outras demonizações esquerdofrênicas. Mas, como ia dizendo, as duas se entrelaçam nas manifestações, nesses eventos de indignação, pois um limbo, uma encruzilhada se instala, já que os mesmos fatores que nos últimos quarenta anos moldaram a geopolítica dos povos, nações, negócios e contranegócios a saber: a desregulamentação dos mercados, provocando uma reestruturação dos Estados de acordo com acionistas transnacionais (retirado o band-aid comunista da Guerra Fria surgiram estados delinquentes, semiestados, estados falidos, estados mafiosos in natura olhando nos olhos dos estados razoavelmente democráticos de direito tradicionais) e a configuração, a partir dos anos 90, de um intrincamento entre Estado, mercado e máfias. Negócios legais, ilegais, terceirizados e clandestinos. Limbo geopolítico e encruzilhadas comerciais e de soberanias. Imperialismos e poderes oficiais gerando anarquias sorrateiras nos países e mercados. Essa "anarquia" gerou a outra, a das manifestações, tida como sustentável e colaborativista em termos digitais.

Nos anos 90 e começo do século XXI ainda assistimos ao último grito de universalismo messiânico moderno, encarnado nos Estados Unidos, assumindo uma postura de nação escolhida, assim como Portugal, Espanha, França e Inglaterra já foram – para levar a boa-nova neoliberal para os países do Oriente Médio, ou melhor, ao islã terrorista, que é a nova miragem inimiga necessária para os negócios. Desregulamentações, terrorismos, arranjos nacionais e de mercado, todo o imperialismo consolidado aliado a um avanço tecnológico superacelerado que nos faz sentir mais poderosos em termos de conhecimento e produção em relação a qualquer época anterior, tendo no âmago dessa aceleração a cereja do bolo disso tudo: a internet. Tudo isso acabou gerando, a partir de 2008 com a crise das bolhas imobiliárias (entre outras) e a apropriação definitiva de muitos pontos da rede pelo cidadão comum, o boom das redes sociais. Daí que um novo sonho de utopia anárquica emoldurada pela sustentabilidade, cooperação, compartilhamento e coletivismos digitalizados floresceu. Positivismos e anarquismos sempre à espreita nesses sonhos utópicos. Novamente a perspectiva da música "Imagine", de John Lennon, baixou na juventude, nas universidades e nas assim chamadas políticas públicas de inclusão.

Outra encruzilhada é aquela onde se defrontam e se misturam o cenário hipermoderno, onde a cidadania é mais uma commodity a ser explorada, ou seja, cidadão vem depois de usuário, cliente e consumidor, e do outro lado a sensibilidade política no seu sentido mais tradicional, devidamente encurralada pela degradação e isolamento dos políticos, seja num país pobre e emergente como o Brasil e sua história de privilégios, corrupções, capitanias hereditárias, coronelismos, patrimonialismos, conluios cordiais e burocracias, seja num país rico e referência de progresso e respeito pelos preceitos humanistas, como os Estados Unidos, onde até Sarah Palin, ex-governadora do Alasca e musa do segmento hiperconservador Tea Party, disse que o povo americano estava abandonado e o país era governado por apenas um partido, e que não havia diferença entre democratas e republicanos, e que eles estavam se entrincheirando nos seus negócios e deixando de lado os interesses e as capacidades do cidadão. Sensibilidade política relacionada com a emancipação, com a adultidade dos indivíduos tornados responsáveis pelo andamento da vida social através da representatividade e da participação, mas principalmente do empreendedorismo.

Essa sensibilidade ou essa religião secular humanista está encurralada por degradações partidárias e por sociedades tornadas cada vez mais tecnocêntricas, onde o que importa é a transformação dos homens e mulheres em máquinas animalescas, conjuntos orgânicos, animáquinas projetadas, instruídas, cadastradas, devidamente monitoradas e gerenciadas. Vocês dirão que isso é o óbvio ululante há duzentos anos segundo as lendas sociológicas: sociedades disciplinares no século XIX, seguidas de sociedades de controle no século XX, quando o biopoder se instala e evolui até chegarmos na atualidade, onde as ideologias ou construções, manipulações simbólicas ainda moldam comportamentos, mas principalmente onde o biopoder se torna pornográfico, explícito, eugênico, com intervenções de engenharia química, engenharia genética, engenharia neurológica, engenharia de recursos humanos, todas elas sob o gerenciamento das ciências computacionais e que vão sacudir cada vez mais as precárias bases do ainda chamado "ser humano sapiens". Quanto mais a cidadania. Pois é o que Thatcher, Reagan e Gorbachov deflagraram juntamente com os especuladores financeiros, os cientistas do complexo industrial militar da Guerra Fria e depois os hackers e avatares criadores da internet, das redes sociais e de todos os aplicativos e processamentos virtuais.

O Caos Estrutural (um passo além da Crise, palavra que designa a modernidade e estará sempre presente) que as desregulamentações financeiras e a submissão dos Estados aos mercados – ou pelo menos as negociações incessantes entre eles e os mercados e máfias (e terceirizações, clandestinidades, legalidades e ilegalidades) – provocaram fez com que aparecessem quase que simultaneamente novos sonhos de anarquia coletivista e que depois de 2008, com a crise da bolha imobiliária, tornou-se epidêmica, tendo livros como *Multidão*, de Michael Hardt e Toni Negri, como uma de suas bíblias.

Desses livros vêm os conceitos de Multidão e Comum que é praticamente o que se ouve de todos os novos pretendentes a anarquistas digitais e cooperativos cheios de compartilhamento. Criação, comunicação e cooperação formam a santa trindade do Comum produzido pela Multidão, que por sua vez é incompatível com a representação democrática, pois ela, a Multidão (leia-se todo mundo no planeta fazendo de tudo de forma misturada e influenciada, além de devidamente turbinada por *autobahns* digitais que envolvem todas as ações, todo o *faber* e todo o *labor* que Hanna Arendt denominou de condição humana), é uma multiplicidade incomensurável cheia de imanência produtiva, e essa imanência é que deve gerar e provocar o surgimento da Potência (colaborativista, descentralizada etc.) oculta, cerceada pelo poder, seja ele tirânico ou representativo. Toda essa situação intriga os menos avisados que se impacientam com o fato dos movimentos não terem centro, liderança e nem associação partidária ou qualquer coisa do tipo. Essa situação atravessada por redes sociais seria o derradeiro pulo do gato revolucionário, proporcionando a tal da emancipação humanista. Contrariando o primado do individualismo, isso se daria pelo coletivismo, por um tribalismo de conexões e outras circunstâncias que criariam para Toni Negri o verdadeiro ser humano espalhado na tal da Multidão que não é povo nem massa, pois povo é, segundo ele, uma transcendência, uma construção que delega seus poderes à representatividade democrática do voto, e portanto é quase sempre uma farsa, pois não surge da imanência da multidão e seus esforços para saciarem o desejo de produzir o Grande Comum que teria na internet o principal aliado.

É o bom e velho papo das anarquias só que com outras palavras, outro vocabulário. O povo é uma construção, e a massa é aquilo que já sabemos, uma mancha humana que pode virar uma gigantesca fera, que pode ser transformada em esconderijo de ódios ou em marionete, massinha amorosa de modelar através de hipnotismos carismáticos e retóricos variados. A Multidão seria essa vasta produção de existências que caracteriza as vidas em todos os cantos do mundo, e entendam-se como produção de existências desde as iniciativas empreendedoras à apropriação de toda a cultura pela internet, pelas redes sociais. Chega a ser bonito mas é uma platitude (apesar da distinção entre massa, povo e Multidão ser interessante), ou seja, todo mundo está se virando, tentando achar seu espaço na gincana social e se situar na caça por rações afetivas independente, muito independentemente de qualquer governo. Mas talvez as pessoas não queiram o Poder, a emancipação completa. Grande questão contemporânea, tão séria quanto anarquismo *versus* democracia, tirania de consenso *versus* anarquia ou democracia.

O problema é o de sempre: anarquismo e positivismo unidos numa visão de mundo utópica. Positivismo: sociedade calcada na ciência, consequentemente na ciência aplicada. Na tecnociência, tecnologia e progresso, o avanço da ciência levando ao progresso material, que eliminaria a fome, a pobreza e, portanto, os conflitos, e traria também um progresso ético, social, político, já que, uma vez resolvidos os problemas pela ciência, o homem surgiria em sua majestade espiritual acima dos conflitos de poder e fraquezas de competição. Já o Anarquismo tem várias pistas. Pode ser anarcocapitalista, anarcoindividualista, anarcossindicalista, anarcofederativo, anarcoterrorista. Como vocês podem ver, o *self made man*, o homem que vem de baixo e se torna empresário capitalista bem-sucedido, que não quer ficar atrelado nem depender do Estado pra tudo e é radical na crença do poder de iniciativa individual, tem uma interseção com o anarquista que não acredita em nenhum vínculo com Poder, seja ele democrático ou socialista. Só acredita nele mesmo (pelo menos os anarcocapitalistas ou os alucinados terroristas) quase como um cínico de raiz, como Diógenes. É aquela história "hay gobierno, soy contra". O sonho de coletivismos, de comunas, de uma rede de relações voluntárias sem poder centralizador – fazendo com que o ser livre em sua essência aconteça de forma maravilhosa – voltou com tudo através do uso da internet, esse produto cheio de latifúndios virtuais, empresariais. A destruição criativa do capitalismo faz companhia à criação destrutiva dos anarquistas que batizavam seus filhos com nomes editoriais, como Biófilo Panclasta, que quer dizer amante da vida, destruidor de tudo. Limbo envolvendo as manifestações no mundo todo.

Todos os poderes imperiais, especulativos, financeiros, mafiosos e da tecnociência militar sacudiram, a partir dos anos 90, o Ocidente e o Oriente, instalando definitivamente a Crise eterna como modelo pra tudo. O mundo encarado como uma mistura de cassino financeiro, puteiro de clandestinidades, uma grande Serra Pelada de commodities inovadoras, fossem elas materiais ou imateriais, minerais ou humanas. Países e Humanidades (artes plásticas, filosofia, literatura, artes cênicas, cinema) encaradas como Disneylândias, como parques temáticos submetidos à lógica comercial turística de teor interativo, lúdico, catártico, terapêutico e pouco pedagógico, crítico. As pessoas também são encaradas como parques temáticos, devidamente estimuladas, motivadas por um superego industrial comercial comportamental que não reprime mais, pelo contrário, ele diz "seja você", tenha orgulho, vaidade, satisfaça seus desejos, batalhe na gincana social e pretenda viver pra sempre. A lógica comercial-militar turística tomando de assalto as mentalidades, percepções dos consumos estéticos e do consumo social. Uns consumindo os outros e a si mesmos. Pessoas como parques temáticos se abrindo pra visitação via internet, se camuflando num *undercover* de senhas na internet. Poder e contrapoder, essa sempre foi a dinâmica das sociedades. Poder e contrapoder escancarado nas disputas políticas totalmente sangrentas e cheias de paixão, vingança, amor, ambição e inveja durante a pré-modernidade industrial muito bem mapeadas por Shakespeare, por exemplo. Depois as ideologias de projeto moral moderno desumanizaram as disputas que passaram a ser movidas por ideologias, e assim os homens começaram a exercer poderes catastróficos sobre si mesmos e sobre os outros a partir de projetos acima dos humanos. Nazismos, comunismos e até neoliberalismos. Utopias tecnológicas e assassinas como todas as utopias inventadas pelos modernos. Poder de um homem sobre o outro fora de cogitação para os anarquistas. O que os empurrava para a criação de comunidades, seitas e arraiais de vida alternativa. Isso no que diz respeito ao coletivismo.

A internet, mais que qualquer outra tecnologia que tenha afetado a cognição, os sentidos dos homens e das mulheres, caiu como uma luva nesse tipo de pensamento positivista-anarquista, pois ela é uma prótese neural em começo de atividade, e os computadores vão sumir enquanto coisas que ocupam espaço. Em breve eles estarão embutidos em todo tipo de aparelhos, objetos e gente. Prótese neural mexe com a imaginação, mexe com a perspectiva humanista da autonomia e da emancipação cidadã, só que não é uma revolução de baixo pra cima nem surgiu do nada, ao contrário, é ninho empresarial te cadastrando direto. Progresso, mundo melhor e, principalmente, uma mutação na natureza humana desafiando e dispensando intermediários do poder e das hierarquias. Sonho virtual, pois os homens não mudam assim suas vocações gregárias e desagregadoras. A boa e velha ruptura revolucionária volta a masturbar as mentes que sonham com um novo homem. Prefiro a ótica conservadora que diz que as mudanças são insidiosas e por isso mesmo surpreendentes, obrigando os governos, os legisladores, as pessoas a mudanças inevitáveis sem intenções de chegar a um apocalipse revelador da grande essência humana progressista rumo ao supermundo melhor.

Agora todos estão entusiasmados com a trilogia cooperação, criação, comunicação que os escritores Hardt e Toni Negri encaram como os fundamentos do grande Comum contemporâneo. O homem sem qualidades dando lugar ao Grande Comum. Comunitário acima de tudo, coletivo acima de tudo. O papo anarquista é o mesmo, só que com outras palavras, outro vocabulário. Crença de que existe uma essência humana boa sufocada pela opressão dos poderes, saberes e direcionamentos simbólicos inventados pelos que mandam. E os pobrezinhos que foram colonizados, que foram operariados, que formaram o exército de reserva dos injustiçados socialmente possuiriam a grande consciência que nos colocaria num paraíso de solidariedade, compreensão e liberdade a partir da igualdade de todas as justiças sociais. Ou da diluição de todos os poderes. Menos sofrimento é sempre bem-vindo, mas outros fatores mentais movem as pessoas, movem as multidões cheias de povos e massas dentro delas, cutucando ancestral ou modernamente os seres humanos. Ódios étnicos, discordâncias sobre valores sociais, culturais e religiosos: tudo isso conta mais até do que a lenda urbana chamada luta de classes.

Na internet a humanidade grita e expressa suas selvagerias e ternuras e embotamentos e brilhantismos, potencializando o que já corre nas veias, nos hormônios, nos corações e cérebros. Uma nova ética anarquista de núcleos autogerenciadores de si mesmos? Não existe consciência de classe nem de lucidez ideológica. O que existe é querer melhorar de vida e arrumar um amor ou algum tipo mesmo que pequeno de... poder. A maioria nem tanto, mas uma certa minoria ávida, sim. As massas, os povos, as multidões querem é consumir e se sentir incluídas na gincana social da melhor maneira possível e ponto. O que chamam de interação é 50% fascinação com a tela, 50% mania de contato, o que gera efeitos colaterais benéficos como informar sobre acidentes ou assaltos ou sinistros criando um jornalismo gigantesco, combinar reuniões, trocar ideias etc. Mas também gera mórbido vício de interação à toa, sem a menor necessidade, a não ser a necessidade do vício. Foram inventados aplicativos para travar *smarts* e obrigar as pessoas a ficarem sem interação, sem conexão por alguns minutos. Precisa falar mais alguma coisa? Como sempre, tá tudo certo cheio de erros. Muda tudo pra continuar a mesma coisa. Não abro mão desse prazer Highlander. O contrário da vida não é a Morte, é a Imortalidade, e parece que é o que todos querem nas sociedades do desempenho.

Inegável o rastilho de pólvora do boca a boca virtual, da troca de informações e da fliperamização da cognição, dos reflexos que não são mais condicionados e sim reflexos adicionados. Novas formas de cognição, como sempre acontece com novos motores, empurrando a sociedade. Depois do vapor a eletricidade, depois do átomo a eletrônica e a digitalização mundial que nos faz saltar para especulações em torno de revoltas das máquinas, singularidades das aparelhagens tomando o controle num colapso geral tipo *Exterminador do futuro*. Totalitarismos a partir da Nuvem de armazenamento do grande sistema digital mundial. *Acumulus nimbus* prestes a gerar uma tempestade hacker paralisadora de tudo? Ou ainda, já que tudo é traduzido em fluxo de informações, a possibilidade de colocarmos nossas mentes em pochetes digitais. Mentes livres do corpo. Idade Média digital. Mas o corpo também pode ser turbinado. Inegável o rastilho de pólvora do boca a boca virtual, das facilidades e confortos das buscas e das trocas incessantes de informações.

O homem transformou o planeta num quintal de próteses numa velocidade que parece estar se tornando indomável, como uma fera fáustica, um gigantesco Golen prestes a soltar as rédeas de todas as possibilidades que até agora foram freadas por censuras éticas e técnicas. A verdade é que boutiques genéticas, eugenias, armas psicodélicas, pílulas de desempenho mental, viagrices e modificações na maternidade, na paternidade virão à tona. A Speed Darwin está em curso. A aceleração do processo antropológico está em curso, e juntamente com a naturalização da lógica de mercado que acaba com as fronteiras público-privadas, humano-não humanas. A família e o lar encarados como trincheiras antiperturbação exterior estão sendo invadidos, perturbados, provocados pelo mundo lá fora devidamente digitalizado e agressivamente presente nas salas de estar da sua mente, nas salas de aula tradicionais. O mundo entrando no seu lar pelos cabos, pelos dispositivos da web. Aceleração da evolução, aceleração da lógica mercantil. Tudo é vendável e comercializado. Tudo pode ser convocado para as grandes negociações. Ser humano não é sim nem não, ser humano é negociação. Cem por cento cultural, 100% animal evolutivo, genético, adaptado. A grande questão contemporânea é o humanismo encurralado pelo pós-orgânico, pelo desumano, ou seja, tudo que é humano interessa ser coisificado, massificado, banalizado. Vulgarização espetacular de todas as ações, comportamentos e expressões, inclusive filosofia, ciência, arte, religião devidamente engolidos pelo ambiente urbano, o Urbeoma que colonizou o planeta. Cada megacidade é um monumento à comercialização de tudo, à indústria de tudo, às empresas de tudo.

Humanismo do Estado, da cidadania, da escola, das empresas e instituições democráticas, encurralado pela selvageria das gangues mercenárias de todos os tipos surgidas das diásporas da Guerra Fria na União Soviética, na Cortina de Ferro, e que ainda está em andamento vinte e tantos anos depois. Humanismo encurralado pela geopolítica das guerras de energia que vem ocorrendo desde o século passado com a expansão sonhada por Hitler, e agora o petróleo, o gás eurasiano que está em jogo desde a primeira guerra do Golfo, desde 73 e 78 com embargos árabes e aiatolás. Muito antes disso. A sombra de filmes com cenários pós-apocalípticos como *Mad Max* paira sobre o planeta, e guerras de sobrevivência industrial e ambiental, novas guerras de escassez, vão gerar inéditos bandidos *Scarfaces* na terceira linha de frente do PIB mundial, a Linha Maginot das máfias e das clandestinidades. Principalmente na Europa Oriental, no Oriente Médio e na Ásia. Na Ásia 666 que inclui China, Japão, todo o sudeste e os zilhões de guenistões, turdestões cheios de tráficos e esconderijos de não se sabe o quê. As manifestações vão chegar nesses territórios? Occupy Afeganistão? As manifestações vão chegar nos territórios milicianos do Rio ou do PCC, em São Paulo? Humanismo encurralado pelo desumano e pelo não humano, pelo pós-humano. Antes de Grécia, Cristandade, Renascença e revoluções humanistas modernas éramos encarados como insignificâncias jogadas na violência do cosmos e na crueldade da natureza, essa inimiga íntima de todos nós, movida a indiferença quanto à nossa existência. Ego diluído na religião, no cânone da imensidão pesada e humilhante. Depois dos humanismos o ego humano foi inflado, mas também sacaneado, seu tapete foi puxado pelos iluminismos sombrios de Freud e Nietzsche, por exemplo. Mas a afirmação do ego humano, do ego sapiens é a norma. Solitários no universo (dificilmente encontraremos vida igual à nossa, sinto dizer, sorry, periferia, é com a gente mesmo), criamos nossa civilização cérbera de três cabeças: a religiosa, a humanista e a técnica, todas sempre misturadas, mas com épocas de protagonismo. Agora é a vez da cabeça tecnocêntrica e com ênfase no funcionamento orgânico, na comunicação gerando uma paisagem social de usufrutos, custo e benefício. Humanistas encurralados. A sombra de *Mad Max* paira sobre o planeta. Soberanias racionais, soberanias nacionais, soberanias emocionais novamente perturbadas em larga escala. As manifestações aqui e lá fora têm a ver com isso muito mais do que com novas perspectivas coletivistas.

Vivemos a versão mundana de um barato místico, religioso. Na imanência técnica alguma transcendência forçada por trucagens neurológicas. Engenharias a granel mexendo com a vida social, mental, emocional, urbana. As manifestações são, num mundo onde a vida há muito é transformada em show de realidade patrocinada, mais um evento. Com efeitos colaterais, é claro, efeitos colaterais de cidadania negociada, almejada, mas sem muita convicção, que é o que falta mesmo. Sentimos falta de convicções? Humanismo encurralado. A inteligência tem seu mercado e sua influência. Mercado de coisas inteligentes. A inteligência reduzida a uma sensação entre tantos estímulos e diluições das ações humanas. Através da comercialização de tudo e de todos. Ainda somos eminentemente animais políticos ou a saturação também chegou nesse ponto nevrálgico de nossas vidas? Acho que sim e por isso a falta de convicção da multidão que gritava nas ruas, nos acampamentos e nos *smarts*. *Homo faber*, *homo ludens*, *homo sapiens*, *homo zapiens*, *homo economicus* ou *psicológicus* se atropelando dentro de todos nós, dentro de nossas cabeças no dia a dia em revezamento de mentalidades que resultam em esquizofrenia informal quase sempre. Quantas vezes o mundo é gravado, digitalizado, espetacularizado, comunicado todos os dias, todas as horas? Pra cada beijo e facada existe uma coisa pesquisada, e o mais vagabundo ferro de passar tem a ver com uma pesquisa militar. As estatísticas tocam fundo no nosso coração, e as sondagens antropológicas, sociais, são a nova fonte de enlevo filosófico, provocando virais de discussão televisiva-facebookiada. As manifestações são adendos de contrapoderes misturados com os poderes oficiais, que por sua vez também estão cheios de clandestinidade a tiracolo.

A internet começou como um projeto militar universitário pra evitar ataques certeiros a centros de governo e de bases militares americanas. Espalhando numa rede de conexões as informações e os comandos não haveria a possibilidade do sistema de defesa ser aniquilado com um ataque certeiro de mísseis soviéticos num único ponto. A partir do momento em que foi disponibilizada e apropriada pela multidão-povo-massa-indivíduos, a internet ganhou outras utilizações, medíocres ou idiotas em sua maioria, mas muito boas e úteis em grande parte. Como nós humanos. Por isso o limbo, a encruzilhada de que falei lá atrás; as manifestações, as micaretas da cidadania (com toda essa conversa anarquista de sustentabilidade e compartilhamento que vem lá do começo do século passado junto com – e aí sim a novidade – a velocidade, a saturação, a Speed Darwin contemporânea) com sua almejada pretensão de anarquia, também são frutos da desregulamentação, do Power militarismo, da vulgarização e comercialização de tudo, da banalização e nivelamento das vidas real e virtual, identidade-senha-cadastro e perfil de personalidade. Da versão cafajeste do humanismo encurralado, ou seja, políticos distantes das suas funções e dos cidadãos que por sua vez também estão noutra e resolvem fazer micaretas reivindicativas num surto de "chega!" para que alguma coisa aconteça, não só com a sociedade mas com eles mesmos. Como no filme *Clube da luta*: precisam sentir alguma coisa, precisam de sensações exageradas pra se sentirem vivos, pra obterem alguma adrenalina de plenitude numa sociedade que cerca os desejos por todos os lados tecnológicos e comerciais nos anestesiando de várias formas. Sentir algum enlevo nem que seja dando e recebendo porrada. *Clube da luta*... A sombra de *Mad Max* (e do *Admirável Mundo Novo* e da *Laranja mecânica* e dos filmes de David Cronemberg) paira sobre o planeta. Estados Unidos se preparando para dar uma bombardeada de alerta na Síria a partir do lugar que os técnicos comentaristas militares chamam de "Poça da Otan", ou seja, o mar Mediterrâneo. Vamos a alguns fragmentos dessa temporada de inverno agitado.

A praça é nossa

Deslocamentos e acampamentos funcionando como performances de alarme tomaram conta de algumas cidades do Ocidente, mas principalmente no Oriente Médio. Me chamaram muito a atenção as tomadas das praças e de logradouros similares pelas algaravias das turmas ensandecidas pelos álibis de participação política e muito a fim de mudanças que lhes permitissem a inclusão na gincana democrática de mercado, ou pelo menos nalgum regime menos claustrofóbico. Mesmo que o regime fosse iliberal, não liberal. No Oriente Médio isso não funciona devido aos nós de rivalidades étnicas, religiosas, políticas ancestrais, terroristas. Mas tomar de assalto a praça é sempre bom. Até que...

New Kids on the Black Blocs

Essa é a boy band do momento. Cheia de pseudoideologia anarquista, a meninada malcriada dos Black Blocs se diz protetora dos manifestantes enfrentando a polícia e sua truculência, e também participando de quebra-quebras, destruindo agências bancárias que são, como eles dizem numa linguagem cheia de jargões cretinos e passadistas, "símbolos do capitalismo sujo", assim como a Rede Globo. Nessas horas sinto saudades dos Rolling Stones do terrorismo: o grupo Baader Meinhof e sua piração sociopata de tentar uma revolução numa Alemanha ocidental rica e bem colocada em termos de assistência social. Slogans loucamente esquerdofrênicos também eram berrados, mas a atitude era cheia de fúria sanguinária e suicida.

O filme *Baader Meinhof Complex* é uma obra-prima e mostra a insanidade dessa gangue que encarnou como ninguém a alucinação revolucionária dos garotos mimados pela riqueza das sociedades europeias nos anos 70. Alucinação, visando a uma nova sociedade depois de destruídos os pilares da velha, ou seja, o capitalismo da democracia cristã do estado de bem-estar social que, na cabeça dessa rapaziada devidamente animada e influenciada pelas teorias e discursos de pensadores como Herbert Marcuse, estava anestesiando a todos e explorando todo mundo em nome do vazio existencial do consumo, forjando o ser humano unidimensional completamente satisfeito com suas aquisições, com seus produtos e se lixando para qualquer transcendência. Marcuse até que estava certo, mas ninguém tem que ser salvo dessa unidimensionalidade estrutural que caracteriza o mundo do consumo. As pessoas no seu fundo medíocre são salvas pelo consumo. As teorias de Marcuse juntavam-se à tradição que começa (ou pelo menos com eles ganhou repercussão definitiva) com Rousseau e Robespierre (com baldeações em Lênin e Hitler), e que têm como reza o seguinte: é preciso construir uma nova sociedade igualitária pra gerar liberdade, uma sociedade virtuosa e coletivista que pode ser calcada num Estado mítico, científico, militar e socialmente poderoso. Sociedade que fará jus à alma boa do ser humano e que livrará a mesma das opressões e corrupções dos poderes estabelecidos. Para alcançar esse intento é preciso matar, executar todos os inimigos, todos aqueles que podem atrasar o processo do super-Estado. Ou outras revoluções, as anárquicas mais próximas das manifestações onde é preciso que o Estado, as instituições religiosas e o capitalismo sejam eliminados e uma rede de relações voluntárias amalgamadas em cooperativas possam finalmente permitir o surgimento do novo homem livre na sua essência colaborativa, livre da sujeira implantada pela conspiração do perigoso Ocidente judaico-cristão militarista burguês tecnológico. Cheios de egoísmos avarentos e individualismos competitivos.

De Bonnie e Clyde ao Baader, continua firme a fascinação popular por iniciativas de arruaça destrutiva e criminosa com intento de corrigir injustiças. Também continua firme a famosa história de que o ser humano nasce inocente e bom e é corrompido pela sociedade. Que também nasce imbuído de impulsos progressistas, uma vontade de sempre modificar pra melhor a sociedade. Todas as mudanças sendo sempre para melhor. Ilusão e miopia máximas dos revolucionários do tipo "o mundo me deve", incutido por Rosseau nas mentes e nos corações. Quanto a Robespierre, o negócio era cortar as cabeças em nome da Utopia racionalista, iluminista. De Bonnie e Clyde ao Baader Meinhof, a arruaça destruidora, criminosa e assassina sempre fascinou os consumidores do show da vida na mídia. Mas todos eram assassinos e morreriam pelas suas convicções alucinadas e ideais pirados. Além do que mostravam as caras e não escondiam o rosto covardemente com panos enrolados na cabeça.

Muitos abrem a boca pra dizer e defender os vandalismos que aconteceram nas manifestações (a última ala dos protestos) com a tal desculpa de que "não se faz uma omelete sem quebrar ovos". Ora bolas, isso valia no começo do século XX, época cheia de religiosidade política, religiosidade revolucionária e ideológica secular, religiosidade moderna que teve em Lenin/Stalin, Hitler e Mao seus mais pesados, cruéis e perfeitos representantes. Seguindo a cartilha dessa época, é preciso limpar a nação dos grupos perigosos e que atrapalham a grande virada. Dizer que os Black Blocs têm toda essa inteligência perversa é um pouco demais. São medíocres oportunistas que se parecem mais com torcidas organizadas e, como elas, são parasitas da impunidade baderneira. Certo está o governo de Pernambuco ao tratá-los como meros criminosos (que é o que eles são a partir do momento em que se juntam aos facínoras que se escondem na multidão pra depois quebrar patrimônio público em certas áreas da cidade, áreas calmas e civilizadas da cidade, porque onde existem milícias ou os índices de violência são altos eles não vão) e avisando que em dia de protesto quem for pego com máscara ou pano tuaregue enrolado na cara vai ter que tirar, do contrário, prisão. E não adianta vir com o papo do direito de usar máscaras porque uma coisa é usar máscara ou pano tuaregue no carnaval normal, outra é usar máscara ou pano de rosto no carnaval-pancadaria. Está usando máscara em dia de manifestação? Ou tira ou... New Kids on the Black Blocs. Bad Boy Band. Vão quebrar, matar e aterrorizar pra valer ou vão ficar quebrando postinho, vidraças e máquinas de banco, pontos de ônibus? Polícia neles.

O baile da Ilha Fiscal cheio de baratas

Às vésperas da Proclamação da República, o visconde de Ouro Preto organizou um baile comemorativo das bodas da princesa Isabel com o conde d'Eu. O baile aconteceu na Ilha Fiscal, no Rio de Janeiro. A festança também serviu para recepcionar a tripulação do navio chileno *Almirante Cochrane*. Essa festa foi a mais luxuosa e extravagante até então e, reza a lenda, o visconde usou verba destinada à seca no Ceará além de boa porcentagem do orçamento público. Tudo para impressionar quem quer que fosse e deixar claro que ia tudo bem com a monarquia. Isso foi no dia 9, no dia 15 o marechal Deodoro da Fonseca, um monarquista, proclamou a República, e o baile virou sinônimo de decadência festiva.

Cito o episódio porque ele foi lembrado por ocasião do casamento luxuoso da filha de um megaempresário do setor de transportes do Rio, no Copacabana Palace. Empresário de sobrenome Barata. Isso ocorreu no ardor das manifestações que começaram justamente com reivindicações relacionadas ao preço das tarifas de transportes públicos em São Paulo, mas se estendendo também ao Rio de Janeiro. Manifestantes se posicionaram em frente ao Copacabana Palace vaiando, perturbando a festa de casamento e consequentemente as conversas dos convidados nas varandas do hotel que dão de frente para a praia, e no caso para os manifestantes. Também seguravam baratas de plástico em alusão ao tal sobrenome do empresário pai da noiva. Aconteceu que o primo ou irmão do noivo jogou um cinzeiro que atingiu um manifestante que, parece, já estava devendo para a Justiça. Antes um dos convidados tinha atirado cédulas, dinheiro para os militantes. Confesso que gostei da situação perversamente inusitada. Mas será que alguma mudança drástica, a exemplo da proclamação da República, vai acontecer a partir do ano que vem, ano de eleições? Duvido muito. Brioches na avenida Atlântica.

Equus

A peça (e o filme) *Equus*, de Peter Shaffer, fala de um garoto com tara em cavalos, da sua paixão equestre e relações doentiamente religiosas com esses bichos. O outro protagonista é um psicanalista que confronta sua vidinha terapêutica com aquela tesuda relação equestre do menino e fica achando que ali existe uma intensidade vital fascinante, mesmo sendo perversão ou coisa que o valha. Na verdade sair da norma, transgredir, era o mote da peça. Hoje em dia transgressão é um fóssil cultural, já que a ordem é satisfaça seus desejos comercialmente, consuma tudo que quiser e puder da forma mais rápida. Satisfaça seus desejos, seja você mesmo, consuma principalmente a si próprio. Me lembrei imediatamente dessa peça e filme quando vi a imagem mais insana das manifestações: um camarada forte com fisionomia meio demente acariciando os focinhos dos cavalos dos policiais nalgum lugar no Centro do Rio. Ele beijava e falava com os bichos e alisava suas crinas, tudo com a intenção de provocar os guardas que ficaram completamente quietos diante do maluco. Uma menina, frágil militante, gritava pra ele parar com aquilo porque dali a pouco os guardas cavaleiros iriam sentar o cacete e passar galopando por cima de todo mundo por causa daquelas provocações. Ele nem ligou para o que ela falava e continuou beijando e alisando os cavalos. A mancha humana das manifestações serviu de porto seguro pra todo tipo de expressão sociopata. Inclusive as zoológicas.

Sargent Pepper's

Quem diria, depois de séculos em que foram traficados ou legalmente comercializados, provocando até confrontos de negócios, não é que os condimentos, os temperos voltaram a ganhar um protagonismo político nas passeatas brasileiras? Pimenta *versus* vinagre. Gás de pimenta usado agressivamente pelas tropas de choque e vinagre nas narinas usado pelos assim chamados manifestantes pra aliviar ou anular o efeito tanto do gás de pimenta quanto do lacrimogêneo, acho eu. Começo por esse detalhe peculiar para falar dos confrontos entre a polícia, as tropas militares e a garotada muito a fim de afrontar autoridades e o escambau institucional. Confrontos que obviamente geraram as imagens mais polêmicas, quase um clichê. Se do lado dos manifestantes havia a nostalgia dos que não viveram os famosos movimentos juvenis dos anos 60 e 70, talvez também houvesse na mente de alguns soldados nas tropas de choque a imagem também nostálgica de avós ou pais participando das mesmas manifestações, só que do outro lado, sentando a pua na garotada, recebendo ordens para não permitir abusos. Pois abuso é a palavra e serve para os dois lados. Vândalos à paisana e vândalos disfarçados de soldados. Criminosos soltos por aí e embutidos, escondidos em comandos oficiais e não oficiais. Sargentos mandando gás de pimenta sem mais nem menos em repórteres e passantes inofensivos, dando a medida da sociopatia que também se faz presente nas hordas militares.

Falo de abuso, excesso, ou seja, repressão ao nada, ações violentas contra passantes inofensivos e jornalistas que, a princípio, não podem ser atacados sem mais nem menos com armas, letais ou não. Ledo engano, pois eles são sempre os primeiros a apanhar. E isso aconteceu direto. Tá na rua durante a manifestação? Vai tomar e fim de papo. Falo isso numas de bom senso e crítica cidadã, mas existe a adrenalina guerreira e nem sempre as táticas de repressão urbana, metodologia de contenção de multidão, seguram a fissura do soldado que sente falta de uma frente de batalha, de uma boa pancadaria. Aliando essa fissura à fantasia de autoritarismo incutida no soldado PM, a falta de treinamento para essas situações, as impunidades variadas e a falta de simples bom senso, já que inofensivos e repórteres não oferecem resistência, pronto: excesso boçal. Mas sempre vai acontecer. É inevitável. Por outro lado, cartazes pedindo o fim da polícia e o desarmamento da mesma, num primeiro instante, soaram ridículos, pois ruim com ela (cheia de superposições e ligações com a criminalidade), pior sem ela, já que alguma possibilidade de eficiência no braço de rua da Justiça ainda pode ser aventada. De qualquer forma, a exigência de extinção da polícia (ou uma utópica troca de milhares de policiais por outros novinhos em folha em termos éticos e técnicos) nos leva a pensar naquilo que há vinte anos pelo menos só é reforçado: o fato do Estado rifar o monopólio da violência, função clássica dessa instituição reguladora das nossas vidas modernas. Situação hipermoderna; privatização militar e fusões mafiosas, clandestinas entre forças policiais estatais e forças milicianes clandestinas no mundo todo, mas majoritariamente no terceiro mundo emergente e nos estados falidos ou cambaleantes pela África e Eurásia e Sul América Central, passando pelos Bálcãs e pela Rússia. Os Estados Unidos são a única força armada à vera (claro que as outras potências atômicas estão na varanda do apocalipse olhando os seus movimentos, mas aqui o que interessa é tecnologia de ponta e abundância de repertório destrutivo em vários níveis) e nos anos 90 viraram polícia do mundo, xerife transcontinental. Agora eles apenas gerenciam sua presença militar nos cinco continentes, taxiando porta-aviões e drones a fim de monitorar regiões de gás e petróleo com alguma concentração terrorista. Monitorando regiões combustíveis. Nos dois sentidos. Supervisionando a guerra como prestação de serviço. O negócio dos conflitos pontuais, miniguerras movimentando a indústria armamentista. Enquanto os artefatos bélicos de teor neurobiológico não começam a circular. Firmas arregimentadoras de mercenários são a coqueluche guerreira por aí. Uma overdose de legiões estrangeiras acontece hoje em dia e temos que admitir que, além das lógicas do comércio e do consumo terem tomado as rédeas das mentalidades urbanas, o mesmo se pode dizer da lógica militar ou pelo menos do clima paranoico, adrenalítico, nervoso, instável dos campos de batalha transferidos para a gincana social urbana (principalmente no combo Rio-São Paulo), adrenalina de guerra transferida para o dia a dia psicológico dos habitantes das megacidades lutando pelos nacos de bem-estar escondidos nos ambientes profissionais, familiares, sexuais, solitários. A mesma centelha de impaciência embrulhada num sentimento cívico que mobilizou num surto milhares de pessoas, em junho também, está envolvida por uma intenção sombria de teor doloso e triplamente qualificado pra usar a linguagem do direito criminal. Oitenta mil mortes anuais divididas em: metade crimes automobilísticos e metade homicídios, latrocínios, crimes passionais, intolerantes ou meramente psicopatas. O Brasil é um abismo que nunca chega, cheio de vertigens sociais e piques de messiânica bonança com ápices de barbárie. Só que pelo jeito agora não têm mais ápices nem picos de nada, vivemos uma constante guerra entre essas duas vertentes e portanto estamos todos sempre à beira de um precipício onde podemos alçar voos incríveis, mas geralmente é queda bem livre e sem bater em chão algum, o que não é fácil. Gás de pimenta para os civis porque eles estão precisando usar uns nos outros em várias situações. E não esqueçamos que o gás lacrimogêneo é fabricado aqui mesmo. O gás lacrimogêneo é coisa nossa, e a centelha de impaciência se espalha entre civis e polícias. Parece que na taba da tribo UPP a pacificação está implodindo e os morubixabas milicianos ou os pajés do tráfico, juntamente com PMs desviantes, preparam suas garras pra arranhar a face maquiada da segurança, que chegou a poucas favelas se pensarmos nas centenas e centenas que ainda estão à deriva, miliciadas ou não. Melhorou muito a circulação, o ir e vir, inclusive de empreendedorismos nas ditas comunidades. Dizem. Acredito. Mas parece que até a página cinco. Dizem. A lógica militar, lógica da Segurança e da Eficiência Social estão entranhadas em todas as sociedades e aqui no Brasil as imagens de vândalos e policiais mandando ver em destruições e excessos mostram um empate técnico entre belicismos populares e belicismos institucionais. No meio, a população assimilando a pressão. Ovo da serpente em gestação? Ovo da serpente 2.0?

Jesus Christ Superstar

E, no meio do inverno reivindicativo, eis que aterrissa no Rio de Janeiro a Jornada Mundial da Juventude, uma espécie de Rock in Rio da juventude carola católica. Aterrissou no Rio, mas a concentração foi em Copacabana, já que o bairro é o único lugar que aguenta o tranco dos megaeventos, dos réveillons fora de hora que volta e meia acontecem na cidade purgatório da beleza e do caos. Aliás, foram seis réveillons numa semana com um ápice alcançado num sábado quando três milhões e meio de pessoas invadiram Copa para uma vigília que seria realizada em Guaratiba. Mas não foi possível porque o terreno que vinha sendo preparado para a tal vigília e também para a última missa do papa Francisco no Brasil ficou inviável depois que uma chuva pesada (e mais um frio violentíssimo) castigou a cidade na semana religiosa. A região onde se instalariam os peregrinos virou um lamaçal inviável. Não deu outra, críticas severas à organização do evento e novamente especulações quanto ao uso da grana para preparar a cena rock in rio dos católicos. Escândalos de desvios ou suspeitas de desperdícios pairando sobre a festa, e não deixando o clima de crítica política de fora da semana do papa. Assim como aconteceu no mês anterior com a Copa das Confederações, onde o povo, a rapaziada, uniu a paixão pelo futebol e a paixão pelas manifestações e levou para dentro dos estádios a festa reivindicativa e crítica. Superfaturamento atormentando todas as cabeças. A micareta num clima de moto perpétuo acontecendo em todos os ambientes, fossem eles esportivos, religiosos etc. Gosto muito desses réveillons copacabanenses. Multidões invadindo numa balbúrdia festiva o bairro cartão-postal de tudo no Rio. Antes só os Rolling Stones sacudiram tanto as entranhas cosmopolitas de Copa. Passar pelas várias nacionalidades ajoelhadas, acampadas em cada esquina, ver gente com bandeiras de vários países servindo de sinalização em meio à turba, ficar olhando belas carolas de mãos dadas para não se perderem e me trazendo à lembrança aquelas cenas do filme de Ingmar Bergman, *O sétimo selo*, onde um cruzado jogava xadrez com a Morte e ao longe as silhuetas de grupos de pessoas talvez mortas apareciam andando de mãos dadas ao estilo seleção brasileira de 1994, como aquelas carolas lindas. Um show de Idade Média no mais famoso bairro do país. Gosto muito desses réveillons e cheguei a imaginar, nos idos de 1980, uma festa católica a partir da figura de Santa Clara de Assis, a padroeira das telecomunicações, da televisão, do tempo bom e também nome de uma rua do bairro. Gente do mundo inteiro entupindo Copa. Moradores colocando TVs ligadas fora do ar nas janelas e garotas fantasiadas como a lourinha de Assis. Essa imagem foi um dos motes para o espetáculo e para a personagem Santa Clara Poltergeist, que realizei em 1992. Passeando no calçadão e ouvindo um dos concertos de Brandenburgo (lógico que Bach, o homem que conseguiu musicar a ideia de Deus, tinha que participar da festa) no sábado da vigília, em meio à Babel de idiomas flutuando em rezas e cantos, me lembrei desse sonho de comemoração e que, de certa forma, estava acontecendo ali. Muito bom.

O Brasil é um abismo que nunca chega

O que é o Brasil? Uma Disneylândia patrimonialista? Um fim de mundo sem volta? Um paraíso mafioso? Uma nova civilização supermestiça cheia de amálgamas e superior às civilizações americana, europeia, japonesa e chinesa? Um novo emergente BRIC com competência para tudo? Não, o Brasil é um abismo que nunca chega, paiol de vertigens e volúpias. Abismo que nunca chega.

A HISTÓRIA (QUASE) EM NOSSAS MÃOS!

SERGIO LESSA

Filósofo

7/9/2013

As manifestações que atravessaram de norte a sul o país, neste ano de 2013, foram um fenômeno social inédito, desconhecido em nossa história. Nunca tantas pessoas saíram às ruas. Nunca, antes, milhões ganharam as praças sem serem convocados pelos partidos políticos e pelos principais órgãos de imprensa (como ocorreu, diferenças consideradas, com o Primeiro de Maio de 1980 em São Bernardo, com as Diretas Já e com o impeachment do Collor). As manifestações não tiveram um móvel particular, definido ou pré-orquestrado. Talvez a palavra de ordem que melhor expresse o estado de espírito da maioria seja um difuso, porém perceptível, "contra tudo e contra todos!".

As manifestações vieram na esteira de um recrudescimento da repressão aos movimentos populares (o antigo MST, a resistência à construção de barragens, como em Belo Monte, a resistência à privatização da universidade pública e ao Reuni etc.), uma estratégia iniciada no final da "era FHC" e aprimorada nos diversos governos petistas. Desde a Ditadura Militar, foi pela primeira vez sob o governo Lula que a Polícia Federal entrou nos campi universitários para reprimir estudantes, professores e funcionários, que a repressão às manifestações de rua se tornou mais violenta (com ataques da tropa de choque e o cerceamento ostensivo do direito à manifestação pelo isolamento dos manifestantes no interior de um cordão de policiais, com a prisão e abertura de processos contra militantes e por fim, mas não por último, a manutenção dos assassinatos das lideranças no campo e da impunidade dos assassinos etc.). A mera quantidade de manifestantes implodiu essa estratégia. Frente à nova correlação de forças, uma nova estratégia repressiva ainda não parece ter sido encontrada pelas forças da ordem.

As manifestações ocorreram, também, na etapa final do "teste", digamos, dos partidos estruturados na redemocratização. Todos os partidos com expressão nacional (o PMDB, o antigo PFL, o PSDB e o PT) assumiram o poder e demonstraram a enorme distância entre seus discursos eleitoreiros e suas práticas. Desde os municípios até o governo federal, todos os partidos comprovaram a tese, tida até há pouco de fantasiosamente radical, de que nada mais fazem do que "mais do mesmo". O PSDB não fez mais do que aprofundar as políticas neoliberais inauguradas por Collor, o PT apenas aperfeiçoou a obra do PSDB. Quando as manifestações mostraram sua força, não foi por acaso que todos esses partidos reagiram do mesmo modo: ausentaram-se. Melancólico o silêncio de Lula. *Fake* o "observar acadêmico" de FHC. Macambúzia a promessa de Dilma de "escutar as ruas". Farsante a tentativa do Congresso Nacional "mostrar serviço" aprovando legislações rigorosamente inócuas... Enquanto partícipes do "Partido da Ordem", buscaram salvar as "instituições" do espontâneo rechaço popular. Todos eles são parte do "tudo" e dos "todos" contra os quais fomos às ruas. As manifestações tiveram, por isso, um claro e inequívoco caráter antipartidos, antipolítica e antigrande imprensa (sobre esses aspectos, voltarei mais à frente).

Essas causas, sem deixarem de ser verdadeiras, são insuficientes para explicar o que vivenciamos. O descontentamento generalizado e o desgaste das instituições, por si só, não explicam aquilo a que assistimos. As razões mais importantes na eclosão das manifestações possivelmente sejam uma alteração das classes trabalhadoras e populares de 1970 para cá e uma nova aliança de classes no poder que se desenvolveu, paulatinamente, desde a década de 1980.

A aristocracia operária e o grande capital

Graças à abundância de matérias-primas baratas, espaços continentais ainda desocupados, uma malha de transporte e produção de energia capaz de se expandir com investimentos não tão vultuosos e, acima de tudo, com uma força de trabalho da ordem de dezenas de milhões, disciplinada e sem tradição de lutas (como, por exemplo, a da classe operária argentina ou boliviana); com uma estrutura sindical e partidária "confiável" vinda da ditadura militar e, ainda, com classes dominantes que, desde 1500, cumprem diligentemente seu papel de serviçais do grande capital mundial – todos esses fatores fizeram do Brasil, uma vez iniciada a crise econômica mundial, em meados de 1970, um dos locais preferidos para investimentos pelo grande capital internacional.

Isto deu início à transformação das classes assalariadas. Os primeiros passos, ainda tímidos, sob o "Milagre Brasileiro", entre 1969 e 1973, se aprofundaram, com avanços e recuos, até chegarmos aos nossos dias. Seu móvel mais importante é que a fonte de riqueza mais lucrativa ao grande capital deixou de ser a extração de matérias-primas e a exportação dos produtos primários. Ao lado destas fontes de riqueza "tradicionais", em nossa história desde o Ciclo do Açúcar, revelou-se ainda mais lucrativa a exploração da força de trabalho pela introdução no país de grandes plantas industriais e pela conversão do latifúndio tradicional em *agrobusiness*. Sendo breve, as indústrias cresceram, promoveram o inchamento dos centros urbanos à escala atual, milhões de trabalhadores abandonaram o campo para formar uma geração operária jovem e inexperiente, política e sindicalmente. Pelo mesmo processo e pelas mesmas mediações, o crescimento das cidades e do parque industrial gerou um novo mercado de serviços (desde limpeza de fábricas, manutenção de máquinas, assistências técnicas de todas as ordens, até serviços como lazer, saúde, educação, transportes etc.) que tem sido a base econômica para o surgimento de um amplo conjunto de assalariados. Composto por profissionais liberais, comerciantes, "empreendedores", ambulantes, trabalhadores *part-time* e do mercado informal etc., forma uma enorme massa de pessoas, heterogênea e variável no espaço de alguns poucos anos. Em poucas palavras, entre os grandes proprietários do campo e da cidade, com sua umbilical conexão com o sistema mundial do capital, de um lado e, de outro lado, os proletários do campo e da cidade, se interpôs algo inédito na nossa história: "as classes de transição" entre os extremos sociais. É o que, muitas vezes, nas estatísticas oficiais tem sido apresentado como a "nova classe média".

Há, aqui, que se avançar com precaução, pois a tradicional "classe média" dos países capitalistas mais desenvolvidos cumpre uma função social distinta das nossas "classes de transição". Lá, devem potencializar o consumo perdulário; aqui, devem maximizar a lucratividade dos empreendimentos, notadamente nas indústrias. Em ambos os casos servem à reprodução do capital, é verdade; contudo, servem de modo distinto e isso pode ter consequências quando se tratar das manifestações de 2013. Nos países centrais, tendem a ser mais conservadoras enquanto que, na periferia, tendem a ser mais combativas.

O impacto dessas transformações sociais é mais profundo do que sugere um primeiro olhar. A lucratividade de todo empreendimento capitalista pode ser ampliada, basicamente, por dois mecanismos. O primeiro é fazer com que se trabalhe mais pelo mesmo salário. Isso é conseguido de diversas maneiras, a mais frequente em épocas de grande desemprego é despedir trabalhadores e contratar outros com salários mais baixos. Essa é uma forma eficaz economicamente, mas tem a desvantagem de aumentar a revolta entre os trabalhadores. O segundo mecanismo é fazer com que perca o seu valor a força de trabalho. Caso a alimentação, o vestuário, as despesas com a educação dos filhos, saúde, transportes etc. fiquem mais baratos, é possível que uma parcela menor da riqueza produzida pelo operário seja convertida em seu salário, aumentando, consequentemente, a porção da riqueza que fica com o patrão sem que diminua o poder aquisitivo do trabalhador.

A urbanização já coloca em ação o segundo mecanismo, a queda do valor da força de trabalho. O crescimento do mercado consumidor torna lucrativa a produção muito mais barata, em escala industrial, dos alimentos, roupas, remédios etc. consumidos pelos trabalhadores. A ampliação da escala dos serviços de transporte, saúde, educação etc. faz com que diminuam seus custos. Essa tendência natural do mercado é complementada por calculados investimentos do Estado nos serviços públicos (transporte, saúde, educação e moradias, principalmente), barateando ainda mais o custo da reprodução da força de trabalho e, consequentemente, ampliando a lucratividade do sistema do capital no seu todo[1].

Os operários mais especializados, que quase sempre trabalham em grandes plantas industriais ou empresas gigantescas (montadoras automobilísticas, Petrobras, CSN etc.), possuem não apenas salários mais elevados como ainda tendem a ter, durante boa parte de sua vida produtiva, uma estabilidade relativamente maior no emprego. Por outro lado, para produzir tanto os bens de primeira necessidade (vestuário, alimentos, moradia etc.), quanto matérias-primas (carvão vegetal, estanho etc.) e componentes (autopeças e eletroeletrônicos etc.), o interior do país também vive um processo de industrialização. Pequenas cidades como Turitama (PE), Goiás Velho (GO) e Toledo (PR) recebem indústrias que exploram uma mão de obra barata, sem organização sindical, não especializada, para a qual o mero emprego industrial é uma melhoria de vida. As jornadas e a intensidade do trabalho são inimagináveis – os relatos são impressionantes. Uma massa proletária no interior do país (onde havia antes camponeses e trabalhadores rurais, quase sempre massa de manobra política das forças mais conservadoras) é a contrapartida do desenvolvimento do operariado nos grandes centros.

Nessas novas circunstâncias, os operários especializados dos grandes centros urbanos e das plantas industriais com emprego intensivo de tecnologia participam ativamente do mercado de consumo de massas e têm interesse direto na manutenção dos baixos salários dos trabalhadores que produzem o que eles consomem. Quanto menor o salário nas indústrias têxtil, alimentícia, tecelagem, eletroeletrônica etc., maior será seu poder aquisitivo. Do mesmo modo, quanto menor o dispêndio do Estado com os salários dos funcionários públicos, com a assistência aos mais carentes etc., mais baratos serão os serviços públicos (transportes, saúde, educação etc.) e, portanto, maior seu poder aquisitivo.

Instaura-se, por essa via, uma clivagem entre o setor mais especializado dos operários, com melhores salários, culturalmente mais elevado, politicamente melhor formado, e o restante da classe. Foi assim que, desde 1970-80, passamos a contar com uma "aristocracia operária". Esta se distingue dos seus colegas de classe não apenas pelo seu maior poder de compra, mas também por uma maior disposição em se aliar ao grande patronato sempre que seu emprego ou seu poder aquisitivo estiver em jogo. É um setor da classe operária que não hesita em prejudicar o restante da classe para manter seus "privilégios" e sua participação no mercado de consumo.

Como reúnem a parcela do operariado mais especializada, culturalmente melhor formada e com maior capacidade de liderança, desde o século XIX na Alemanha e na Inglaterra, desde o início do século XX na França e desde a década de 1980 no Brasil, os sindicatos e centrais sindicais e os partidos e agremiações políticas que se originam do movimento dos trabalhadores tendem a ser liderados por representantes da aristocracia operária. Por essa razão, fundamentalmente, tais sindicatos e partidos têm se aliado ao grande capital e atuado como seus "cães de guarda" (a expressão é de Alain Bihr) sobre o conjunto dos trabalhadores.

Nesse particular, a trajetória do PT e da CUT é exemplar pela sua rapidez no tempo e pela transparência de suas causas. As greves de 1978-80, que chacoalharam o Brasil, foram saudadas como a entrada da classe operária no processo de democratização. As saudações eram acertadas: a ditadura não se recuperaria daquele golpe e a iniciativa política tenderia a ficar com as forças mais moderadas da oposição.

Hoje, todavia, podemos perceber o que, naquele momento, passou despercebido: a entrada do proletariado foi tão limitada quanto seria o próprio processo de redemocratização. A industrialização criara uma aristocracia operária, e os processos mais lucrativos (os "carros-chefes da economia", como se dizia então), literalmente passavam por suas mãos. Tal como nos países capitalistas centrais, também no Brasil um setor mais especializado, mais culto, politicamente mais informado, tinha sido gerado espontaneamente pelo simples avanço das indústrias e o crescimento dos centros urbanos. Nos outros países, esse setor do proletariado se aliou ao grande capital e desempenha, até hoje, um papel político que lhe garante vantagens materiais e, para seus representantes, a burocracia sindical, um excelente lugar ao sol. Os burocratas sindicais, com sua capacidade de controlar o conjunto dos trabalhadores a partir do sólido apoio da aristocracia operária, ocupam postos nos ministérios, fazem parte de comissões e assessoram diretamente o governo – com todas as vantagens "naturais" dessa situação. São parceiros "responsáveis" "na condução" dos "negócios nacionais", como avaliara De Gaulle ao entregar o controle do principal órgão de previdência francês às centrais sindicais logo após a II Guerra Mundial.

Até 1980, nossa burocracia sindical excluía os representantes da jovem aristocracia operária. Era, para ser breve, pouco mais do que uma máfia que mantinha a estrutura sindical sob seu controle com o auxílio da ditadura militar e do patronato. Era corrente a prática de nomear os militantes que estavam surgindo para serem despedidos pelos patrões. O grande capital, contando com os militares e com os pelegos, não tinha por que tratar nossa aristocracia operária melhor do que já o fazia: salários "condizentes com o mercado", isto é, acima dos salários médios dos "peões"; uma estabilidade no emprego um pouco maior (principalmente devido à sua maior especialização) e a intensidade do trabalho era um pouco menor. Mas, ainda que fosse a "aristocracia", era reprimida e tratada como se fosse a plebe.

As greves de 1978-80

Foi essa insatisfação que explodiu com as greves de 1978-80. Contou com o apoio amplamente majoritário da classe operária e levantou simpatias generalizadas porque ninguém mais suportava a opressão, a miséria, a corrupção, as injustiças e, acima de tudo, a brutal concentração de renda. Rapidamente, o movimento ganhou uma característica inédita em nossa história: a aristocracia operária se articulou nacionalmente dando origem à CUT e ao PT. Os velhos pelegos naufragaram nas greves. Nem os patrões os procuravam mais, já que só representavam a eles próprios. A ânsia por mudanças e justiça – eram anos de Constituinte, retorno dos exilados, luta pela anistia, MST em ascensão, reconstrução das entidades estudantis etc. – foi sendo polarizada ao redor de um projeto cujo eixo era a maior participação dos trabalhadores na "vida política" e na "determinação dos rumos da nação" – pouco se falava em superar o capitalismo. Naturalmente, a CUT e o PT foram se tornando as instituições mais representativas dos ventos de mudança.

A Constituinte de 1987-88 foi a consolidação do que viria a ser o rumo "democrático" do país. Tanto a nova burocracia sindical (o sindicalismo "autêntico") quanto as forças mais progressistas (a Igreja, o MST, o movimento popular etc.) jogaram toda a força na eleição de representantes para a Constituinte e, depois, nas disputas internas para a elaboração da nova Carta Magna. Promulgada a nova Constituição, todavia, nada se alterou no país. A transição, que se iniciara da forma a mais conservadora, com a eleição da dupla Tancredo-Sarney (aquele fiel servidor dos ditadores e das classes dominantes e, este, o último presidente da Arena), não teria seu rumo alterado pela recém-promulgada Constituição. Fracassou a estratégia de aproveitar a Constituinte para uma transição à democracia mais favorável aos setores populares – e a vitória de Collor sobre Lula, apenas um ano depois, em 1989, selou a derrota da frente progressista que congregava, sob a liderança dos sindicalistas "autênticos", a Igreja, os movimentos populares, parte da imprensa e setores progressistas.

Foi nesse momento que foram assentados os termos da negociação entre os representantes da aristocracia operária e o grande capital em vista a uma acomodação que propiciasse o "desenvolvimento econômico" e a "consolidação da democracia" – uma democracia que era a derrota dos trabalhadores. Com a força política e organizativa que conquistara, a aristocracia operária se cacifou para negociar de uma posição de força; contudo, as derrotas na Constituinte e a vitória de Collor devolveram a iniciativa política ao grande capital. Collor iniciou a abertura econômica, que foi o primeiro passo das reformas neoliberais, e a CUT, reconhecendo a derrota, enviou ao Planalto seu então presidente, Jair Meneguelli, para um beija-mão. A CUT e o PT reconheciam a derrota e aceitavam a regra do jogo – queriam todavia dele participar.

A história de como foi sendo costurada essa aliança da aristocracia operária e seus representantes com o grande capital é quase um misto de história de espionagem e romance policial. Não faltaram lances secretos, negociações às escuras e escusas, promessas que nunca poderão ser públicas, malas de dinheiro e, também, confrontos, embates abertos, quase sempre no Congresso (com a CUT e o PT organizando manifestações e campanhas) ou por ocasião das eleições – até que, com o segundo governo FHC e o aprofundamento da crise econômica que marcou o final de sua "era", o PT e a CUT tiveram uma oportunidade de ouro de selar a aliança com o grande capital.

Internamente, a CUT e o PT já haviam destroçado suas alas mais combativas. Com a greve dos petroleiros, em 1995, abandonada à morte por inanição pela CUT e pelo PT, desarticulou-se a última força mais à esquerda que talvez viesse a ser um obstáculo para um acordo com o empresariado. Por outro lado, com a crise política do final do governo FHC, as reformas neoliberais enfrentavam uma significativa oposição popular. A reforma da previdência dos funcionários públicos, a grande negociata do dia, não passaria sob um governo do PSDB. Lula e os dirigentes do PT e da CUT (nesse momento, já com o apoio e participação do MST, o último movimento popular ainda com força social significativa) se dispunham a levar avante as medidas que o PSDB gostaria de implementar, mas não tinha forças – e que a grande burguesia almejava no curto prazo, mas não contava com uma representação política com potência para empreendê-las. O PT na presidência foi a solução.

A "república dos sindicalistas" vivia seus dias de glória. A posse de Lula em Brasília foi uma apoteose nacional. Nas semanas e meses seguintes, a burocracia sindical recebeu sua parte do bolo na forma de milhares de cargos comissionados, quase sempre com polpudas gratificações, e muitos dos principais sindicalistas passaram a administrar os fundos de pensão e ter influência nas grandes negociatas que sempre envolvem o "fundo público". As reformas neoliberais foram aprofundadas com o "modo petista de governar" e mesmo a reforma da previdência do funcionalismo público – tão drástica que provocou o que seria o maior movimento de massas nos dois governos Lula – contou com apoio suficiente para garantir o céu de brigadeiro que o grande capital almejava.

Excetuada a "brecada de arrumação" que foi o episódio do Mensalão – o PT foi com muita sede ao pote da corrupção e era preciso "impor limites" (Roberto Jefferson) –, a versão tupiniquim do "pensamento único" rezava que não havia governo melhor no universo do que o petista. As provas? A elevada popularidade dos governantes, as "bolsas" todas (família, escola, alimentação, minha casa, meus eletrodomésticos etc.), o prestígio de Lula junto aos "grandes" da política mundial (Obama: "*This is our guy!*"), a adesão do MST à base de apoio ao governo, a manipulação estatística que "comprova" uma fictícia distribuição de renda e riqueza etc. etc.

Consolidou-se, dessa forma, um dos elementos que nos parecem decisivos para explicar as manifestações que vivenciamos: sindicalistas e grande capital se uniram para promover uma unanimidade nacional ao redor dos governos petistas e de uma política econômica, para ser breve, neoliberal. A grande imprensa, todos os grandes partidos, todas as centrais sindicais e quase todos os sindicatos (o Andes, sindicato nacional dos professores universitários, e o Sindicato dos Metalúrgicos de São José dos Campos são exceções que confirmam a regra) adentraram o "Partido da Ordem": nenhuma força parecia existir que pudesse desafiar este construto político tão bem articulado e sólido.

Todavia, de Collor a Dilma, as políticas neoliberais cumpriram a sua finalidade: alocar maciçamente riqueza no sistema financeiro para deslocar as contradições cada vez mais agudas de um sistema mundial do capital que contempla sua quebradeira geral. O quanto tais políticas concentraram de renda e riqueza nas mãos de uma ínfima minoria e, no outro polo, o quanto resultaram em miséria, desemprego, violências de todas as ordens, tanto as institucionalizadas (Guantánamo, com seus inovadores métodos de tortura), quanto aquelas das nossas ruas e avenidas, é algo que não precisamos mais do que mencionar.

O descontentamento geral e generalizado "com tudo e com todos" não parou de crescer e, contudo, não tinha como se manifestar.

Hic et nunc

Enquanto nas "nuvens da política" o céu era de brigadeiro para "os do poder", a vida continuava a percorrer seus caminhos pelas avenidas e vielas do país.

Desde 1500, a marca de nossa história tem sido a de sermos fontes de riqueza a ser acumulada nos países capitalistas centrais. Uma classe dominante, sócia do grande capital mundial na exploração das riquezas naturais e dos trabalhadores, é a contrapartida necessária ao fato de sermos "exportadores de capital". O efeito colateral, nada desprezível, é uma sociedade profundamente desigual, com a pior distribuição de renda do planeta.

Quando nos tornamos independentes, de fundamental, nada mudou. Nossa independência foi predominantemente determinada pela necessidade da Inglaterra industrializada tirar Portugal do papel de intermediário no comércio com o Brasil. Passamos a exportar café em 1830 e fizemos a Abolição e a República, porque assim atenderíamos melhor às necessidades do capital inglês. Entre o suicídio de Getúlio, em 1954, e o Golpe Militar de 1964, demorou apenas uma década para que as epidérmicas alterações nesse esquema (a industrialização pela substituição das importações) fossem revertidas: "o que é bom para os EUA" voltou a ser "bom para o Brasil"!

Com a crise estrutural do capital que se iniciou em 1970, como já vimos, o país passou a ser um dos focos de investimentos do grande capital: não apenas para continuar a explorar perdulariamente nossas riquezas naturais, mas também para intensificar a exploração da força de trabalho em moldes "modernos", o que inclui vasto parque industrial, a geração de uma aristocracia operária, a industrialização de áreas do interior do país e o *agrobusiness*.

O petismo, com seu "desenvolvimentismo", nada mais é que a prossecução nos moldes hoje possíveis, do nosso papel tradicional no "concerto das nações". Por isso o paradoxo de que, por mais que aumente o nosso Produto Interno Bruto, a distribuição de renda não melhora (estamos aqui excluindo, porque não realizam qualquer distribuição de renda, os programas de esmolas federais, como o bolsa família etc. Dar esmola reproduz a miséria, não distribui renda ou riqueza). Por isso as misérias da vida cotidiana não têm qualquer perspectiva de melhoria: das escolas de samba, da educação ao transporte, da saúde ao meio ambiente, da família aos indivíduos, em nenhum setor da vida as coisas deverão melhorar no futuro previsível. O oposto parece ser o mais correto: estamos indo desta para uma pior. A desagregação dos centros urbanos em praças de guerra talvez seja o fenômeno contemporâneo que epidermicamente melhor simbolize o tamanho da crise em que estamos metidos.

A profundidade e a extensão da desagregação social, contudo, não possuem nenhum reflexo, no sentido de provocar movimentos, na esfera das "nuvens da política". Em Brasília, vê-se o mundo com outros olhos. Um milhão de assinaturas pedindo o afastamento de Renan Calheiros da presidência do Senado são protocolados no Congresso e o resultado é uma demonstração de força por parte do senador apupado nas praças que o torna ainda mais poderoso em seu cargo.

É dessa ótica do mundo das nuvens que as Copas das Confederações e do Mundo e as Olimpíadas deveriam ser o coroamento do projeto "desenvolvimentista" do PT e a garantia da volta ao Planalto de Lula após o segundo mandato de Dilma. Se até a ditadura militar foi capaz de capitalizar uma copa do mundo, imaginem o que os petistas e seus marqueteiros não poderiam fazer! O plano parecia perfeito: estimularia a construção civil, propiciaria grandes ganhos para os empreiteiros, aqueceria a economia, geraria empregos e, ainda, seria a oportunidade para os corruptos em todos os postos demonstrarem sua rapacidade e sua criatividade. Tinha tudo para dar certo. O povo ficaria a favor, teria jogos de futebol e, ainda, empregos. As empreiteiras e a burocracia se locupletariam. A imprensa e os partidos políticos poderiam fazer reparos aqui ou ali, mas não teriam como deixar de reconhecer o brilhantismo da estratégia petista. A reeleição tranquila de Dilma para o seu segundo mandato prepararia o retorno glorioso de Lula em 2018.

A crescente insatisfação de todos e as misérias de muitos não tinham como se articular em um discurso, quanto mais como se manifestar. Até que as coisas chegaram ao ponto em que surgiu uma nova qualidade pelo mero agravamento quantitativo. Essa é a característica mais importante das manifestações de 2013: é a forma e maneira em que as insatisfações com o nosso "modo de ser brasileiro" (Arnaldo Jabor) puderam se manifestar. Contra tudo e contra todos!

O quanto isto é positivo é difícil ser exagerado.

O preocupante, todavia, são as enormes debilidades para atingir o objetivo de transformar seriamente o país que o movimento exibe. Antes que seja capaz de articular uma organização nacional e um claro projeto de tomada do poder contra as classes dominantes e sua fiel aliada, a burocracia sindical, será joguete fácil na mão dos políticos profissionais, isto é, dos serviçais das classes dominantes. Como esse desafio será enfrentado pelo movimento – e com qual sucesso – é algo que não se pode antever. O que podemos dizer, até agora, é que os partidos de esquerda que sobreviveram às décadas neoliberais não parecem capazes de cumprir essa função. Com esse último tópico, concluiremos nossas observações.

A esquerda e as manifestações

Impõe-se que, nesses dias, ao falarmos de esquerda, iniciemos por defini-la. Depois de tantos anos sem revoluções, nada mais natural que as coisas estejam confusas. A esquerda são as forças e organizações políticas que não apenas são oposição ao governo, mas também que defendem a superação da sociedade fundada na exploração do homem pelo homem, da sociedade organizada pelo Estado e da família patriarcal. Ao lado de centenas de organizações locais, com presença nacional temos três organizações: o PCO (Partido da Causa Operária), o PSTU (Partido Socialista dos Trabalhadores Unificado) e o PCB (Partido Comunista Brasileiro).

As três organizações são muito distintas entre si. Suas estratégias políticas, as formas de funcionamento interno, suas referências teóricas e ideológicas, suas trajetórias etc. são bastante diferentes. Das três, o PSTU é a organização que conseguiu alguma inserção no movimento operário e que articulou uma expressiva central sindical de oposição ao petismo, a Conlutas. Possui, ainda, a maior editora de esquerda do país e um jornal semanal de ampla circulação – feito único desde as décadas de 1950 e 1960. Nem o PT conseguiu um órgão de imprensa como o PSTU.

Diferenças à parte, as três organizações possuem o mérito de terem resistido à avalanche conservadora que foram as três últimas décadas do século XX. Sobreviver sob tal pressão ideológica, por si só, é um grande mérito.

Méritos reconhecidos e assinalados, o fato é que tais organizações foram colocadas como integrantes do "tudo" e "todos" contra os quais as manifestações se levantaram. Isso é apenas decorrente do fato de que, para sobreviverem, as organizações da esquerda fizeram o que *parecia possível*: escolhiam sempre a "menos pior" das alternativas no interior da ordem. Participaram de todas as eleições e foram ganhando ares eleitoreiros; apresentaram propostas que lhes *pareciam viáveis* para melhorar a sorte do povo, administraram sindicatos e associações de classe como *era possível*... em poucas palavras, passaram a viver em função das eleições, dos cargos que conquistavam nos sindicatos e congêneres e, no dia a dia, não se diferenciavam nem do PT, nem do PSDB, nem do PSOL. Sua prática e seu discurso eram apenas mais radicais, mas dentro da ordem. Quando o "contra tudo e contra todos" se expressou nas praças, seria surpreendente se tais organizações não fossem duramente criticadas.

"O general que comanda a ofensiva não é o mesmo que comanda a retirada", reza um ditado russo. Os partidos de esquerda tiveram o mérito indisputável de terem resistido. Para isso, contudo, tiveram que desenvolver características que, talvez, os incapacitem para liderarem as lutas futuras. Acima de tudo, tiveram que desenvolver um centralismo na direção e uma disciplina nos militantes que se contrapõem frontalmente às características organizacionais que estão surgindo nas manifestações (não apenas no Brasil, mas também no exterior). A defesa rigorosa e intransigente da "doutrina revolucionária" as converteu em defensoras de dogmas e com enorme dificuldade em aprender com a história. Mesmo a recusa dos partidos políticos – que possui um elemento muito positivo de denúncia do fundamental da ordem – muitas vezes foi, pelos partidos de esquerda, reduzida a uma fantasiosa ameaça fascista. Fascistas existem, claro está. Mas imaginar que sejam eles os responsáveis pela postura antipartidos é mistificação dos fatos e manifestação de um certo "espírito de preservação".

O que há de positivo na recusa dos partidos e da política de algum modo esteve também presente na recusa à grande imprensa. Uma recusa ativa, com palavras de ordem e posturas que inviabilizavam a presença de repórteres da grande mídia junto dos manifestantes. A surpresa de um Caco Barcelos ao ser hostilizado – "nem na ditadura...!" – é apenas comparável à sua incompreensão do que ocorria. Não dá para servir a dois senhores! Pago pelos Robertos Marinhos da vida, seu lugar não é entre os manifestantes. Não por outra razão, mas porque décadas deste assalariamento levaram os profissionais da grande imprensa a tergiversar, a se calar, a se ausentar, a virar o rosto – quando não a mentir abertamente! – a serviço dos poderosos. E, pelo mesmo ato e pelas mesmas palavras, as pessoas abriam suas redes domésticas para que os repórteres dos manifestantes, em cores e ao vivo, transmitissem pela internet, para quem quisesse ver e ouvir, o que ocorria nas ruas. O que *de fato* ocorria nas ruas: sem edições em cabines fechadas e sem a direção de quem quer que fosse! Uma nova imprensa, uma nova escola de jornalismo, um novo código profissional está dando seus primeiros passos, analogamente a como uma nova geração de militantes está se formando.

O Brasil não é mais o mesmo! Isso parece ser uma unanimidade nacional. O que está em jogo é em que sentido e com que conteúdo as mudanças irão se consolidar. O futuro está em aberto e dependerá, em enorme medida, do que pessoas como eu e você fizermos no futuro próximo, ou seja, como ocorre raras vezes, a história pode estar em nossas mãos.

Mãos à obra, portanto!

NOTA

1 O primeiro mecanismo é denominado de mais-valia absoluta e o segundo, de mais-valia relativa.

ENTREVISTA

NANCY CARDIA

Psicóloga e coordenadora do Núcleo de Estudos da Violência – USP

18/9/2013

No Brasil, o mito do país pacífico convive com denúncias em que a violência impera. Para você, onde está a verdade e qual a relação entre essas duas narrativas contraditórias?

Acho que a gente vive uma combinação estável destas duas coisas. Evidentemente há episódios que são verdadeiros absurdos, coisas em que é até difícil compreender a humanidade dos perpetradores. Por outro lado, convivemos com episódios que em muitos países teriam provocado a ida das pessoas às ruas para exigir do Estado melhor desempenho na área de segurança.

As taxas de homicídio no Brasil são um absurdo total se contrapostas às taxas de elucidação dos casos de homicídio. É um desatino, o desempenho não existe. A impunidade, que é um dos problemas graves aqui, é gigantesca. Tudo isso cria um contexto onde a questão é: por que que as pessoas obedecem às leis? O extraordinário é que, apesar de todo o péssimo desempenho do nosso sistema de justiça em relação aos delitos que realmente provocam temor, esse sistema continua sendo percebido como legítimo, as pessoas não abrem mão da segurança pública. Mesmo aquelas que contratam um serviço de segurança privada, se perguntadas, vão dizer que a segurança deveria ser pública. Na maioria das vezes, as pessoas que têm condições econômicas lançam mão desses serviços como uma maneira de se sentirem menos impotentes e não porque efetivamente acreditem que aquilo vai garantir a elas segurança em tempo integral.

As pessoas não resistem a participar de iniciativas tipo conselhos comunitários de segurança, não desistem de registrar ocorrências, mesmo sabendo que quando chegam na delegacia de polícia, em geral, os delitos não são considerados muito importantes pela polícia. Mas, quando se é vítima de uma coisa grave e se chama a PM, ela chega ao local e diz que é possível fazer um *registrozinho*, mas se aquele *não é* um registro de ocorrência nos perguntamos para que serve a PM. A pessoa acabou de ser vitimada, a polícia acaba de contar a ela que *muitas outras* são vítimas daquilo, naquele mesmo lugar, não sei se numa tentativa de "acalmar a pessoa" – muito mal ajambrada, porque isso só aumenta a insegurança. Alguém completamente traumatizado vai à delegacia para ser ainda mais traumatizado pelo atendimento. Mesmo assim não se renuncia a buscar assistência quando se é vítima de alguma ocorrência.

O que pasma é que ao longo de tantos anos aumentam os investimentos nessa área, assim como o peso que eles têm no orçamento dos estados, e não se vê um aumento de eficiência e de segurança para a população. A resistência das duas polícias em passar por reformas é impressionante. Há iniciativas por parte das próprias instituições de tentar mudar o desempenho, mas é um deserto. Logo depois da Constituição de 1988 se discutiu um pouco sobre a possibilidade de unificar as duas polícias. Depois disso, o verbo unificar foi eliminado, censurado e começou a se falar em "ações unificadas", em aproximar os comandos da Polícia Militar e da Polícia Civil, mas nada de concreto foi feito.

Com as estatísticas que produzimos no Brasil, é impressionante que o governo federal não organize uma grande comissão independente que faça um diagnóstico do que acontece e do que deveria ser feito com essas polícias. Em outros países, quando há crise nessa área, a medida tomada é: chama-se uma comissão independente, pessoas que não têm vínculos com essas instituições e que possam, com calma e isenção, fazer uma análise aprofundada do que precisa ser feito e encaminhar um programa. Sem essas mudanças, não vejo condições de se alterar a questão da condução da violência criminal no Brasil.

Sem deixar de lado o aspecto da violência tipificada criminalmente – que, se eu entendi, foi onde você concentrou sua análise –, mas expandindo: pensando o Brasil do ponto de vista histórico, você acha que a história do país é uma história de violência?

Se olharmos a história de todos os países, encontraremos violência abundante, mas chega um momento em que as relações vão sendo mediadas por novos valores que vêm das leis e que regem a relação entre as pessoas. Aqui temos uma aplicação errática. Por exemplo, não sei se você lembra, mas há alguns anos entrou em vigor o novo Código Nacional de Trânsito. Minha experiência aqui em São Paulo é de que ele foi eficazmente aplicado, de que as pessoas se comportaram muito bem, aceitaram aquelas regras, e a civilidade no trânsito aumentou enormemente. Com o passar do tempo, as autoridades começaram a negligenciar a aplicação de uma série de regras que estavam contidas naquele código a tal ponto que, quando se lia o código novo, a sensação de estranhamento entre o que estava no papel e o que de fato ocorria nas ruas era tremendo. Isso acontece porque, obviamente, *o como deveria ser* não é o que ocorre de fato no cotidiano, e essa discrepância faz com que o comportamento das pessoas no trânsito seja irracional – é a lei do mais forte: se você tem o carro mais possante, capaz de produzir maior dano, você dirige como *quer*, não como *deveria*. Este tipo de comportamento vai gerando um mal-estar, atrapalha a civilidade das pessoas. Quando um infeliz pede passagem, você desconta nele a falta de generosidade do anterior, que *não* lhe deu passagem, e isto vira uma relação em cascata, ou seja, em um momento se coíbem comportamentos de uma maneira rígida, em outro, comportamentos graves não são corrigidos.

Isto é terrível, porque as pessoas ficam sem saber exatamente o que *deve* ser e o que *não pode* ser. Várias esferas da vida são afetadas por essa aplicação errática da lei, o que acaba alimentando a violência. Se a pessoa tem recursos e paga um advogado para representá-la e fazer valer seus direitos, precisará de muita paciência, porque, quando se entra na Justiça para tentar fazer valer algum tipo de lei, a coisa tem começo, mas ninguém sabe quando será o fim. Isso também alimenta a violência.

E há práticas de violência nos aparatos. Por exemplo, o uso da punição corporal. Aqui no Brasil ele continua sendo considerado pouco importante. Em nossos estudos, temos observado que pessoas que foram vítimas de punição corporal intensa quando crianças – o que significa que foram vítimas de punição corporal com frequência e com instrumentos que podem causar danos, beirando o abuso – têm probabilidade muito mais alta de serem vítimas de violência por parte de estranhos e também de violência policial; se forem jovens, terão um grupo de amigos que também são vítimas e vitimadores. A literatura internacional mostra que a punição corporal produz marcas ao longo da vida, tendo inclusive impacto sobre a saúde física das pessoas. Essa cadeia de violência, que começa dentro da casa, é razoavelmente negligenciada.

Não sei se você se lembra, há alguns anos surgiu o debate em torno da Lei da Palmada, que foi abandonada no Congresso. Houve um deboche por parte de autoridades e de pessoas públicas, formadoras de opinião, a respeito do tema "qual seria o efeito de uma palmada?". A palmada em si não teria efeito nenhum, é um tapinha, o que ocorre é que as famílias que usam esse tipo de disciplinamento não ficam apenas na palmada, a coisa tem uma escalada que produz consequências ao longo da vida.

A respeito da dissonância entre o que é o aparato legal e a realidade da vida social, no Brasil parece existir uma espécie de não reconhecimento mútuo entre polícia e população. Como se os papéis institucionais previstos para estarem em jogo nesse encontro entre um cidadão brasileiro e um agente policial se dissolvessem. Parece que os agentes policiais agem como que pessoalmente envolvidos. Você identifica esse não reconhecimento?

Acho que depende da situação e dos estereótipos que os policiais têm das pessoas envolvidas em uma situação. No processo de treinamento dos policias, alguma coisa continua completamente tumultuada. Um aspecto desse tumulto é a dificuldade que eles têm de se enxergarem como os profissionais que vão garantir a segurança das pessoas, que eles estão prestando um serviço e que o cidadão é quem deve ser protegido. Eles são treinados de maneira a dar prioridade àquele que é considerado o inimigo, o transgressor. A própria caracterização do transgressor como inimigo já é preocupante, porque a ideia é que eles saiam de dentro dos quartéis para se defender – a gente está falando mais da Polícia Militar, que tem maior contato com a população, mas a Polícia Civil não está imune a isso.

Não temos certeza do que leva a essa visão dentro das academias de polícia. Fizemos, alguns anos atrás, uma análise dos currículos de treinamento dos oficiais da PM ao longo dos seus quatro anos de curso – que é de nível universitário. Foi um trabalho extenso, e comparamos com a formação de policiais em outros países. É impressionante o número de disciplinas apresentadas, as ementas dos cursos, a bibliografia usada e o pouquíssimo treinamento prático para lidar com as questões de segurança propriamente dita, a pouquíssima capacitação para lidar com públicos específicos. Em outros países, havia uma preocupação em dar aos policiais habilidades para lidarem e resolverem problemas no cotidiano das ruas; capacitá-los para trabalhar questões de violência familiar, para lidar com pessoas que estivessem sob a influência de substâncias – como conter uma pessoa sob influência de substância sem causar dano físico a ela? Há a preocupação de lidar com jovens entendendo a sua linguagem, de não entrar numa relação agressiva com eles por desconhecimento do vocabulário, do gestual, do significado dos piercings, por exemplo; de como lidar com pessoas sofrendo de desorientação espacial, com pessoas com problemas mentais – não tem nada disso aqui, o Brasil é um deserto. São distorções que se eternizam, e você não capacita esses profissionais para atuarem no cotidiano de maneira que a população se sinta garantida. Isso deve gerar uma profunda insegurança neles, o que vai alimentar o uso da violência. Outra área que é bastante negligenciada na capacitação dos nossos oficiais é o condicionamento físico.

Na sua avaliação, o atual aparato institucional brasileiro de segurança é adequado para o funcionamento democrático? Como você acredita que deveria funcionar? A própria constituição dessas coisas deveria mudar?

Acho que é completamente anacrônico, não está funcionando como deveria há décadas. O que me pasma é que, apesar de todos os indicadores de que não funciona, as corporações continuam com enorme resistência interna às mudanças, e são extremamente eficazes em impedir, no Congresso Nacional, qualquer alteração realmente substancial. O lobby delas lá é fantástico. Os governadores de estado não têm interesse em comprar a briga, sabem o que as polícias podem fazer em termos de greve, de operação padrão, e sabem como isso vai refletir na aprovação do público às suas administrações. Cada governo tem três anos e meio para governar, porque o resto vai gastar fazendo campanha para a próxima eleição, e não vai se comprometer. Assim vão levando, passam 4, 8 anos, 12, 16, 20, passa uma geração e os problemas vão continuando, cada vez mais graves.

O que você entende por desmilitarização? A ideia de desmilitarização faz parte do que seria a transformação dessas instituições de segurança em instituições adequadas à democracia contemporânea?

As práticas das corporações copiam o estatuto de disciplina das Forças Armadas, onde se dá mais importância aos aspectos formais de hierarquia do que aos aspectos de desempenho. Por exemplo, é mais importante estar com a bota bonita do que tratar bem o cidadão. É uma questão de valores. É mais importante você estar com um cinto bonito, bater continência, do que ajudar a isolar adequadamente a cena de um crime para garantir que a perícia terá condições de fazer o seu levantamento. São questões realmente absurdas.

A desmilitarização diz respeito à mudança na estrutura disciplinar da polícia?

É uma alteração em todo o princípio da política militar, mas não só dela. Seria necessário ter uma única força policial dividida em duas funções complementares. A que está nas ruas ajuda a que está dentro da delegacia investigando. No fundo se trata de uma polícia com e sem uniformes, só isso. Nosso modelo de polícia de prevenção vem do modelo da missão francesa no século XIX, e essa noção da dupla polícia também foi tirada de lá. A questão é que esse modo é ineficiente e que se dá continuidade a ele, apesar de isso ter sido apontado repetidas vezes ao longo das últimas décadas – veja que eu estou falando "décadas".

A ideia de combate ao crime é a missão da política de segurança pública? É para isso que se faz política pública de segurança, para combater o crime?
Política pública de segurança é mais do que combater crime, porque é necessário garantir outros aspectos da segurança do cidadão. É preciso garantir segurança no trânsito, direitos em geral. Essas são funções ligadas à segurança pública, que hoje em dia é entendida em vários países como qualidade de vida. De certa forma, seria necessária uma reflexão mais global para garantir isso. Como, por exemplo, garantir condições ambientais e de infraestrutura nas cidades em que a polícia está presente? Segurança pública envolve também coisas como as condições de uma calçada, de encorajar as pessoas a circularem nos espaços públicos, a usar esses espaços. Exige um *transdiálogo* entre forças mais claramente ligadas com segurança pública, com polícia, com administração local, com prefeituras etc., a serviço do Estado. Estamos muito longe disso.

Para além do campo específico da segurança e da violência, gostaria de saber de que forma você avalia os protestos que acontecem no país desde junho.
Acho que ainda falta muita informação para poder entender o que aconteceu em junho, até agora não tenho certeza. Acho que são diferentes tipos de protestos. Eles me fizeram pensar que as questões vão muito além da melhoria dos padrões de consumo, das melhorias que claramente nossa sociedade alcançou ao longo dos últimos anos. Há diferentes graus de intensidade e focos, mas não há uma sociedade em que tudo vai muito bem, tudo navegando em mares tranquilos, caminhando, e onde há uma grande evolução de qualidade de vida. Eu vi como um indício, um sintoma de que tem alguma coisa mais profunda, muita insatisfação, mas não dá para tocar na ferida.

Existiram episódios de danos contra patrimônio, quebras de vidraças, e esse tipo de atitude foi definida como vandalismo. De onde vem esse sentimento violento? Qual a origem dessa violência?
Acho que isso deve vir de grandes frustrações, mas também do próprio fenômeno coletivo. Há uma combinação em geral meio perversa: muitas pessoas podem praticar atos desse tipo não porque normalmente o fariam, mas sim influenciadas pelo

grupo. Principalmente se forem bem jovens, agem conforme aquilo que imaginam que as pessoas que estão no mesmo grupo esperariam delas, entende? Podem estar reagindo mais por essas questões do que por ódio ao banco ou aos vereadores, e isso é uma coisa que a gente não pode descartar, seria necessário ter mais informações sobre esses grupos. São grupos que têm uma preexistência, quer dizer, são pessoas que já estavam juntas? Preciso entender de onde eles vêm, o que tá acontecendo: esses atos violentos são programados ou não? As pessoas estão agindo por impulso? Acho que há muitas ideias sobre os quebra-quebras que ocorreram em Londres, em 2012, e que existem conexões internacionais nessa história, principalmente no caso dos Black Blocs. Há relações pela internet, pelo celular, é um mundo, e como eu não estou metida nesse mundo só sei de orelhada, acho meio temerário fazer uma avaliação.

Claro, eu respeito. Há outro aspecto que talvez você esteja mais à vontade para comentar. Como você analisa a ação policial nesses protestos? Como deveria ser a presença policial numa grande manifestação pública?

Aqui há um banco de dados sobre violência que cobre trinta e poucos anos de notícias publicadas em jornal. O que se observa com relação aos padrões de violência policial é que, a partir do começo dos anos 90, aparece esse tipo de ação em manifestações e em outras ações coletivas, como, por exemplo, nas reintegrações de posse – situações em que se tenta lidar com grandes grupos.

Nota-se o uso de uma violência desnecessária, ou seja, o padrão de comportamento visto nos últimos meses não é surpresa, vem de uma maneira de atuar que sempre foi tida como adequada. Isso tem a ver com o treinamento que se dá, com o despreparo dos policiais. Eles não têm habilidades para esse tipo de situação, e não há liderança, porque os oficiais deveriam estar presentes para controlar tudo. Esse despreparo não é de hoje, sempre foi assim. Está mais visível agora devido ao número de ocorrências em pequenos intervalos de tempo, mas é estrutural.

Como poderia ser a presença policial nesse tipo de situação?

Não é novidade para os políticos do mundo que em algum momento eles são chamados para administrar protestos e manifestações em massa. Existem técnicos para isso, polícias são treinadas para realizar esse tipo de trabalho sem ter que fazer o que têm feito.

Do ponto de vista analítico, há um lugar comum, que é a relação entre a violência no sentido estrito, de que a gente vem tratando nessa conversa, e o que também pode ser entendido como violência de outro tipo, silenciosa, da falta de condições básicas de sobrevivência, da desigualdade, da pobreza. Qual é a relação entre esses dois fatos?

O que a gente tem identificado nas pesquisas e que a pesquisa internacional também mostra é que, quando você tem vidas violentas, criam-se contextos onde a linguagem da violência pode ser usada com mais frequência. É aquela história: crianças que passam por esse tipo de socialização (violência na família, entre os pais) têm maior tendência para usar a linguagem de violência fora de casa. Elas fazem isso na escola e passam a ser mais vítimas de violência e, aí, tem-se uma bola de neve. Estas agressões tendem a ser mais frequentes quando você tem muita competição. Se não houver regras claras a respeito do acesso a recursos, você acaba encorajando que essa linguagem seja utilizada.

Por exemplo, temos feito, no núcleo, um trabalho com meninas grávidas que são vítimas de violência na família ou de violência sexual. A violência pelo parceiro contra a mulher quando ela está grávida é um fenômeno internacional, acontece em todos os países, até no Nepal. O que a gente observa é que essas meninas estão numa situação em que, se não houver uma intervenção de fora, alguém que venha e ajude a entender o que tá acontecendo com elas, quando a criança nascer, começarão a depressão pós-parto e uma disputa gigantesca pelo sustento da família. Então é muito importante que alguém ajude a procurar os direitos, a encontrar assistência médica, pediatra para criança etc. Como é que a menina pode cuidar do bebê se não tiver a presença de alguém de fora que converse com ela com calma? Sem nenhum tipo de intervenção, sem alguém para encorajar, mostrando como ultrapassar os obstáculos, é muito difícil. Nos casos que acompanhamos, verificamos que isso produz uma diferença tremenda para crianças e mães – em termos de trajetória e de acesso a direitos durante os dois primeiros anos de vida. É preciso mostrar como se conversa sobre um assunto difícil sem gritar ou falar palavrão. Esse acompanhamento faz com que se mude a maneira de dialogar, mostramos uma forma de falar menos violenta.

O que você pensa, em termos programáticos, para que possa haver menos violência no Brasil? Quão realista é esse desejo e como isso poderia ser feito?

Acho que alguma coisa tem que ser feita para que a gente possa efetivamente mudar. Mas não é como ter fé, é preciso um pouco mais de garantia de que o outro vai respeitar alguém. Não podemos sempre partir do princípio de que haverá uma violação e que ficará por isso mesmo. É muito difícil mudar de verdade sem ter regras que sejam universalmente aplicadas. Acho que assim não vamos conseguir melhorar a qualidade de vida para todos.

Você acha que essa civilidade e essa confiança no resguardo legal sobre a vida social, no caso da violência praticada pelo Estado, dependem de mudanças radicais na maneira como o Estado se organiza?

Depende, sem dúvida. O Estado é um grande agente de violência.

QUANDO NOVOS PERSONAGENS ENTRAM EM CENA NO BRASIL DE 2013

JAILSON DE SOUZA E SILVA

Geógrafo, fundador e diretor do Observatório de Favelas

20/9/2013

As manifestações realizadas a partir do mês de junho no Brasil, mobilizadoras de milhões de pessoas, especialmente nos grandes centros do país, suscitaram um amplo leque de questões e impacto nos comportamentos de alguns atores políticos: gestores públicos reviram suas posições em relação a algumas demandas presentes nas ruas; legisladores passaram a levar em conta o clamor público no processo de encaminhamento das votações legislativas, e até mesmo setores do poder judiciário – o mais impermeável ao controle social – passaram a considerar a necessidade de levar em conta as demandas por justiça e combate à corrupção reivindicadas por amplas parcelas da população. Por sua vez, políticos bem avaliados até então pela "opinião pública" derreteram politicamente e se isolaram em relação à sociedade – dentre eles, o caso mais expressivo foi o do governador Sérgio Cabral, que passou, em um tempo muito curto, da condição de bem avaliado ao posto de mais impopular do país.

Mais do que isso: a relação dos grupos políticos com os cidadãos tende a assumir um inédito formato. O sistema eleitoral brasileiro é alicerçado no que pode ser denominado de "voto delegatório": o eleitor vota em um candidato específico, necessariamente pertencente a um partido político, e este, depois de eleito, junto com seus pares, define de modo absolutamente autônomo suas posições concernentes à gestão e legislação públicas. Sustentado no pressuposto patrimonialista – os recursos públicos são tratados como privados, sendo atribuição exclusivamente dos gestores definirem suas formas de aplicação, a população é completamente ignorada, em geral, no desenho e na implementação das políticas estatais/públicas e nas legislações sobre elementos centrais para sua vida cotidiana. As manifestações denunciaram essa lógica autoritária e pragmática, fazendo com que os atores que controlam o Estado tenham que levar em conta, de alguma forma, o impacto que sua ação irá provocar na população. Esse processo deve ser aprofundado no quadro conjuntural que vivemos.

Outro elemento colocado em suspensão graças às manifestações é uma representação hegemônica sobre o "povo brasileiro". Ela tem como núcleo o estabelecimento de um juízo crítico sobre sua (in)capacidade de decidir, de se indignar e mobilizar, afirmando-se que o "brasileiro" viveria dominado por um pretenso *ethos* individualista e desonesto[1]. Em função disso, ele seria um ser passivo e impotente diante dos desmazelos e atos corruptos dos gestores públicos e dos grupos políticos, em geral; conivente com o patrimonialismo em relação à máquina pública e dominado por certa "frouxidão moral" expressa no cotidiano via a prática do "jeitinho" – a produção de atos nem sempre legais na resolução de problemas enfrentados na vida prática, em particular na relação com os órgãos e servidores do Estado. De certa maneira, os protestos nas ruas contra, especialmente, a forma como o Estado brasileiro é gerido colocaram em questão esse tipo de representação social.

A fissura nessa percepção dominante sobre a população brasileira e o Estado nacional se coloca em um quadro de crise de representação de grande parte das instituições sociais nas sociedades contemporâneas ocidentais. De fato, o papel regulador das práticas sociais e de produção das visões de mundo estabelecidos através do sistema educacional, sindicatos, igrejas, mídia, partidos políticos e família, dentre outras estruturas sociais, tem sido, assim como o Estado, colocado em questão por múltiplos indivíduos e coletivos. Estes afirmam, de maneiras diversas, algumas vezes contraditórias, novas formas de construção das subjetividades e significações existenciais, e de reconhecimento, ou não, das instituições que regulam a (re)produção da vida cotidiana no mundo social. Nesse quadro se situa a incapacidade dos grupos políticos que dominam o Estado de se manterem como legítimos representantes dos interesses da população e sua necessidade de buscar novas formas de se legitimarem a fim de manter o controle da instituição e de outras estruturas sociais.

No que concerne às mudanças objetivas que permitiram a construção das iniciativas de mobilização popular, a revolução provocada pelas tecnologias de informação e novas formas de relacionamento, especialmente as redes sociais, também têm sido estratégicas. Elas passaram a permitir uma escala inédita na dinâmica de comunicação, informação e mobilização, fato que gera mecanismos de pressão sobre os poderes políticos tradicionais e altera, de forma profunda, a correlação de poder entre esses e os indivíduos, inclusive os mais pobres.

Um bom exemplo dessas novas relações se revela no que ficou conhecido como o "caso Amarildo": morador da favela da Rocinha, trabalhador informal, negro mestiço, sem escolaridade, anônimo, Amarildo desapareceu no dia 14 de julho de 2013 de sua casa, após dela ser levado por um grupo de policiais da Unidade de Polícia Pacificadora – UPP – que ocupa aquela favela. Em condições normais, como acontece com as dezenas de milhares de pessoas que desaparecem e/ou são mortas no país[2], o fato seria completamente ignorado pelo Estado e lembrado apenas pelos familiares desse morador da favela. Todavia, a crescente mobilização nas redes sociais cariocas durante semanas exigindo que as autoridades públicas explicassem onde estaria Amarildo gerou a divulgação do ocorrido também na grande mídia e a ampliação da pressão sobre as forças de segurança. Com isso, tanto o secretário da área como o governador tiveram de se pronunciar a respeito e prometer a resolução do caso. O processo continua em curso, e o afastamento do comandante da UPP da Rocinha, além de disputas sobre as versões do ocorrido no âmbito da polícia civil, é consequência direta dessas pressões sociais.

O mesmo aconteceu, de outra forma, no que ficou conhecido como o "massacre da Maré": no início da noite de 24 de junho de 2013, uma entrada desastrada e improvisada de militares do Batalhão de Operações Especiais – Bope – da Polícia Militar gerou a morte de um sargento da corporação efetivada por criminosos ligados ao tráfico de drogas da favela Nova Holanda, na Maré, e de um trabalhador. As lamentáveis mortes foram seguidas, então, de uma feroz retaliação por parte dos policiais. Durante toda a noite, após destruir os transformadores de energia, os policiais permaneceram naquela favela e em duas outras fronteiriças. O resultado da ação, até as 12 horas do dia seguinte, era a morte de mais oito moradores. Nessa ação, considerada pelas fontes oficiais do governo como fruto do confronto com os criminosos, nenhum policial foi sequer levemente ferido. Dezenas de moradores, por sua vez, denunciaram que as mortes teriam sido, na verdade, execuções, sendo várias efetivadas com facas.

Apesar das evidências de que a ação policial se transformara em um ato de vingança, nem o comando da operação nem a cúpula das forças de segurança suspenderam a operação ou permitiram o retorno da energia. Era evidente a intenção de continuar mais uma noite o massacre. O temor fundamental com a continuidade das ações era o retorno dos policiais do Bope do enterro do colega morto. A comoção que o fato provocaria geraria, certamente, um aumento brutal do número já absurdo de pessoas mortas pelos agentes do Estado. Para evitar isso, várias organizações da sociedade civil que têm sede na favela da Maré, especialmente o Observatório de Favelas, o Redes da Maré e o Luta pela Paz, mobilizaram as redes sociais pedindo apoio à população para deter a operação e a violência das forças policiais. O apelo foi difundido por milhares de pessoas e chegou à grande mídia. Os principais órgãos de comunicação do país e muitos correspondentes internacionais divulgaram o que estava acontecendo na favela.

Enquanto esse processo de mobilização avançava, e diante da decisão das forças de segurança de permanecerem na favela, as organizações iniciaram uma passeata, pacífica e por dentro da favela, sendo acordada com o comando da operação policial que não haveria invasão das pistas da avenida Brasil, onde estavam baseadas as forças militares e os seus carros blindados, os "caveirões". O grupo inicial de pouco mais de uma centena de pessoas foi sendo ampliado com a adesão dos moradores; enfrentando o medo de que o tiroteio retornasse ou que os policiais atacassem os manifestantes, centenas de moradores se integraram ao ato enquanto muitos saíam às janelas, curiosos e espantados com aquela inédita manifestação de repúdio à violência dos criminosos e do Estado em seu território.

O conjunto de ações das forças da sociedade civil, da mídia e das pessoas que usam as redes sociais como instrumento de mobilização atingiu seu objetivo: no início da noite do dia 25/6, os dirigentes das organizações foram informados de que a operação seria suspensa. A energia elétrica, por sua vez, só retornou por volta das 11 horas do dia 26/6, tendo os moradores permanecido quase dois dias sem energia; apenas uma das múltiplas violências sofridas pelos 135 mil moradores da maior favela carioca, muitas delas fruto da ação do Estado.

Outro fato inovador que se articula com as manifestações cidadãs de 2013 é o perfil dos personagens nelas envolvidos. O título do presente artigo – "Quando novos personagens entram em cena"– é o mesmo de um livro do sociólogo Éder Sader, publicado na década de 80, que se tornou um clássico da sociologia brasileira. Naquele trabalho, Éder analisava quatro inovadores movimentos sociais de São Paulo dos anos 70: dois grupos de sindicalistas combativos e críticos à estrutura vinculada ao Estado – um com domínio do sindicato e outro de oposição; um coletivo de mães e um de ativistas do campo da saúde. A principal característica desses grupos, em geral influenciados pelas comunidades eclesiais de base no âmbito da Teologia da Libertação, dentre outras referências, era o fato de afirmarem um conjunto de bandeiras centrado em demandas do cotidiano, assim como a construção de estratégias de reivindicação, mobilização e organização que levavam em conta a realidade dos grupos sociais populares.

Uma distinção fundamental, portanto, entre aqueles agrupamentos – que foram centrais na construção, dentre outros movimentos, do Partido dos Trabalhadores e da Central Única dos Trabalhadores (CUT) – e os grupos marxistas clássicos que faziam o enfrentamento tradicional à ditadura militar era a ruptura com um processo teleológico clássico. De fato, os grupos imbuídos de uma perspectiva revolucionária tradicional, especialmente os marxistas, eram caracterizados pela centralidade da luta por um projeto de futuro centrado na sociedade socialista. Essa perspectiva de futuro orientava as ações, muito mais do que as necessidades objetivas afirmadas pela população. Nesse caso, muitas vezes, as demandas cotidianas dos trabalhadores em seus espaços de moradia ou de trabalho, por exemplo, eram vistas como simples instrumentos para a construção da "consciência de classe" e para a incorporação do ideário socialista.

No processo político de democratização do país, os partidos tradicionalmente identificados no espectro da "esquerda brasileira", em geral, se tornaram institucionalizados e entraram no jogo do poder político tradicional do país, abandonando, na prática, o ideário de conquista de uma sociedade para além do capitalismo, portanto sem incorporarem as demandas concretas da população. Assim, eles passaram a reduzir os cidadãos, da mesma forma que os grupos políticos tradicionais, a "eleitores" – seres que deveriam ser atendidos em suas demandas específicas na perspectiva que retribuíssem com votos nos processos eleitorais. O poder político, nesse caso, tornou-se um fim em si, um mecanismo de reprodução do controle da máquina do Estado e não um instrumento para a construção de novas possibilidades de exercício e tratamento da coisa pública e garantia de direitos dos cidadãos. Com os sindicatos ocorreu o mesmo.

Nesse quadro, em grande medida, é possível fazer-se alusão a "novos personagens" quando nos colocamos diante das aludidas manifestações brasileiras. O primeiro "personagem" que se revelou no processo foi o indivíduo comum. Muito se falou, especialmente na grande mídia, da ausência de "lideranças" nas manifestações; mas isso esteve longe da verdade. Uma grande novidade do processo foi o fato dos indivíduos se afirmarem como líderes de si mesmos. Muitos tinham suas próprias razões, absolutamente subjetivas no sentido de que não eram orientadas por uma instituição qualquer para irem para as ruas. E, ali, afirmavam suas convicções sobre o que pensavam que deveria mudar no país.

O perfil desse indivíduo mobilizado, em que pese a pluralidade, era nítido e revela outro tipo de liderança no processo: pessoas de variadas classes sociais; jovens, majoritariamente, apesar da forte presença de adultos que se desencantaram com os partidos políticos do espectro de esquerda, historicamente; pessoas "institucionalizadas", isto é, integrantes de algum tipo de organização social: universidades; associações profissionais; grupos culturais e, especialmente, de organizações não governamentais e outros coletivos da sociedade civil. Note-se, em geral, nesse quadro, a ausência de integrantes de partidos, sindicatos e organizações clássicas do movimento estudantil, historicamente as instituições que lideravam as mobilizações no país. A tentativa de participação, depois do processo crescente de mobilização, de militantes dessas entidades nos atos, gerou, inclusive, fortes tensões com grupos e pessoas intolerantes às organizações partidárias ou com estas identificadas.

Logo, evidencia-se que o processo de mobilização foi capitaneado por setores da sociedade civil brasileira, especialmente aqueles autônomos em relação ao Estado, ao Mercado e às estruturas políticas tradicionais do país. Diante do exposto, cabe definir com mais precisão o que estou chamando de Sociedade Civil, assim como os seus setores. Há uma longa tradição de estudos e conceituações dessa instância social, especialmente no marxismo. Entendemos que a melhor forma para defini-la passa pela sua distinção em relação a outras duas instâncias, hegemônicas na realidade social: o Estado, estrito senso, e o Mercado. Na primeira, temos o aparato de poder que regula o espaço público e a relação entre os sujeitos sociais, inclusive em âmbito privado: definição sobre o casamento; sobre o uso do corpo, no caso do aborto; definição de drogas legais ou ilegais etc. No caso do Mercado, temos as organizações orientadas, acima de tudo, pela busca do lucro para os seus proprietários, fato naturalizado e legitimador dos interesses privados em relação aos públicos; pela competição e, em geral, pela ganância – busca do maior lucro com o menor custo para a empresa – como elementos estruturantes das relações nesse campo[3].

A Sociedade Civil reúne as organizações, sejam formalizadas ou não, que buscam ampliar os direitos de grupos particulares e a ampliação dos direitos coletivos; não se orientam pelo lucro, mas pelo benefício público, e não fazem parte do aparato estatal, embora busquem influenciar as políticas afirmadas nesta instância social. Nesse campo estão os "movimentos sociais"; as organizações não governamentais (ONGs) – nome marcado pela imprecisão e ambiguidade, visto não ter sentido definir-se algo pela negação; os "coletivos sociais", que não possuem nem desejam ter, em geral, o formato jurídico formal, e buscam atuar na mobilização em torno de bandeiras específicas; e, por fim, as fundações de empresas privadas ou estatais, que têm o conceito de "responsabilidade social" como referência e trabalham, em geral, com pressupostos teóricos, representações e metodologias oriundos do Mercado como base para a produção de ações sociais e culturais.

A diferença fundamental entre os movimentos sociais e as ONGs é o fato dos primeiros se apresentarem como formas de representação de algum segmento social – sem-terra, sem-teto, movimentos de mulheres, de negros, de LGBTs, de deficientes, de moradores etc. Nesse caso, eles buscam expressar e representar os supostos interesses de seres sociais específicos, mesmo que estes não saibam disso ou não se sintam representados.

As ONGs, por sua vez, falam apenas por si mesmas e não atuam como representantes daqueles seres sociais, embora possam focar sua atenção na defesa de direitos específicos. Elas nasceram na década de 70 e se difundiram pelo país nas décadas seguintes. Propunham-se como missão inicial prestar assessoria aos movimentos sociais, tirando deles sua legitimidade e sua autoimagem. Com a chegada dos anos 1990 e a consolidação da democracia, ocorreu a afirmação institucional de tais entidades, que passaram a ter reconhecimento público, protagonismo no campo político e uma postura autônoma em relação aos "sujeitos legítimos" de outrora.

Todas essas transformações, já no fim da década de 1990, foram acompanhadas por mudanças de espectro mais amplo e profundo também no campo da cultura. Se nos anos 1970 e 80, os gritos de "Nunca mais!" denunciavam a tortura e morte de presos políticos, na década de 1990, o "Basta!" passou a se referir à violência policial nas favelas e periferias. Foi nesses territórios que começaram a aparecer com mais força na cena pública as organizações sociais e culturais cujo público prioritário e, posteriormente, membros ativos são os jovens moradores desses territórios. E muitas delas passaram a ser organizadas justamente por atores oriundos dessas áreas historicamente subalternizadas na cidade.

Já nos anos 2000, a visibilidade midiática e sua multiplicação começam a fazer com que as ONGs sofram questionamentos em relação a algo compreendido como "mandato" para representar, produzir e difundir conhecimentos ou propostas de políticas públicas. Tais questionamentos pipocam num quadro mais geral de disputas pelo protagonismo na representação legítima dos atores sociais e na relação com os organismos estatais. Nesse quadro, a postura mais usual é fazer-se uma distinção dicotômica entre os movimentos sociais e as outras organizações formalizadas da sociedade civil – todas identificadas genericamente como ONGs – e dirigir a estas críticas generalizantes: elas não seriam representantes dos grupos sociais – o que, de fato, não são e, em geral, não se dispõem a ser, embora caiba discutir se alguma instituição pode se colocar, atualmente, de forma confortável nesse lugar; seriam instrumentos para encolhimento do Estado – postura que pressupõe uma percepção "estadocêntrica" da "Coisa Pública", sendo o órgão estatal sua única expressão; seriam subordinadas ao Estado ou ao Mercado, pois sobreviveriam de recursos dessas fontes – visão economicista simplista, que não pressupõe a busca de autonomia das organizações e a abrangência dos campos de negociação e de contradições presentes nessas relações; são compostas por membros das classes médias e/ou intelectuais que sobrevivem à custa da "miséria alheia" – visão que remete à legitimidade da ação e representação social e ignora, de forma elitista e sectária, as possibilidades autônomas de significação da vida e, especialmente, o grande número de ativistas oriundo das periferias e favelas que constituem as ONGs; por fim, a ideia de que esses ativistas seriam "cooptados" e dedicados, por definição, a defenderem os interesses fundamentais dos setores dominantes – posição que, mais uma vez, ignora o rico espectro de posições políticas presentes na Sociedade Civil e o seu caráter de campo de disputa de visões e práticas de mundo.

No quadro exposto, trabalho com a hipótese de que as organizações que atuam no campo da cultura, que usam as redes sociais como fator preponderante em sua atuação e têm como público prioritário os jovens, de variados territórios e classes sociais, tiveram um forte papel do processo de manifestações e mobilizações brasileiras. Caso seja ela confirmada, sabendo-se que a hipótese se sustenta mais nas minhas observações empíricas do processo, e que a produção de estudos rigorosos é necessária, teremos chegado a um momento da realidade brasileira de maturidade institucional ampliada: as organizações da sociedade civil passariam a rivalizar com outras instâncias do mundo público social na influência sobre as formas de regulação da vida cotidiana e sobre a dinâmica de suas estruturas.

Nessa perspectiva, as manifestações seriam mais do que um momento de catarse e revolta indignada de amplos setores da população; elas podem ser vistas como expressões de um processo de mudanças da estrutura institucional brasileira e a construção de formas novas de relações entre suas instâncias sociais. Confirmado isso, poderemos ter, da mesma forma que aconteceu no processo de ascensão dos "novos personagens" dos anos 70 e 80, novos atores se colocando na atual conjuntura social brasileira e com forte capacidade de cumprir o mesmo papel transformador do país efetivados por aquelas organizações pretéritas. Desse modo, é possível considerar que teremos novos processos mobilizatórios no país – e os grandes eventos de 2014 e de 2016 serão momentos emblemáticos para isso – e que o processo de pressão sobre as instâncias tradicionais de poder continuará a crescer, até que os cidadãos se sintam contemplados em termos de estruturas do Estado e do Mercado que levem em conta seus interesses fundamentais. Que assim seja.

NOTAS

1 Cabe considerar que esse tipo de juízo, obviamente preconceituoso, sempre se remete ao "outro": as pessoas que a expressam não se reconhecem nessa classificação, transferindo-a, de forma generalizante, para os seus concidadãos, especialmente os mais pobres.

2 O Brasil registra, ano após ano, o assassinato de cerca de 50 mil pessoas, fenômeno que não foi afetado nem mesmo, para desconsolo dos economicistas, pela onda de crescimento que domina o país desde 2003. O que mudou, de forma lamentável, foi o perfil racial dos mortos: diminuiu, entre 2002 e 2011, em 21% o percentual de brancos assassinados, mas aumentou, no mesmo período, em 23% o percentual de negros. O fato expressa a desigualdade crescente, em relação à violência letal, entre esses grupos raciais.

3 As considerações sobre sociedade civil expostas nos próximos parágrafos foram elaboradas em parceria com Thiago Ansel, integrante do Observatório de Favelas, e publicadas em artigo para o jornal *O Globo* de 11 de agosto de 2013.

ENTREVISTA

HANS ULRICH GUMBRECHT

Teórico de literatura

21/9/2013

A primeira coisa que gostaríamos de perguntar é, pensando na construção do homem, na empreitada da humanidade, que momento estamos vivendo agora?

É uma pergunta bem grande pra começar! Mas, por exemplo, vamos fazer um seminário aqui em Stanford, nesse outono, com um filósofo americano que se chama Thomas Nagel. A tese dele é de que não existe uma indução evolutiva direta da evolução biológica até a consciência humana. Ele situa a excentricidade, a improbabilidade da existência humana no contexto evolutivo cosmológico. Até o século XVIII existiram reflexões desse tipo, mas, cada vez mais, a gente está percebendo que a existência humana no cosmos é uma casualidade estranha, uma irregularidade excêntrica tanto no sentido ecológico quanto no sentido existencial.

A situação objetiva – econômica, política, educacional – do Brasil nunca foi tão positiva. Ao mesmo tempo, existe um mal-estar, uma irritação existencial que dificilmente se explica. Talvez tenha a ver com um tema que existiu nos anos 1950, no existencialismo francês, dizendo que a injustiça havia entrado no mundo sem ter sido convidada. Naquela época, existiam projetos políticos, projetos socialistas, enquanto hoje talvez existam menos problemas objetivos, mas, ao mesmo tempo, não se sabe o que fazer com a vida. Uma primeira aposta muito generalizada.

A gente conversou também com o Gilberto Gil, e ele falou uma coisa interessante, que eu gostaria que você comentasse, ele disse: "Acho que isso que está acontecendo agora não é uma questão particular do Brasil, há um cansaço civilizacional geral." O que você pensa sobre isso?

Absolutamente, absolutamente! Historicamente falando, desde o Iluminismo, existia, para alguns intelectuais, a ideia de despedida de um Deus, daquela ideia de que havia um poder protegendo, mas também de uma sabedoria última na qual tudo tinha seu sentido. Eu diria que isso aconteceu internacionalmente no começo do século XX: aquela crença num poder central, num Deus, já não estava garantida, apesar de algumas pessoas ainda acreditarem naquilo. Retrospectivamente, estamos identificando o século XX como o grande século das ideologias: tanto o socialismo quanto o fascismo e o capitalismo – essa crença em uma economia selvagem que poderia nos salvar, dar algum sentido.

Se perguntarmos, hoje, qual é o sentido da vida, tanto coletiva quanto individualmente, essa seria uma pergunta ridícula. Poderíamos dizer que está tudo bem: você vai escolher a sua vida, ela vai escolher a vida dela, eu vou escolher a minha, mas persiste um sentimento que é quase uma irritação. Tenho dois netos, de cinco e três anos, e eles moram na Alemanha e na Bavária. Ao nascerem, receberam seu prognóstico de longevidade. Minha neta de cinco anos tem garantidos 103 anos; o meu neto de três anos já tem garantidos até mais. O que eles farão com a própria vida? Como é difícil, mas vamos sobreviver! Dando aulas para a graduação, para alunos entre 18 e 22 anos, tive muita dificuldade de dizer "realmente, uma boa vida é *isto*". Porque a situação, no sentido literal, é muito mais liberal, mas, claramente, sinto aquela irritação, sinto falta de alguma coisa.

Neste fim de semana tem eleições na Alemanha, e Angela Merkel vai ganhar de novo! Mas ela vai ganhar completamente sem entusiasmo, por falta de uma alternativa forte. Hoje, os partidos socialistas não existem, já são todos partidos social-democráticos administrando um certo bem-estar social. Se eu tivesse, em vez de 65 anos, 25, ficaria até mais triste e mais irritado do que fico agora.

Quando você fala que ela vai ganhar sem entusiasmo, como se não houvesse outra alternativa – situação muito recorrente no cenário político desde os anos 1980 –, é como se isso limitasse a nossa capacidade de imaginação?

Para mim, subjetivamente, é bem isso. Claro que, como qualquer outro intelectual, eu tenho ideias: vou fazer isso, vou fazer aquilo. Mas aquela convicção de dizer que "você também deve fazer *isto*, porque isto é realmente *bom*, é uma *boa ideia*, um bom projeto", não. As dúvidas, o ceticismo, chegam cedo, imediatamente. Quando se fala em uma idade pós-política, sempre se fala da minha geração criticando a sua, não é? Dizendo que são crianças mimadas que têm tudo à disposição, uma vida fácil demais. Concordo que a gente está se movendo numa idade pós-política, mas a explicação é mais complicada.

Tenho uma teoria que aproveita o conceito de cronótopos, proposto por Bakhtin, e os ressignifica como construções sociais da temporalidade. Eu diria que há três dimensões de tempo. Há um passado que, uma vez bem trabalhado, temos a liberdade de deixá-lo pra trás. Há então a ideia de um futuro como um horizonte aberto de possibilidades e podemos, a cada momento, escolher entre as possibilidades. Entre estes dois horizontes, o presente – estou citando Baudelaire – é um momento de transição imperceptivelmente breve. O presente não existe, mas sempre estamos nele, deixando o passado para trás e escolhendo entre as possibilidades de futuro.

Agora, o que a gente chama de ação, de atuar, é precisamente basear-se no passado ao escolher entre as possibilidades do futuro. Quer dizer que tudo que a gente chama de política pressupõe aquela construção de temporalidade e que, se você não tem um futuro aberto para escolher e ter um impacto sobre ele, então não existe política.

O cronótopo do historicismo, prestigiado há duzentos anos, ainda existe na retórica de política, nos seminários de história, mas o cronótopo em que nos movemos em nosso cotidiano quase globalizado é bem diferente. Nele existe sobretudo um futuro tomado por ameaças que se aproximam: aquecimento global, crescimento demográfico, esgotamento das matérias-primas. Talvez a gente ainda tenha petróleo para cinquenta anos, por exemplo, mas vai chegar o dia em que a aviação será impossível. Ao contrário de muitos colegas meus, não acho que se está esquecendo o passado. Ao contrário, estamos impossibilitados de esquecer o passado. Por exemplo, por razões eletrônicas, a gente não pode não preservar o passado. Vivemos um presente inundado de passado.

Então, entre estes dois horizontes bem diferentes, a gente já não vive num presente de transição, mas num presente cada vez mais amplo de simultaneidades; um presente onde você sempre tem possibilidades demais, onde tudo é possível e nada é necessário. Você se encontra sobrecarregado da obrigação contínua de escolher. O grande problema é se você comprou o novo iPhone ou não. Na verdade não faz mais diferença, mas quer dizer que você sempre tem possibilidades demais.

Antigamente, a realidade se apresentava como um campo de contingência: de um lado havia coisas necessárias, de outro, coisas impossíveis, e entre elas um campo relativamente restrito onde era preciso escolher, fazer julgamentos. Hoje a gente se encontra num universo de contingência no sentido *Kontingenz*, alemão, de você ter que escolher. Por um lado, quase não existem coisas necessárias e, por outro, quase não existem coisas impossíveis. Ficamos realmente envolvidos num universo de contingência, e uso "universo" aqui como metáfora quase cosmológica.

Nesse universo de contingência, o tempo já não tem direcionalidade. Aquela coisa de desenvolvimento, de projeto, de prognóstico, de se perguntar "onde vai chegar isto?", não faz nenhum sentido, as coisas são imprevisíveis. A bolsa de valores é um exemplo. Trata-se de uma temporalidade sem direção, sem vetorialidade.

E há o aspecto da espacialidade: qual é o espaço para alguém se inscrever? Quando falo de espaço, uso outra metáfora, que é a da coreografia: você saber onde se encontra o seu corpo, qual é o movimento para se inscrever. Acho que nossa espacialidade, na maioria das profissões hoje em dia, é a de estar na frente da tela, como estamos aqui agora, no Skype. Espacialidade muito estranha, porque sabemos que, metaforicamente, atrás dessa tela está acessível todo saber que existe, mas podemos acessar apenas uma pequena fração dele, como neste momento acesso a imagem de vocês. Esta estranha espacialidade não tem inscrição possível para o corpo. Talvez por isso exista este fascínio, esta necessidade de participar, de se inscrever nas manifestações. Fazer parte de um corpo coletivo.

A antiga pergunta é: qual é a função, o sentido dos protestos? Eu não diria que a questão está errada, mas que é secundária. Tenho a impressão de que os protestos durante a Copa das Confederações talvez obedecessem mais a essa necessidade de se inscrever, de fazer parte de uma coisa coletiva. Logo depois, quando o governo reagiu sem saber muito bem o que fazer, a gente começava a negociar banalidades, né? O custo do transporte público... Muito bom que se seja mais prático, mas acho que na realidade essa vetorialidade não existe. Vai em muitas direções diferentes. Claramente, existe um fascínio em manifestar.

Há uma não contemporaneidade entre a política que ainda existe e a situação que estou descrevendo. A política continua existindo, o antigo cronótopo continua existindo, mas fazendo parte de uma situação diversa. Essas manifestações têm uma origem naquela situação estranha, não muito bem compreendida, existencial. Ao mesmo tempo, há um governo democraticamente eleito no Brasil, há uma presidente que tem que se preocupar. Então ela reage, e a reação dela é uma reação segundo o antigo cronótopo, com o horizonte aberto de possibilidades: a gente vai negociando como o futuro do Brasil tem que ser diferente. Um momento em que eu acho que a gente vai começar a negociar banalidades. Se você paga vinte centavos a menos para o ônibus: não é muito importante na sua vida, mas já é alguma coisa. Porque existe aquela necessidade no sistema político sobrevivente de dizer "a gente já modificou alguma coisa".

Quando você fala que o presente se distendeu muito, que tudo está no presente, como se não houvesse acesso à possibilidade de pensar um futuro, o que é possível pensar ou desejar enquanto política, enquanto coisa coletiva, se não há futuro?

Este é um grande problema. Se vocês morassem na Turquia, teriam, como mulheres, um projeto. A Turquia é um país economicamente bem desenvolvido, que está mudando muito, mas lá, claramente, as mulheres – apesar da fundação do Estado moderno turco, bastante progressista nesse sentido – ainda têm coisas pra conquistar, né? Num país como o Brasil, permanecem muitas coisas a serem conquistadas para a mulher.

Não quero dizer que uma certa igualdade não exista. Hoje em dia, São Francisco, perto de onde moro, é uma cidade em que 30% dos 800 mil habitantes são homossexuais. É uma coisa completamente normalizada, algo muito positivo, muito bom. Só que a Gay Pride Parade, aquela procissão tipo carnaval, em que se manifesta o orgulho de ser gay, não faz muito sentido para mim. Não participo de uma manifestação do meu orgulho de ser heterossexual. Você pode ser qualquer coisa, como você tem direito a ser qualquer coisa, mas os projetos sempre são projetos privados. Tenho como projeto o meu próximo livro; se este próximo livro vai mudar muita coisa no mundo, eu não sei.

É interessante ver as duas eleições de Obama. O primeiro Obama se movia no cronótopo antigo, era o "*Yes, we can*": ainda é possível, apesar de tudo, ter grandes projetos. O segundo Obama que se apresentou, eu acho que é um bom político, mas é o competente para resolver o próximo problema, que a gente nem sabe qual é, mas que vai se apresentar como problema. Na Síria, por exemplo. Ele não atuou muito bem, mas a coisa era resolver o problema da Síria, e amanhã talvez seja resolver o problema pequenino de quanto custa um visto brasileiro para americanos e o visto americano para brasileiros. São problemas assim, e não mais aquelas grandes linhas... Por exemplo: qual será, para vocês, um mundo melhor a se conquistar em cinquenta anos? Talvez vocês tenham projetos, mas é muito mais difícil.

Não concordo com aquela explicação de que todo mundo está bem demais; acho que o problema é diferente, realmente é um problema de horizontes: tudo está à disposição e existe um tédio existencial. Você pode fazer tudo e nada tem muito sentido em ser feito. Eu não queria entristecer vocês, hein?

Você acha que isso é resultado de algum projeto da humanidade, do ponto de vista da forma com que aprendemos e nos dispusemos a conhecer o mundo? Esse esgotamento teria a ver com isso?

Durante dois ou três séculos, a humanidade substituiu a crença na centralidade do homem no cosmos, perdida no Iluminismo, por outras crenças. E talvez o último momento dessas substituições contínuas tenha sido o século XX, com as ideologias: comunismo, sociedade sem classes; fascismo, uma ideia estranha de redenção, uma redenção final; capitalismo, crescimento sem limites, crescimento sem problema. Hoje ninguém acredita nisso, então a possibilidade de encontrar soluções para "qual é o sentido da vida?", "qual é o sentido da humanidade?", fica bastante esgotada, exaurida. Não conheço uma explicação, um projeto, uma proposta de vida que faça muito sentido. Talvez eu tenha ainda quinze anos de vida, o que eu posso fazer nesses quinze anos? Há uma série de livros que eu gostaria de escrever, mas não tenho aquela convicção de que isso é importante, que vai ter a repercussão que merece, que se vai mudar muita coisa. Isto não convence mais hoje em dia.

Isso tem a ver com o medo que você diz ter, de que as ciências humanas tenham se esgotado?

Olha, em primeiro lugar, para falar de forma muito geral, as ciências humanas têm claramente um começo histórico; as ciências humanas declarando a si mesmas como ciências do espírito, isso existe realmente só desde os anos 90 do século XIX. A primeira faculdade de ciências humanas foi a Universidade de Berlim, hoje Humboldt-Universität, mas isto já foi uma reação ao impacto das ciências naturais. Se houve predecessores na Europa desde o Romantismo, no início do século XIX, a primeira coisa talvez tenha sido a germanística, pesquisas sobre a história e a literatura nacionais. Tudo bem, isso funcionava maravilhosamente bem durante o século XIX como uma substituição à religião. A pesquisa sobre literatura e identidade nacional, como a música de Wagner, substituía, para a burguesia do século XIX, um horizonte religioso que já não existia. Mas, desde o século XX, as ciências humanas já estão sem saber muito bem o que fazer, né?

Falei sobre as ciências humanas para centenas de novos alunos em Stanford. Comecei dizendo que, se amanhã as ciências humanas desaparecerem mundialmente, muito poucas pessoas vão perceber. Por exemplo, a gente acaba de contratar, aqui em Stanford, um jovem professor paquistanês que é especialista na literatura persa da Idade Média – fascinante, mas Stanford não precisa disso, os nossos alunos não precisam disto. Stanford acha que é uma coisa interessante, que faz parte do patrimônio mundial e que uma universidade rica tem a obrigação de preservar. Acho ótimo que não se deixe isso ficar no passado. Mas, numa situação de crise, em que é preciso pensar muito bem onde investir o dinheiro, tenho dúvidas se isso sobrevive. Não estou contra, nunca faria uma campanha contra as ciências humanas, mas há bastante tempo deixei de assinar todos os protestos pelo crescimento das ciências humanas. Não se precisa tanto de certas coisas. Neste momento, existe, na Alemanha, uma campanha sobre a manutenção do ensino de romeno. É importante que se ensine o romeno na Alemanha? Acho que não tanto. Existem coisas mais urgentes que isso.

Mas é engraçado porque, ao mesmo tempo que esse esgotamento é real, há também o esgotamento de um cientificismo, não? É como se, nesse campo, também se tenha chegado, não sei, a um limite...

Você tem razão, as ciências humanas vão decrescendo rapidamente, mas o mesmo acontece com o que a gente chama aqui de ciências naturais clássicas: física, química, até um certo tipo de biologia – vão decrescendo. A questão interessante, fascinante, seria se perguntar onde está se investindo a inteligência hoje. E aqui, neste Silicon Valley, acho um tipo como Steve Jobs interessante. Porque ele não inventou coisa nenhuma – mouse, tela touch etc. –, mas teve a sensibilidade de perceber que dar a impressão de se poder tocar a comunicação eletrônica é uma coisa positiva. Eu não tenho celular, mas, se você tem um iPhone, você realmente tem o mundo na sua mão, e é um contato físico, o minimalismo de um contato físico.

Acho interessante o setor que, hoje em dia, desenvolve uma relação estética com estas questões da tecnologia. Tenho a impressão de que nossos alunos mais inteligentes ficam fascinados por isso. Quer dizer, talvez se trate de uma maneira quase promissora de reinscrição somática, física, no mundo, até certo ponto. Se você namora do seu iPad, e vê no seu iPad, tem algo a segurar no mundo. Não estou defendendo a ideologia do Silicon Valley, mas acho interessante esta fascinação. Talvez tenham ouvido falar daquele carro novo, Tesla? Um carro completamente elétrico, ecológico, que também se vai construir no Silicon Valley. Todo mundo está fascinado com este carro. Mas será só por razões ecológicas? Talvez seja porque também se está propondo uma relação diferente com o movimento, uma relação diferente com a velocidade.

Agora, apesar do Silicon Valley, existe o renascimento das aulas ao redor de uma mesa, o fascínio de uma turma. Hoje também falam do fascínio de ficar no meio de uma torcida. Durante minha temporada no Rio, fui com minha mulher e minha filha ao Maracanã assistir a um jogo muito ruim, Flamengo e Cruzeiro. Horrível, mas por casualidade a gente estava no meio da torcida do Flamengo. Elas ficaram encantadas de estar lá no meio de um corpo coletivo. De ter, durante duas horas, um lugar, de se mover junto com a torcida. Acho que existe também uma certa volta à religião, da qual se tem falado muito na Europa: quando o papa aparece, de repente existem 3 milhões de pessoas ao redor dele. São pessoas que normalmente não vão à missa, que não vão à igreja, mas que têm o desejo de estar naquela relação, num sentido muito amplo, estético, de se estar lá, no contato físico. De novo, acho que o movimento mundial das manifestações, não só brasileiro, é isto: é um lugar. Falei metaforicamente, no seminário de que participei no Rio, em buracos negros: um lugar que vai absorvendo você, e você já não tem que se expor àquela contingência do tempo, não tem que pensar no que fazer; está lá, no meio da torcida do Flamengo, que de repente começa a se mover e você tem que se mover com ela, e está bom. Nesse momento você não tem escolhas.

É como se ao mesmo tempo em que há um desinteresse e uma virtualização cada vez maior dos processos e encontros, há a necessidade física de uma existência corpórea.

É uma existência corpórea, mas não é tanto a reconquista do corpo como é poder deixar de pensar o que vou fazer com minha vida. Falando da contingência de novo, acho interessante que, na geração de vocês – estou observando isso de fora –, existe uma certa resistência a namorar passionalmente. Fala-se muito: "Não estou pronto." Estou pensando nas minhas filhas, que têm sua idade. Elas têm muitas relações, mas aquele compromisso, "esta é a vida que eu quero ter", parece muito difícil. E por razões quase filosoficamente boas. Para se namorar passionalmente é preciso certa convicção de que isso é necessário, de que não se pode fazer outra coisa quando se pode e quer estar junto com a outra pessoa. Talvez seja minha perspectiva de velho, mas acho que isso acontece menos hoje.

O que você sente ou acha que sobra diante dessa quantidade de vetores indo em todas as direções, desse desinteresse por formas de conhecimento?

Olha, não sei. Em primeiro lugar, quero sublinhar que não tenho a solução. Acho que a tarefa das ciências humanas não é dar receitas para a vida ideal ou propor soluções, mas fazer um mundo mais complicado, mais complexo. Isso é o que realmente podemos produzir.

Pode ser bom deixar esse fascínio pelos buracos negros acontecer mais. Antigamente o intelectual tinha obrigação de não fazer parte de uma torcida, porque, como indivíduo, tinha que ser excêntrico, estar de fora, pensando tudo. Hoje não deveríamos mais deixar isso acontecer: se você tem vontade de participar de uma manifestação e não sabe muito bem qual é a função da manifestação, participe em todo caso, porque você tem o direito. Aqueles jovens que vão às jornadas da Igreja Católica e Protestante são muito criticados na Europa. Sabe-se muito bem que eles não acreditam em nada, mas tudo bem: se eles gostam de estar lá, acho bom.

Aquelas coisas como iluminismo, capitalismo não são coisas que alguém queira realmente escolher, são coisas que acontecem. Aquela obsessão de se perguntar se é racional ou se é certo – uma herança do iluminismo que ainda hoje é normativa –, talvez seja um obstáculo para uma vida feliz, com paixão, intensidade.

Se tivessem me perguntado qual seria o meu valor máximo, talvez eu dissesse intensidade, que é ter uma vida com muitas coisas que me fascinam. Deixar-se fascinar pelas coisas, deixar-se atrair por coisas que pareçam interessantes, para viver com certo grau de intensidade. Pessoalmente, acho interessante, mas não no sentido de isso ser uma solução.

E você acha que a ideia de luta faz sentido neste contexto? Nesse novo cronótopo, a história da luta social perdeu o sentido?

Uma doutoranda minha está fazendo uma pesquisa sobre pós-colonialismo e gênero. Ela ficou fascinada com o conceito de resistência. Resistência ao invés de lutar. Se você quer lutar por alguma coisa, isso requer um projeto. Uma coisa que fiz em 1967, quando comecei a estudar, foi me tornar membro da associação comunista dos alunos de Munique. Então a gente lutava pela liberação dos trabalhadores, mas esquecíamos que os trabalhadores não tinham vontade de ficar liberados, o que era muito ruim. Mas a gente tinha aquele projeto, queria realizar uma sociedade sem classes. O problema precisamente hoje é: qual seria um projeto convincente? Não quero dizer, de jeito nenhum, que seja impossível, mas pessoalmente não vejo como – enfatizando "pessoalmente", porque não excluo a possibilidade de que alguém poderia ver alguma uma coisa.

O atual momento, de uma certa exaustão do PT no Brasil, tem a ver com isso. O PT tinha muitas coisas pelas quais lutar, para conquistar; algumas permanecem, sem dúvida, mas se poderia dizer (numa linguagem do século XIX) que se está vivendo, no Brasil, uma situação "pós-revolucionária". O país passou por uma mudança bem grande, não vejo nação que tenha mudado tanto como o Brasil nos últimos doze, quinze anos. Mas hoje a motivação de lutar é menor. Não estou dizendo que é culpa de vocês; não é culpa de ninguém. E, nesse sentido, talvez o conceito de resistência faça mais sentido. Para lutar é preciso ter uma visão, alguma coisa pela qual lutar.

Você comentou brevemente sobre o aquecimento global. Talvez aí haja a questão da sobrevivência da humanidade no planeta, que deveria ser uma motivação bastante grande para lutar. O que você pensa sobre isso?
Falando filosoficamente, não existencialmente: qual o meu interesse na sobrevivência da humanidade? Você tem interesse porque tem filhos, tem netos, existe uma coisa quase animal. Percebo, com os meus netos, que talvez exista algo quase como uma programação biológica, pré-reflexiva, para que tenhamos interesse na sobrevivência da humanidade. Mas, reflexivamente, o meu interesse na sobrevivência da humanidade é para além das pessoas que eu conheço.

É interessante ler o final do livro do Camus, *O homem revoltado*, no qual ele fala que o argumento político, antigamente ideológico, de se fazerem sacrifícios para uma situação que não está em conexão com a sua vida – para as próximas gerações, para a sobrevivência da humanidade – é imoral. Acho "imoral" talvez um pouco exagerado. Na verdade, para mim seria um desastre imaginar um planeta Terra imundo, sem homens; um pouco estranho, difícil, mas por que não? Quer dizer que, se a gente pensa – isto foi a primeira parte da nossa conversa – que a existência da humanidade é um episódio excêntrico na existência do cosmos, excêntrico também porque essa espécie não é capaz de pensar o cosmos; claramente se tenta, mas não se consegue muito bem. Na verdade, não sinto uma grande responsabilidade de resistir para que este episódio não acabe. Podem ficar chocados, mas é bom para um velho de 65 anos.

Em que medida esse alienamento não existia quando você se preocupou com, por exemplo, gente que não era conectada a você diretamente, como em uma luta trabalhista nos anos 1960? Por que aquilo importava?
Foi diferente, não que fosse melhor. Aquela luta de liberação era bem abstrata, era de filhos de famílias burguesas como eu, mas era diferente da ideia de sobrevivência da humanidade, porque a gente percebia as injustiças sociais, e hoje muitas delas ainda permanecem. Acho que os grandes projetos – sobrevivência da humanidade, sociedade sem classes – talvez sejam projeções grandes demais para o presente em que estamos. Nesse sentido, realmente, vale a pena ler as quatro ou cinco páginas finais de *O homem revoltado*.

Diante do cenário sobre o qual conversamos agora, em que posição você enxerga o Brasil nessa ordem global? Acha que o país tem algo a oferecer e a apresentar?
Vou falar uma coisa que não se gosta de falar no Brasil. Existe uma ambiguidade interessante na sociedade brasileira, sobretudo entre os intelectuais: se eu falasse agora

"Brasil, país do terceiro mundo", vocês não iriam gostar, mas eu recebi recentemente um convite da Universidade Federal de Fortaleza para dar algumas palestras, e nesse convite se falava: "Infelizmente não podemos pagar honorários para o professor, porque somos uma universidade pública pobre." Isto, para mim, é muito brasileiro, no sentido de se ter um certo, com razão, orgulho nacional pelo que foi conseguido, mas, ao mesmo tempo, de jogar com aquela coisa de país pequeno do terceiro mundo. De maneira geral, acredito que é adequado que o Brasil tenha uma participação mais ativa na política internacional, com uma certa autoridade, com o impacto que corresponde à sua importância hoje, tanto cultural quanto economicamente. Por exemplo, acho que hoje, realmente, o sistema universitário brasileiro é dos melhores do mundo, com todas as fraquezas que existem. Mas o colega brasileiro normal sempre acredita que o espírito mora na Europa, na América do Norte. Se em um colóquio falo que considero meu amigo Luiz Costa Lima um dos melhores especialistas em teoria literária do mundo, todo mundo me olha, pensando: "Mas não, é brasileiro, não pode ser!"

Por exemplo, para voltar e encerrar o assunto das manifestações: por que não vai ser o Brasil o país a desenvolver uma filosofia interessante a partir desses movimentos? Ao invés de me convidar para falar ou de convidar o Slavoj Zizek – que é um amigo –, poderiam convidar os alunos brasileiros que estiveram presentes no seminário de que participei no Brasil e que podem contar muito mais sobre as coisas que aconteceram. Li o que o Zizek escreveu e achei escandalosamente desinformado e sem ideia, e está todo mundo citando o que ele disse.

Que importância cultural você acha que o Brasil tem para o mundo?

É difícil julgar. Conheço as universidades, leio a literatura contemporânea e acho que, no Brasil, a intelectualidade do meu setor é boa. Por exemplo, Ouro Preto tem um departamento de teoria da história que é absolutamente sensacional, mas vai passar muito tempo até que se reconheça, no Brasil, que não se é bom só no contexto nacional, mas internacionalmente. Tenho a impressão de que a autorrepresentação do Brasil ainda é uma autorrepresentação muito enamorada de uma imagem clássica, da imagem da baiana clássica, da imagem de uma macumba que infelizmente já não existe.

OUTRO GIGANTE ACORDOU

GUSTAVO FRANCO

Economista

28/9/2013

Como se não bastasse o que despertou em junho de 2013 e transformou a Copa das Confederações numa espécie de maio de 1968, há outro gigante acordado, na verdade dois deles.

O gigante americano parecia prostrado desde a crise de 2008, mas contrariando muitos prognósticos, e depois de muito esforço para arrumar a casa, a recuperação americana vem provocando um banho de sangue nas moedas, títulos públicos e commodities, especialmente em mercados emergentes. Trata-se apenas de uma reação inicial, talvez exagerada, talvez modesta, não há como dizer, à normalização da política monetária americana; um exemplo extraordinário da máxima segundo a qual, nos mercados financeiros, boas notícias são sempre más notícias para muita gente.

Firmou-se a sensação de que há uma data para acabar a abundância de liquidez de que se beneficiou amplamente o Brasil nos últimos anos. Tolamente, confrontamos as políticas do FED (banco central dos EUA) com a tese da "guerra cambial", um raciocínio conspiratório segundo o qual os americanos estavam desvalorizando deliberadamente a sua moeda para ficarem mais competitivos do que nós. Como se eles precisassem disso! Curioso que no botequim em Havana, Caracas ou Campinas, onde essa gracinha foi inventada, nada semelhante fosse dito sobre a China, que o Brasil trata generosamente como uma "economia de mercado".

Nosso ministro da Fazenda chegou a apresentar slides em inglês onde mostrava a desvalorização da moeda nacional, que ele agora quer evitar, ilustrada pelo título "ganhando a guerra cambial". Mario Henrique Simonsen tinha uma regra de ouro a esse respeito: jamais falar mal do Brasil em inglês.

O fato é que tivemos *muito de uma coisa boa* durante vários anos, e não aproveitamos esse bom momento para fazer reformas e desenvolver a nossa competitividade.

A produtividade da economia brasileira está estagnada; como demonstra o trabalho do professor Regis Bonelli, o valor adicionado por trabalhador no Brasil em 2012 permanece no mesmo nível de 2000 e equivalente a 19% da produtividade americana. Sim, o trabalhador americano produz *cinco vezes mais que o brasileiro por hora trabalhada*, e não retiramos um centímetro do atraso nesses 12 anos. Pior, recuamos em alguns indicadores de ambiente de negócios, qualidade da infraestrutura e liberdade econômica.

A teoria de que o câmbio mais desvalorizado resolve o problema da falta de reformas politicamente complexas é, para usar palavras presidenciais, primitiva. O câmbio não tapa buracos nas estradas, nem diminui filas nos portos e aeroportos ou interfere no que se passa dentro da fábrica.

O câmbio é flutuante, como se sabe, o que é outra maneira de dizer que é efêmero, portanto algo do qual não se deve depender. Quem trabalha com câmbio se acostumou a proteger-se das flutuações de curto prazo e olhar os fundamentos, vale dizer, para o conjunto de fatores que compõem a real competitividade de um empreendimento. Como as autoridades não trabalharam nesses temas associados ao que se chamava antigamente de "custo Brasil", em boa medida porque entendiam que esta era uma agenda neoliberal, ficamos para trás em todos esses temas. Concentrou-se a atenção nos programas sociais, mas a competitividade e também o cuidado com o dinheiro público foram esquecidos. Uma coisa não exclui as outras, como tardiamente parecem perceber as autoridades.

Mas o fato é que, além dos ianques, e diante do acima exposto, outro gigante acordou, um personagem sinistro e muito temido: o mercado, ou para ser mais preciso, o mau humor do mercado, perto do qual os Black Blocs são meninos de igreja.

As autoridades sabem como é assustador quando se formam as manadas, os ataques especulativos, sem controle e sem lógica, ao menos na aparência. Talvez exatamente como as multidões envolvidas nos protestos, o mercado demorou a reagir diante das inconsistências na política econômica.

Tratando-se do público em geral, a dona de casa inclusive, a Copa das Confederações pode ter servido para fornecer uma metáfora ampla do que há de errado nas nossas políticas públicas. Não creio que os economistas e nem mesmo as raposas políticas e os marqueteiros atinaram para o imenso poder de representação que possui o futebol, um retrato tão rico quanto amargo do modo como o país sabe organizar o seu talento, sua riqueza e seu imaginário dentro e fora do campo. É este o assunto do magnífico livro do mestre Roberto DaMatta, cujo título – *A bola corre mais do que os homens* – bem resume a tese.

A Copa serviu para organizar a cabeça do brasileiro sobre o modo como os cartolas, incluídos os ministros, usam o dinheiro público em projetos de desenvolvimento. Diferentemente da tese de que o futebol é o ópio do povo, uma tese cuja validade parece ter expirado, a Copa mostrou que o futebol é o teatro por onde enxergamos a nós mesmos, de modo que, ao montar um megaespetáculo, nos arriscamos a revelações inconvenientes.

A igualdade diante das regras ou a meritocracia e o fair-play dentro de campo é o que uniu esse jogo, na sua complexa simplicidade, às cores nacionais, e assim serviu para disseminar a cidadania. Com a seleção em campo, cantamos o hino a plenos pulmões, e nunca tão alto como nesta Copa que revelou muito sobre o que se passa fora de campo. Sendo anfitriões, passamos a acompanhar o desenrolar das obras dos estádios e, assim, o horário nobre passou a explicar em miniatura o modo como as autoridades conduzem grandes programas públicos de desenvolvimento econômico.

O futebol está mesclado com a nacionalidade, a bandeira e o hino, símbolos nacionais que precisam ser honrados, e o mesmo vale para a moeda.

O dinheiro é a pátria num papel pintado com nossas cores, é um pedaço de nós. Rasgar dinheiro em estádios de futebol é como queimar a bandeira; uma imagem fácil de entender, e que leva o público para os protestos. Não era por conta dos 20 centavos do ônibus de São Paulo; é claro que era o futebol, o que mais podia ter tanto impacto?

O futebol fez o brasileiro entender que o Trem Bala é uma espécie de Itaquerão, ou como os estádios em Manaus e Natal, só que muito mais caro: deve custar algo como 30 ou 40 vezes mais que um estádio padrão Fifa todo equipado. O Trem Bala custa umas 3 ou 4 Copas do Mundo. E a Transposição do Rio São Francisco? A Ferrovia Norte-Sul? E as obras do PAC?

É claro que sempre há algum mérito no gasto público, mais ou menos dependendo da situação. Mas deve haver um julgamento honesto sobre prioridades, e a impressão de todos diante das obras em estádios foi a de que as prioridades estão totalmente equivocadas, especialmente para quem se espreme em ônibus ou em filas de hospitais. A sensação de estão "torrando" dinheiro é muito concreta e imensamente irritante, ainda que subjetiva e de difícil racionalização.

Pessoas normalmente pacatas vão para a rua sem saber bem por quê, animadas, exultantes com o seu desabafo que, na aparência, não tem destinatário. Entretanto, os que são vaiados sabem que estão devendo. As autoridades entendem, ou deveriam.

Somando-se à imagem subliminar dos cartolas e autoridades rasgando dinheiro em estádios há também outro assunto: a interferência na experiência cotidiana do futebol. Que cidadão carioca imaginaria que o Novo Maracanã representaria a extinção de tipos como "geraldinos" e "arquibaldos"? O "Maior do Mundo" foi destruído e em seu lugar há uma arena Fifa com 70 mil lugares marcados. Todos os estádios nas principais cidades brasileiras, a partir de agora, possuem apenas cadeiras numeradas, todas caras, e as centrais a preços escandalosos. O acesso ao maior divertimento do brasileiro se elitizou, como bem notaram os assessores da Presidência diante da histórica vaia dirigida a Dilma Rousseff em Brasília na abertura da Copa das Confederações.

Talvez nem mesmo com esses preços haja qualquer perspectiva de que o movimento financeiro em torno dos estádios seja suficiente para recuperar o custo de sua construção. Esse custo será socializado, é da viúva, e pouco se fala sobre isso. Os ingressos caros e as taxas de utilização dos estádios servem para cobrir os custos de manutenção e remunerar o concessionário. Como a sociedade midiática e conectada do século XXI reage a um exemplo tão extraordinariamente flagrante de "socialização das perdas"? O fenômeno é muito antigo, muitos o chamam de patrimonialismo, mas poucos o compreendem. Será que dessa vez vamos entender, uma vez que se passa no terreno impoluto do futebol, onde todos são técnicos?

No imaginário popular, o futebol é o terreno do talento e da excelência, da igualdade diante das regras, da concorrência honesta, na qual os adversários trocam as camisas ao final, independentemente do resultado, pois há algo maior em jogo, o esporte, na verdade, a democracia e a cidadania, estes os valores que o futebol capturou. Que pode haver de pior que dar mais visibilidade ao fato de que o futebol foi capturado pela política, pelas empreiteiras e máfias internacionais? Que pode ser mais subversivo que o futebol tornar-se revelação ao exibir as mazelas das políticas públicas nas páginas esportivas?

Talvez seja mesmo inevitável, o progresso é sempre destruição criadora, e uma vez mais deixou um rastro de destruição, de índios despossuídos, geraldinos órfãos e cidadãos descontentes com a queima de moeda nacional efetuada na construção dos novos monumentos. Entre esses estão os profissionais do mercado financeiro, cobradores muito mais frios e exigentes, e sobretudo muito mais violentos, como o célebre personagem de Rubem Fonseca. As ruas mobilizam milhares ou milhões, o "protesto" do mercado financeiro mexe com bilhões. O dinheiro não leva desaforo.

O ministro rasga dinheiro através do déficit nas contas públicas e humilha a nossa moeda ao dizer que ganhamos uma guerra ao desvalorizá-la. O mercado reage e devolve a humilhação às autoridades. A confiança declina, e a moeda desvaloriza bem além do que as autoridades gostariam. A perda de poder de compra da moeda se torna intolerável, e assim as autoridades precisam enfrentar os mercados com suas reservas ou com derivativos. É uma ação comparável às bombas de efeito moral e ao spray de pimenta atirado sobre os manifestantes, eis que em nada interferem nas motivações que levaram à revolta e introduzem um elemento novo ao tabuleiro, a violência.

A movimentação no mercado de câmbio não está distante da que se passa nas ruas, os gigantes são primos, quem sabe a mesma pessoa, a sombra um do outro.

O RIO E AS MARGENS DO RIO

DIÁLOGO ENTRE PEDRO DUARTE E SÉRGIO MARTINS

Pedro Duarte
Filósofo

Sérgio Martins
Crítico e historiador da arte
30/9/2013

Pedro Duarte
Diante das manifestações populares ocorridas em junho de 2013, no Brasil, nossa compreensão vê-se exigida mas, ao mesmo tempo, desarmada: exigida por não poder ignorar eventos sociais e políticos tão significativos e desarmada, pois a certeza de que eles são significativos não oferece junto, de mão beijada, o significado aí em jogo. Por mais que movimentações menores já viessem levando parcelas da população às ruas, a magnitude do que houve em junho surpreendeu a todos. Sem grande alarde pretérito, centenas de milhares de pessoas tomaram cidades pelo país, de vários modos. Nesse momento, projeções do que queremos que esses eventos sejam, de acordo com convicções já formadas anteriormente, podem tirar a chance do encontro com sua novidade. Os exemplos são muitos.

Intelectuais de esquerda mais velhos recorreram, às vezes, à referência do fim dos anos 1960 no Brasil, comparando as atuais manifestações com passeatas daquela época. Um deles, quase poeticamente, disse que sentira o mesmo cheiro da Passeata dos Cem Mil quando foi agora à avenida Presidente Vargas, no Rio de Janeiro. Comunista confesso, com seu repertório teórico enraizado na filosofia de Karl Marx, ele vira as manifestações não só como limite do modelo capitalista liberal, mas como signo de sua possível ultrapassagem. É clara a aplicação, neste caso, do instrumental teórico tradicional para entender a situação atual.

Isso também esteve presente quando intelectuais mais novos recorreram a outra referência do passado recente para abordar o que ocorria. Lembravam da Constituinte brasileira dos anos 1980 e do clamor popular por votações diretas. Para eles, as manifestações expressam a vontade de aprofundamento do modelo democrático vigente, sem que o protesto central volte-se contra o capital, já que o liberalismo é capitalista, mas não deixa de ser, a seu modo, democrático. Tendo como base teórica teses do filósofo alemão Jürgen Habermas sobre racionalidade comunicativa na arena de debate político, a situação novamente foi interpretada, neste caso, por conceitos já conhecidos.

Uma terceira posição, menos esperançosa e mais temerária, indicava que as manifestações eram perigosas, pois questionavam o mandato de autoridades eleitas. Dariam ensejo, assim, a uma reação de direita que usaria como pretexto a manutenção da ordem pública ameaçada pela bagunça instaurada. Era, ainda, a memória de um referencial passado – o do Golpe de 1964 e seu acirramento em 1968 – que comparecia para explicar o presente.

Essas três posições buscam na história a orientação para entender nosso presente, o que pode ser bom. Mas elas, de outro lado, desabilitam o ineditismo que pode ter este presente. O momento atual pode não estar repetindo outro que já aconteceu. Se as manifestações fazem parte de um mundo que mudou tanto, será que elas não são diferentes do que já conhecemos? Será que elas não exigem um olhar desimpedido, para, se for o caso, entendermos sua novidade ou mesmo para concluir que, ao fim, não há novidade? De um jeito ou de outro, nosso juízo sobre o que se passa deve estar desarmado, para suportar não saber e procurar saber. Nesse sentido, é um momento oportuno para pensar.

Sérgio Martins

Em vez de arriscar uma definição taxativa do sentido das manifestações, o que seria temerário, que tal partirmos de uma proposição inicial a respeito do *lugar* instaurado pelas manifestações? Esse lugar é a cidade. Quando falamos nas ruas, estamos falando disso: da cidade não como lugar determinado de cima para baixo, moldado a partir de espaços políticos e sociais preestabelecidos, mas como um lugar de produção de novas práticas políticas não necessariamente conformes a estes espaços. As manifestações afirmaram a cidade como um lugar de produção da política.

Isso é algo que estava em falta: não havíamos nos acostumado a ver a eleição municipal como apenas uma fase do jogo político nacional? A ver análises que privilegiam o número de capitais conquistadas por um partido como índice de sua força nacional? Basta olhar para São Paulo, onde a cúpula do PT impôs seu candidato de cima para baixo, contrariando a tradição orgânica do próprio partido. Já o seu concorrente era um ex-prefeito que havia quebrado a própria promessa de permanecer no cargo, reduzindo a prefeitura a um trampolim para voos mais altos. Em suma, o que importava em ambos os casos era o grande tabuleiro político-partidário nacional, do qual a cidade era uma mera casa.

Por sua vez, o Rio de Janeiro fornece o mais cristalino exemplo dessa falta do ponto de vista das políticas urbanas. Basta pensar na desfiguração do que para muitos era o coração simbólico da cidade – o Maracanã. Ou num projeto para a Zona Portuária voltado para a inserção do Rio num mercado de cidades-globais mais ou menos homogêneas, que vem sendo marcado pela falta de transparência, por remoções arbitrárias e por ignorar problemas urgentes da própria cidade, como o déficit residencial. Em ambos os casos, a sociedade civil local teve pouca ou nenhuma voz; o destino de lugares da maior importância foi determinado de acordo com modelos e pressões externos à própria cidade. O novo Maracanã foi exaltado em transmissões de TV por assemelhar-se a um estádio europeu. Nesse contexto, não causa espanto que o estopim das manifestações tenha sido a bandeira do passe livre, que toca justamente no sucateamento do transporte urbano e do direito à cidade.

Pedro Duarte

O entusiasmo gerado pelas manifestações, sobretudo no início, assinalou, de fato, a apropriação política de um lugar que, fazia tempo, parecia dominado apenas pelo mercado: a cidade. Lembramos que só ocupando a cidade podemos ter cidadania. Cidadão é não somente aquele que está na cidade, mas aquele que dela participa; é não apenas aquele que usa a cidade, mas que a constitui. Indo às ruas, fazemos delas nossas. Não há forma mais efetiva de fazê-lo. É por ocupação concreta, com nossos corpos e com nossas ideias – de que os cartazes empunhados foram os principais veículos. É assim que a cidade deixa de ser espaço abstrato e passa a ser lugar efetivo. Deixa de ser apenas o cenário de nossas vidas para ser parte delas. Esta cidade é resistência, por dentro, ao que dela se pretende fazer por fora. Esta cidade não é marca que se vende, grife que se anuncia, em nome de eventos e mais eventos cujos frutos para a própria população são duvidosos.

O Maracanã, por exemplo, foi fechado por anos para os times cariocas em nome da adequação aos jogos da Copa, que durarão algumas semanas. Sem falar em custos – com o que foi gasto seria possível fazer outro estádio, sem inutilizar o Maracanã por tanto tempo para os que o frequentavam. Não é coincidência que as manifestações tenham florescido durante a Copa das Confederações, quando os estádios milionários eram apresentados ao país, e ao mesmo tempo hospitais e escolas permaneciam na situação calamitosa mais do que conhecida. Dentre os cartazes, foi comum ver os que pediam hospitais no padrão Fifa, evidenciando o significado comparativo do protesto; afinal, quais as prioridades deste país? Diga-se de passagem que a reforma do Maracanã implicava a derrubada de uma escola e de um espaço para a cultura indígena (mais tarde, com os protestos, tal decisão foi revista e os lugares preservados, o que demonstrou menos a sensibilidade do governo do que a falta de consistência da necessidade antes defendida). Tal fato é concreto e simbólico. É uma metonímia: o caso particular representa a maneira geral pela qual a Copa é feita no Brasil, e não só ela. Com preços altos depois de aberto, o Maracanã permanece, na prática, fechado para muitos – e sob controle de grandes empresas privadas, não dos times e nem do poder público.

O mesmo não ocorre com as ruas, onde (por ora) pode-se perambular de graça. Foi a elas, então, que as manifestações recorreram, às mesmas ruas que ficam paradas por conta de engarrafamentos e da imobilidade urbana... E que, agora, eram paradas por motivo surpreendente: a multidão as tomara. Isso – a despeito do futuro das demandas das manifestações, que depende das respostas de políticos que fazem parte do sistema por elas criticado – já foi um ganho: a descoberta não somente de uma nova forma política de manifestação, mas de que as formas dadas nunca são as únicas e que, portanto, sempre poderemos inventar e exercer outras. Na nossa tradição política, o que se viu no começo das manifestações tinha um nome claro e que se tornou porém muito estranho para nós: felicidade pública.

Sérgio Martins

É como se a venda de felicidade em loteamentos privados (clubes, condomínios, academias, viagens para longe, carros particulares) dependesse de manter pairando sobre o espaço público – a fim de esvaziá-lo – os espectros da agorafobia e da demofobia. O gozo consumista dos espaços privados passa pela negação fóbica da dimensão pública das cidades. As manifestações vêm lembrar que nem tudo o que entendemos por felicidade precisa se submeter a tal regime dicotômico. Pode ser que a onda de protestos arrefeça, mas isso já é uma vitória: a memória renovada da rua como lugar de felicidade desacoplada do consumo.

Os dois casos que você levanta – escola Friedenreich e Aldeia Maracanã – exemplificam não apenas demandas presentes ao longo das manifestações, como ainda situações que as precederam. Basta lembrar do Banco Imobiliário Cidade Olímpica, um material supostamente educativo que corroborava uma concepção de cidade que vem sendo questionada nas ruas. O que vimos, tanto nesse caso, como no da Aldeia, foi a arrogância do poder público frente às críticas. Posições contrárias eram sumariamente desqualificadas. Lembro do governador do Rio afirmar que a Aldeia era uma piada de mau gosto e que os índios eram invasores – que termo para se aplicar a índios no Brasil! Secretários municipais de cultura e de patrimônio histórico celebraram nas redes sociais a ação truculenta da polícia, comentando: "Finalmente acabou uma das maiores tolices da cidade."

O cinismo atroz embutido nesse tipo de fala, vinda de autoridades que deveriam se mostrar sensíveis à história e à realidade cultural, mostra quão sintomático é o caso da Aldeia. Bem ali, no ponto nevrálgico da transformação do Rio em vitrine de um novo Brasil, era repetida uma manobra tristemente familiar: tirar o índio de cena como se ele fosse uma mancha nessa vitrine, como se sua imagem fosse incompatível com a imagem que o país quer para si e que quer vender com os megaeventos (onde o recalque do índio é particularmente perverso, pois se dá precisamente na proliferação de sua imagem idealizada nas cerimônias de abertura). Da mesma forma, os protestos que aconteceram naquele momento foram tratados como uma perturbação local, como parte de uma "tolice" a ser erradicada em nome da ordem e do desenvolvimento. O absolutamente incrível dessa situação é sobrepor o ponto cego histórico do projeto de desenvolvimento do Brasil, o índio, e o nó atual da questão urbana: para quem é essa cidade?

Uma das melhores respostas contra essa política de desqualificação sistemática (e violenta) do cidadão, no Rio, veio numa onda de protestos em frente à casa do governador e ao Palácio Guanabara. Dia após dia, manifestantes eram enxotados com bombas e balas de borracha, mas retornavam entoando um canto quase infantil: "Olha eu aqui de novo!" O que é esse grito, senão uma expressão de pura insistência diante da recusa – truculenta – ao diálogo? Pode até soar como um ludismo inconsequente, mas é o sinal da compreensão coletiva profunda do que está em jogo: qual o valor de se entrar num semblante de diálogo com o discurso vazio que é engendrado pelo governo e pela imprensa? Esse discurso é uma armadilha ideológica: seu tom é aparentemente razoável e próximo do senso comum, o que sugere que quem o recusa está recusando o próprio diálogo democrático. Mas a verdade é que aceitá-lo é entrar no jogo de cartas marcadas de uma fala surda cuja circulação – no sentido de que ela é propriamente circular, que se reproduz e se naturaliza dando voltas sobre si própria, com imprensa legitimando governo e vice-versa – só faz reiterar a suposta ilegitimidade do outro (através, por exemplo, da pecha de "vândalo").

O "olha eu aqui de novo" é desconcertante porque se contrapõe a essa falsa razão comunicativa do discurso vazio, porque o confronta com um tipo de recusa que ele não consegue desqualificar por completo. Sua insistência cega é tola só na aparência; é na verdade um sinal de extrema lucidez, um sinal da compreensão de que a arena da linguagem é central para a disputa política. E o motor desse ludismo lúcido é justamente aquela felicidade pública que você bem apontou, aquela dimensão afetiva que as ruas contrapõem à cisão da cidade entre gozo privado e fobia pública. Mas aqui já não estamos mais falando de ocupar a cidade com ideias, das quais gritos e cartazes seriam veículos, e sim de uma linguagem que emerge ela própria das ruas, de seus embates e de sua dinâmica afetiva.

Pedro Duarte
É importante essa especificação de uma linguagem cuja emergência deu-se nas próprias ruas. Os cartazes carregam uma linguagem pronta desde antes da situação em si das manifestações. São confeccionados anteriormente, a partir de ideias que são, depois, expostas. Mas o que temos visto é também uma criação de formas políticas, e mesmo estéticas, de manifestação nas próprias ruas, ou seja, não algo levado para elas, mas surgido delas. Devemos atentar para isso, pois diz respeito a algo novo. Mas, ao mesmo tempo, surgiu aí também o velho e polêmico problema da violência, muito simplificadamente tachado pela mídia, rapidamente, de vandalismo, pois a desqualificação legal servia à recusa de pensar a questão.

Não falo da violência policial, porque esta, embora seja tão ou mais grave, é menos polêmica. Penso numa violência que, quase ausente no começo, passou a vir também das manifestações. É verdade que, em última análise, manifestação que se preze sempre traz violência, mesmo que seja só atrapalhar o cotidiano de locomoção da cidade por se colocar no meio da rua. Porém, há a violência física, de depredação de objetos e lugares. Esse tipo de violência deixaria espaço para a linguagem? Será que a própria violência pode ser uma linguagem?

Quando penso nos alvos privilegiados das depredações, como os bancos e a Câmara de Vereadores, fico tentado a achar que haveria aí uma linguagem e que algo está sendo dito. Claro que o está através de um meio ilegal, mas que talvez surja pela falta de outros meios, no sentido daquela impossibilidade do diálogo real – que ultrapasse o semblante de diálogo – entre a população e a autoridade pública quanto ao destino da cidade. O exemplo do coro ironicamente infantil do "olha eu aqui de novo" é emblemático de uma linguagem criativa que reage à tal dificuldade de se fazer ouvir. Mas outra reação é a violência, que complica mais o julgamento da situação. Pois, a despeito do que disse, também penso que onde há paulada não há palavra; a violência corta o discurso, a conversa.

Resolvo essa dificuldade de como lidar com a violência das manifestações com uma distinção, mas não sei se é suficiente. Do ponto de vista pragmático, da ação, toda ilegalidade deve ser punida, toda depredação, por exemplo, deve ter os responsáveis presos de acordo com as leis. Isso, porém, não basta. É preciso também adotar um outro ponto de vista, que é o da compreensão, tão ou mais importante que o da ação em um momento como este. É preciso buscar as razões de tal violência e aceitar interpretá-la, tomá-la, então, como uma linguagem. Pois ela pode estar gritando, desesperadamente, desde aquele ponto cego histórico do projeto de desenvolvimento do país, como você o chamou.

Eu completaria: o ponto cego do projeto de desenvolvimento *moderno* do país e para o qual muita gente tem chamado atenção desde seu começo, como os próprios modernistas, de quem lembrei por conta da questão do índio, que já nos anos 1920 foi tomado por Oswald de Andrade como centro, e não margem, para a proposição dos princípios da cultura nacional através da antropofagia. É ainda desses princípios que falam a Tropicália e Caetano Veloso, com seu índio, que é mais avançado que a mais avançada das tecnologias.

Sérgio Martins

Onde há porrada não há palavra? Pode ser, mas, como já insinuei, há momentos em que é preciso justamente negar essa circulação vigente da palavra para que se possa instituir uma conversa efetiva, ou seja, para que a palavra possa ressurgir de forma consequente. Não tenho dúvida de que a violência nos protestos é também uma resposta à impossibilidade do diálogo, ainda que por uma via diferente da que apontei acima. Seria, como gosta de frisar o Francisco Bosco, a via da passagem ao ato. O que determina a diferença da resposta talvez seja o grau de exclusão simbólica do sujeito ou grupo social em questão. A violência – e isso é uma característica dos Black Blocs pelo menos desde Seattle – também é uma forma de lutar contra a invisibilidade; daí ela ser orientada contra emblemas do Estado ou do capitalismo corporativo.

Recuando um pouco, é preciso reconhecer que compreender tal violência simplesmente não faz parte da nossa tradição. O Luiz Eduardo Soares certa vez defendeu um projeto de auxílio do Estado para quem quisesse voluntariamente largar o tráfico, envolvendo apoio financeiro durante um determinado período de tempo. O racional era convincente: esse auxílio custaria menos do que manter preso aquele indivíduo e com melhores perspectivas de reintegração social, já que o índice de reincidência de ex-presidiários no Brasil é catastrófico, algo da ordem de 70%. Agora, resta dúvida de que essa proposta seria violentamente repudiada e ganharia a pecha de "bolsa-tráfico" ou coisa do gênero? E que isso monopolizaria toda a discussão na imprensa e no Congresso? Como lidar com o fato de que essas duas instâncias, que deveriam discutir seriamente as condições nas quais se instala a violência, parecem mais preocupadas em enquadrá-la a priori num esquema condenatório? Esse padrão de apontar o dedo pro indivíduo ou pro grupo violento sustenta a reprodução de uma certa estrutura de exclusão social; é como naquele célebre poema do Brecht: "Do rio que tudo arrasta se diz que é violento; mas ninguém diz violentas as margens que o comprimem."

Com as manifestações não é diferente. Existe vandalismo? Claro, embora menos do que se noticia, e frequentemente em resposta à violência policial que, apesar de ser um problema muito mais sério, é sistematicamente minimizada e noticiada como "reação". O que importa aqui é que a função principal do termo vandalismo não é designar fatos, e sim estruturar narrativas. Por que a vitrine quebrada no Leblon ganha mais destaque do que os mortos da Maré? Esse é um partido narrativo que vai ganhando mais e mais força na medida em que se vai cristalizando toda uma linguagem já enviesada na direção da criminalização de grupos ou indivíduos. Não é corriqueiro ver um morto em operação policial ser naturalmente tratado pela imprensa como "suspeito"? E não houve um delegado que tentou criminalizar o Amarildo, o ajudante de pedreiro desaparecido e visto pela última vez sendo levado pela polícia militar? Isso por acaso ajuda a elucidar o crime? Claro que não, mas contribui para justificá-lo moralmente, ou seja, a solução para o inaceitável assassinato de um inocente nas mãos do Estado é torná-lo aceitável pelo assassinato também de sua reputação; é uma segunda morte, agora simbólica. A ênfase na culpa do próprio indivíduo – embalada como mercadoria e vendida para o consumidor de jornais – é uma forma de explicar a violência segundo as coordenadas mais familiares do moralismo, de retratar a sociedade exatamente como o senso comum acha que ela deveria ser.

Há aí um nó ideológico conjugando moralismo e legalidade. É só ver como, na cobertura de *O Globo*, o termo "vândalo" cedeu lugar a "mascarado" logo que apareceu no horizonte a perspectiva de uma lei proibindo o uso de máscaras. Ora, num contexto em que a noção de legalidade vem se mostrando bastante elástica (mas sempre em favor do poder instituído), isso é a evidente preparação de terreno para a aprovação da lei; retratar "mascarados" como ameaça, como objeto de angústia social, é alimentar o anseio pela proibição. Mas não para aí: logo que a lei foi aprovada, o jornal deu voz a um representante da OAB que denunciou sua inconstitucionalidade. Parece contraditório, mas não é. O anseio de criminalização já está embutido na própria linguagem da cobertura, de modo que cada matéria, pró ou contra, colabora para construir a seguinte margem de sentido: a lei é inconstitucional, *mas não deveria ser*. O ponto é que, dentro da hierarquia ideológica da informação, o "deveria ser" se sobrepõe ao "é".

É para esse lado que tende a elasticidade percebida da legalidade, para o lado de um senso comum calcado no moralismo; é esse o sujeito construído pela cobertura. Portanto, a OAB, aqui, não ocupa o lugar do especialista que atesta a veracidade de uma informação, como às vezes acontece, e sim o papel duplo de álibi (atesta a honestidade editorial do jornal, pois ele ouve ambos os lados) e de inconveniente (ou seja, insinuação de um lado mais fraco porque tacitamente desqualificado: "Olha aí esses advogados e sociólogos que adoram direitos humanos pra bandido"). Seu enunciado é fraco, e por isso é inofensivo, mas sua presença ali já garante a esse cenário um semblante de democracia.

Pedro Duarte

Lembrança boa a da frase do Brecht. Ela ajuda a visualizar a situação com a mentalidade alargada; afinal, a violência pública do país não começou com as manifestações – que seriam as águas violentas –, mas bem antes, historicamente falando – são as margens violentas pelas quais suas águas se tornam arredias. Ironicamente, certa vez alguém disse, para trazer um exemplo diferente à baila, que unificar a Alemanha tudo bem, mas derrubar o muro já seria vandalismo. O comentário aponta que, em casos extremos, a depredação – como a de um muro que artificialmente separava as partes ocidental capitalista e oriental comunista de uma só cidade, a cidade de Berlim – tem sentido. Naquele instante, a violência tornou-se alegoria, ou seja, linguagem. Essa menção a 1989 é provocativa, pois o caso é díspar para se comparar ao Brasil de 2013. Mas há o mérito, a despeito disso, de lembrar um momento de violência cujo significado histórico é decisivo politicamente e, por que não dizer, belo estética e simbolicamente.

Isso dito, porém, vale completar: a complexidade brasileira não permite maniqueísmo. Não há polícia má e manifestação boa, polícia boa e manifestação má. Nem sei se é possível classificar toda a violência da multidão como reação à violência policial. Pois também há violência espontânea da multidão. Temos uma tensão histórica, aqui, que vem de longe, e diz respeito ao modo particularmente cruel pelo qual, no Brasil, a relação entre o Estado e a sociedade foi construída, já que a polícia deve garantir uma ordem estabelecida por aquele e contra esta. Os donos do poder, como os chamou Raymundo Faoro, são os beneficiários comuns de tal ordem, e portanto a polícia, ao protegê-la, os protege. Mas, afinal, o que os ameaça, por que precisam de proteção? Ora, nos momentos de tensão radical da desigualdade econômica e social do país, a ameaça é representada pela maioria oprimida por aquela mesma ordem dada que perpetua sua opressão.

Em suma, embora por dentro a polícia seja feita de indivíduos e não possa ser homogeneizada, ela fica em uma posição ingrata diante da (de)formação do Brasil: entre o Estado e a sociedade, entre a elite e o povo, ou seja, entre a ordem injusta e a desordem, que às vezes é justa e outras vezes não, mas que, por ser desordem, traz dificuldade para ser interpretada em ato pela polícia. Por isso, os problemas da ação policial nas manifestações não são só os excessos de violência, mas também recuos omissos. Vejo aqui dois desafios. Primeiro, achar o ponto de equilíbrio da ação policial, no meio de problemas de preparo técnico e de origem histórica dessa função. Isso no âmbito da ação. Segundo, e já no âmbito reflexivo, a legalidade instituída precisaria adquirir consciência sobre os fundamentos não legais que a sustentam (não que tais fundamentos sejam ilegais, mas são de outra natureza, como a econômica, a histórica, a política, a ideológica).

Nenhuma lei é perfeita. Ela é um esforço humano para se aproximar do que em uma sociedade é considerado justo. Não podemos apenas desrespeitá-la sem mais, sob pena de arriscarmos todo o pacto de convivência comum. Mas, ao mesmo tempo, uma sociedade saudável não é aquela que mantém suas leis e sua ordem através apenas da força, e sim aquela que preserva um espaço no qual tais leis e ordem podem ser discutidas e, quem sabe, transformadas. Claro que este jogo é tenso. O mundo concreto não é uma arena comunicativa e racional pura. Por isso é que se pedem justeza na ação e mentalidade alargada na compreensão.

Sérgio Martins

Os dois desafios que você coloca nos dão a oportunidade de lançar um olhar mais dialético sobre a questão da violência nas manifestações e questionar determinadas críticas aos Black Blocs, por estarem supostamente afastando os manifestantes das ruas, em primeiro lugar, e ganhando uma antipatia da opinião pública, em segundo lugar.

A primeira acusação me parece simplesmente infundada; é uma vontade de buscar um bode expiatório para uma perda de intensidade que, após mais de dois meses, pode ser simplesmente normal. Ademais, os "poucos" manifestantes que vêm aparecendo recentemente ainda são muito mais numerosos do que os que apareciam em manifestações anteriores às de junho. Fora o que os números não contam: agora que a população ganhou gosto pela política das ruas, há sempre a possibilidade de algum outro evento de grande ressonância novamente arrastar multidões.

Já a segunda crítica é mais complexa e parcialmente verdadeira: os Black Blocs caíram feito uma luva num papel de vilão que foi construído para eles, e talvez não tenham sabido variar sua estratégia para fugir dessa pecha. Por outro lado, sou refratário à ideia de usar a "opinião pública" como juiz do que quer que seja. Vale lembrar que a mesma opinião pública que condena os manifestantes violentos, dando voz ao valor disseminado de apreço à ordem, também reprova maciçamente o governo Cabral, reprovação essa que certamente ganhou com as demonstrações recorrentes de autoritarismo que os Black Blocs ajudaram a evidenciar. Portanto, o que exatamente é a opinião pública? Em geral, tomamos conhecimento dela através de um resultado de pesquisa, da generalização de um senso comum, ou de uma conjectura na imprensa, por exemplo. Não digo que não seja possível inferir alguns valores culturais e morais mais disseminados em nossa sociedade a partir de amostras como estas, mas é um erro imaginar que essa amálgama de opiniões definiria um sujeito estável e coeso. Representá-la dessa maneira já é manipulá-la.

A opinião pública está menos para uma instância *produtora* do que para uma instância que é (e precisa ser) reproduzida. Mas essa reprodução às vezes engasga: basta ver quão imprevisíveis foram os eventos de junho. O ganho das ruas não foi construído a partir de bulas oriundas das pesquisas de opinião pública (ao contrário, as tentativas da imprensa de sequestrar o significado dos protestos e enquadrá-lo em sua própria construção da chamada opinião pública ocorreram a posteriori). Foi um lance simbólico que simplesmente "pegou", que rompeu de forma incalculável – mas retroativamente compreensível – o clima de apatia política antes instalado.

Sobre a polícia, há algumas boas análises – penso especificamente na do Túlio Vianna – que evitam dualismos simplistas. O problema da estrutura militar da polícia é que ela geralmente impõe ao recruta um treinamento desumano, no qual a hierarquia coincide com a prerrogativa da humilhação. Seu superior pode humilhá-lo, assim como pode ser humilhado pelo superior dele, e daí em diante. Esse efeito cascata, quando chega na base da pirâmide, encontra vazão sobre o único tipo ainda inferior do ponto de vista hierárquico, que é o civil, ou, em um vocabulário mais próximo dessa mesma realidade, o "vagabundo". A estrutura da militarização pressupõe um "nós" e um "eles"; ela produz a percepção de uma população civil inimiga.

Mas há outro componente histórico que dá a esse quadro um suplemento perverso: nem mesmo a hierarquia militar é pura; ela é contaminada pela possibilidade constante da carteirada ou interferência por parte dos "donos do poder", que possuem a prerrogativa da corrupção. Uma hierarquia efetivamente blindada contra influências privadas seria intolerável aos olhos da nossa elite, que certamente não quer se ver sujeita ao "escracho". Para o policial, humilhado pela estrutura hierárquica e temeroso de errar o alvo e levar uma carteirada ou reprimenda, é essencial definir com clareza quem é objeto válido do "escracho". Isso se dá através da reprodução criteriosa dos nossos piores preconceitos: daí o alvo prioritário ser jovem, negro e pobre. É nesse sentido que o próprio sadismo seletivo do policial militar pode ser entendido como uma produção (e uma reprodução) social.

Pedro Duarte

Concordo que a categoria "opinião pública" é inapropriada como ponto de articulação de discurso. Pior é querer falar em nome dela, representá-la de algum modo. Cada um deve falar e agir em nome somente das suas convicções. No caso de cargos eletivos, é a população, pelo voto, que decide se tais convicções são adequadas para representá-la. Nesse sentido, a crise de representação da classe política, que para muitos esteve no centro das motivações das manifestações, não é nem apenas da classe política e nem só brasileira. Por isso, as manifestações, elas mesmas, não deveriam ser uma nova e melhor representação. Representar é (re)apresentar, apresentar pela segunda vez, pois a primeira está ausente, como quando alguém vai a um compromisso no lugar de outro. Em manifestações, as pessoas não representam outras, elas estão de corpo presente, apresentando-se, e não reapresentando os ausentes. Sua força é esta. Ninguém ali pede, protesta, grita e reclama através de outros, em nome de outros. Não há intermediação.

Se as manifestações fossem só uma nova representação, já nasceriam em crise, pois o problema é a própria representação – o qual não é só político, mas também estético, basta olhar para a dificuldade de sustentação das obras de arte ainda hoje calcadas no princípio clássico da representação. Esse ponto é difícil, mas inevitável: o problema não são só os nossos representantes, eventualmente corruptos, desonestos e limitados mesmo; o problema é também o próprio sistema da representação. Embora relevante, não bastará identificarmos os vereadores, deputados, senadores, prefeitos, governadores e sabe-se lá mais quais pessoas que exercem de modo espúrio a tal representação, seja deturpando seu sentido público por interesses privados, seja por incompetência. Não acredito que uma simples mudança de atores vá transformar a peça, caso ela permaneça pautada pelo mesmo princípio geral de organização, que é a representação clássica.

Isso nem é um problema pontual do Brasil, mas algo que diz respeito a todas as democracias modernas do Ocidente e, em última instância, envolve o seu projeto civilizacional. Nesse sentido, acho que as manifestações de junho têm um primeiro sentido específico no espaço e no tempo para o Brasil e para 2013; mas têm também um outro sentido, menos evidente e mais geral no espaço e no tempo, elas se alinham com um incômodo, para dizer o mínimo, ocidental e que não está restrito a quatro ou cinco anos de história, para trás ou para a frente. Esse segundo sentido exigiria uma leitura ampla e menos pontual das manifestações, para entender seu alinhamento em um quadro geral do momento que estamos vivendo agora. Isso não é nada fácil.

Sérgio Martins

Não é nada fácil, e isso é visível numa recente onda de pânico por conta de pesquisas preliminares para nossas eleições do ano que vem, que apontavam o Garotinho como líder de pesquisas de voto. Esse pânico aponta sobretudo para a dificuldade de se pensar política para além do calendário eleitoral, como se a eleição fosse uma síntese final, um fim do jogo político jogado nos anos que a precederam, e não simplesmente uma etapa entre as outras desse processo (ou seja, como se uma possível vitória do Garotinho pusesse tudo a perder).

Mas, num tempo pouco afeito a utopias, como dar forma a uma política capaz de extrapolar o pontual, os cinco anos para trás ou para a frente? Eu não tenho uma resposta, mas vi sinais interessantes ao longo desses dois meses. Um foi aquele gesto arrebatador que aconteceu em São Paulo, no qual a ponte Otávio Frias de Oliveira foi "rebatizada" de ponte Jornalista Vladimir Herzog. Saía o nome fundador do Grupo Folha, entrava o de uma vítima histórica da violência do Estado. Esse gesto conjuga vários pontos que levantamos: a conquista política da cidade, a recusa à circularidade do discurso vazio (e mais especificamente da legitimidade tautológica da imprensa) e uma invocação muito potente da história em seu caráter mais vivo, para além de sua domesticação em discursos oficiais.

O nome do Herzog funciona como antimonumento, como um retorno do recalcado histórico. O que pode ser mais incisivo do que isso numa manifestação cuja pauta era a democratização dos meios de comunicação? Essa pauta, assim como também a proposta de desmilitarização da polícia e até a causa indígena, vem ganhando uma projeção talvez inédita. Não são pautas pontuais, como algumas outras que são debatidas "dentro" da política estabelecida. São questões com longas raízes históricas e o potencial de redefinir o campo político e de afetar a reprodução da estrutura social do país.

Ao longo das manifestações, pautas decisivas como essas foram fincadas, feito estacas, na concretude da disputa pela cidade. Em nenhum momento eu senti tão na pele o arrepio dessa concretude como ao ver imagens da primeira manifestação dos moradores da Rocinha – em junho, antes do desaparecimento do Amarildo – seguindo pela avenida Niemeyer até a casa do governador, no Leblon. Como tantos filhos da classe média da Zona Sul, eu cresci tendo inculcado em minha cabeça o temor do "dia em que o morro vai descer", cresci imaginando aquela cena como um perfeito pesadelo. Nesse contexto, a solução preventiva era fingir que o morro não existia. Só que era um fingir profundamente sério, que não tapava a sua imagem vista da janela, mas que podia se dar ao luxo de ignorar a humanidade de quem não pertencia ao mesmo grupo social. Um fingir com consequências reais, dessas que ficam evidentes quando pensamos no valor reduzido que aprendemos a dar a uma morte na periferia. Eu tenho alguma memória de como essa ideia permeava minha percepção ainda inci-

Imagem: Rodrigo Paiva/RPCI

piente da cidade quando criança; é uma memória estranha, de um afeto real, porque o medo que nos incita ao reacionarismo é intensamente real. E até hoje eu sinto que é impossível olhar para o que acontece na cidade sem que isso tenha que vir acompanhado de um exercício de rejeitar todo e qualquer resíduo desse sentimento – mas não de esquecê-lo. O que eu vejo naquela foto não é apenas uma demanda local de moradores da Rocinha; eu vejo um golpe libertador incidindo sobre uma concepção política e estética de cidade e de sociedade.

A RETOMADA DAS GRANDES LUTAS POPULARES E A POSSIBILIDADE DE VITÓRIAS

LUIZ DALLA COSTA E SONIAMARA MARANHO

Geógrafo e pedagoga, coordenadores do Movimento dos Atingidos por Barragens (MAB)

6/10/2013

Introdução

Este breve texto é fruto de algumas reflexões feitas no último período e procuram compreender o momento vivido em nosso país com as mobilizações ocorridas a partir de junho de 2013.

As lutas deste período mudaram o estado de ânimo da sociedade brasileira, recolocaram na ordem do dia a possibilidade de se fazerem ações de rua, colocaram em questão a prática, antes rotineira e naturalizada, de repressão contra atividades públicas contestatórias e serviram de grande aprendizado democrático para a população, especialmente para os jovens.

Para explicarmos os acontecimentos e pensar seus possíveis desdobramentos vamos voltar rapidamente a períodos anteriores ao processo de mobilização, e a partir destes antecedentes olhar para a atualidade e para o futuro.

1. Antecedentes

O último período de manifestações massivas no Brasil aconteceu no início dos anos 90, resultando no processo de impeachment do então presidente da República, Fernando Collor de Mello. O intervalo de 20 anos entre aquele momento e o atual significa que muitos dos manifestantes de hoje participam pela primeira vez de grandes protestos políticos e que as últimas duas décadas foram de relativo descenso das mobilizações populares no país.

No Brasil, o início dos anos 90 é marcado pelo retrocesso nos direitos sociais e pela adoção vergonhosa, nos governos Itamar Franco e Fernando Henrique Cardoso, de diretrizes políticas e econômicas determinadas pelo chamado Consenso de Washington: a entrega do patrimônio público para empresas privadas, o ataque aos direitos dos trabalhadores, a destruição de empresas estatais e ainda uma forte campanha ideológica de justificação dessas políticas.

Entre muitos exemplos vexaminosos que poderiam ser mencionados, basta um: a venda de parte do patrimônio da Eletrosul e de usinas hidrelétricas construídas na bacia do rio Uruguai (entre o Rio Grande do Sul e Santa Catarina). Esta empresa foi fracionada e uma parte foi entregue praticamente de graça às empresas privadas, entre elas a belga Tractebel (hoje subsidiária da empresa francesa Suez), a Votorantim, a Alcoa e a Vale. Um patrimônio estimado em 7 bilhões de reais foi vendido por 700 milhões. Dos 700 milhões, mais de 300 estavam em caixa e outros 400 foram abatidos em impostos. Hoje, o faturamento anual de somente duas hidrelétricas da região (Itá e Machadinho) é de 1 bilhão e 500 milhões de reais.

As contradições do final dos anos 90, com destaque para o apagão no setor elétrico nacional, criaram um contexto político favorável à vitória de Lula em 2002. Começava aí um período marcado pela ideia de que era possível transformar o país sem conflito, de maneira a beneficiar todos os setores da sociedade. Foi um período, para resumir numa frase, de conciliação de classes. Apesar da popularidade de Lula, é importante lembrar a expressiva votação recebida no primeiro turno da eleição presidencial de 2010 por Marina Silva, cujos 20 milhões de votos foram um sinal claro de desgaste das coalizões que dominaram a política brasileira nas últimas décadas, impulsionadas pelo PT e PSDB.

Impossível fazer aqui uma análise aprofundada de todos esses temas, mas alguns fatores devem ser destacados para pensarmos as mobilizações:

a. Nos últimos anos houve uma diminuição nos índices de desemprego no país e uma consequente mudança na pauta de reivindicações dos trabalhadores: não se trata mais de disputar o emprego, apenas, e sim de melhorar a condição no emprego, exigindo melhores salários e condições de trabalho.
b. Há hoje um maior acesso da juventude às escolas e principalmente às universidades. Ainda que essa expansão do sistema de ensino privilegie muitas vezes uma formação voltada para o mercado, produzindo técnicos ou empreendedores mais do que intelectuais, o aumento dos níveis de escolaridade tende a produzir uma população mais crítica e informada.

c. A difusão da internet agilizou a transmissão de informações e a troca de ideias e iniciativas de mobilização, em especial para os jovens.
d. Reiteradas denúncias e comprovações de envolvimento em ilícitos por parte de agentes do Estado criaram um clima de insatisfação generalizada com a classe política.
e. A disputa intercapitalista entre os setores rentistas e produtivistas era a tônica principal do período anterior às mobilizações de junho. O governo federal tomara uma série de medidas favorecendo o capital produtivo, dentre elas a queda nas taxas de juros, os incentivos fiscais para algumas áreas da produção como automóveis, produtos da linha branca e da cesta básica, e a diminuição dos preços da energia no bojo da renovação das concessões do setor elétrico. A redução dos preços da energia foi uma iniciativa política do governo, o que incomodou muito os defensores do "livre mercado".
f. Nas vésperas das mobilizações, a sociedade brasileira assistia a uma fortíssima chantagem contra essas medidas que, a nosso ver, favoreciam o capital produtivo.
g. A maioria das pessoas que viram suas condições de vida melhorarem não viam o mesmo acontecer com as estruturas públicas que utilizavam, como, por exemplo, o transporte coletivo e a saúde. A luta popular por saúde, transporte e educação permanecia fora de cena da disputa entre os setores rentistas e produtivistas, o que começou a incomodar a população.

2. As mobilizações animaram o Brasil a partir de junho

A partir de uma faísca – o aumento nas tarifas de ônibus e metrô – se dá o início do grande processo de mobilização social de 2013 no Brasil[1]. Os jovens do Movimento Passe Livre, do Levante Popular da Juventude e das organizações estudantis desde o início foram apoiados por vários movimentos populares. A repressão ordenada pelo governador do PSDB/DEM de São Paulo, Geraldo Alckmin, foi brutal, atingindo não somente os que protestavam, mas também jornalistas e outras pessoas nas ruas da cidade. O governo federal do PT/PMDB falava através do ministro da Justiça oferecendo forças policiais e criminalizando os protestos.

O povo respondeu em grande gesto de solidariedade e de mobilização popular a essa brutal atitude do Estado brasileiro, e centenas de milhares foram às ruas e tomaram conta do país. Com a justa reação do povo à agressão sofrida, o Estado teve que recuar. Não era mais possível reprimir milhares de pessoas em centenas de cidades.

O que se viu nas mobilizações remonta aos antecedentes tratados neste artigo como pontos genéricos, dentre os quais destacamos:

a. As pautas, com exceção da redução do preço e a melhoria na qualidade do transporte público, eram difusas. Cada um com sua bandeira, individual.
b. Nas ruas, as disputas foram de todo tipo, desde o trajeto das caminhadas até as palavras de ordem e a defesa ou rejeição a partidos e organizações. Em São Paulo e no Rio de Janeiro a rejeição foi maior. Já em outros lugares, como em Minas Gerais, Porto Alegre e Fortaleza, as bandeiras dos movimentos sociais estavam junto com as manifestações de forma mais tranquila.
c. Setores conservadores também estavam presentes com suas pautas e incentivando a rejeição aos movimentos e partidos.
d. Os meios de comunicação, em especial a Rede Globo, foram rejeitados e alvo de muitos protestos.
e. Os protestos se dirigiram a todos os governos.

Em nossa avaliação os protestos abriram uma nova fase na luta política nacional. É bom lembrar que antes de junho de 2013 era "proibido" realizar manifestações na avenida Paulista. Agora, segundo um comandante da polícia militar de São Paulo, "os tempos são outros".

a. Criou-se uma nova cultura de participação e mobilização há muito não vista. As ruas passam a ter outro peso. O protesto agora é legítimo.
b Houve uma retomada das pautas populares: do transporte, da educação, da saúde e das reformas necessárias para o país.
c. O conflito, e não a conciliação, trouxe vitórias econômicas concretas, mesmo que pequenas.
d. Os governos sentiram o povo perto dos palácios.
e. A juventude foi protagonista.
f. O processo suscitou maior unidade na esquerda brasileira, que tem procurado articular temas e lutas em comum.
g. O processo educativo de massas foi intenso e certamente recolocou a possibilidade de lutas sociais em patamar superior ao período anterior.

3. E o futuro?

Reproduzimos aqui três pontos destacados no Encontro Nacional do MAB que elucidam nossa posição sobre o momento atual:

a. Que há uma crise do modo de produção capitalista criando uma intensa disputa dos grandes grupos econômicos para retomar as taxas de acumulação de riquezas. Esses grupos querem que seus países de origem (em especial os Estados Unidos, Alemanha, França e Inglaterra) avancem na descoberta e uso de novas tecnologias para dominar, ainda mais, os setores estratégicos na área da produção. E buscam extrair altas taxas de lucratividade nos países pobres, apropriando-se dos territórios, utilizando-se da força de trabalho da classe trabalhadora e apoderando-se dos recursos naturais (água, petróleo, terra, minerais) para obter rendas diferenciais acima da média.
b. Que a energia ocupa um papel central na atual sociedade, possibilitando a ampliação da capacidade de trabalho dos trabalhadores, gerando maior quantidade de valor. No Brasil este recurso estratégico é comandado pelas grandes empresas transnacionais centralizadas pelo capital financeiro. A política energética nacional é decidida por estes setores empresariais e pela burocracia estatal sem qualquer participação ou controle popular. Nesta lógica, a atual política energética viola os direitos dos atingidos, precariza o trabalho dos eletricitários e dos trabalhadores na construção das obras, aumenta os preços da energia e retira o poder e a capacidade das empresas estatais.
c. Que neste movimento do capital o poder econômico procura submeter os Estados Nacionais e os espaços institucionais (Executivo, Legislativo e Judiciário) para colocá-los a serviço dos interesses das grandes empresas, criando as melhores condições para a sua atuação. Quando há reações dos poderes instituídos, a prática tem sido a constante tentativa de desestabilização e a derrubada de eventuais obstáculos a seus objetivos. Para o capital não há legalidade que impeça seu avanço.

Em nossa avaliação, a luta central continua sendo entre os setores do capital pela retomada das taxas de acumulação. Que as lutas de junho nos animem cada vez mais, as batalhas pela frente serão duras.

NOTA

1 É importante destacar que em 2011 os jovens do MPL puxaram lutas em São Paulo contra os aumentos nas tarifas do transporte. Naquele momento foram reprimidos e a luta não ganhou grande dimensão. Neste ano de 2013 as primeiras lutas aconteceram em Porto Alegre e lograram reduzir os aumentos, porém não sensibilizaram todo o país como os acontecimentos de junho em São Paulo.

UMA NOVA ONTOLOGIA NAS/DAS RUAS

SALVADOR SCHAVELZON

Antropólogo

7/10/2013

A combustão de junho

Na política, o fenômeno da combustão é imprevisível e incontrolável. Em 2013, como quase todo ano, os governos autorizaram um aumento do preço das passagens do transporte público, e o Movimento Passe Livre de São Paulo convocou uma manifestação exigindo tarifa zero. Como todo ano, apenas agrupações estudantis de esquerda compareceram nas primeiras manifestações. A violência policial que não pôde deixar de ser registrada pela grande imprensa levou mais pessoas para a rua. Como sempre, no entanto, o governo avaliou que seria impossível revogar o aumento. Foi aí que o círculo da repetição do sempre-igual-em-toda-parte abriu no entanto uma brecha para a diferença: dessa vez os protestos chegaram a centenas de cidades e milhões de pessoas. O aumento foi revogado e mudou para sempre a política do Brasil. Foi assim que nasceu uma nova forma de ser e perceber na política: a chamarei aqui de Ontologia.

Os protestos do transporte se encontraram com passeatas contra os gastos da Copa do Mundo, a violência policial, a chegada do papa Francisco e um sem-fim de pedidos multiplicados em cartazes improvisados de jovens que saíam às ruas pela primeira vez ou velhos que saíam de novo, só que de outra maneira. Nascido de combustão inesperada, o novo lugar político resistia em ser direcionado ou demarcado. Em julho, os sindicatos e movimentos sociais convocaram uma jornada de greve e mobilização. Carros de som repetiam as clássicas pautas sindicais contrastando com as passeatas do mês anterior, em que cantos novos eram inventados toda hora.

Setores do PT, depois de alguns dias, também saíram. Mas para protestar contra quem? Para eles o governo já cuidava daquilo que as ruas podiam reivindicar e o governo cobria o espaço todo da política. O que as alianças do governo não permitem atender é secundário, apenas danos colaterais que desviam atenção das contradições principais. Os protestos de junho eram lidos como jogada da oposição, pensavam, e voltaram para casa falando para si que afinal a presença do povo nas ruas era produto dos avanços do governo Lula. Era preciso continuar a luta contra os adversários tradicionais nas próximas eleições ou com políticas públicas de inclusão social. Afinal, se perguntavam, por que as ruas se não há crise no Brasil?

O próprio Lula, em artigo no *The New York Times*, recomendava aos jovens fazer o que ele tinha feito nos anos 80: "Expressar o desconforto entrando na política." Como se os jovens não tivessem feito exatamente isso, só que por outros caminhos e no limiar de uma nova linguagem. Também Marilena Chauí reclamava aos jovens a construção de mediações institucionais para disputar o poder. Mas o que aparecia na rua era outra coisa: protestos sem lideranças nem representantes, sem acumulação para posterior negociação lá em cima. Os Novos Movimentos Sociais tinham virado velhos. Política do presente, do lugar, das pessoas que se encontraram nas ruas e que juntas inventaram alguma coisa que antes não havia. Não se tratava de manifestantes que *ainda* não tinham encontrado um líder ou estruturado um partido. É que Ontologia não existia no Depois, no Além, na política institucional afastada das pessoas. Sem rosto individual se tratava agora de uma onda crítica descentralizada e dispersa que atingia também o centro.

Nas ruas apareceu uma força coletiva indescritível mas certamente oposta à frente multipartidária dos governos articulados pelo preço injusto das passagens, pela busca de "ordem", "progresso" e continuidade. Frente a um bloco indiferenciado do poder, do qual depois de 10 anos de governo o PT não tinha condições de se diferenciar, novos manifestantes com novos desafios. Colegas da faculdade ou do colégio, grupos de vizinhos, Black Blocs de "ação direta", autoconvocados na internet. Passeatas em novos lugares da cidade, toda uma nova infraestrutura para se manifestar e expressar desejos políticos liberados.

O passado das Diretas e greves do ABC, do debate Collor-Lula em 89, dos presos da ditadura e a luta contra as privatizações não conformavam a memória emotiva de muitos dos que se manifestaram, por razões geracionais. Tudo isso a cada vez entrava mais na história e saía da sensibilidade das ruas. Daí os corpos livres para ver o que o aumento das passagens, os contratos da Copa do Mundo, o poder repressivo do Estado tecnocrático e as decisões parlamentares mostravam à luz do dia. O PT tinha triunfado em vencer o mito de que implantaria o socialismo. Grandes bancos, empreiteiras e industriais já não tinham medo do PT. A chegada ao governo de um partido que terminaria com o neoliberalismo não era parte do universo político da nova Ontologia, nem "neoliberalismo", nem "partido", nem "chegada ao poder" eram ideias significativas para a nova Ontologia das ruas.

O PT mostrou impotência porque via como a rua tinha encontrado uma voz crítica com uma legitimidade totalmente alheia. A oposição e a TV também se mostraram sem chances de impor interpretações. Os outros partidos não tinham a menor ideia do que acontecia, mas era a morte da alma do PT o que estava em jogo na nova Ontologia. Não o PT do Planalto, nem o das eleições, embora estes sejam também atingidos. A força das ruas não buscava derrubar e substituir o PT. Qualquer tentativa de representar as ruas nas urnas contra o PT ou em qualquer direção sentirá o vácuo da solidão e a impotência.

O problema do PT não era a ameaça de uma força política que fizesse o que ele não tinha conseguido. A Ontologia tinha outros problemas e outras formas políticas de encará-los. Ela atingia o PT como força política que deixava de ser promessa e garantia política na imaginação das pessoas. A Ontologia pode a partir de então até conviver com um PT que se reencontre com seu sentido na história. Mas enquanto isso a ameaça é antes a de tornar essa história irrelevante e não mais política. Existirão ainda batalhas para ser levadas sempre pelas forças em retirada. A Ontologia abre um novo espaço independente do que habitam os jornais, os dinheiros eleitorais, a "política internacional" e também Marina.

Ontologia não disputa a maioria, também não a hegemonia. Enquanto alguém comemora que todos os partidos com chance eleitoral nasceram na oposição à ditadura, a Ontologia é acionada para inventar um novo lugar para desejos, visões e desafios que morreriam contra uma muralha do bloco único de todos os partidos. Embora o PT não seja o centro da política para Ontologia, no entanto, para que ela exista como lugar político foi importante que o partido governista se tornasse alheio às ruas. É que, como a Ontologia das ruas de junho, o PT nasceu também como mundo novo: com incompreensão e tentativas de apropriação da esquerda; combatido como barbárie e violência pela imprensa e a direita; de fora e contra o poder. Nascia com formas e objetivos que agora vemos, porém, insuficientes para se manter com vida na nova Ontologia.

Assim, embora Ontologia seja singular, autorreferente e independente dos caminhos da política dominante, apenas vemos um espaço para ela quando o bloco dos de cima aparece sem fissuras. Ontologia invade o tempo e espaço político não na decomposição do bloco dominante, mas quando este mostra sua força e unidade dominante. Por isso, quando vemos a luta progressista do PT contra "o mal", o monstro privatista, a Alca e pela unidade latino-americana, a Ontologia perde nitidez e presença definida. Poderá ser deficitária a gestão da saúde, mas enquanto a política for a política das lutas que levaram o PT ao poder não haverá Ontologia para além de pequenas discussões e lutas dispersas, quase invisíveis, pela autonomia ou a descolonização. O PT contra a direita-que-gostava-da-ditadura ganha eleições e representa. E continuará ganhando. Haverá espaço para que o Fórum Social Mundial e o Foro de São Paulo sejam convocados, embora neles não haja mais discussões e entusiasmo.

Enquanto alguns assistiam ao filme do golpe de Estado que os colocava nas trincheiras da resistência e outros reduziam tudo a colunas vermelhas contra fascistas, novas formas de comunicação e ação apareciam. Novos desejos e ideias políticas se conectavam com essa nova Ontologia. Não uma nova visão do mundo: um novo mundo. Não uma nova alternância política dentro do sistema nem outro sistema. Um núcleo gerador de um ponto de vista em que nada do que faz sentido para o pragmatismo estatal atual continua sendo tolerável.

O único verdadeiro na terra das interpretações de junho era o excesso. O "fora" da política atual que fazia vã qualquer explicação em termos do "dentro". Por isso os atores habituais da vida política do país ficavam girando em falso: a constituinte especial, primeiro, depois os cinco "pactos políticos" que a presidência anunciou para sintonizar com as ruas fracassaram mostrando a impotência do velho frente à Ontologia. Quando a imagem positiva de Dilma caiu a 31%, já nada era certo no Planalto. Lula seria candidato? O PT largaria o PMDB? Ou antes o PMDB largaria o PT? Do outro lado da velha política, a tentativa de transformar as ruas num "Fora Collor" contra a corrupção do governo e contra Dilma também não colaria.

Mesmo alguns coletivos horizontais e antiestatais protagonistas de junho pareciam sair do remoinho quando passavam para clássicos lugares comuns da esquerda militante. As periferias que mais sofrem com um transporte péssimo, por exemplo, não responderam como muitos podiam esperar. É verdade que forças presentes no caos confundiam todos os partidos sem perceber que alguns de fato eram também parte das ruas. Mas esses partidos confundiam tudo que não vinha enquadrado ou organizado com programa e curso de formação como se fosse uma provocação fascista. Havia forças não partidárias, do MPL aos Black Blocs e dos grupos de arte política aos milhares mobilizados sem movimento ou sindicato, que não eram fascistas nem apolíticos. Já não estava mais valendo o que funcionava na matriz ontológica anterior. Quando o tempo da mobilização ocupava a política do país, nasceu a Ontologia. Agora ela estaria aí para sempre, como forma de ver as coisas que mesmo que impossível será já sempre para todos visível.

O nascimento de Ontologia

Estou chamando de Ontologia uma coisa que não tem nome. Ela existe graças a dois fortes movimentos simultâneos que a constituem: aproximação e afastamento. Mudança de escala e dimensão da política. Só aquém e além da política brasileira atual é que podemos divisar este novo território ontológico. A Ontologia de junho é ela própria produto de milhares que foram parte da política, fizeram política, entraram na política, ou então que saíram, que desligaram a TV, que não acreditaram nas respostas políticas circulantes e olharam de outra forma a polícia, as declarações governamentais e o candidato que tinham votado meses antes. A combustão tinha encontrado combustível na nascente Ontologia.

As cacetadas da política ajudaram a criar a distância ontológica que possibilitou junho. Exércitos repressivos fortalecidos pela neurose coletiva da segurança pública perderam o controle como máquinas furiosas que se sentiam desafiadas. Essa reação levou o número de manifestantes de milhares para dezenas de milhares quando os protestos começaram. No Rio de Janeiro a chama da Ontologia cresceu, uma vez que parecia se dissipar em São Paulo, quando a avenida Presidente Vargas e depois a favela da Maré, a casa do governador Sérgio Cabral e a Assembleia Legislativa viraram palcos da brutalidade policial. Mas agora esta não seria tão invisível graças à proximidade de olhar que permite Ontologia. À violência policial como política do governo os grandes meios buscavam sobrepor o "vandalismo" de manifestantes, justificando a intervenção. Mas só precipitavam assim o nascimento de Ontologia, mais real quanto maior o vazio político das instituições, mais distante das notícias de todo dia quanto mais próxima e imanente da rua. Políticos e colunistas apareciam como mentirosos para quem tinha participado da manifestação.

Outros empurrões no recente parto da Ontologia se devem à política governamental. A base governista e sua política indulgente com o poder abriram também as portas para a Ontologia, que nasceu menina, muito comunicativa e de olhos grandes. Políticas sociais que distribuem uma mínima parte da riqueza social que massivamente está orientada aos interesses do capital aparecem como relato inteligível do ponto de vista dessa nova Ontologia. É que a sociedade discutiu os termos dos contratos dos transportes pela primeira vez, junto com os das obras da Copa e a data de validade dos cartuchos de gás lacrimogêneo. Nesse mundo, Ontologia se apresenta, se expande, grita e se conecta quando um ruralista apresenta um projeto contra a demarcação de terras indígenas, um religioso apresenta um projeto homofóbico, um deputado usa um avião público para assistir ao jogo da seleção (tudo isso circulou quando explodiu junho). É nessa Ontologia que ouvimos os protestos dos 20 centavos, dos 500 anos, do "Fora Feliciano" e do "Cadê o Amarildo?".

O pragmatismo e a lógica do "tem que escolher", "o menos pior", "sempre foi assim" não se emitem na frequência ouvida pela Ontologia. Ela é de outro mundo e responde a outras realidades e buscas políticas. Ela é também intergaláctica e plurinacional: existe em Chiapas e nas manifestações da Grécia, na autonomia indígena da Bolívia e nas assembleias populares de qualquer lugar. A Ontologia sempre existiu, na verdade, embora seu nascimento seja um evento importante cada vez que volta a acontecer. A existência dela é efêmera e fugidia, embora possa um dia ocupar as ruas e paralisar a cidade da civilização dos carros. A política velha, que ri condescendente ou reprime uma Ontologia irreal, a partir de uma realidade real demais, e por isso injusta.

Quando o Bloco do poder fecha filas, se mostrando como o 1% de Occupy, indignando a população como no 15M espanhol ou provocando o grito de "*Que se vayan todos*" do 2001 na Argentina, a Ontologia acorda as ruas e inventa um mundo novo. Sua proximidade mostra a senhora falando no cabeleireiro de política, sua distância nos leva para além da TV, da disputa eleitoral e da república. A forma de Ontologia é mutável, mas ela nunca vai ser reduzida às formas modernas da política institucional. Ela nunca será um partido, um sindicato nem um movimento social, embora nesses âmbitos possa também abrir discussões e colocar tudo de pés para cima.

O distanciamento e a proximidade que não é possível no poder do pragmatismo e os consensos infernais fazem da sua potência política uma realidade. Ainda que seja virtual, a Ontologia é assim tão real quanto a velha política, ainda atual. O distanciamento é ar para a política para além das instituições. A proximidade permite sentir a espessura da vida hoje, de quem passa cinco horas do dia no ônibus ou dos que perdem a terra pelo avanço do agronegócio. Ontologia nasceu nas cidades, no confronto com a polícia e a incompreensão dos governantes. Mas é sensível à voz tênue das civilizações passadas e aos não humanos que mais e mais entram na política enquanto o desenvolvimentismo os tenta desaparecer numa solução final.

A imprevisibilidade da combustão de junho é um problema político, como mostraram derivas fascistas e neutralizantes que não deixaram de se mostrar na superfície de junho. Mas é também um dado que diz respeito à força do acontecimento. É na impossibilidade de reproduzi-la, controlá-la e também respondê-la que a combustão ocorrida permanece desafiante e poderosamente acesa. Essa novidade está presente na política brasileira desde junho e seduz. Não pode ser respondida porque não busca atenção das autoridades.

Ontologia funciona como hipótese. Num pequeno território onde se constrói uma nova forma de política, de cidade, de viver. Não tem a ver com massas eleitorais, porque existe de forma presencial e não mediada. Ela não é o arcabouço que fornece signos novos ao velho mundo político. Apenas concorre para existir como lugar onde as pessoas poderão continuar se encontrando. Ontologia não resolve os problemas da gestão, nem da organização política e nem leva para o sucesso de uma manifestação. Ela não satisfaz demandas: apenas abre um espaço para expressar desejos. Ela não existe como horizonte nem como garantia. Ela nunca é a mesma, ela sempre é o Outro. É combustível para a aparição de um mundo formado por muitos mundos, para além da disciplina, das formas políticas dominantes e por fora do consenso capitalista como modo de desenvolvimento da vida. Está fora de controle e é um caminho aberto. Não sabemos para onde ela leva, mas já confirmamos que a política da nova Ontologia permite frear o aumento do transporte e rediscutir os contratos das empresas.

ENTREVISTA

MARCELO FREIXO

Historiador e deputado estadual pelo PSOL-RJ

9/10/2013

De que forma você vê as manifestações que começaram em junho? Olhando em retrospectiva, o que você enxerga?

Todos fomos pegos de surpresa. O mais otimista dos revolucionários não imaginava essa quantidade de gente na rua e essa quantidade de indignação brotando. Acho que todo nosso sistema cognitivo entra em crise antes da economia, e a gente tenta entender o que está acontecendo. Vai levar tempo para descobrirmos todos os significados colocados nessas manifestações. Elas foram amplas, de um processo de indignação muito coletivo; foram indignações urbanas, nas grandes cidades, e as cidades pequenas se movimentaram muito menos, por mais que pontualmente alguma coisa tenha acontecido. Mas criou-se um sentimento generalizado de transformação, de desejo de mudança, não necessariamente canalizado para uma pauta: as pautas eram diversas.

Nosso passado nos ajuda muito pouco a entender o que está acontecendo. Se pegarmos o que aconteceu em 1968, é muito diferente do que aconteceu agora, desde as lideranças ao objetivo, à forma de organização, tudo é diferente. Em 1984, nas Diretas Já – estou falando de movimentos com grandes números de pessoas nas ruas –, o movimento também foi completamente diferente. Em 1992, pelo impeachment, idem: os autores, os protagonistas, as pautas, a forma de organizar, a estética do movimento, tudo. Então a gente tem mais perguntas do que respostas, o que não acho de todo ruim. Nos dá certa agonia, mas, enfim, é uma boa surpresa.

Eu acho que tem três coisas que viraram uma pauta nacional e que estavam presentes em todas as manifestações: a questão da mobilidade urbana, que é central – embora hoje ela não seja a principal pauta – ajuda a entender aquele momento, tem a ver com cidade; a questão dos grandes eventos, principalmente a Copa e as Olimpíadas, no caso do Rio de Janeiro: os custos, as construções dos estádios; essa certeza de impunidade da nossa elite, essas negociatas desenfreadas; essas coisas que são escandalosas, que até se acha graça. Mas aquela sensação de que não vai dar em nada deu. Criou-se uma pauta sobre a questão dos jogos que não é festiva, não é comemorativa, não é com pompom, como eles esperavam que o povo recebesse.

E, por fim, a terceira questão: a violência policial. Que não é uma pauta original, mas vira uma pauta de todos os movimentos, principalmente a partir do que acontece nos grandes centros, Rio, São Paulo, Minas Gerais, e se espalha. Há episódios de violência policial muito fortes em diversos lugares: no Sul, no Norte, no Nordeste.

Esses três eixos – a mobilidade, os grandes eventos e a violência policial – deram um caráter nacional a esses atos. Mas a violência policial do Rio tem muito pouco a ver com a de São Paulo, que tem muito pouco a ver com a de Belo Horizonte, que tem muito pouco a ver com a de Porto Alegre, que tem muito pouco a ver com a da Bahia, porque as polícias são estaduais e estão muito vinculadas a um modelo de cidade. Essas manifestações têm um caráter muito vinculado a um modelo de cidade que se consolida aqui no Rio, que é um grande laboratório de "cidade negócio". O planejamento da cidade é empresarial: é a lógica das privatizações, das terceirizações. Isso em setores fundamentais, como a saúde. A saúde do Rio de Janeiro é toda entregue às chamadas Organizações Sociais. Isso pra falar de setores absolutamente estratégicos. Quem administra o transporte do Rio de Janeiro são as empreiteiras, quem têm a gestão da cidade. Eu não sou contra a presença de empresários ou de investimentos: querer imaginar o Rio de Janeiro no século XXI sem investimento empresarial é pra lá da utopia. O problema é a natureza da relação entre público e privado. O público passa a se submeter aos interesses de um planejamento privado, empresarial, no modelo de cidade. Isso gera grande crise, porque a cidade deixa de ser voltada para as pessoas, para a ideia de direitos, e passa a ser uma cidade voltada para a ideia de rendimento.

Tudo vira um grande espetáculo: é a cidade dos grandes eventos, e a cidadania é a cidadania do aplauso. A cidade é um permanente espetáculo, onde se assiste, mas não se constrói. Você não tem a cidade nas suas mãos, não se interfere nas decisões fundamentais, nem na cultura, nem na saúde, nem na educação. As relações da educação são autoritárias. Os secretários de Educação – isso é muito sintomático –, tanto do município quanto do estado, não conhecem a sala de aula, não sabem o que é a sala dos professores; nunca se relacionaram com serventes, com um inspetor, com um porteiro, nunca foram apresentados a uma merendeira. Não sabem o que é a natureza do dia a dia de uma escola, porque têm essa ideia de planejamento empresarial. Essa lógica vale para a escola, para o hospital, para o posto de saúde, para o ônibus e o metrô.

Quem administra o metrô do Rio de Janeiro é uma empreiteira chamada OAS. Quem administra a barca Rio de Janeiro–Niterói é a CCR, que são a Camargo Correa e a Andrade Gutiérrez. Quem administra a Supervia, que são os trens, é a Odebrecht. As empreiteiras têm a gestão da cidade, elas não são contratadas. Muda a natureza da relação desse capital com o público. Governador e prefeito passam a ser executivos dos interesses privados, pessoas que operam uma cidade pra lógica desse planejamento empresarial. Esse modelo tem muito a ver com o governo Sérgio Cabral/Eduardo Paes e elimina a "cidade pessoas", a "cidade direitos". É onde surge a ideia da crise de representatividade, da crise de governabilidade. Não é uma crise de representatividade só do partido político: o rechaço aos partidos políticos não é um rechaço à política, é um rechaço ao modelo de governabilidade que sobra para esse modelo de cidade, porque os partidos... é um mercado!

Fui candidato à Prefeitura do Rio de Janeiro e enfrentei uma aliança de vinte partidos. Por que havia vinte partidos coligados? Porque tinham um projeto de cidade comum? Não! Porque os vinte partidos davam um tempo de TV enorme aos seus candidatos e negociavam entre si cargos nos espaços públicos. Sem qualquer percepção de necessidade de diálogo com a sociedade. Há um *apartheid*, uma distância abissal entre sociedade e decisões do poder. Isso de alguma maneira explode no Rio de Janeiro.

Nenhuma outra cidade tem essa combinação entre o público e o privado?

Nesse nível, acho que não. E aí a gente entende o porquê de essas coisas continuarem a acontecer no Rio: da mesma forma que o Rio foi uma cidade laboratório desse projeto do capital, ela é também um projeto laboratório da rebeldia não planejada.

Estive na última passeata, que foi belíssima, dos professores. Vi, por exemplo, quatro grupos diferentes do que chamam de Black Blocs, que não é um movimento, é mais uma estética do que uma organização. Vi claramente que esses grupos não se conheciam, que não estavam juntos. Não há um movimento, e é algo que a gente vai demorar a entender, que tem outro método, outra forma e é fruto do que está acontecendo. Uma parcela de jovens era de periferia, de favela, jovens pobres. Essa é uma parcela da juventude que a vida inteira viveu o confronto com a polícia nos seus territórios. E o fato de isso se aproximar de uma reivindicação, de uma passeata, que não é algo comum na história do Rio de Janeiro, isso tem um outro desdobramento. O que que isso significa? Tem coisas que não estão nos nossos domínios da razão. A gente vai precisar de tempo e de esforço para tentar entender.

Estamos conseguindo desfazer o discurso padrão do "vandalismo" para o grande público, que não participa das manifestações, ou ainda estamos presos a isso?
Classificar como vândalos é uma maneira muito simplista de resolver a questão. A ideia de classificar como vândalos é um jeito de conseguir adjetivar: você chama de vândalo, cria uma categoria, e a partir daí tenta classificar.

Isso também serve a um outro propósito, que é uma disputa de pauta. Fazer um debate profundo sobre o significado da Copa do Mundo não interessa a muita gente. Quanto vem de dinheiro? Quanto tem de dinheiro público ali? De quem são os interesses? Quem determina isso? Ou seja, transparência. A Fifa não suporta transparência. O "jogo limpo", como eles gostam de dizer, é dentro de campo; pra fora não é tão limpo assim, não é tão bom assim. Basta ver onde a Copa do Mundo é organizada, o calendário dos sítios organizados.

Lembro perfeitamente do início dessas manifestações e do quanto a PEC 37 virou a pauta preferida de muitos. É um bom debate, mas tinha gente que sequer sabia o que significava PEC 37. Isso virou quase que pauta principal, pelo menos aqui no Rio de Janeiro, porque interessava a alguns que isso virasse o principal debate. E com as pautas diversas, como você não tem uma ditadura a ser derrubada, é um pouco mais complexo, tem-se uma pauta em disputa. E aí nasce outra pauta, que é "vândalos de um lado, PMs de outro". E se alterna: um dia você usa todo o seu noticiário pra falar mal da PM, no outro dia você usa todo o seu noticiário pra falar mal dos vândalos e depois você troca – e vai nessa dança entre vândalos e PMs, criando "o grande debate".

Não se debate com seriedade, não se aprofunda o debate da escola pública; não se faz o debate que deveria ser feito sobre transporte, mobilidade urbana, projeto de cidade; sobre remoções, especulação imobiliária e outros pontos fundamentais. De alguma maneira, vai escapulindo. Porque *tem* uma disputa de pauta. Não estou dizendo que esse debate do quebra-quebra não deva acontecer, tem que acontecer com todos os olhares.

Você falou do modelo de cidade corporativista, em que o meio empresarial planeja e pensa politicamente. Isso se encaixa no nosso aparato institucional legal?
Claro, porque você não tem a privatização dos serviços, mas do espaço público. O governador foi privatizado, o prefeito foi privatizado. A privatização está nas decisões públicas. Essas decisões de poder estão a serviço de um determinado interesse privado, e aí você submete o interesse público a isso e vê isso acontecer.

Para dar um exemplo concreto: vão privatizar o Maracanã, está dentro dessa lógica. Você pega o principal símbolo de entretenimento, de alegria – e não é só um campo de futebol, o Maracanã é um dos símbolos mais importantes da história do Rio de Janeiro. E aí a origem do Maracanã: o debate que se fez sobre a cidade na época da Copa de 1950 precisa ser resgatado, aquele debate entre o Mário Filho e o Lacerda sobre onde o Maracanã seria construído. Você olha o projeto de privatização do Maracanã e vê o governo se mexendo no sentido de pagar 2 milhões de reais à IMX, uma das empresas do Eike Batista, para que ele fizesse um estudo de viabilidade da privatização do Maracanã. Eu tive a oportunidade de ler todo esse estudo. Não é um estudo, é uma defesa da privatização do Maracanã, inclusive com argumentos falsos. Nesse estudo da IMX, eles dizem, por exemplo, que o Célio de Barros e que o Júlio Delamare – os centros de atletismo e o parque aquático que fazem parte do complexo do Maracanã – eram "ociosos e deveriam ser destruídos". O que não era verdade! Eles nunca foram ociosos. Então, o documento da IMX, que foi pago pelo poder público pra ser feito, é um documento em defesa da privatização. E a IMX, a mesma empresa que recebe para fazer esse estudo, concorre à privatização do Maracanã. E ganha, junto com a Odebrecht. Isso evidentemente é um escândalo. O Ministério Público recorre. A presidente do Tribunal de Justiça, a própria, naquela madrugada cassa a liminar do Ministério Público para viabilizar o negócio. Dá para entender o que eu tô dizendo?

Na conversa que tivemos com Raquel Rolnik, ela falou sobre algumas obras cuja descrição apontava para uma série de irregularidades. Fizemos a ela uma pergunta no mesmo sentido dessa que eu fiz pra você: como esse tipo de coisa pode existir, se o atual aparato legal proíbe que exista?
É isso o que está em jogo, o aparato legal está subordinado a essa lógica.

Como democratizar esse aparato?
Estou falando da presidente do Tribunal de Justiça, não estou dando um exemplo qualquer: a presidente do Tribunal de Justiça está a serviço desse projeto! O caso do Maracanã é escandaloso, passa a ser um capítulo disso que a cidade passa a representar. Aliás, uma parte do documento da IMX diz o seguinte: como os clubes vão ganhar? "Com a mudança do perfil do público." Isso tá escrito. É o primeiro item: "Com a mudança do perfil do público e consequente encarecimento do espetáculo." Isso tá escrito, e nós pagamos pros caras escreverem um negócio desse! Ou seja, o processo de elitização dos espetáculos é o processo da elitização da cidade. De encarecimento da cidade. Os preços no Rio de Janeiro são inacreditáveis. Conte isso pra alguém que mora fora do Rio, não acreditam. É inimaginável.

Você imagina um desmonte dessa estrutura?

Da mesma maneira que nosso sistema cognitivo está em crise para tentar entender o que tá acontecendo, está na hora de tentar imaginar o que está por vir.

A ideia de que as manifestações vão esfriar é pelo que as elites torcem e propagam o tempo inteiro: "Não, isso vai esfriar! Isso vai mudar! Ninguém fica assim!" Eles estão esquecendo que se criou um sentimento de indignação. Na minha juventude e infância, o discurso mais comum era: "Lutem, isso é importante, mas não vai dar em nada." Todo mundo já ouviu isso de forma irritante em alguma reunião de família, não é? Hoje ninguém falaria isso. As coisas aconteceram. Hoje, ninguém se arrisca a fazer qualquer previsão da reação da população brasileira a alguma coisa.

Isso começa a aparecer de forma interessante. Jogadores de futebol questionando a tabela da CBF e o calendário. A última vez que eu vi isso acontecer foi na Democracia Corintiana, com Sócrates e Casagrande, década de 1980. Os jogadores se organizam e questionam a tabela da CBF – isso é um episódio separado de tudo o que aconteceu? Claro que não! Está dentro de um contexto onde as pessoas se aproximaram dos seus direitos.

Tenho conversado muito com os professores, e eles dizem que a sala de aula está diferente. Não há termômetro melhor pra uma sociedade do que a sala de aula. A juventude está questionando; falam das suas coisas, das suas cidades, dos seus lugares, dos seus problemas. Há um outro despertar, um outro olhar. Há muitos anos venho dizendo que a luta política é uma luta pedagógica, que é a luta pela construção de um olhar. Isso nunca foi tão vivo, tão forte. A ideia de uma luta pedagógica de construção de um olhar acerca do que é possível. Agora, o que a gente vai tornar possível, eu não tenho a menor ideia. Não sei aonde isso vai chegar, se vai ser só no processo eleitoral. Aliás, nem sei o que vai acontecer com o processo eleitoral do ano que vem! Porque as estruturas políticas não mudaram.

Parece que tudo pode acontecer daqui até lá.

Tudo pode acontecer. Você pode ter uma enxurrada de voto em branco, de voto nulo. Você pode ter surpresas eleitorais. Qualquer coisa pode acontecer. Você pode não ter nada! Você pode não ter nenhuma transformação no processo eleitoral, a sociedade pode passar indiferente a isso – acho difícil, mas tudo pode acontecer.

Você sentiu uma mudança no seu cotidiano?

Sim, imagina! Em junho de 2012 a gente teve campanha pra prefeitura. Foi uma campanha belíssima. A frase do Brecht, que foi a frase da campanha ("Nada deve parecer natural. Nada deve parecer impossível de mudar"), virou tudo, virou até banda! Foi uma frase que colou e tem muito a ver.

Em junho de 2012, ou seja, exatamente um ano antes, marcamos uma reunião com jovens para organizar a participação da juventude na campanha, na sala da ABI. É um auditório enorme, cabem quinhentas pessoas. Quando eu soube que a reunião seria na ABI, fiquei irritadíssimo. Chamei o coordenador jovem e falei "O que você tem na cabeça? Aquela sala é pra quinhentas pessoas, se você colocar duzentas vai dar a impressão de que a sala tá vazia!" Ele, todo tímido, falou: "Não, mas a gente acha que vai dar quinhentos. A gente tá preocupado é de não caber." Eu falei: "Pô, você tá maluco, é uma quarta-feira à noite... Isso é ruim pra campanha, pra imagem da campanha", e continuei trabalhando. Um pouco depois meu telefone tocou e era ele, todo contente, falando o seguinte: "Marcelo, a reunião não vai ser na ABI...vai ser na Cinelândia, porque tem mais de 3 mil jovens!" Tive que engolir minha soberba diante da juventude. Foi uma lição gigantesca pra mim, e então fui pra Cinelândia, virou um comício. Conseguimos um carro de som, e a Cinelândia estava entupida de jovens – era uma reunião de organização da campanha e 5 mil jovens apareceram! Alguma coisa já estava acontecendo, né?

E aí, um ano depois, as manifestações. Não digo que fomos nós, isso é um absurdo. Acho que foi um conjunto de outras coisas, mas esse sentimento já estava ali. Não era possível pra gente enxergar isso tudo, mas já estava acontecendo. Se você me perguntasse: "O que vai acontecer daqui a um ano?", um ano atrás, eu nunca diria que estaria acontecendo isso agora. Também não sei como será daqui a um ano.

Contei essa história porque 2012 foi um ano duríssimo pra gente, em função da campanha. Tivemos uma rotina enlouquecida, e todo mundo dizia: "Não, mas tudo bem, ano que vem vai estar melhor, mais calmo!" E o idiota acreditou que ia estar. Se você pegar minha agenda hoje, ela é muito pior que a do ano passado, na campanha. Tenho o dobro de tarefas que tive na época da campanha, porque todos os movimentos explodem, a gente está na presidência da Comissão de Direitos Humanos, enfim. O cotidiano mudou para uma dinâmica de sociedade absurda.

Bom, né?

Bom, bom, bom. Cansa pra caramba, mas é bom!

Você enxerga possibilidades de novas formas de se relacionar com o Estado e a política? Pergunto isso pensando nos Black Blocs, na Mídia Ninja etc.

Há um elemento fundamental nessa história toda, que é uma nova forma de comunicação. Se você perguntar a diferença fundamental entre os tempos de hoje e de antes, ela é o modelo de comunicação atual. Essa foi a primeira grande manifestação de massa em tempos de internet. E o que isso significa é novo. A relação tela a tela vira relação cara a cara, de milhares de caras. E é engraçado, porque o poder está tendo que se adaptar a isso. Eles fizeram uma lei absurda aqui no Rio, que era a da proibição das máscaras, onde diziam que era preciso pedir autorização pros atos. Eu só fiz uma pergunta: quem vai pedir? Não há mais esse autor, não há mais esse protagonista. Isso é algo difuso como as pautas, o mundo da internet. Qual é a grande novidade do Mídia Ninja? Não tem edição. É transmitido diretamente de onde a manifestação está acontecendo e a integração com uma quantidade enorme de pessoas é total. As audiências de diversos veículos tradicionais vêm caindo, a da internet vem subindo. O que não é sempre algo a se comemorar, porque o mundo virtual tem uma série de problemas, de limitações – o mundo virtual também é feito de empresas, Facebook etc. A verdade é que não dá pra achar que se trata dessa velha mídia alternativa, das rádios comunitárias e dos jornais. É outra coisa.

A velocidade da informação nessa sociedade tem como protagonista a juventude, que ganha um contorno de criticidade a esse modelo de cidade sem necessariamente saber pra onde vai. Essa molecada sabe muito mais o que ela não quer do que o que ela quer, mas só em identificar o que não quer já é um avanço estupendo, porque aí ela se posiciona. E essa crise de governabilidade, de representatividade, não envolve só partido. Envolve os modelos de comunicação, que muitas vezes agem como partido; envolve as escolas.

Você falou que a ação da polícia é muito diferente em cada estado. De que jeito vê a situação do Rio?

Não é que sejam diferentes, mas não são necessariamente a mesma coisa. Não existe um projeto padrão de funcionamento da polícia. Existe violência policial, coisas que são universais na nossa polícia. Há uma crise de segurança pública que é nacional. Temos uma polícia ostensiva, a Militar, oriunda da ditadura, que é um grande equívoco, um grande problema; temos uma Polícia Civil que não age inteirada com a Polícia Militar; temos um Estado militarizado, uma Polícia Civil que é militarizada, com helicópteros, com blindados. A Polícia Civil não cumpre seu papel investigativo, e é também uma polícia de combate, de confronto.

A lógica da guerra e da eliminação do inimigo prevalece no Brasil inteiro, mas há contextos estaduais que evidentemente são diferentes. A polícia sempre utilizou essa violência nos guetos e nas periferias, coisa para a qual nossa sociedade sempre, de alguma maneira, também fechou os olhos. A polícia sempre foi violenta com aquele com quem não se tem identidade ética. A polícia era violenta com a Renata, que mora na Maré, mas não era violenta comigo. O que acontecia com a Renata, eu não imaginava acontecer com o meu filho – e isso não me causa indignação ética, porque eu não me vejo como um deles.

A sociedade tem que reler o seu papel. A crise não está só no outro, está nela também! Outra coisa que descobrimos era o parlamento que tínhamos. Quando a sociedade invade a Câmara, quase que sai correndo! Porque descobre o que ela colocou lá dentro. E não foi nenhum outro que os colocou lá dentro, foi a sociedade! Todos foram eleitos.

A CPI dos ônibus contava com vereadores que são vereadores há 20 anos! Ninguém disse isso! Agora que a sociedade descobriu que existem. Há um ano, se você falasse assim, "Quem é fulano de tal?", a sociedade inteira dizia: "Não sei, nunca ouvi falar. Joga onde?" – não saberiam. E agora todo mundo sabe, tem cartaz, tem manchete, sapatada. Então é fundamental também que a sociedade olhe para suas crises, para seus problemas, independentemente do que a gente identifica na estrutura política.

Quando saiu aquela notícia no* Globo *sobre o morteiro, tive a sensação de que a polícia estava, naquele momento, muito mais autorizada a prender sem ter direito de prender de verdade. De junho até aqui, você vê que alguma coisa mudou ou a polícia está mesmo assumindo essa postura?
Ah, o despreparo da polícia vem desde o início... Eles estão muito perdidos. Eu me lembro perfeitamente daquela passeata do dia 20 de maio. Posso estar errando em alguma data. Foi 20 de maio, né?

Foi aquela grande, de 1 milhão?
Aquela que a gente reuniu os vídeos da violência? Foi 20 de junho.

Foi a maior de junho, né?
Disseram assim: "Ah, mas a polícia não estava preparada para receber 1 milhão." A polícia não estava preparada para fazer outra coisa que não o controle da pobreza. Porque ela fez isso desde 1809, quando veio pra cá e foi criada a Intendência da Polícia. E nenhuma polícia está preparada pra 1 milhão – o problema não é esse.

O problema é que a gente continua com a reprodução da guerra e com a reprodução do inimigo interno. O inimigo agora é o vândalo. O inimigo da ditadura foi o subversivo, comunista, o jovem universitário; quando se saiu da ditadura, criminalizou-se a pobreza, os setores fora do mercado. Então houve a criminalização do jovem negro pobre, morador da favela, e isso foi feito sempre com disputas de hegemonia e de validade das ações de terror do Estado. O Caveirão existe, e muitos acham que tem que existir! Inclusive moradores de dentro da própria favela. É um debate que a gente faz sistematicamente. Não é só o morador da Vieira Souto que acha isso, existe o morador da rua da Teixeira, da Maré, que pensa o mesmo! E agora tem o vândalo, porque é necessário buscar a legitimidade para a violência do Estado, é preciso ter um inimigo comum. Essa lógica não mudou. Agora, o despreparo no trato é enorme.

Eu lembro perfeitamente, a gente estava nessa passeata da Presidente Vargas, que foi uma passeata enorme, gigantesca. Imagina, "300 mil"?! Se ali havia 300 mil, o bloco da Preta Gil tem quatro pessoas! Então, o que aconteceu: eles fecharam todas as vias laterais e partiram pro ataque! A quem *fugia* do conflito! Era um ataque à manifestação. Claramente, era um ataque à manifestação. Aí depois, no ato do Leblon, eles se recolhem e permitem, claramente, a destruição de um bairro que não é qualquer bairro, é o Leblon, para fazer um jogo de opinião pública.

Então, essas oscilações da polícia na verdade representam, como um todo, um despreparo absoluto, uma ruptura de diálogo. Porque não há uma tradição de diálogo e de um processo democrático. A polícia não convive com a democracia nem internamente: seus estatutos e regimentos são da época da ditadura. Uma polícia que não convive com a democracia tem muita dificuldade para tratar as pessoas com democracia. Todos os policiais expulsos da corporação são praças, nunca tem oficial. Daí a surpresa dos oficiais da Rocinha. Foi preciso haver um escândalo internacional pra um oficial ser preso, porque a punição é toda aos praças, soldados e sargentos e alguns cabos – não passa disso, não passa de cabos. Peguem a lista, nós temos.

Então é isso: homens de preto matando homens pretos, quase todos pretos. Eis a desgraça carioca. Acho que é fundamental a esquerda, de alguma maneira, avançar num debate, com a própria polícia, sobre a polícia. Estamos muito distantes disso, mas esse é um papel fundamental: conseguirmos avançar num debate sobre segurança com os setores da polícia. Hoje há uma ruptura, um esgarçamento gigantesco entre os movimentos e a polícia, e isso interessa a muita gente, porque é melhor que o esgarçamento e a violência aconteçam entre a sociedade e a polícia do que com as pautas que poderiam estar colocadas.

Olhando para o Brasil: Sarney, Collor, Fernando Henrique, Lula, Dilma... Que caminho você vê o país traçar, que momento você acha que vivemos agora?
Olha, ao contrário do que muita gente espera que eu diga, acho que há avanços importantes. Se você pegar a história da República brasileira, quantos presidentes foram eleitos por voto secreto direto que concluíram seus mandatos? Na República inteira? Faz a conta aí. Na República Velha nenhum, porque o voto era aberto. Aí depois há a Era Vargas, nenhum. Então vem o Dutra, que é o primeiro com essas condições de que falei. E o Juscelino, não é isso? Depois, você tem o Fernando Henrique, o Lula, e agora estamos no governo Dilma.

Eu tô falando do elementar do processo democrático, que é o voto direto e secreto. Então é uma república de enorme instabilidade política. Se você pegar os que foram eleitos assim – são quatro os presidentes que concluíram o mandato, porque a Dilma ainda não concluiu o seu. É evidente que vivemos em um momento em que, em termos de representatividade eleitoral, há avanços, por mais que se possa ter uma enorme quantidade de críticas. E é fundamental reconhecer isso.

Precisamos amadurecer muito, eleição ainda é um processo que mercantiliza as siglas partidárias. Não temos reforma política porque não se teve a coragem de fazê-la. É fundamental termos uma Constituinte específica – é um debate enorme, mas a princípio eu via com bons olhos termos uma reforma política que esse Congresso não tem condição de fazer, seria preciso ter uma Constituinte específica pra isso. Porque, sem essa reforma política, o avanço vai ser, literalmente, um balcão de negócios.

Mas o governo Lula, no que diz respeito às suas políticas de compensação, traz avanços significativos. É evidente que a população muito pobre deste país tem benefícios e que a população rica também tem, até muito mais. Se você pegar o orçamento do governo e comparar o quanto se investiu no Bolsa Família, com o quanto se investiu no agronegócio, no pagamento das dívidas e o quanto desse dinheiro foi pra banco...

Quanto foi para o pagamento da dívida? Novecentos bilhões. Quanto foi pra saúde? Oitenta e sete bilhões. Para a educação? Setenta e nove bilhões. Então, a elite não tem do que reclamar do governo do PT. Isso não significa que sua política de compensação não tenha trazido mudança de vida para a população mais pobre. Trouxe sim, e é importante.

"Ah, mas você não vai criticar o fato de ter sido um processo de inclusão de cidadania pelo viés do consumo, e não pelo viés de uma educação pública de qualidade, de saúde pública de qualidade?" Claro que vou. Não acho que o viés da cidadania de consumo seja por si adequado ao processo de transformação de que precisamos, porque continuamos não tendo educação pública de qualidade, saúde pública de qualidade, transporte, política habitacional – o que seria fundamental pra um processo de cidadania. Mas não é pouco importante que esse setor tenha podido entrar em outro patamar de consumo e de dignidade. Porque, se a gente não reconhece isso, a gente parte do impossível pra fazer o debate. E esse discurso de que as pessoas falam, assim, "Não, mas são migalhas que sobram de um banquete" – só diz isso quem não vive das migalhas, porque, se vivesse, talvez tivesse outro olhar.

Falo isso com muita tranquilidade, porque saí do PT em função do que eles hoje representam politicamente, que não é no que acredito. Temos que ter bom senso. Esse é um governo que não teve a coragem de fazer reforma agrária; que tem como base de sustentabilidade a bancada ruralista; que penaliza os direitos indígenas, o Movimento Sem Terra, enfim.

E, da mesma maneira, é muito curioso quando Lula diz o seguinte: "Esses movimentos todos só aconteceram porque o governo do PT garantiu" – ele só se esquece da vírgula, né? Coloca um ponto final onde devia ter vírgula. Devia ser *vírgula*: "porém, as alianças que fizemos, os pactos políticos que fizemos, a crise de representatividade gerou um descontentamento..." Ele bota o ponto final onde interessa.

E que caminhos você enxerga pra nós, acabando o mandato da Dilma?

Olha, esse cenário, ainda mais depois da surpreendente aproximação da Marina Silva com o Eduardo Campos, é um cenário completamente em aberto. Hoje é muito difícil prever o que vai acontecer. Dilma teria uma chance enorme, se a eleição fosse hoje, de se reeleger – mas a eleição não é hoje. A gente tem um ano pela frente, e muita coisa pode acontecer. A disputa, ao contrário do desejo dos petistas, não será entre o PSDB e o PT. A tendência é de a disputa acontecer entre Eduardo Campos e Marina e o PT, mas vamos ver.

O PSOL terá candidato próprio, sem entrar nas disputas presidencial e dos governos dos estados com grande viabilidade eleitoral – não é o papel do partido. Mas acho que é um papel fundamental para um partido de esquerda, que precisa ser cumprido pedagogicamente nesse momento. É preciso haver muito debate junto à sociedade civil organizada, e o que cabe a nós do PSOL é a ampliação de uma bancada para, em 2016, nas eleições municipais, podermos – não só no Rio, em outros lugares – fazer disputar a cidade; nesse momento estamos ampliando as bancadas, é o que está ao nosso alcance.

E como você vê o Brasil no cenário mundial? Que papel tivemos e temos no mundo ao longo desses anos?

O mundo inteiro está olhando o Brasil, tentando entender o que está acontecendo aqui, né? Porque, se há um lugar na América Latina onde ninguém esperava que essas coisas acontecessem, esse lugar é o Brasil. Esperavam na Argentina, esperavam no Chile, na Bolívia, no Paraguai, no Uruguai. Enfim, poderiam esperar em qualquer lugar, mesmo com governos bastante progressistas, inclusive – mas não no Brasil.

O olhar do mundo para o Brasil hoje é de expectativa para saber o que acontece, porque ninguém sabe, nem nós. Nosso futuro é um grande ponto de interrogação.

ENTREVISTA

DANIEL AARÃO REIS

Historiador

13/10/2013

O que nos revelam as manifestações que acontecem desde junho de 2013?

Desmistificaram um clima de autossatisfação, cultivado entre certas esferas políticas e seus correligionários. No mesmo movimento, evidenciaram também a amplitude e a força da insatisfação, expressas no tamanho e na disseminação, por todo o país, das passeatas. Destaque aí para o mal-estar com o "caos urbano" – está cada vez mais insuportável viver na "cidade do automóvel". Nem os automóveis conseguem mais andar! Ainda quanto às manifestações, vale sublinhar sua pluralidade, com demandas de esquerda e de direita. Outro aspecto: o enfraquecimento dos partidos e sindicatos, caracterizada a sua inadequação "aristocrática", daí resultando sua incapacidade de aparecerem com perfil próprio. Quando tentaram, se deram mal, mesmo os de extrema esquerda. Neste âmbito, foi chocante constatar o declínio, para não dizer a extinção, da força de mobilização do PT. Para fechar esta questão, eu diria, em síntese, que as manifestações, a meu ver, provocaram uma mudança na disposição de grandes segmentos da população para se interessarem pela "coisa pública", um fenômeno altamente alvissareiro.

Para você, quais são as principais disputas na cidade, no campo e nas florestas, e onde se encontram?

Na cidade, como já registrado, o mal-estar com o "caos urbano". As cidades converteram-se em aglomerações hostis aos seres humanos. No campo e na floresta, temos a luta dos pequenos camponeses e dos camponeses sem-terra contra o "modelo" de modernização agrícola, predador do ser humano e da natureza, herdado da ditadura e que continua a prosperar alegremente com a bênção dos partidos de esquerda moderada que têm, desde FHC, ocupado o governo (já lá se vão quase vinte anos...).

A tragédia é que os movimentos sociais não têm conseguido se conjugar, se unir. Fragmentados, setorizados, apartados, os movimentos sociais não conseguirão alterar a correlação de forças que predominam atualmente.

Revolta e revolução: como você interpreta estas duas ideias e que utilidade encontra nelas para interpretarmos os recentes acontecimentos e articularmos os sentimentos políticos de oposição ao poder?

Não há nenhuma revolução no horizonte, pelo menos como eu a entendo, ou seja, um processo de transformação radical (pelas raízes) de uma determinada sociedade.

Mas as pessoas manifestam revolta contra certas condições de vida. E também ficou muito nítida a revolta com a "autonomia" conquistada pelos políticos – eles comportam-se como uma elite "aristocratizada", funcionando numa espécie de esfera própria, inteiramente insensíveis aos "clamores" do povo. As manifestações foram um primeiro "choque de realidade". Mas não acredito que as coisas mudem com rapidez. É preciso que se multipliquem esses "choques" para que os políticos finalmente resolvam ser mais sensíveis e atentos.

Não se trata deste ou daquele político, deste ou daquele partido. Trata-se de um sistema complexo, construído no passado, potencializado nos anos da ditadura e que, emparedado pela "ilha de fantasia" que é Brasília, desenvolve-se com dinâmica própria.

"Ausência de pautas", "vandalismo": o que você pensa sobre as críticas comumente feitas aos protestos deste ano?

Uma das principais características dos movimentos a partir de junho, como já referido, foi a autonomia em relação aos partidos políticos e aos sindicatos tradicionais. É presumível, nestas condições, uma "abertura" maior no leque das reivindicações. De um ponto de vista mais ortodoxo, isto pode ser avaliado como uma fraqueza. Contudo, de outro ponto de vista, pode ser avaliado – e assim eu vejo as coisas – como um sinal de vitalidade, no sentido de que o processo está fluindo de forma menos "amarrada" e "enquadrada" o que, não raro, esteriliza os movimentos. Ressalve-se, no entanto, que, apesar da "abertura de leque", dois eixos maiores enfeixaram as inúmeras reivindicações: o protesto contra o "caos urbano" e contra a "aristocratização" da política. Por outro lado, nos desdobramentos que se verificam atualmente, em escala local, os movimentos têm sabido precisar muito bem suas demandas (Rocinha, Maré, professores etc.).

O desafio, agora, é formular uma pauta positiva e construtiva, conferindo consistência programática aos eixos a que me referi.

Que relações você faz entre os protestos brasileiros de 2013 e aqueles que, há poucos anos, acontecem nos Estados Unidos, Espanha, Turquia, Tunísia, Egito, entre outros países?

Um aspecto comum – já devidamente registrado de modo exaustivo – foi a utilização das ferramentas disponíveis na internet. Desempenharam, sem dúvida, um papel importante na articulação das consciências e na mobilização das vontades. Outro aspecto diz respeito à presença – também comum – de um profundo repúdio ao "establishment" político "realmente existente", das democracias às ditaduras. Este movimento impulsionou, com diferentes características, uma atitude – e uma política – autônoma em relação a Estados e a partidos/sindicais tradicionais.

A partir daí, no entanto, os movimentos diferenciam-se bastante, por enfrentar distintos problemas em conjunturas muito singulares.

Recuando um pouco mais, que relações você percebe entre estas manifestações no Brasil e fora dele e aquelas de dez anos atrás, chamadas "antiglobalização"? Pensamos aqui na prevalência de palavras de ordem anarquistas, na articulação global e no uso de táticas como o Black Bloc.

Não penso que as palavras de ordem anarquistas tenham "prevalecido" em qualquer momento. Apenas apareceram com certo vigor. Como ações e concepções anarquistas têm grande apelo "midiático", sobretudo quando ainda não ameaçam concretamente a ordem estabelecida, costumam ser repercutidas com uma intensidade que não corresponde a sua real disseminação e ancoragem.

Feita a ressalva, há "parentescos" e linhas de continuidade entre os movimentos referidos na pergunta e as manifestações que ocorreram no Brasil. A crítica ao "caos urbano" e à "aristocratização" da política são constantes, assim como a busca de formas autônomas de organização e manifestação. Mencione-se, ainda, um alvo privilegiado, o capital financeiro, visível através dos grandes bancos – privados e públicos.

Quanto às táticas dos Black Blocs, em particular o emprego da violência contra alvos determinados – símbolos da ordem vigente – ou contra o "mobiliário urbano" em geral, elas exprimem a desafeição de setores importantes em relação ao "caos urbano" e a seus símbolos mais expressivos.

É constante, por parte da mídia conservadora e dos governos criticados, um superdimensionamento dos Black Blocs e de suas atividades. Num outro movimento

– associado – tenta-se criminalizar os "homens de preto" e descaracterizá-los como agentes políticos, reduzindo-os a "criminosos comuns". Conciliar com este tipo de atitude é conciliar com a violação dos direitos dos cidadãos e com a fragilização do próprio Estado de Direito. Quando este assunto vem à baila, eu sempre pergunto: quantos feridos e mortos foram produzidos pelas ações dos "homens de preto"? Quantos feridos e mortos pela repressão das Polícias Militares? Se fizermos a comparação, talvez possamos concluir de onde vem o chamado "vandalismo"...

Quando, na história brasileira, mobilizações populares provocaram momentos de inflexão histórica profunda?

Há muitos exemplos históricos a considerar. Na história mais recente, poderiam figurar as grandes manifestações populares e operárias desde 1978, conferindo nova dinâmica à "abertura" que vinha sendo implementada pelo poder ditatorial; o movimento das Diretas Já, que, embora derrotado, acelerou a transição rumo à restauração do Estado de Direito Democrático; os caras-pintadas, em 1992, que tiveram um papel importante para o impeachment de Fernando Collor.

É preciso atentar para o fato de que as mobilizações populares nem sempre produzem resultados visíveis a curto prazo. Mas sempre contribuem para ativar a consciência cívica e politizar as gentes. A participação em uma manifestação – pelo que representa em atividade pública, sentido de associação, solidariedade e cidadania – é mais eficaz que a leitura de cem panfletos.

O que pensa sobre a história e o futuro do sistema partidário brasileiro e a "crise da representação"?

Em sociedades complexas, a representação torna-se um fenômeno incontornável. De fato, a história política evidencia que os momentos quentes de extrema participação não duram no tempo. Trata-se de definir uma pauta de controle dos representantes, incluindo-se aí, entre outras medidas, a limitação temporal dos mandatos; a interdição do instituto das reeleições, em todos os níveis; a limitação de rendimentos e mordomias diversas dos parlamentares; a "desestatização" dos partidos políticos, que devem se tornar autofinanciáveis; a proibição do troca-troca de legendas e das coligações proporcionais. Ao mesmo tempo, devem-se criar também instrumentos de controle do poder judiciário e dispositivos que permitam iniciativas legislativas por parte dos cidadãos (iniciativa legislativa popular).

Como você analisa o crescimento e as transformações do PT desde sua fundação até a conquista do governo federal e, dali, até hoje?

Escrevi longo artigo a respeito, publicado no terceiro volume da *História das esquerdas no Brasil*[1], organizado por mim e pelo professor Jorge Ferreira, também da UFF. Nele procurei estudar as metamorfoses que, gradativamente, foram fazendo do PT, que nasceu com propósitos reformista-revolucionários, um partido de gestão da ordem capitalista vigente. É preciso aí evitar um procedimento usual – a caça aos bodes expiatórios. Trata-se de compreender as bases sociais e históricas do processo. A verdade é que, construindo níveis inéditos, na história republicana, de democratização do poder, ao lado de avanços importantes – embora altamente insuficientes – no processo de distribuição de renda no país, atenderam-se demandas históricas, reprimidas em décadas anteriores. Enquanto a sociedade "digere" estes avanços e/ou enquanto não houver uma crise mais grave, as maiorias tenderão a se satisfazer com o quadro atual, marcado pela nova versão de um bloco policlassista que, a meu ver, só tem paralelo com os tempos da ditadura do Estado Novo, em especial a primeira metade dos anos 1940 e com o primeiro período do governo JK, nos idos dos anos de 1950. Esta frente policlassista, proposta e liderada por Lula, envolve setores importantes da burguesia urbana e rural e uma grande parte das lideranças sindicais – de trabalhadores e patrões. Enquanto for possível manter este amálgama, pode-se questionar a ordem vigente, mas com poucas chances de alterá-la em profundidade.

Como você caracteriza o momento que vivemos, tendo em vista todo o processo histórico de formação do Brasil?

Estudando história, aprendemos que o mundo está sempre mudando, embora sejam raras as rupturas drásticas, que só existem na cabeça de certos atores políticos, quando se veem envolvidos em momentos – raros – de grande ebulição. Na segunda metade do século XX, o Brasil conheceu uma revolução que não disse o seu nome. O país urbanizou-se, passou por uma notável transformação demográfica, alterou radicalmente seus padrões de saúde e educação, converteu-se numa potência industrial de porte médio, mudou completamente seus valores morais e culturais. Este processo recebeu impulso marcante sob duas ditaduras – a do Estado Novo e a civil-militar, de 1964 a 1979, o que marcou com o selo autoritário toda a nossa história contemporânea. Ao mesmo tempo, nas últimas décadas, construiu-se um sistema democrático que representou inegáveis avanços, embora ainda profundamente lacunar. O problema é que esse longo período foi – e continua sendo – hegemonizado por concepções nacional-estatistas, de lógica autoritária. Hoje, tais concepções parecem esgotadas, o que não quer dizer muita coisa, pois, em muitos momentos ou fases históricas, os seres humanos agarram-se a padrões destrutivos e vão com eles, abraçados, para o abismo.

O grande desafio é o seguinte: a sociedade brasileira desejará se reinventar, assumir novos padrões de desenvolvimento, democratizando-se ainda mais e profundamente? Ou preferirá ziguezaguear nas rotas conhecidas, cultivando suas lacunas e desigualdades estruturais? Há sinais apontando nas duas direções. Vivemos um momento de crise, no sentido etimológico da palavra; de dúvida a respeito de valores, concepções, caminhos. Como deixei de acreditar numa história "progressiva" que leve a alvos predeterminados, e como não tenho bola de cristal, só resta participar e lutar pelos valores em que acredito. Veremos como as gentes decidirão. No presente, a sociedade cultiva tentações em várias direções, o desenho do futuro não está definido. É isto, de certo modo, que faz o momento atual ser tão fascinante.

Houve algo de peculiar em nossos processos de colonização e de formação econômica e política em relação à colonização de outros países?

Em todos os processos históricos, há "peculiaridades" que não se reproduzem em outros espaços, mesmo vizinhos, nem se reproduzem linearmente, no tempo, no mesmo espaço. É um truísmo dizer que a história é a história de mudanças no tempo e no espaço, sempre.

Na América portuguesa, o processo de colonização foi marcado por um genocídio, físico e cultural – o dos povos indígenas (só sobrou, como observado pelo bispo Pedro Casaldáligia, a toponímia de acidentes geográficos) e pelo escravismo de povos africanos. Havia também no pedaço uma outra cor – a branca, que chegou com ganas saqueadoras, típicas do elemento colonizador –, que desejava tirar o máximo no mínimo de tempo. O resultado dificilmente poderia ser promissor, inclusive porque a potência colonizadora passava por um lento processo de declínio que se foi acentuando ao longo do tempo. A única forma de manter os controles num quadro como este era apertar as cravelhas e elas foram apertadas sem que a mão vacilasse, como cantou o poeta.

A transição negociada do tempo colonial para a independência, evidenciada na circunstância singular de que o líder da independência fosse o filho do rei da potência colonizadora, mesmo feita a ressalva de que em começos do século XIX já há muito a América portuguesa desempenhava um papel central no Império português, revelou a particular coesão das elites sociais frente às populações submetidas. Tal coesão se manteria ao longo do tempo, adaptando-se, transformando-se. Na medida das pressões ou das circunstâncias davam-se migalhas, anéis, mas os "de cima" viam "os de baixo" com incredulidade, desprezo, asco e medo. No cimento destes sentimentos, sempre foi possível negociar "pelo alto", esmagando-se sem dó nem piedade as tentativas que se articulavam por baixo. Basta observar o contraste: transições negociadas em 1889, em 1930, em 1945, em 1964 e em 1979. Agora, quando os "de baixo" se insurgem, pau puro: Cabanagem, Canudos, Contestado, Ligas Camponesas, rebeldias urbanas de variada procedência. Para estas não há perdão, aplica-se a lei. No limite, a tortura como política de Estado.

O processo da revolução modernizadora do Brasil foi de uma inaudita violência, mas em certas histórias e em certas crenças ainda se afirma que a "índole" do povo brasileiro é "pacífica". Seria uma piada de mau gosto, se não fosse uma tragédia.

Que traços desta colonização são marcantes e estruturais e que de alguma forma ainda estão presentes em nossas relações e estruturas políticas? Que marcas seriam essas? Como se refletem na política?

Não concordo com a ideia de "traços estruturais" que se mantêm ao longo de tantos séculos. Pode fazer a história parecer congelada, e a história, como disse acima, é sempre mudança, variação. Feita a ressalva, o passado precisa ser considerado porque há aspectos que, modificando-se, adaptando-se e transformando-se, marcam especificidades. A perspectiva do "saque", de sugar tudo que se possa no mínimo tempo possível, foi construída no mundo colonial e, mesmo modificada, é uma característica do capitalismo brasileiro que se estende por toda a sociedade, tendo implicações nas concepções de "público" e de "privado". A noção de hierarquia também vem entranhada desde remotos tempos. Para os "de baixo", a Lei e o Pau. Para os "de cima", embargos infringentes. A "aristocratização" de nossas elites dominantes – do mundo dos negócios ao mundo político – é outra expressão atual de um processo histórico que tem fundamentos coloniais. A crueldade com que se tratam os "não cidadãos" – embora já tenha sido consagrada juridicamente a ideia de que "todos são iguais perante a lei" – é também outra característica relevante e naturalizada. Basta ver como se tortura alegremente nas cadeias deste vasto país. E, pior, como ainda se admite a tortura como "recurso" – uma concepção que perpassa diferentes classes, do topo à base da escala social. A partir da proclamação da República, e sobretudo desde a ditadura varguista do Estado Novo, estruturou-se também uma tendência de "pacto entre elites" às custas das camadas populares que se desdobra com notável incidência.

Entretanto, seria ilusório imaginar que existe um quadro rígido e polarizado entre "elites" e "povo". Ou, como muitos gostam de dizer, entre "elites podres" e "povo bom". Laços fortes têm sido construídos – também desde os tempos coloniais – entre os de cima e os de baixo – através de brechas, concessões, aproximações, integrações subordinadas. Foi nesta atmosfera que se criou e se construiu uma cultura plural, criativa, onde diferentes estratos sociais aparecem "juntos e misturados". Uma cultura que atrai e fascina a nós mesmos e aos estrangeiros. Estes laços, verdadeiros nós, apertados, a despeito das estratificações sociais, oferecem um quadro que exige ainda muito estudo para que se compreenda melhor como se dão interações contraditórias que acabam inviabilizando, amortecendo ou neutralizando explosões violentas de revoltas.

O que são elites e povo no Brasil, e como estes atores sociais e a administração se articulam ao longo da história do país? Como se reconhecem mutuamente a população e as instituições, como essa relação se deu na história e qual a origem dela?
Eis uma vasta questão. Seria impossível respondê-la com rapidez. Durante muitos séculos, amplas camadas populares ficaram inteiramente excluídas de participação institucional. O que não significa, como já procurei dizer, que não tenha existido um complexo jogo de interações que conferiu legitimidade à ordem constituída. Com a República, paradoxalmente, pelo menos no quadro da Primeira República, as coisas tenderam a piorar, ao contrário do que rezavam os textos constitucionais. Só depois de 1945 é que se iniciou um processo lento de participação institucional, mas ainda muito limitado. A ditadura instaurada em 1964 abortou este processo, retomado a partir dos anos 1980. A "aristocratização" do mundo da política, embora integrando novos segmentos, continua sendo regra. Assim, para muitos, a "grande política" continua algo inalcançável e completamente fora de controle.

Como você analisa a relação entre militares – incluindo as polícias –, população civil e instituições ao longo da história da República?
A partir da República, os militares, ou melhor, a oficialidade das Forças Armadas, se figurou como uma espécie de "anjo tutelar" do processo institucional, o que se evidenciou nos primeiros anos republicanos e a partir do movimento de 1930. O processo acentuou-se nas duas ditaduras modernizantes pelas quais passou a história do país, a do Estado Novo, entre 1937 e 1945, e a civil-militar, entre 1964 e 1979. Com a redemocratização do país, desde 1988, houve um aparente recuo, mas as Forças Armadas continuam se comportando como um verdadeiro "estado dentro do estado" – basta ver a firmeza com que permanecem defendendo a "revolução democrática" de 1964 e acobertando os atos criminosos cometidos por seus colegas no passado. Convém

recordar que a Constituição de 1988 manteve dispositivos que admitem a intervenção das Forças Armadas para "garantir a Ordem", desde que solicitada por um dos poderes constitucionais. De certo modo, permanece o reconhecimento de que as Forças Armadas têm um "papel especial". Os governos civis que se sucederam desde 1989, desgraçadamente, não têm tido a necessária coragem política para enfrentar a situação, conciliam com ela e vão "empurrando com a barriga", o que não contribui para a consolidação do regime democrático brasileiro.

Quanto às polícias militares, remontam ao passado escravista. Numa ordem democrática decente, são uma excrescência. O fato que ainda operem evidencia bem as limitações e as lacunas da democracia realmente existente no país.

Em relação às instituições do Estado, à política econômica e à política externa, você enxerga continuidade, inovação ou regressão desde a ditadura militar?

Já venho chamando atenção para estas questões há alguns anos e pretendo fazer delas o eixo das minhas intervenções nas "comemorações" do cinquentenário da ditadura, em 2014. Infelizmente, é falso o senso comum de que a ditadura instaurada em 1964 foi um parêntese na história do Brasil. Há relevantes continuidades entre essa ditadura, o que veio antes e o que viria depois. Em consequência, o legado da ditadura é pesado, presente e atuante. As concepções nacional-estatistas de desenvolvimento, a centralização do Estado, a presidência imperial, a aristocratização da política, o papel especial das Forças Armadas como anjos tutelares da República, a política externa de afirmação nacional, as estruturas corporativas sindicais, as polícias militares, o recurso à tortura... o legado da ditadura está em toda parte, nos usos e costumes, nas disposições legais, nas instituições e na psicologia coletiva. Entretanto, é usual a ideia de que a ditadura é um passado que passou. Trata-se de um ledo engano. Que também não contribui para o fortalecimento do regime democrático. A ditadura não é um passado que passou, ela ainda nos envolve por todos os lados. Mais do que seus efeitos disruptivos, a ditadura é ponte entre o passado anterior à sua instauração e os dias de hoje.

A quantas anda nosso projeto de democratização, levando em conta todos os governos que sucederam o fim da ditadura?

A democratização registrou avanços consideráveis no processo de inclusão social (governos FHC e Lula), de melhorias – muito lentas, mas reais – nos serviços públicos, na manutenção do calendário eleitoral, no reconhecimento dos eleitos, na ampliação do acesso de lideranças populares ao campo institucional. Registrados estes aspectos positivos, cabe ressaltar as lacunas que ainda subsistem: desigualdades sociais; aristocratização do campo político; autonomia das Forças Armadas no contexto de um Estado que elas pretendem tutelar; polícias militares preparadas e treinadas para bater, ferir e matar; concepções desenvolvimentistas atreladas à cultura política nacional-estatista com forte lógica autoritária; presidencialismo imperial; "estatização" dos partidos políticos; burocratização e autonomização do campo sindical; empresas estatais fora de qualquer controle social, salvo exceções; poder judiciário aristocratizado, emperrado num cipoal de leis que privilegiam as camadas endinheiradas... a lista poderia ainda crescer.

Urge democratizar a democracia. O debate apenas se inicia...

Que papel podem ter hoje (se podem ter algum) as Forças Armadas no governo e nas transformações sociais?

As Forças Armadas continuam fixadas anacronicamente em concepções legadas pela Guerra Fria. Reproduzem-se como aparelho burocrático distante das demandas democráticas. Muitos militares não se reconhecem como funcionários públicos uniformizados e desejam manter a tradição dos anjos tutelares. Há que se abrir amplo debate público sobre as novas funções das Forças Armadas numa sociedade moderna e democrática. Estamos longe disso... as lideranças e os partidos políticos evitam cuidadosamente o tema, preferindo adotar a atitude das avestruzes.

Acredita que podemos estar passando por um momento de transformação das estruturas políticas e da relação entre Estado e população? Que caminhos enxerga pela frente nesse sentido? Acredita que podemos estar passando neste momento por um ponto de inflexão de nossa história?

Ainda é cedo para prognósticos, mas penso que o país entrou num novo ciclo – virtuoso –, de crescente interesse pelas questões políticas e de crescente disposição para manifestar publicamente opiniões e interesses. Outro aspecto positivo é que muitos segmentos não se deixam mais intimidar pela polícia, mesmo que seja ela militar. Prevejo que este processo já terá impacto nas eleições de 2014. Veremos se estas análises se confirmam ou se não passam de *wishfulthinking*...

Em texto para este livro, Fausto Fawcett fala em uma "Linha Maginot das máfias e das clandestinidades". Ele pergunta: "As manifestações vão chegar nesses territórios? Occupy Chechênia? As manifestações vão chegar nos territórios milicianos no Rio ou do PCC em São Paulo?" O que você pensa sobre isso?

Não vejo linha Maginot entre as máfias, as polícias – e as milícias – e a sociedade, são aspectos que se entrelaçam e se interpenetram. Espero bem que a ebulição social chegue em toda parte, estenda-se por todos os espaços, conferindo cidadania a segmentos sociais cada vez mais amplos. Já há evidências que apontam nesse sentido, basta conferir as manifestações na Rocinha ("Cadê o Amarildo?") e na Maré (protestos contra recente matança perpetrada pelo Bope). Se vão consolidar-se, depende das circunstâncias e da vontade das gentes.

NOTA

1 Aarão Reis, Daniel. "O Partido dos Trabalhadores: trajetória, metamorfoses, perspectivas". *In*: Aarão Reis, Daniel e Ferreira, Jorge. (orgs.) *As esquerdas no Brasil, vol. 3. Revolução e democracia* (1964...). Rio de Janeiro: Civilização Brasileira, 2007.

ENTREVISTA

CARLOS LESSA

Economista

14/10/2013

Estamos fazendo um livro sobre o Brasil a partir das manifestações que começaram em junho...

Eu escrevi um artigo em cima das manifestações e continuo com a visão que tive nesse artigo. Acho que ele foi publicado na *Carta Capital*, e fundamentalmente eu chamava atenção para dois aspectos. Primeiro é que, obviamente, o sucesso das manifestações, do ponto de vista da mobilização de pessoas e difusão pelo Brasil todo, está ligado a uma profunda insatisfação, uma grande irritação. As explicações para isso são múltiplas, porém há uma componente que me parece muito importante, vinda do próprio sintoma que deflagra, que é o protesto contra o aumento de ônibus. A questão é a seguinte: aumentos de ônibus já aconteceram muitas vezes e não geraram esse tipo de reação. Ele foi o estopim e bateu numa corda muito sensível, que é a mobilidade urbana. Eu venho advertindo há muitos anos que a qualidade de vida nas metrópoles brasileiras, e posteriormente nas cidades de porte médio, está se degradando a uma velocidade enorme. A razão é elementar: um dia tem 24 horas, das quais uma pessoa gasta 8 dormindo, 8 provavelmente no trabalho e restam 8 para você conviver com seus amigos, sua família, ter seus cuidados pessoais, fazer nada ou o que você gosta de fazer: olhar o céu, ouvir música, dançar, namorar, brigar com a namorada, enfim.

Quando você gasta tempo preso no transporte, você está abrindo mão do seu tempo de existir. Não há nada mais estúpido do ponto de vista existencial, que se deslocar num sistema de transporte coletivo de má qualidade ou num sistema de transporte individual engarrafado – ambas as coisas são horrorosas. A qualidade de vida de todas as pessoas está sendo degradada, um pouquinho a cada dia, um pouquinho mais por semana, por mês, e não tem melhoria nenhuma.

A imensa maioria dos deslocamentos em automóvel é de uma pessoa sozinha. Então não tem nem sequer a possibilidade de conversar com outra pessoa, nem dar carona para três ou quatro porque isso não se faz.

O povão vai para o transporte coletivo de péssima qualidade, que fica lotado; viaja em pé, na maior parte dos casos sofrendo solavancos. O cara compra automóvel assim que pode. O transporte coletivo, de péssima qualidade, com as vias segregadas, transporta 7 vezes mais pessoas por metro quadrado de pista de rolamento do que o automóvel particular, que acaba sendo a *pseudossaída* da má qualidade do transporte coletivo – só que o transporte dito individual é também muito ruim. Então é uma coisa muito complicada, tudo vai irritando as pessoas, e o que você consegue fazer no seu tempo de existir fica mutilado.

Aqui no Rio de Janeiro se criou o piquenique de rua: você mora numa esquina que não tem nada de especial e improvisa um piquenique com seus parceiros: compra carne, puxa uma gambiarra, coloca uma televisão, faz um panelão de arroz, um pouco de linguiça, combina de comprar cerveja no botequim da esquina, que em troca vai manter o mictório aberto. Se alguém passar por ali e tiver algum conhecido no piquenique, trocam-se cumprimentos e a pessoa ganha um pedacinho, uma asinha de galinha. É uma socialização linda, feita porque a merda, perdão por usar a palavra, do trânsito faz com que o cara, que trabalha durante a semana, prefira ficar onde mora, junto com os amigos. Aí ele cria um piquenique de rua, são milhares. Ninguém estudou isso até agora, é uma vergonha. O que o povão faz, a elite brasileira não estuda.

Quando o tema do reajuste de vinte centavos pegou, isso incendiou as pessoas e despertou uma imensa sensação de mal-estar. A explicação que se deu é que há uma desconfiança geral e irrestrita nas instituições, nos políticos, nos partidos etc. Essa desconfiança generalizada não é calcada em nenhuma reflexão. O Brasil não tem instituições perfeitas, que funcionem bem, nosso sistema de representação eleitoral não é apurado, assino embaixo das críticas. Porém, em relação ao passado, demos um passo à frente impressionante.

Qual passo?

Os direitos civis. Você é muito nova, não sabe o que é viver numa ditadura. Perdi amigos, fui para o exílio, é um horror. Conseguimos implantar um Estado de direito que respeita os direitos civis, menos os dos favelados.

Quando há um estado geral de insatisfação e a reflexão sobre a própria insatisfação não vem, você procura alvos. Durante as manifestações, devo ter lido milhares de cartazes na Record, na Globo e SBT: não têm denominador comum! Cada cartaz é um exercício de individualidade: eu acho isso, eu quero aquilo, penso isso. Não havia nenhuma politização explícita, o que existia é uma explicitação do eu.

Acho que não houve nenhuma orquestração, mas uma sensação geral de irritação. No caso do Rio de Janeiro, ela foi se objetivando sobre uma coisa chamada Maracanã, porque a grande paixão popular é certamente o futebol, e uma das grandes criações do povão brasileiro é a sua torcida de futebol: onde você vai sem camisa, com bandeiras, faixas, pula, xinga; e onde desempregados e os ricos se agarram e torcem. Cria-se um ser coletivo que tem por denominador comum uma paixão, que como toda paixão não tem explicação e permite tudo.

O ódio nas manifestações foi dirigido aos políticos *lato sensu* e à Fifa, que acabaram com esse mecanismo e mutilaram o templo do futebol brasileiro, que era o Maracanã. Gastaram uma fortuna para reduzir sua capacidade à metade e criaram uma barreira antisséptica de uns seis quilômetros em torno do estádio. É claro que, no Rio de Janeiro, você já tinha uma irritação popular com as UPPs, e então se começou a xingar o Sérgio Cabral, que virou uma referência, aí veio o episódio do Amarildo, que reforça espantosamente o caso anterior, e há o protesto por um direito civil, que no fundo, é o direito de ser Amarildo. Não se pode matar, e fica visível que a polícia *mata* e que acontece uma porção de horrores com a população das favelas. Acredito ser esta a lógica dos primeiros movimentos. O ponto de partida, para mim, é a questão da mobilidade, os demais segundos, terceiros e quartos movimentos já são desdobramentos: a Mídia Ninja fica visível porque o uso dos sistemas informáticos agiliza a mobilização; os caras que andam de máscara, e também o proletariado que se aproveitou para depredar, roubar, e meninos que gostam de pancadaria – as filas de boates na Barra da Tijuca frequentemente são agredidas por garotos "proteinizados", não é isso?

Você toca num monstro, e ele pode ir para qualquer lado. É um processo com um lado renovador, é uma beleza que a juventude de 15, 16, 17 anos tenha ido para a rua, porque pelo menos ela dá um passo para a politização, começa a se interrogar. Há uma dialética que leva a descobrir que existe Brasil, uma porção de coisas, até essa ressurgência do hino nacional, da bandeira. Há elementos extremamente positivos, e outros monstruosos, é complicado. Você pode fazer um discurso contra a patologia da manifestação ou um discurso a favor da manifestação, mas ela é uma parteira que pode te dar um bebê lindinho ou um aborto. Quase nenhum cartaz fazia um diagnóstico profundo sobre o Brasil, apresentava um mínimo de projeto nacional, não vi nenhum contra juros, a favor de obras públicas, melhoria salarial, ou por atividade sindical mais autônoma, mas eu vi na insatisfação a seguinte ideia: é necessário um novo projeto.

Se você me perguntar: "Você prefere um país com ou sem manifestação?", eu prefiro com manifestação, apesar de todos os problemas.

Talvez a mobilização recente que tenha mais a ver com isso foi a que aconteceu em apoio aos professores.

Fui professor a vida toda e sempre fui contra a greve por ela ser contra nós mesmos. O governo não é patrão, e eu não sou empregado dele, não produzo mercadoria. Os professores deveriam colocar uma faixa na cabeça escrita "Estamos em greve", ir para as ruas dar aulas sobre o que é o ensino, mantendo os cursos. Fazer greve indo pra casa não esclarece nada. A população, em princípio, tem certa simpatia pelos professores; mas greve vai estragando o aluno, reduzindo o afeto.

Acho que tempo integral é importante, não no padrão Brizola, mas eu sei como fazer tempo integral sem gastar muito. Os velhos estão abandonados, se os chamassem para dar tempo de extraclasse, dariam aula de milhões de coisas: desde fazer papagaio, peteca, contar piadas, história de bar, ensinar a fazer pão de ló, a bordar, ensinar anedotas pornográficas – não interessa, deixa que os velhos fiquem com as crianças, e as crianças com os velhos.

Você falou da insatisfação quanto à mobilidade urbana. Era o povão que estava ali?

O povão da periferia, não, eles ficam angustiados se sua ida ao trabalho ou ao local de sobrevivência for dificultada. Aquilo começa com estudantes, depois atrai famílias variadas. Não gosto do conceito de classe média porque eu não sei o que é, é impreciso. As favelas, por causa do Amarildo, explicitaram a sensação de que são excluídas. Depois, o povão começou a aderir. O que é importante é o estado geral de insatisfação, que não objetivava nada em particular.

Além da mobilidade urbana, parecia que havia algo não elaborado conscientemente, resultado do mau tratamento que se sofre diariamente: na saúde, na educação, nos transportes etc.

O problema é o seguinte: não se valoriza o direito civil. Eu valorizo o direito civil; então acho que a democracia brasileira deu passos enormes. Vocês que já nasceram com o estado civil viram isso sempre. Sou um crítico feroz da política econômica que é executada, me esgoelo contra, mas, objetivamente, eu acho que o Brasil melhorou. Agora, a economia brasileira se segurou de uma maneira temerária, endividando as pessoas, fazendo-as comprar coisas. Eu tenho a impressão de que o caldeirão brasileiro está borbulhando, explosões bem maiores virão.

Espero que o processo eleitoral dê um salto a partir das manifestações. Tenho percebido que a imprensa, que no seu conjunto trabalha a identidade brasileira de maneira ruim, não coloca em discussão questões nacionais sérias, não eleva a consciência da população, ela está sendo, de certa maneira, obrigada pelas manifestações a começar a dar atenção a coisas que antes não dava.

A pergunta é a seguinte: o Brasil melhorou para o povão? Melhorou, pelo simples fato de o PT ser um partido de trabalhadores. Houve regularização das condições de trabalho, muito empresário passou a assinar carteira. Além disso, elevou-se o poder de compra do salário mínimo real, o que é importante, e fizeram-se algumas políticas sociais, que não acho tão relevantes, mas que foram feitas, tipo Bolsa Família, Programa de Pequenos Produtores etc. Eu, por exemplo, fui formulador do programa Luz para Todos, que diminuiu fantasticamente o número de lares brasileiros sem energia elétrica. Mas não se geraram empregos de qualidade e houve uma desindustrialização brutal, nossas exportações são basicamente exportações não industriais. Para se ter uma ideia: a participação da indústria no PIB, que chegou a ser de trinta e tantos por cento, voltou para os padrões dos anos 1950, e está em torno de treze, quatorze por cento.

Estamos muito mais vulneráveis a um cataclismo internacional, mas o povão tem o carrinho que comprou, geladeira, televisão, essas coisas. Isso daí é bom para dar início a uma reativação da economia, mas não é bom ser a política permanente, que foi o que aconteceu.

Quem foi para a rua teve uma aula importante e se deu uma aula. Está havendo uma campanha da imprensa para demonizar a manifestação, fazer dela um espetáculo só de vandalismo, o que eu acho uma bobagem. Particularmente, gosto da ideia de você ir com a própria cara e não mascarado; mas quem quiser se mascarar, que se mascare. Acho essa discussão idiota. É evidente que usar máscara dá uma sensação de onipotência maior, deve seduzir muito maluco.

É, mas quando a gente vê proibições às máscaras e as prisões...
Não, prender não pode.

Você fala que a gente melhorou – e a gente melhorou –, mas, quando você vê esse tipo de coisas aparecendo, qual é a sua sensação?
É o tal monstro! Como é que você pensa que o nazismo prosperou? Havia uma democracia na Alemanha, estava sendo aperfeiçoada, chamava-se República de Weimar, mas a estupidez de cobrar da Alemanha quantidades brutais de indenizações gerava uma insatisfação crescente na população; nessa insatisfação crescente o Partido Nazista

prosperou, e aí inventaram que havia uma conspiração internacional de judeus para destruir a Alemanha. E aí, pronto: veio o Hitler. É difícil fazer uma previsão. Acho que essa garotada que foi para a rua de alguma maneira diz: o Brasil precisa mudar. Agora, mudar para onde? Não pensaram muito nisso. Mudar como, menos ainda. Quem vai ajudar a mudar também não está claro, mas ao colocar essas perguntas começam a discutir o Brasil como antes não estavam discutindo.

Quando, na história do Brasil, mobilizações populares provocaram mudanças profundas?

O Dia do Fico, por exemplo, foi uma mobilização extremamente importante. Para mim, a Independência do Brasil aconteceu no Dia do Fico, quando Pedro I disse "Fico!" e mandou à merda a exigência das cortes de Portugal para voltar. Houve uma enorme manifestação, ele queria ficar de qualquer jeito, mas sentiu o momento. Isso não é muito visível na Proclamação da República, o povão afrodescendente tinha medo de que a escravidão voltasse.

Fazia muito pouco tempo.

Muito pouco tempo, exatamente. Agora, eu vi manifestações belíssimas que deram no Golpe Militar de 1964! Eu estava lá no comício das trouxas, pusemos uma quantidade brutal de pessoas – nós não, as pessoas foram – lá defronte do Ministério da Guerra, na Central do Brasil. Vi o desfile "Com Deus, pela Família e Propriedade": um monte de gente pedindo o Golpe! Os militares se mexeram porque as namoradas, os irmãos estavam na rua pedindo, e também porque teve aquela bobagem de permitir a provocação do cabo Anselmo.

Torço para que o processo eleitoral que se aproxima venha a ser *muito mais* politizador do que foram os passados. Gravei todos os programas de televisão da campanha sucessória que elegeu a Dilma, mandei transcrever, pensei em escrever um livro, depois decidi que não, seria desmoralizador, o padrão é assustador: "E a questão da educação?", "Ah, educação é importante." Um deles dizia: "Eu fiz isso, fiz isso, fiz isso..." Aí outro falava: "Eu fiz aquilo, aquilo, aquilo...", e acabou. Ninguém aprofundava para saber por que a educação é uma merda, entende?

Acho que agora não vai ser mais assim, temas centrais vão aparecer. Não gosto da ideia de Marina Silva na presidência, de maneira nenhuma. Conheço ela muito bem, e o engraçado é que seu prestígio com o povão é porque acham que ela não é política, é impressionante! Ela é entreguista. Mas a Dilma também é! Eu dei aula para ela e convivi durante dois anos, quando eu era presidente do BNDES e ela, ministra de Minas e Energia, conheço-a como a palma da minha mão. Ela sabe das coisas, mas não tem a coragem. Toda a adrenalina que ela tinha, ela gastou na guerrilha, morre de medo.

E esse menino que é neto do Arraes, que é economista, conheço por ser sobrinho-neto do Arraes, que era muito meu amigo. Entreguista, fez uma política espantosa!

Entreguistas?

Entrega o petróleo, as terras da Amazônia para plantar soja, exportar carne de boi, e não dá importância nem defende a indústria, não industrializa o país, entrega as energias brasileiras para fora. É sempre isso! No fundo, é o capital estrangeiro, que se apresenta sob a forma de filiais das multinacionais, mas a maior parte delas são norte-americanas, que vêm por trás, conduzindo a espionagem que é feita em nome de economia – coisa que a gente sempre soube que foi feita. A Petrobras levou velhos computadores para um depósito, e foram roubados, mas quem transportava os caminhões era uma empresa americana.

Alguém, ao longo da nossa história recente, foi menos entreguista?

Getúlio, Juscelino! Estamos falando de nacionalistas. Você quer ir para o passado? Artur Bernardes!

Como isso seria possível hoje?

Eu te digo o seguinte: não se consegue afirmar uma nação se você não tiver uma coesão social em torno de um projeto nacional. Não temos coesão nenhuma porque a maior parte da garotada quer ir para Miami. Digo isso, mas acho que essa garotada que foi para as ruas agora vai ficar aberta para começar a pensar, entende?

Você vê o projeto de desenvolvimento econômico como ruptura ou continuidade?

A ideia é a ruptura. Não há desenvolvimento equilibrado, é impossível. A história parece equilibrada em alguns momentos, mas não é. Se você projetasse o futuro para depois do século XV, diria que a Península Ibérica seria o centro do mundo, e ela já começava a entrar em decadência. A Holanda, no final do século XVI, seria o centro do mundo – e ela já entrava em decadência por causa da hegemonia inglesa; a Inglaterra da segunda metade do século XIX, quando 50% da população do território mundial estava em colônias britânicas, já estava sendo roída pelos Estados Unidos. Não há equilíbrio na história; isso só existe na física newtoniana, que não é aplicável à história. História é dialética, não é lógica formal.

Podemos ficar muito pior ou podemos dar um salto e avançar. O que está acontecendo agora é uma descontinuidade, sim. Prefiro a manifestação com todos os poréns, porque ela traz a possibilidade de transformação; enquanto que como está não vai transformar, o Brasil está se degradando, você não tem ideia do retrocesso industrial que atravessamos.

Só tem um jeito, e os europeus já estão descobrindo: eles deram um passo e não deram o outro. Abriram mão da moeda nacional, mas não estabeleceram nenhuma organização política. Toda dívida de qualquer europeu, empresa ou governo (municipal, estadual ou federal) é dívida externa. Tudo é externo porque a moeda não é comandada pelo próprio país, e eles não podem fazer nada, porque o dólar é que dá a base de sustentação do euro. O euro não é nada. A Islândia tentou resolver isso estatizando os bancos. Acho que vai ter uma quebradeira e uma estatização dos bancos na Europa, mas se isso acontecer *lá*, o princípio sacrossanto do financeiro, que domina o mundo, vai ser violado. Nós não vamos começar nada, entende? Infelizmente.

A história não se repete. Quando se repete, é como farsa. É um movimento helicoidal cheio de descontinuidades; não tem equilíbrio, continuidade. O Brasil prosperou basicamente porque a China estava com muita fome e empurrou para cima o preço do minério de ferro, do algodão, do café, do milho e da soja. Embarcamos nessa e fechamos as indústrias, porque os preços caíram. Para as empresas no Brasil era mais conveniente trazer de fora do que comprar aqui dentro; por isso as cadeias produtivas foram sendo destruídas, interrompidas, e nós paramos de proteger nossa produção industrial. A ênfase foi dada ao comércio exterior, às exportações agropecuárias; o Brasil voltou a ser um Brasil do passado.

Quando isso começou a voltar?

O retrocesso? Ele começa com o Collor, de maneira absolutamente inequívoca, e se acentua dramaticamente no governo tucano; e o governo Lula, que esperávamos que fizesse alguma coisa de diferente, não fez, embarcou nessa história. É um terror.

Sabe o que a gente faz com o couro da vaca? Exporta verde para Hong Kong e Itália, onde se fazem os sapatos que destroem a indústria de sapato do Brasil. Porreta, né? Vendemos minério de ferro pra China e não forçamos eles a nos fornecer carvão metalúrgico. O que esse governo faz é mais globalizador do que o mundo globalizado. Por isso, quando dá um probleminha em não sei onde, a nossa bolsa de valores oscila mais que qualquer outra bolsa do mundo, porque abriram as pernas para o capital financeiro internacional de uma forma total, completa, absoluta, sem controle nenhum. Estamos segurando o dólar, vendendo 1 a 2 bilhões por semana.

Por quanto tempo vamos aguentar isso? O presidente do Banco Central disse que até o ano que vem, só que as reservas brasileiras diminuem drasticamente.

E por que eles desagradam também os ortodoxos?

Porque os ortodoxos querem mais. O problema da ortodoxia é que ela nunca se diz culpada, que não adotaram integralmente o que ela recomendou. O discurso deles é confortável para os interesses dominantes, mas a política ortodoxa, não. Por exemplo, nos Estados Unidos, se teriam deixado os bancos americanos quebrar. Corretamente, seguraram toda a rede bancária americana, senão o mundo já tinha quebrado. E os ortodoxos dizem: "Ah, houve intervenção!" Para eles é fácil dizer isso, entende?

Mas, aqui no Brasil, o ortodoxo não tem como dizer nada, porque não está se fazendo nada. Para os bancos, a discussão ortodoxa é confortável *desde que, quando eles tenham alguma dificuldade, o governo federal banque*! Entende o mecanismo? É por isso que eles dominam o mundo hoje.

Os Estados Unidos têm uma vantagem estratégica porque eles emitem o dólar, que é objeto de desejo mundial e um signo de riqueza, mas ao mesmo tempo é dívida americana. Esse negócio de você poder dever e todo mundo querer pegar a sua dívida é a maior vantagem estratégica que os Estados Unidos têm, não é ter bomba atômica. É claro que isso também é confortável, mas o que dá força para eles é o dólar. Do outro lado está o yuan [moeda chinesa], mas é dólar, porque está atrelado a ele. A riqueza chinesa está toda em títulos de dívida do Tesouro americano, e o yuan se move junto com o dólar, para cima ou para baixo. Como os chineses não têm sindicato, nem movimento trabalhista, eles combinaram as vantagens de uma economia centralizada com o oportunismo pragmático de economia de mercado – é uma combinação terrível.

Desde Collor até hoje temos uma mesma política econômica?

Basicamente uma política só, e um objetivo nacional horrível: exportar é a solução, integrar-se à globalização. Mas se integrar em quê? No caos?

Você acha que virão soluções para problemas atuais e futuros a partir da imaginação política e econômica do repertório crítico brasileiro, do qual você é um exemplo? O poder tem acesso a uma imaginação diferente?

Primeiro, o poder não é uma entidade abstrata, são os que o exercem. Normalmente se imagina sempre que o poder tá ligado ao ter, ao saber e ao poder de estrito senso político – há 3 dimensões. Acho a elite brasileira de péssima qualidade porque ela não dá bola para o povo, lava as mãos, como Pôncio Pilatos. Agora, o povo brasileiro é maravilhoso porque ele sobrevive a essa elite e assim desenvolve aptidões incríveis, combinando duas dimensões aparentemente incombináveis: é ao mesmo tempo conservador sem abrir mão de nada que sabe, que conhece e tem – mas é, também, extremamente inovador, aberto a qualquer coisa para sobreviver. A figura do popular brasileiro é agente de si própria, uma categoria histórica muito mais próxima do pequeno burguês que do proletário.

A experiência proletária brasileira é muito reduzida, há um pouco em São Paulo, mas, mesmo assim, três gerações de operários no Brasil é difícil. A população está toda na cidade que não tem economia natural, e o cara tem que ganhar dinheiro. Se vira, malandro! Eu acho que é isso que os pais passam para os filhos. Essa estrutura que temos dá ao povo brasileiro uma criatividade brutal, espetacular, uma enorme potencialidade. Agora, falta qualquer liderança. Como é que ela vai surgir? Eu não sei. Aliás, se soubesse, seria um médium. Não sei de onde ela vem.

Temos problemas sérios, mas menos que outros países do mundo. Muito menos problemas que a China, por exemplo, que apesar de ter um desempenho espetacular tem 500 milhões de pessoas no campo, ganhando 1/3 do que se ganha na cidade; a Índia é um horror, tem 160 idiomas, três religiões grandes, dezenas de pequenas, e eles se matam entre si; a Rússia, outro horror! Mas têm bomba atômica, submarino, e o Brasil não. Entendeu?

Você acha que deveríamos ter bomba atômica?

Se tivéssemos bomba atômica, esse secretário de Justiça americano não vinha para cá cagar regra para a Dilma. Nenhum deles faz essas coisas com a China, com a Índia ou a Rússia. Somos muito frágeis. O que temos, por incrível que pareça, é um povão maravilhoso, que fala o mesmo idioma do Norte ao Sul, não tem dialeto.

A gente não valoriza as coisas brasileiras. Eu vi agora um imbecil na Feira de Frankfurt, dizendo que o Brasil mestiço nasceu do estupro da índia e da negra pelo português. A África era um horror, os primeiros suprimentos de escravos do Brasil foram vendidos pelos donos de escravos de lá, e quando acabou o material que eles tinham começaram a se armar para capturar outros e vender para os traficantes portugueses. Existe uma idealização. Mas não tratamos bem os nossos negros, não incorporamos os ex-escravos. Não incorporamos nada, a tragédia social brasileira não é étnica, é uma tragédia social real e geral. Claro que somos mestiços. Somos o povo mais bacana do planeta, só que agora fazemos o exercício de avacalhar.

Como evitar que a postura de celebração vire um apagamento da crítica justa?
Qual é a crítica justa, a tua ou a dele? Veja bem, Milton Santos era muito meu amigo, pensávamos bem parecido. Para ele, o conceito inovador de geografia era a ideia de lugar, e eu, como economista, acho o lugar fundamental para se pensar como se articula economia, como surge a estrutura política. Você já ouviu o elemento popular dizer pra você: "Lá todo mundo me conhece e eu conheço todo mundo?" Lá é o lugar onde ele vive ou nasceu, e quando você ama o lugar é muito fácil amar o país. Um discurso nacionalista bem-feito, com sinceridade, pode surgir a partir do amor pelo lugar.

Agora, crítica justa, vamos entender bem. Os objetos de desejo das pessoas são bastante singelos. A casa própria é o maior deles, e tem para o povão brasileiro um valor infinitas vezes maior do que tem para o americano ou para o europeu. É um porto seguro, onde ele tem certeza de que não será removido, pois ali ele conhece todo mundo e todo mundo o conhece. Quando a Dilma, que sabe dessas coisas, lança o Minha Casa, Minha Vida, ela joga com uma ideia correta, mas não tem coragem de estabelecer que a propriedade urbana é definida pela posse, e não pelo registro em cartório, nem de dizer que o povo sabe fazer a sua residência. Deixa o negócio para a empresa privada. O povo é engenheiro da sua própria residência, se você colocar assistência técnica e financiar, tipo Casas Bahia, tijolo, cimento, tal, ele constrói rapidamente – mas isso ela não faz. Tem medo de uma campanha das empresas de construção civil contra ela.

E com que armas combater, por exemplo, uma mobilização das empresas de construção?
Eu não sei. Eu tô aqui conversando com vocês em vez de fazer política no Brasil! Se conseguirem fazer alguma coisa com isso, que façam. Agora, a história sempre surpreende; por isso o intelectual é uma coruja: só levanta voo ao entardecer, quando o dia correu. O intelectual tem a fácil sabedoria da visão retrospectiva. Prospecção de futuro quem tem são os poetas, os arautos. Só que você não sabe qual é o bom ou o mau arauto, tem uma porrada deles!

É muito difícil, não há bola de cristal. O que posso dizer é que não há projeto nacional se a juventude não quiser. Há muitas fragilidades hoje no Brasil que podem ser exploradas pelos candidatos na próxima eleição. No discurso de agora, Marina dava a entender que a Dilma não aprendeu as lições do Lula: estabilidade de preço, flexibilidade cambial e superávit fiscal. É o mesmo discurso da direita. Só que o menino lá do Arraes também está fazendo esse discurso, e daqui a pouco aquele cara de Minas vai fazer o mesmo. Então, aparentemente, todos os candidatos estão em consenso que o Brasil tem que fazer superávit fiscal, deixar o câmbio flexível e controlar a inflação, pronto, acabou – os quatro! É evidente que isso vai abrir espaço para aparecer um outro discurso. Ou um deles muda, ou outro aparece, porque não tem oposição.

Que outro caminho você acha possível?
Se há um país onde é fácil formular um projeto nacional, é o Brasil. Sabe por quê? Temos uma energia potencial espetacular, o maior potencial hidrelétrico do planeta. Agora, tem que ser contra esse discurso imbecil de não deixar fazer reservatório.

E o dano ambiental?
Que risco ambiental, cara?! Posso ser sincero? Água é uma maravilha! Você tem uma área espetacular do ponto de vista da biosfera. O que não pode é deixar que, exportando carne de boi e soja, se botem abaixo as matas amazônicas! A única defesa desta mata é parar de ser exportador de carne e de soja. Esse discurso contra usina hidrelétrica é bobo!

E os índios?
Aqueles índios em Belo Monte não são mais que mil pessoas. É evidente que tinha que ter um projeto de realocação deles; agora, por que esses mil conseguem paralisar uma usina que é fundamental para o Nordeste ter energia elétrica? Você vai desenvolver energia elétrica com o quê, queimando gás, óleo?

Se fizerem Belo Monte para ampliar a venda de energia subsidiada para exportar alumínio, aí é uma merda; agora, não ter energia hidrelétrica é um horror, porque ela é a mais renovável e menos poluente de todas as formas de energia.

Você acha que não haveria um outro caminho?
Você está preocupada com ecologia? Eu estou! Cada vez se encurta mais a vida das coisas. Só pra ilustrar, quando se uniram as duas Alemanhas, uma das poucas coisas porretas que havia na Alemanha comunista, chamada República Democrática, era uma fábrica de lâmpadas que duravam 60 anos em média. Quando uniram as duas Alemanhas, as fábricas de lâmpadas da Alemanha [Ocidental] compraram e a implodiram, porque todo mundo sabe que, mudando o filamento, você pode fazer da lâmpada um objeto quase que eterno. Se muda o desenho do carro para quê? Todo o sistema educa para o desperdício. Quer acabar com ele? Modifique completamente o uso da tecnologia, que pode ser usada para o bem ou pro mal, e o capitalismo usa para desperdiçar recursos.

O discurso ecológico é idiota porque não faz manifestação contra termoeletricidade, e sim contra produção de hidroeletricidade, porque a Amazônia é objeto de cobiça internacional, os Estados Unidos querem internacionalizá-la.

E não perdemos em diferença? Ficamos cada vez mais homogêneos.
Mas uma das vantagens do Brasil é ser homogêneo, é uma maravilha, porque a diversidade cultural é muito complicada. Esse é um discurso mercadológico, não é um discurso social. É pra vender!

No sentido de ter pluralidade. De poder lidar com diferenças, é isso.
A gente sabe lidar. Brasileiro faz isso espontaneamente. Se há povo que sabe fazer isso, somos nós. Os europeus não, se matam uns aos outros porque são diferentes e se odeiam! Nós somos esse caldeirão. Coloca muçulmano aqui, que ele acaba entrando na bagunça. Lá, a família muçulmana continua tendo filhos, estão crescendo em número. Aí vem essa mulher, Le Pen, que é uma nazista, mandando expulsá-los – o nazismo já está na França, meus amigos! Essa moça aí, bonitona, filha do Le Pen, é uma nazista.

Mas os muçulmanos estão no alvo dos Estados Unidos também, né?
Também estão! Os Estados Unidos não gostam nem de latino, nem de muçulmano. Em contrapartida, os latinos estão se reproduzindo nos Estados Unidos numa velocidade espantosa. Tem uma Nossa Senhora chamada Virgem de Guadalupe, que é a protetora dos *chicanos*: 2,2 milhões de pessoas numa procissão religiosa em Nova York para ela – é a vingança de Bolívar!

Quando você olha para o processo de formação do Brasil – inclusive o relacionando com a questão dos índios, desde lá, quando chegaram os colonizadores –, como vê caminho que a gente viveu até agora?
A trajetória social brasileira não é nada brilhante. Começamos com uma estrutura muito desigual do ponto de vista social, e assim continua até hoje. Não tendemos à igualdade, e sim a construir distâncias enormes. Ao mesmo tempo, criamos um tipo de estrutura que é permeável. É complicado esse mecanismo, mas o Brasil, os brasileiros, não fazem da diferença um abismo.

Quando comecei minha vida profissional, fui para o território federal do Rio Branco, que hoje se chama Roraima, avaliar a possibilidade de um acordo de comércio do Brasil com a Venezuela. Lá, descobri um garimpo imenso em Tepequem com

2 mil garimpeiros trabalhando pela informação do Departamento Nacional de Produção Mineral. Eu achava que o nome do lugar era indígena, e há tempos atrás descobri que vinha de "Top of the Queen", porque foi o nome que o geógrafo inglês deu àquele maciço que irrompe, assim, da charneca e que tem diamante em cima. "Top of the Queen" virou Tepequem. Isso é o Brasil.

Somos uma barriga que engole tudo, fazemos da civilização o resultado da digestão. Sardinha foi o primeiro a ser comido. Quem disse foi aquele menino do movimento de 1922, Oswald de Andrade! E seguimos comendo. O baile funk é fantástico, chegou ao Brasil através do movimento negro americano como afirmação de identidade, foi, foi, foi, foi, e agora as meninas da Barra vão para os bailes na favela de Rio das Pedras. Eu me orgulho tanto disso. Talvez eu seja um idiota, mas eu acho que é bacana.

Inventar questão racial no Brasil é violentar uma das nossas melhores dimensões. Sou inteiramente favorável à ideia de tratar a questão racial negra no Brasil. Porque não é racial, é social! Não se fez nada para os filhos dos ex-escravos, deixaram eles na merda. Aí depois descobrem que a maior parte da população preta brasileira é muito pobre – claro que é pobre! Evidente que é, nunca fizeram nada para incorporá-los.

E quando incorpora dá coisas fantásticas, né? O primeiro empreiteiro do Brasil, que foi para o exílio com Pedro II, era mulato, da Bahia, o André Rebouças. Era filho de um herói negro livre, da guerra contra os portugueses, que recebeu a titularidade de advogado e criou os filhos, e daí sai o pai da engenharia brasileira: fez a estação Pedro II, ferroviária, fez um pedaço do cais do Rio de Janeiro, e assim vai. É fantástico. Aí ele vai exilado com Pedro II para a França. É tudo muito doido. A história do Brasil é muito complicada de ser interpretada, você não consegue fazer nenhum reducionismo marxista, erra. Como é que você lida com uma sociedade que cria pequenos burgueses por todos os lados? O cara é empreiteiro de si mesmo. A visão socialista do século XIX era proletariado, burguesia, e você prognosticava: a burguesia será cada vez mais rica e menos numerosa, e o proletariado cada vez mais numeroso, e chega um momento em que haverá revolução. Nunca imaginaram que o capitalismo fosse reinventar atores sociais por todos os lados, todos.

A gente tem que lutar muito para generalizar o direito civil. Em uma ocasião, eu estava num carro com três amigos negros e então a polícia nos parou. Os PMs tiveram medo de que eu estivesse sendo sequestrado, é de lascar isso. Agora, o mais engraçado é o policial negro fazer isso, é muito ruim. Isso ainda existe no Brasil, mesmo.

Esse tipo de racismo, ele é uma discriminação de natureza social, já que o Pelé valoriza o imóvel que você for comprar. Nos Estados Unidos, o Pelé não pode comprar um apartamento na Quinta Avenida, os donos do prédio podem não aceitar. O nosso problema não é étnico, é social. Você tem elevador de entrada e elevador de serviço. As barreiras no Brasil são construídas a partir do nível de renda. Não fizemos reforma agrária, não incorporamos o ex-escravo, não fizemos legislação trabalhista, educação primária. Esperamos chegar os tempos de Getúlio para as coisas começarem a melhorar. Entre a proclamação da abolição e o início da era de Getúlio foram mais de quarenta anos. Nenhum dos programas dos partidos republicanos fala do ex-escravo, nem o do Partido Comunista de 1922. É como se ele não existisse!

O Brasil é um enigma. Eu sempre disse que todo intelectual brasileiro se defronta com uma esfinge, que faz uma pergunta. Se você não responder, ela te come. E a pergunta é: o que é o Brasil? Estou convencido de que o Brasil é grávido de história, mas, se olho o presente, fica difícil de perceber por onde. Os atores sociais brasileiros estão muito difíceis. Estamos vivendo um momento impregnado de história, isso é inquestionável. Acho que essa sucessão presidencial vai ser surpreendente.

BREVE NOTA SOBRE O ESTADO DAS COISAS

JOSÉ DAMASCENO

Artista Plástico

16/10/2013

Los árboles no dejan ver el bosque, y gracias a que asi es, en efecto, el bosque existe. La misión de los árboles patentes es hacer latente el resto de ellos, y solo cuando nos damos perfecta cuenta de que el paisaje visible está ocultando otros paisajes invisibles nos sentimos dentro de un bosque.

José Ortega y Gasset

Quando inúmeros indivíduos particulares desenvolvem as suas Novas Sínteses livremente e a partir de perspectivas próprias com o objetivo de compreender o caos da modernidade, haverá um crescimento exponencial do caos. Tal a nossa situação atual. Uma visão maior das novas transparências, que deveriam superar antigas intransparências, percebe necessariamente novas intranspariências.

Peter Slorterdijk

Ser libre es ser responsable.

Maria Zambrano

Nunca, antes, talvez se tenha apresentado tão necessária e ao mesmo tempo quase inacessível a compreensão das demandas sobre a convulsa e complexa atualidade brasileira. Pensar, questionar e tentar produzir um olhar mais amplo no calor dos acontecimentos são tarefas árduas. Não só pela ausência de distância suficiente para melhor examinar os fatos, ainda indistintos em sua adesão ao tempo, na sucessão dos eventos, na sua imanência, como também se orientar por entre a nuvem de contextos diversos ao sabor de contingências inquietantes.

No entanto, o impacto dessas perplexidades somente aponta para a exigência de distinguir, criticar, examinar, avaliar, analisar, enfim, as questões presentes. Fatores obscuros, opressores e aviltantes naquilo que concerne à clareza do entendimento e à justiça acompanham e assolam a "jovem democracia", exposta à irremediável falência de toda uma classe política, refém de seu próprio atraso e arcaísmo. Ardilosamente aquilo que mais se evidencia e claramente se apresenta a nós é o desdobramento ininterrupto de injustiças, de perplexidades simultâneas em inúmeros setores da sociedade, referentes às condições dignas de trabalho, moradia, transporte, saúde e educação. Sem mencionar o próprio aspecto nebuloso do poder judiciário, comprometido em seu descompasso e obsolescência. Circunstâncias hostis sim, em que prevalecem desamparo e impotência diante da magnitude quase inconcebível de problemas, muitas vezes, básicos de toda ordem.

Paradoxalmente, as possibilidades e recursos disponíveis, também, são imensos, este, um fator intrigante, o entrelaçamento de discrepâncias a um só tempo fatuais e ilusórias, porventura, um dos nossos mais tortuosos, difíceis e ininteligíveis desafios, espécie de charada insolúvel e mordaz, conviver indefinidamente com um potencial vertiginoso e contudo não concludente... E que parece em tempo algum se efetivar, não se realizar... Instala-se uma temerária ausência de limites definidos... É próprio da incapacidade de se orientar diante daquilo que não se sabe, além do evidente desconhecimento dos espaços e territórios em questão, a dificuldade e a titubeação em procurar interrogar, investigar e tão logo inferir, definir e por fim conhecer fronteiras. O não saber e seus limites são igualmente estruturais e componentes do conhecimento. Propor novos caminhos, encontrar soluções, ponderar resoluções são prerrogativas a se conquistar que a todo custo solicitam cogitar, conceber e mesmo reinventar meios de navegação justamente ao descobrir como melhor se conduzir. O que fazer então? Por onde começar? Onde? Como? Onde... Lugar. Uma pista, enfim...

De imediato reconheço como recurso absolutamente vital e imprescindível pensar, discernir e elaborar – imaginar. Situar-se de fato. Uma urgência imperativa tratando-se da ação direta, que a todo custo não deve abrir mão desse lugar e qualidade intrínseca, o espaço de elaboração. Uma irremediável tomada de posição consciente e erguida mesmo ainda frente à imponderabilidade feroz brasileira, problemática justamente pela recusa a definir limites. Muito mais esforços ainda são necessários. Quais são esses limites? De quais parâmetros e valores lançar mão? Enfrentamento incontornável: procurar pensá-los, cogitá-los e discerni-los.

Julgo ser um desafio no contexto brasileiro desde sempre a conquista do espaço público – elemento indissociável e estrutural da vida coletiva em sociedade: a cidade, o seio das trocas, fluxos, movimento e comunicação entre as pessoas. Falo sobretudo de um sentido de partilha do espaço da cidade como um bem pertencente a todos e do qual todos nós devemos cuidar. As asperezas da nossa realidade mostram em grande parte o contrário: o medo que promove desde o gradeamento de toda a cidade ao uso de dispositivos de segurança e vigilância por toda parte, condomínios apartados de seu entorno, a disparidade avassaladora entre bairros com alguma infraestrutura e outros, em sua maioria sucateados, zonas inteiramente marginalizadas do tecido urbano. Uma cidade partida.

Como lidar com o fosso que separa as pessoas numa sociedade não igualitária? Como se valer do respaldo da lei que não é igual para todos? Qual seria a abrangência de valores comuns para uma coletividade? Justamente aí se encontra uma questão indefinida, vaga e mesmo não esclarecida entre nós. Quem é afinal esse "nós"? Uma questão ainda realmente latente e encoberta... Creio que a dificuldade implícita sobre a experiência concreta do espaço público, digno para todos, coincide com a indeterminação sobre quem somos...

A história não pode ser apagada, pelo contrário, ela é justamente aquilo que nos constitui, ela produz um amálgama de experiências vivas e transformadoras. As ressonâncias de condições coloniais escravocratas estão aqui, agora, por exemplo... Assim como nos acompanha vasta gama de intrincadas questões seminais da formação do Brasil, suas idiossincrasias e particularidades como império nos trópicos. Essencial para avançar em direção à autonomia e à emancipação ainda a descobrir quem somos, seria a conquista da cidadania, um permanente exercício em que é prioridade se levar em consideração o alcance dos atos e de suas consequências, o sentido e a natureza da responsabilidade...

Onde se encontra o reflexo desse outro senão em nós mesmos? No respeito aos demais se encontra a minha liberdade. Uma escala perturbadora nos aflige, contudo ela pode ser talvez redimensionada, e a partir de um raio de ação aparentemente menor, aquele ao nosso redor, do trato cotidiano das relações mútuas, trazer consigo um desdobramento imenso no sentido de sustentar e de propagar paciência, respeito, gentileza e apoio aos demais. Reciprocidade e partilha.

O simples reagir em massa, fenômeno notório e imediato é até certo ponto positivo num primeiro momento, diante da letargia outrora vigente; no entanto é ainda insuficiente para se avançar de fato. Ação inadiável e necessária, certo, mas tal sintoma, tal reação, não sustenta um posicionamento propositor a longo prazo, que de fato pressupõe investimento criativo, elaboração e agenciamento de espaços. Afirmar, encorajar o pensamento onde este coincide com a própria ideia de criar espaço, é imprescindível.

Para tanto uma série de demandas imediatamente surgem e ao mesmo tempo um princípio político dos mais elementares se mostra extremamente pertinente e essencial: simplesmente conversar, ventilar e trocar ideias. O diálogo banhado por uma intercomunicação irrestrita de conteúdos, histórias e leituras... Autocrítica. Muito bom, esse pensamento que se confunde com criar espaço, tem igualmente em seu bojo uma potência movente, desencadeadora, ali mesmo onde se descobre na medida em que se inventa...

O que se quer afinal? Qual a pauta? Qual a agenda? O pensamento também precisa respirar e para tal novas combinações se fazem necessárias, um esforço em se permitir um espontâneo idear, novas relações, novos usos e trazer à mente questionamentos que de alguma forma contribuem para que a imaginação se revitalize e recupere seu espaço, seu valor, sua importância. Intuir novas ideias, levando em consideração o pensar a linguagem como condutor e ao mesmo tempo substrato da imaginação ao trabalho. A luta começa muito antes do que se poderia supor...

Nação? Um país? De que se trata afinal esse conjunto hoje em dia? Em meio às novas impressionantes escalas digitais, ao mesmo tempo randômicas e hiperpoliédricas, em meio às turbulências dos cenários geopolíticos e interesses macroeconômicos escusos para além dos registros nacionais...

Pensar o Brasil, um desafio fascinante, pela reunião de fatores os mais disparatados, contraditórios, misteriosos e enigmáticos... De uma forma ou de outra, por mais estranho que seja, existem ainda bandeiras... A nossa descreve em suas cores elementos emblemáticos constitutivos de seu território. O verde das matas, o amarelo das riquezas, da luz do sol e o azul do céu, indicado por um firmamento que mostra uma noite e suas estrelas, correspondentes aos estados. Esse céu, envolvido por uma faixa sobre aquela superfície curva, uma esfera... Podemos ler ali a máxima positivista, perdida em sua solidão caduca, um tanto triste e obsoleta – *Ordem e Progresso*... Ao que tudo indica, uma vontade surpreendente, uma forte evidência, apontaria uma luta, uma busca que seja a tentativa de descobrir um outro lado ainda desconhecido e fora do alcance de nossa visão... É preciso, no entanto, procurar enxergar, expandir o olhar... Talvez possamos assim intuir, imaginar e, ao final sim, ver o que possivelmente estaria escrito nesse lado oculto da nação. Arriscaria supor *Discernimento, Solidariedade e Invenção.*

ENTREVISTA

JORGE MAUTNER

Escritor, compositor e cantor

20/10/2013

Jorge, eu queria ouvir o que você está pensando a partir desse momento dos protestos.

Democracia é fundamental. Ela sempre nasce do instinto de sobrevivência, de ataque, adaptação e colaboração... que têm cada vez maior presença. Hoje, vive-se um período de democratização permanente por causa da ciência, da tecnologia e da colaboração.

A internet surgiu por um pedido dos astrônomos, a quem os arqueólogos perguntavam como era o céu há 2000 anos.

Nesse momento, todos os outros cientistas se juntaram, porque acontecia um fenômeno diferencial, único na história da ciência. Até então, os gênios guardavam o segredo das fórmulas e as compartilhavam em grupos. Houve então um momento em que isso foi superado pelo compartilhamento de todas elas – a geologia, a arqueologia, a botânica, a química, a astrofísica, a astronomia: com a internet tudo está em contínua comunicação. Foi um salto de qualidade.

Hoje as informações vêm pelos satélites, de todos os campos de pesquisa. Recriaram aqui um laboratório que já está pesquisando a matéria porosa escura, imagina! Por exemplo, uma descoberta científica com Galileu Galilei vai dar em Newton muitos anos depois. Hoje em dia chegam milhares de informações por segundo, com grupos enormes de cientistas compartilhando. A equação mudou. É preciso ter habilidade de dizer o que interessa nessa velocidade de informações inacreditáveis em todos os campos do conhecimento. Atingiu um nível de simultaneidade que só poeta pode imaginar (risos)! Posso dar exemplos rudimentares. Por exemplo, o Brasil todo viaja há muitas décadas de motocicleta, não tem mais cavalo; antigamente as pessoas andavam em silêncio, sozinhas, de repente, estão falando nos celulares, sem parar. Essa mudança de quantidade alterou a qualidade, coisa que nunca havia existido.

Estamos numa situação de fronteira, absolutamente nova. Antigamente havia as guerras que aceleravam isso. Hoje, o próprio estado de paz, sublimando-as em democracias, em negociações diplomáticas e satélites e controles simultâneos, está criando esse inacreditável e admirável mundo novo. Isso se reflete também nas artes, nos acontecimentos, na expansão do conhecimento humano infinito.

O grande físico brasileiro Mário Schenberg, da USP, dizia que deveriam botar implantes em todos os neurônios, menos naqueles onde nascem os mitos, porque eles seriam a nossa especificidade de humano. Essa é uma linha de pensamento, mas outra pode triunfar. Todas essas são questões em aberto, e nunca tudo esteve tão em aberto. Deveria ser também aterrorizante, mas um pouco do aterrorizante foi esquecido.

Hoje é tão maior o benefício utilitário, pragmático, de bem-estar, que eu digo assim: o mundo vivia com guerras religiosas, depois vieram guerras ideológicas, agora são guerras de consumismo, de bem-estar, de alimentação. Nós estamos com 7 bilhões [de pessoas], virão 8. A tecnologia e a ciência são tão determinantes, que há pouquíssimo tempo, Marx, no *Manifesto comunista*, realçou que tudo que acontecerá de benefício para a humanidade virá por causa das comunicações: telégrafo e máquina a vapor. Imagina agora, com a instantaneidade nos meios de comunicação. Daqui a pouco vamos ter implantes nos neurônios para a saúde, segurança, identificação. E também não há controle: "Estamos a caminho do planeta onde todos serão controlados e controladores."

Quando você fala em "controlados e controladores", é muito interessante, porque pluraliza os pontos de controle, de controlados. Mas o que eu quero perguntar tem a ver com o fato de que ciência e tecnologia também são objetos da política – alguém decide o que interessa, o que financiar, decide como se trata um ente, como o ser humano, como trata um recurso, como minérios, por exemplo. Isso tudo é política. Como você imagina essas possíveis tarefas?

Democratização permanente em todos os países, até na República Popular da China, também com todas as suas conquistas, a Rússia democrática. Veja a palavra "democrático", são os direitos humanos que se irradiaram em fundamento. É Jesus de Nazaré. A história é antes de Jesus, e depois. Isso é fundamental, Jesus inventou e criou um romantismo, e é daí que vem a jurisprudência de que a criança nasce inocente, que a sociedade a modifica. Ele inventou e criou também os direitos humanos e a desobediência civil pacífica e pacificante, inclusive ele disse: "E aqueles que seguirem minhas palavras serão chamados de os pacificadores." Inventou o liberalismo, através do livre-arbítrio, e inventou o socialismo, que é claríssimo no Sermão da Montanha, a maior obra literária da história. E aí tudo é permeado por isso, então é a opinião de cada um. Daqui a pouco você vai ouvir a opinião das plantas, dos animais, depois, a primeira coisa, na política, vai ter um partido infantil.

Bruno Latour, numa aula sobre representação, diz: "Pense-se num parlamento." Os parlamentares lá estão representando as pessoas que os elegeram. No parlamento, são tratados os fatos políticos de uma sociedade. E aí ele faz a seguinte pergunta: as coisas das quais se trata também estão ali representadas? É como o que você diz: a opinião das plantas deveria ser ouvida?

Pelo que eu sei, grandes empresas de comunicação, há mais de vinte anos, fazem o *brainstorm*, em que a base é o caos. Eles já são muito avançados, né? O *brainstorm* primeiro era um método surrealista de dizer coisas, de um caos, mesmo com as restrições do Breton. Quem ficou com a prática de fazer *brainstorm* em reuniões foram os propagandistas, a publicidade e recentemente os empresários. Eles sabem da condição do trabalho flutuante. Agora, os próprios economistas. Aquele economista famoso que sabia o que ia acontecer na bolsa antes da crise, ele dizia: em última análise, eu decido a cotação quando eu sinto minha úlcera doer (risos)! É uma sensibilidade que vai até o paroxismo da doença, da loucura. Tem tanta informação e aquilo está flutuante, com velocidade e simultaneidade. Pouquíssimas pessoas estão capacitadas para essa absorção. O mundo todo está se tornando poeta porque, lendo Fernando Pessoa, a única pessoa que pode ter as mesmas opiniões ao mesmo tempo é o poeta, e nisso está esse turbilhão que aos outros parece, às vezes, desconcatenado ou superordenado – não é nem isso nem aquilo, é mais ainda. É uma visão da reinterpretação, porque tudo é, de novo, Jesus de Nazaré. Cada geração tem que reconquistar sua liberdade e uma criança nasceu entre nós. Essa novidade, de herança de genes, de tudo, os neurônios saltitantes – a última geração passa suas informações para aquela que vem. O tempo todo a natureza é a beleza, a poesia e o mistério. E isso só vai aumentar. Quanto mais informação, maior é o mistério: essa é a graça da própria dificuldade: ela ser uma coisa para te animar, porque é tudo dificuldade. Se você for pensar bem, não há nada mais estranho do que a própria vida no planeta, tudo, o Universo.

A necessidade de militar politicamente tem a ver com esse impulso.

Claro. Militância, curiosidade, compartilhamento, comunicação, que na origem é comum ao todo. Tudo são religiões, desde o positivismo, a religião ateia, depois o socialismo. A própria democracia é, digamos, positivista. Os próprios maçons se inspiram em Jesus de Nazaré, que colocou a categoria dos direitos humanos. Todo mundo fala que é da Revolução Francesa. É da Revolução Francesa porque lá ela inaugurou o voto de um cidadão, uma cidadã, cada um deles é um voto. Nos Estados Unidos ainda existe um ligeiro colégio eleitoral, mas a primeira afirmação dos direitos humanos, eu poderia dizer que vem de Cromwell, de Thomas Paine, da Revolução Americana, um inglês que estava lá e virou um dos pais fundadores com seus direitos humanos.

Esse conhecimento além da classificação sobrevive assim, subterraneamente.

Dentro do pensamento, Sócrates foi o primeiro a ver isso, mas ele já indicava com a transcendência a ideia de que você poderia se separar da imanência. Aquela bola, por exemplo, se eu quiser descrever a bola como esférica, já não existe. Já é a transcendência idealista determinando os fenômenos das realidades. A fenomenologia retoma tudo isso. Mas todos os grandes filósofos tinham isso. O taoísmo é isso, todas as sabedorias são isso. O salto ocidental é primeiro a transcendência de Sócrates, que mesmo assim ainda fazia do diálogo a suprema razão e a definição ideológica de tudo. Então ficavam conversando, e ele mesmo deu o exemplo. Platão, que escreve por ele, falou que a gente enxerga só a sombra das coisas da caverna. Com Platão, vem o ideólogo da república, na qual não há mulheres, é só uma elite: reis-filósofos, filósofos-reis. E aí vem Aristóteles. Os três, de alguma forma, pertencem a uma abstração dessa imanência que só vai voltar a existir entre os místicos, na Idade Média, e depois entre os grandes escritores: Machado de Assis, Dostoievski, Kierkegaard. Aí você tem. Mas não era na filosofia, na filosofia isso irrompe com o próprio Nietzsche, Schopenhauer também, e Hegel, na *Fenomenologia do espírito*. Ele tira das *Mil e uma noites de Bagdá* a ideia do mundo visto como *zeitgeist*. É tudo visão do califado de Bagdá. Ele retoma e copia.

Esses todos foram comentadores dos pré-socráticos também, não é?

Isso, claro. Já ali era óbvia essa importância. Até que Max Planck deixa, por acaso, umas pedras em cima de uns negativos de fotografia numa gaveta e, ao abri-la, vê que as pedras deixaram uma marca no negativo. É aí que está a primeira ideia de a matéria ser energia e de a energia ser matéria – esse é Max Planck; é aí que começa a fenomenologia, baseada nesses dados da ciência, de que matéria se torna energia e energia se torna matéria, onde vai imperar um cálculo da incerteza; é aí que nasce a fenomenologia de Husserl e Max Scheler. São quase dois cientistas esses dois personagens, e literatos e tudo. Mas eles próprios cientistas também se alimentam muito disso, todos eles: Schoendinger, Einstein, escultores, artistas. Para eles poderem imaginar. Tudo isso, além da ciência, quer dizer, os cientistas todos vinham de lá. Vendo que pedras deixadas no negativo deixam uma marca, vinha: "Olha lá, o Demócrito sabia!" Imagina, o Demócrito, pré-socrático: "Todas as coisas são feitas de átomos, que são coisas invisíveis dentro das coisas." Já pensou? Isso só especulando. Ele fez uma especulação certa ao aprender o fenômeno de comparações. O Sócrates já desvia para transcender isso, numa ideia que não é a real, como se fosse real. Tem seus dados positivos e negativos, como tudo. Realçava um princípio de autoridade, de lei, de abstração, uma coisa assim. Só agora a filosofia absorve notícias da ciência e da tecnologia. Essas duas linhas coexistem, talvez possamos contrabandear alguns princípios do humanismo de umas sim e de outras não, mas talvez nem isso será possível, porque a gente breca qualquer imaginação mais importante para a nossa sobrevivência e felicidade.

Talvez seja bom prestar atenção na construção da política da complexidade, né?
É, exatamente isso. Cada vez mais você tem mais informações, nunca houve uma maior participação em tudo e em todos os lugares do mundo. O Brasil, então, que é abençoado pela natureza.

Já ouvi você falando no Google, no Yahoo, em polícias secretas e seguradoras como donos do mundo. Esses pontos nodais são, de certa maneira, preliminares para que esse mundo de controladores e controlados seja verdadeiramente em rede.
Mas eles estão armando isso, é claro.

Sim, mas eles são colocados acima da rede. É como se eles fossem pontos especiais, que têm acesso ao que outros pontos não têm acesso.
É, mas a execução do poder deles só pode vir com consentimento simultâneo e instantâneo de todos. Mudou tudo.

O Gil falou sobre as pessoas numa dada sociedade se juntarem contra algo e se manifestarem com o povo, fora das instituições. Na hora que ele foi contextualizar isso historicamente, o que eu esperava seriam as Diretas Já, o Fora Collor, mas o Gil foi para Spartacus. Remontou a um sentimento que talvez seja transistórico.
Claro. A informação e a imaginação cada vez se tornam mais claras: a comunicação e a comunhão. Cada vez nasce mais um indivíduo, o elemento da História cada vez mais é ele mesmo. Quanto mais ele se funde com os outros, ao mesmo tempo ele

é amalgamado, e cada vez mais ele é aquilo que é, e cada vez mais isso cresce em outra dimensão, que chega.

Nesse sentido, não sei se você vai concordar comigo, isso é um ponto de vista mais rico do que foi, no Brasil, o processo oficial de mestiçagem, colocado num certo momento, que tinha a ver com ter medo do negro... isso era outra coisa...
Aquilo foi o reconhecimento disso que eu estou falando, mas multifacetado num alarme enorme, com um tratamento da altura deles, da elite daquele tempo. Mas é uma constatação disso.

São as circunstâncias, né?
É, mas aqui somos herdeiros disso tudo. Isso tudo é porque teve a disposição dos índios tupis-guaranis, né? Essa á mais determinante, e devia ser a primeira aula de História do Brasil, devia começar assim: a disposição dos nossos índios. São básicos. Mas é preciso mergulhar em Portugal. Na própria originalidade e exuberância de Portugal, que era um lugar pequenininho. A Espanha era imensa, um império. Em Portugal a língua foi inventada por menestréis, música, canções del rei. Menestréis, que, às vezes, eram o bobo da corte, podiam falar as coisas. Você imagina as riquezas, os ineditismos e as originalidades que já começam em Portugal. Chegam os templários, perseguidos, tremendo de medo, os amigos e amantes sendo queimados vivos, heréticos, aí de repente viram Cavaleiros de Cristo e começam uma navegação com mapas secretos para os outros não saberem onde fica o Brasil.

E Camões construindo épicos disso, né?
Imagina o esplendor! E tem Dom Sebastião, e o sebastianismo, que é algo muito importante na História do Brasil. É o messianismo português, oriental, porque ele morre em Alcácer-Quibir, é o sonho do Oriente. Para o Ocidente, o Oriente sempre é uma obsessão.

Portugal está ali na dobra, né?
Imagina, Fátima é onde? Fátima é aquela Nossa Senhora de Fátima ou é a Fátima de Maomé? Então tudo ali é assim, ainda mais para a chegada dos templários na condição...

De fodidos.
Exatamente. Não tinham aquela arrogância das Cruzadas, tinham a informação, mas viraram verdadeiros nazarenos depois. Uma experiência aterrorizante. Da noite para

o dia foram tidos como traidores, sodomitas, obrigados a cuspir na cruz, queimados vivos na hora, na frente das igrejas. E tudo pelo poder real, agora do rei da França. E aí, nessas circunstâncias de acaso, de História, o Brasil nasce. Isso tem que constar como uma das origens.

Na verdade, os modos artísticos acabam por se relacionar com a ciência, né?
É, e a determinar, inclusive. Nortear e determinar. Agora a ciência dá um baile em todas as linhas mais (se quiser) extremas de todos os estilos literários, filosóficos, cultura e tudo. E confirma mais ainda, então, a loucura que é a neurociência.

E, ao mesmo tempo, os modos artísticos são penetrados pela ciência.
A natureza, na verdade, é ciência com arte, o tempo todo, no modo inimaginável, que vai deslumbrando cada vez. Lê essa das lágrimas, por favor.

"A imagem das borboletas na Amazônia, que bebem as lágrimas das tartarugas. Elas, herbívoras, com uma dieta com pouco sódio, as tartarugas, praticamente, exclusivamente carnívoras, com uma dieta rica em sódio. E é assim que as borboletas pegam o sódio delas, com as lágrimas das tartarugas." É lindo mesmo, porque a ciência descreve.
Descreve para quem estiver lendo. Isso é uma poesia. Um relato científico do que é. Impressionante. É pura poesia. Imagina. Intangível. Eu repito: Guimarães Rosa coloca como epígrafe Meister Eckhart e Jakob Böhme. São os dois grandes pensadores pré-socráticos da Idade Média, da política, na qual a fenomenologia, que é totalmente científica, vai beber a parte principal da apreensão das coisas. Tudo de uma vez. Eu repito: Demócrito. Como é que ele imaginou, só com especulação de pensamento, que tudo eram átomos invisíveis dentro de todas as coisas, formando tudo?

É assombroso, né? Mas também pensa na circunstância, Jorge: o cara estava pensando, eram pessoas brilhantes, os pré-socráticos, e eles estão pensando num mundo que ainda não tinha a interpretação que tem, né?
Não, mas já tinha isso. E Pitágoras… aí vai um montão de gênios.

Os bebês também vivem um mundo cheio de primeiridade.
Tudo. A noção instantânea vem do pai e da mãe. Todo o DNA da mãe, todo o DNA do pai, os neurônios. Mas, para as novidades que o pai e a mãe viveram, para se passar à geração seguinte, a natureza tem um processo de ou o neurônio saltar para o outro

lado, ou lançar uma luz difusa que equivalha a isso. Mesmo nessa operação há um perigo – é bem pequeno –, mas existe, como se fosse a mimetização de tudo, uma colisão de astros. Então, já tem um perigozinho, claro que ele é muito reduzido, mas existe, é bom constatar sempre. E aí fotografam, radiografam as novidades da vida do pai e da mãe para a criança que nasceu entre nós. Isso sempre me assombrou. Impressionante. Os animais também são assim, é tudo comunicação e emoção. Emoção que depois se organiza em razão e se divide em lógica e necessidade, sempre. É como Lenine, a liberdade é a consciência da necessidade. Sempre tem algo disso em todos os lugares, com nomes variados. O próprio Kant já tinha quase intuído o relativismo, mas no final, com o *zeitgeist*, o espírito da época dele, ele houve por bem dizer: "Mas você tem que querer querer", que era um imperativo categórico. Não bastava ser categórico, tinha que ser imperativo categórico, você tem que querer querer. Então, com isso, ele volta para a condição humana, que é o tempo todo um vaivém. A coisa complicou-se a tal ponto que o melhor exemplo, que eu não citei... ah! o Meister Eckhart, como eu falei, o Guimarães Rosa o cita como epígrafe: "Tudo o que está dentro do círculo está também fora do círculo" – isso é a simultaneidade.

Como isso foi recebido pela teologia cristã? Foi considerado herege?
Foi, correram perigo porque a Igreja é Roma. Então ela tem que organizar as várias simultaneidades e irrupções de sincretismos e dizer: "Esse pode. Esse não pode." É tudo um governo, e todo governo tem que ser imediatista. Você tem que ver, em relação à Igreja Católica, em que período as coisas acontecem. Nesse período foi assim, mas depois fizeram concílios etc. Analise: tem toda a perseguição aos gnósticos, o romance *O nome da rosa* especifica isso a cada instante. E cada capítulo dessa densa Idade Média, há bibliografias a respeito disso, e isso norteia tudo. Guimarães Rosa pegou tudo... Ela já é a simultaneidade, apodítica.

Ela tem uma ressonância profunda.
É, porque eles sabiam, eles condenavam: é bruxa ou não é bruxa? Dependia do apelo sexual dos juízes, em relação àquela bruxa, que podia ser muito linda e gostosa e era condenada ou não. E aí vai. O melhor exemplo é Joana D'Arc, da França, ela é santa e foi queimada como herética pela própria Igreja, que fez esses contratos. A Igreja é uma organização humana, política, máxima, com toda visão antropológica de Roma, onde foi praticamente inventada a antropologia. Alexandre já tinha feito estudos de outros povos, mas ali se atingiu o ápice, com a organização militar. Júlio César é o melhor exemplo disso: ele é um pensador, um antropólogo. As diferenças entre as

tribos, isso sempre tem uma coligação, porém não tão forte como em Roma. E onde se pode quebrar isso? Atacando e, por outro lado, seduzindo. Um governo compartilhado (claro que não ao extremo do nosso, por contato de tambores) sempre é uma situação dessas. Você vê: até Moisés, quando desce da montanha com os Dez Mandamentos, encontra as pessoas adorando o bezerro, e ele tem que quebrar aquilo. Quarenta nobres egípcios comandados por Moisés vão colocar a ideologia de Akhenaten e Nefertite, ideologia do deus único e generoso, que tinha submergido há séculos, para aquela maioria de judeus que tinha o deus único da escassez, que era Yahu, um vampiro que saía da caverna para sugar o sangue dos crentes. Ele não dava nada, pelo contrário, só cobrava sangue. Então desse deus único da escassez para a abundância, Moisés e o monoteísmo, isso tudo reafirma o compartilhamento simultâneo. Entra também depois a opressão do matriarcado, classicamente, no paganismo maior, que era a cultura grega, que toma a ilha de Creta e acaba com o reinado das mulheres, onde casavam com o homem e, um ano depois, ele era morto em sacrifício, como o zangão das abelhas. E garantiam o poder por causa do segredo das ervas abortivas, que elas dominavam. Então, se não nascia ninguém, você podia transar à vontade, e o que acontecia? Os homens ficavam apavorados, porque tudo é cultura. Mas quando chegou uma tribo "bárbara", que ignorava qualquer consideração, como os Jônios – eles não acreditavam nessa coisa de cultura –, eles conseguiram usurpar todo o poder das mulheres durante séculos.

O poder das mulheres era o conhecimento?

Exato, tudo, tudo. Aí vem uma longa história. Imagina cada ano de história, agora imagina a cada dez anos, a cada século, cada história é diferente, como as folhas, se lembra daquilo? As folhas de todas as árvores, cada uma é diferente das outras, mesmo as irmãs da mesma árvore. Não existe eterno retorno. É o eterno retorno sempre diferente, simultâneo. Mas isso é a base de todo o tremor da natureza.

Para mim a simultaneidade é algo ambíguo: a ideia de que tudo que está dentro do círculo está fora do círculo ou a ideia de que tudo que pode ser é.

De todas as artes, é a poesia e a música que têm isso no seu cerne gritantemente, toda hora. Na música, você faz melodia e harmoniza com uma harmonia. Mas você pode também harmonizar dissonâncias, e por aí vai. Vai à dialética e além – passa por Hegel, Marx e o próprio Nietzsche, a dialética interiorizada, também por Kierkegaard. Os opostos são sempre lutas e sempre têm as coisas um do outro. É uma eterna mutação de conflito e harmonização instantânea de todas as coisas e do próprio ser. Na dialética clássica havia tese, antitese e síntese, e mesmo marxistas ortodoxos suspeitavam de um quarto movimento misterioso para além da síntese, mas não chegaram a elaborá-lo. O quarto movimento é a instantaneidade e dá sempre em amálgamas contínuas, no trilionésimo de segundo em que as sinapses dos nossos neurônios formam essas conexões. A velocidade é igual à da luz, ou mais, como as explosões das galáxias, como no mundo subatômico. Mas isso hoje é confirmado, reafirmado, escandalosamente concretizado.

As coisas se irmanam em velocidade absurda. Isso é tempo, velocidade é tempo.
Tempo-espaço, espaço-tempo. Eu sempre cito os dois juntos. E isso é tudo, a própria história da Terra o tempo todo. Por um triz, vários trizes, a Lua resultou... Aquele choque, aí várias extinções da vida... Ela renasce, com bactérias, vindas do cosmo, ou lá debaixo de águas abissais. A vida é uma teimosia, em última análise, disso, das poeiras das estrelas, das cinzas renasce uma nova energia pulsante que agora reinterpreta tudo e é essa coisa estranha chamada vida: é o aminoácido que se mexe, sei lá (risos). E tem várias formas intermediárias: por exemplo, o vírus, ele vive em contato com outro corpo vivo. É fácil imaginar a sequência. Eu tive essa base muito cedo, pelo Mário Schenberg e pelo meu pai.

A poesia e a música são o meio de expressão disso, que é... Você entende a importância crucial disso para a empresa humana. O tempo todo. A música, então...

Esses sentimentos, Jorge...
Fabricam o átomo do otimismo.

Esses sentimentos te informam na hora que você vai se expressar musicalmente? É para além da letra de uma música?
Ah, desde criança acho que tudo foi isso, desde os rituais de candomblé... O tempo todo fui incentivado e sempre recebi tudo de braços abertos por parte de todo mundo, de todas as épocas, do povo brasileiro, dos intelectuais, de tudo. Isso aí é bem-vindo. E como há um tempo teve o nome de maldito, né? Mas tinha que ser assim. Os teólogos que não gostavam dos malditos só se interessam em falar com os malditos, porque sabem que... "mas isso é entre nós, o resto vai fazer mau uso disso. O resto não está bem orientado". E aí voltamos a Platão, à *República*. Reis filósofos, filósofos-reis. Nesse sentido ele era... Mas ao mesmo tempo não é, então você veja só, na própria análise... Aristóteles fez a cabeça de Alexandre, o Grande, que ao exportar, com antropologia e pensamento filosófico, toda a plenitude do helenismo, começa a

fazer a primeira amálgama entre povos, casando com hindus, mas ao mesmo tempo os historiadores dizem que aí houve um declínio, aquele período helênico passa a ser helenismo, que é degradado, porque se mistura às crenças locais de todos os povos, pela primeira vez. Mas é simultânea ao contato, vamos dizer, "não, ela é superior", aí você sempre... Mesmo teu julgamento, "isso é preconceituoso", também está suspenso com espada de Dâmocles, da eterna dúvida, na fenomenologia não existem provas – prova sempre é brincadeira, existe uma enorme espada pendurada em cima de você, que pode cair a qualquer momento e acabar com tudo (risos). Esse terror é irmão da maravilha. Eles são gêmeos, quem sabe até trigêmeos, quadrigêmeos, não sei... E até podem ser ligados. São sempre oscilações infinitas demais. Agora, com a matéria porosa escura, com energia escura, surgem novas categorias, já temos em laboratório. Mas é sempre o cálculo da incerteza e é tudo novo, sempre, porque é sempre eterno retorno diferente a cada trilionésimo... O imprevisto é a coisa mais prevista que existe nesse universo.

Tudo é imprevisto, né?

Tudo. A sinapse reproduzida mentalmente... Para você conseguir essa armação é um trabalho contínuo. Não vou chegar ao extremo do elitismo do Gurdjieff: "A alma, pouquíssimas pessoas a têm..." Não. Todo mundo tem! Ao ter essa busca como preocupação maior, por causa da própria existência estar interligada a essas necessidades, já se está nesse caminho. Por exemplo, o que é a fé? É poesia levada a sério. Mas a própria dúvida é a essência da fé. Isso é judaísmo. Se você duvida – que é o mistério –, você já está com fé, porque uma das possibilidades é tudo ser aquilo que você imagina. É essa irradiação, que no fundo é religião – um impulso primeiro. E tudo interligado o tempo todo. Alguns querem público, querem domínio, poder político. São as mesmas pulsações. O cientista quer comer, quer ganhar um dinheirinho, quer ficar famoso, aí vai... São os estímulos humanos... Mas sempre é essa armação que, cada vez que você examina, é mais surpreendente e inacreditável. O elétron passa e não passa três vezes pelo mesmo buraco. É a linguagem alimentada pelos escritores, poetas, místicos... e depois a ciência acompanhou piamente isso. Isso tudo é um passo recente.

Aquilo que eu estava querendo ouvir de você mais cedo: da imaginação sobre o futuro, de construção de mundo, depende disso.

De querer, que é imperativo categórico, e a necessidade da época, de cada indivíduo, de cada conglomerado humano. A História é tudo. Então Jesus de Nazaré estremeceu a História para além das religiões que dizem representá-lo, né? Ela é um precursor de todo mundo. Inventa o ateísta, o socialista, o humanista, o romântico, o liberal, os direitos humanos. Mas vai além: vai ao encontro da primeira emoção que fez o humano se chamar de humano para se diferenciar: o cuidado, o tempo que leva para ele educar a criança que nasceu entre nós. Carinho o tempo todo, muito tempo. Nenhum animal fica tanto tempo com sua prole. Então isso desenvolveu a mais forte consciência, que é a consciência da morte, que ali já está continuando. É o cuidado com a criança que nasceu entre nós. É o amor. Isso é maior que tudo. Daí o espanto e o assombro que dão ao ver o gás na Síria ser usado – a criancinha abrindo a boca sem ar. Esse é o crime maior. Isso e o holocausto de Auschwitz, Sobibór. O ser humano tem uma coisa fundamental com isso tudo que é exigência. "Eu sei que é duro, mas a prova maior é vocês poderem matar crianças e pessoas sem sentir piedade. Vocês têm que fazer isso, como prova de superar o humanismo decadente."

Isso é ideia do nazismo.

É. E ela começa ao mesmo tempo como uma calúnia. A Okhrana, a polícia secreta do czar (que depois vai ser substituída pela Comissão Extraordinária de Lenin), para rechaçar a primeira irrupção moderna e romântica do socialismo que é o Bund, liga socialista dos judeus da Rússia, inventa o livro chamado *Protocolos dos sábios de Sião*, que vai afirmar que os judeus fizeram um pacto, há muito tempo, de dominar o mundo e inventaram para isso, para essa época, o centro, a direita e a esquerda. Então, de toda maneira, é o judeu com uma trama diabólica... Eles forjam o livro para acabar com aquele movimento socialista: os judeus é que eram os medonhos, que queriam o socialismo.

Até aí não tinha antissemitismo do jeito que a gente conhece?

Assim não, desse tipo não. Era preparado pelo Gobineau pela diferença das raças, mas ali atingiu sua clareza cristalina do ponto de vista político. Esse livro, *Protocolos dos sábios de Sião*, até hoje tem gente que diz que contém uma verdade histórica, mas no fundo ele é um elogio ao judaísmo às avessas... Pelo centro, pela direita e pela esquerda... Somos nós, sim senhor, com Jesus de Nazaré e Mohammed também, em cima. E depois, com Karl Marx, com Trótski... Vai longe. Mas é Jesus de Nazaré. Aqui, o judaísmo tem importância tamanha com os judeus batizados. Eles continuam sua fé com simultaneidade, são os mais fervorosos da missa católica, e lá são observados, e ao mesmo tempo, com mais fervor, acendem o candelabro à meia-noite. Isso é o reinado da amálgama.

Esse judaísmo central na História se identifica com o Estado de Israel hoje?
Também. Simultaneamente. Porque se por um lado o pacto de Israel, por ser uma nação, é geográfico, por outro ele transcende a geografia, mas isso sempre é contido pelos próprios judeus. Um dos primeiros a irradiar isso com mais ênfase é Jesus de Nazaré. Seria a internacionalização do judaísmo, mais por obra do destino, de tudo que aconteceu – não vou entrar nisso, senão a gente leva três horas. O Jesus crucificado, algumas décadas depois, os romanos... Vem a revolução mesmo, judaica, dos Macabeus, que queriam o nacionalismo judaico, Roma arrasa com eles e assim começa a Diáspora. Aí vai longe... a Cabala é fruto dessa compensação mais tarde, de absorver as outras coisas... Mas é um tumulto. Em *Os irmãos Karamazov*, de Dostoievski, o irmão monge, chamado Aliosha, tem um pesadelo em que Jesus volta, a Inquisição o interroga e o inquisidor-mor diz: "Nós o reconhecemos, você é o verdadeiro Jesus de Nazaré que voltou, mas você vai para a fogueira agora." Pronto, é isso, é a manipulação contínua. O tempo todo são as simultaneidades (risos), é a história do autodenominado ser humano. Kierkegaard dizia bem, nessa imagem: o ser humano é como um doente com febre alta se remexendo na cama sobre o travesseiro. E dessa dúvida, dessa angústia, desse escândalo, desse aparente ridículo é que nasce a grandeza do mistério maior, que é a fé, que é o amor agora em todos os sentidos, numa linguagem de escândalo que horroriza os próprios cristãos que lhe denunciavam. "Só é cristão quem não tem medo do ridículo e vive no escândalo o tempo todo." Jesus mesmo disse: "Vim trazer o escândalo." Ele deu um salto nos sistemas dos neurônios da humanidade.

Na sua opinião, Jorge, o que Jesus fez da ideia de revolta, que é uma coisa que o humano faz desde que existe ordem? Como ele mudou a ideia de revolta?
Ele mudou a revolta estendendo-a para todo mundo, mais que isso, realçando a pessoa que precisa de mais cuidados. Os evangelhos dizem: "Bem-aventurados os pobres de espírito, que deles será o reino dos céus." E Lucas é bem materialista até com isso: "Bem-aventurados os pobres, porque deles será o reinado dos céus." "Pobre de espírito" seria uma criança autista, quem mais precisa de proteção. Se uma criança nasceu entre nós e normalmente já precisa de proteção, aquela precisa de mais. Ela está em primeiro lugar. Em segundo lugar, quem vem? "Bem-aventurados os que sofrem e choram." Aí eu vou chorar... (risos) É uma inversão total, numa visão de simultaneidade, e o amor impera. E ainda há o livre-arbítrio, os direitos. Tem tudo inventado aí. É muito forte. E nunca ninguém se deu tanto assim, né? Até o fim ele é a dúvida: "Pai, afasta esse cálice." No jardim de Gethsemane, os discípulos o abandonam. Ele pede para os discípulos velarem por ele, mas eles são acometidos por um sono. Então ele

fica sozinho. "Não, eu tenho que cumprir o meu destino..." Aí, no final, na cruz, ele grita: "Pai, Pai, por que me abandonaste?", a própria dúvida é arrastada até o último momento. E pode existir ou não a ressurreição, não importa, ela existe. Ele continua, né? A ressurreição é impressionante.

É uma coisa que diz respeito à experiência humana.

Sim. Aí era tudo muito pobre. Eles eram a parte mais revoltada, mas a revolta não chegou, ela chega depois. Fracassa, nesse sentido do poder. "Dai a César o que é de César." Jesus respeita, mas ao mesmo tempo mudando tudo de César. É o filho de Deus. Isso repercute em todos os lugares. O nazismo acusa: "A foice e o martelo são uma cruz disfarçada", quando era a época pagã da SA. E aí você não imagina as implicações e confirmações categóricas e imperativas nisso tudo, isso é muito... É a essência. Castro Alves, Machado de Assis, Dostoievski, Paulinho da Viola, todo mundo é motivado. Não sei quem não é. Até quem é contra. O demoníaco lá está torturado por ações... O tempo todo é o clamor pelo amor, pela alegria e pela sobrevivência da espécie, que só pode ser continuada com essa expansão, interconexão de tudo. Olhai os lírios do campo.

Expansão quer dizer o quê?

Expansão da consciência de que é emoção pura em todo mundo, nos neurônios. Essa tua geração deu um salto inacreditável, seja em matéria de neurônio saltitante, seja em matéria de informação imediata, tudo, tudo contribui. E é tudo junto, também.

Você acredita que a internet é um fenômeno pesadamente relevante na História?

É mais do que pesadamente. Ela é crucial, essencial, visceral e absoluta. Lembra o *Manifesto comunista*? Marx diz que a novidade total e a superação das dificuldades de tudo virão por causa da tecnologia: da máquina a vapor e do telégrafo.

Uma coisa interessante... No tempo de Napoleão ainda não havia telégrafo. Então para os jornalistas que estavam cobrindo Waterloo, nas primeiras horas, Napoleão tinha ganhado. Não esperaram a cavalaria alemã chegar, todos os jornalistas voaram para os seus lugares, dizendo que Napoleão havia ganho. O único jornalista que viu Napoleão ser derrotado foi um jovem chamado Rothschild, e ele voltou em surdina para Londres e comprou todas as ações da bolsa que estavam quase a zero. Daí nascem as fortunas dos Rothschild. Foi ele que ficou, esperou e fez grande fortuna. Não é fantástico esse detalhe? Então, é bom ter muita atenção (risos). Hoje em dia, vai longe... Informação. Excesso de informação. Hoje o problema é de abundância, antigamente era escassez. Hoje você tem o excesso – em cada minuto chegam milhares de informações, você tem que determinar o que interessa para essa multinacional, o que interessa para esse campo científico, rapidinho. E cada vez fica mais complexo. Já pensou quantas tarefas para fazer? "Nada lhe será poupado." Isso é da bíblia. Essa frase é boa, né? Nada lhe será poupado... Inclusive para o bem, né?

Você não acha que essa aceleração pode mudar o jeito como as coisas ainda são, mesmo que residualmente – como produto da modernidade europeia? Isso pode ganhar uma velocidade tal que as instituições que formaram o poder naquele momento histórico (como o Estado e as polícias secretas) sejam relativizadas ou mudem completamente?

Isso está em todas as metas. Por exemplo, Lenin, que fez um Estado que você pode chamar de ditadura do proletariado. Tem ali o Estado e a dissolução do Estado. O sonho é sempre o anarquismo – não ter Estado. É um sonho bucólico e recorrente. Agora o patamar é tão novo que isso se dará em condições nunca imaginadas. É exatamente isso que você falou. Então, por exemplo, um governo compartilhado, com a opinião de todo mundo, funciona mais. Há equipes de cientistas julgando a cada minuto as milhares de informações para escolher quais podem ser aplicadas e redistribuídas, isso tudo cada vez é mais, e isso só trabalha a favor da liberdade, igualdade e fraternidade da amálgama. É tudo interligado. Essas descobertas: os elefantes, os lobos, os gatos e chimpanzés terem consciência, como quase seres humanos, é impressionante. E a ciência nos dá coisas que nem a maior ficção científica imaginou, o poeta mais desvairado bolou. Vai além. Eu nunca vi coisa mais impressionante – essa natureza é cheia de surpresas e belezas. O negro preso à infelicidade, fazendo uma compensação pela música. Imagina: saindo da escravidão e criando um mundo que vai ser favorável aos próprios opressores do futuro. E já naquele tempo, com cânticos, batucadas, canções de ninar, canções de se afugentar a angústia da saudade, da morte, da dor, da depressão. O tempo todo abrigando a felicidade da humanidade, esses batuques. Qual é a força dos Estados Unidos e do Brasil? São os escravos, né? Conseguiram, dentro da maior dor, fabricar a maior alegria. Quem é que vai reclamar disso depois? Eles estavam ao lado de Jesus muito mais do que todo mundo; então isso é verdade, mais que verdadeira, dentro de todas as simultaneidades. É a mesma teimosia da vida, com esse estranho calor de energia, renascendo das cinzas das estrelas. O que é isso? Há teorias astrológicas que dizem que Deus é isso: essa consciência da própria matéria orgânica. Até a pedra tem consciência, para formar aquele cristal. Isso tudo os cientistas sabiam, ou secretamente, ou semissecretamente. Uns diziam para as autoridades.

As autoridades eram informadas, mas circunscreviam. Agora acabou – a enciclopédia da Revolução Francesa é para todo mundo agora. E agora, então, o que passa em primeiro lugar? Tratar o próximo como se fosse você mesmo, ainda tem mais que isso: com caridade, com humildade, com agradecimento, com infinita felicidade.

O mito que tomou o mundo como epidemia é o mito do consumo, né?
O consumo traz essas amenidades, né? Traz essas felicidades de você falar com um chinês pela TV. As classes C e D que Lula fez subir para 50 milhões, o mundo aplaude para sempre. Ninguém vai esquecer aquele ventilador que pôde comprar pela primeira vez. Aquela televisãozinha. Isso é demais. Esses são fatos que até mesmo os que são contrários reconhecem. Então são coisas basilares, lá das bases viscerais e, ao mesmo tempo, espirituais.

Eu estava falando espiritualmente mesmo.
É claro. Viva o consumo. Claro que existem excessos. Mas nada perante o bem-estar que está. Viva o utilitarismo! Viva o pragmatismo! Santos Dumont inventou o avião, o relógio de pulso e outras coisas mais. Imagina, o Oswaldo Cruz. A ciência e nossos neurocientistas, astrofísicos, todo mundo. E as pesquisas submarinas? A gente conhece 3% do oceano – não é nada. Isso tudo são tarefas e profissões inacreditáveis. E inacreditavelmente bem pagas. Já existe a demanda para tudo isso. E a velocidade é cada vez maior – ainda bem. Voltamos ao início das manifestações de maior exuberância da democracia do Brasil e de vitalidade, na verdade, todas essas... Primavera Árabe, tudo. São direitos humanos, e essa vontade de uma criança nascer entre nós. É tudo o tempo todo. Para Buda a iluminação é o bebê, já tinha isso. Mas Cristo especifica. Isso tudo se interconecta, mantendo a diferença. Quanto mais se interconecta, mais mantém a diferença. E vêm um terceiro e quarto mistérios logo em seguida, que você ainda não detectou. E olha que tem infinitos, hein? (risos). Essa é a graça. Deus se anuncia a Moisés, dizendo: "Eu sou o que sou. Sou quem eu sou. Diga a eles que você é o profeta daquele que é quem é." Não tem nome, até o nome é impronunciável. Complexo, né? E a gente depois analisa, é a mixagem do Deus único da abundância com o Deus único da escassez extrema, dos judeus escravos, e a mixagem disso com os quarenta nobres.

O da escassez era o Deus vampiro?
Exatamente. Era o Deus único. Só que um nasceu da abundância de adolescentes bilionários, Akhenaten e Nefertiti. Eles também eram luxuosos, eram irmãos do faraó – para alguns, o próprio faraó, mas ele deixa os quarenta nobres irem lá. É

a corte egípcia, com todo fausto e o poder. Aí eles seduzem, e vão fazer aquela experiência com aquele montão de judeus, que tinham um Deus único – mas da escassez – Yahu. Ele é tão tremendo. Os deuses mais primários, animistas, ainda exigiam alguma coisinha, um sacrifício. Esse não, ele só sugava o sangue. Olha que extremo. Daí deu um salto – mixou com outro. Por isso que o Deus de Moisés às vezes é tão generoso, às vezes é tão furioso. Tem aspectos cada vez mais humanos inseridos. Até brotar em Jesus. Tem outros, os profetas todos, que já prenunciam essa tendência. Mas com Jesus ela vai se encarnar numa pessoa, então acabou. Cada folha é diferente da outra, imagina. Só tem cada um de nós. E cada um de nós vai se modificando, e são vários ao mesmo tempo. E aí o tempo todo. Aí você tem essas dimensões todas juntas, você interpreta tudo isso naturalmente: processo da vida, o que você faz, com o que você trabalha, mas todos, todos têm esse desejo. Isso é a existência, é o amor, nos mais desesperados e distorcidos momentos de horror também, é a motivação primária. Em primeiro lugar, o sexo emprega todo o ser vivente para a sobrevivência e continuação da espécie, essa é uma visão ainda setorizada. Imagina, é mais ainda. Espécies diferentes alimentam bebezinhos de outros animais. Um gatinho pega uma cadelinha e a alimenta. Não tem limitações aqui. A natureza dá aulas o tempo todo. E nós também somos parte dessa natureza. Aí você sabe muito bem, as instituições, o verde verdejante, em tom absoluto que você defende. Mas eu, cauteloso, tenho a medida das coisas, 50% é isso, imagina.

Mas tudo pode mudar.

O tempo todo. E vai mudar. E quem vai fazer é você. Não vou dizer que vou fazer isso. Há certo sadismo irônico ao dizer: "Vocês é que vão fazer" (risos). Mas é bem-intencionado.

AMANHÃ HÁ DE SER OUTRO DIA

ERNESTO NETO

Artista Plástico

21/10/2013

Quando o povo brasileiro cantava esta música, há não muitos anos, vivíamos uma ditadura. Apesar do apoio de alguns meios de comunicação, todos sabíamos objetivamente quem era o inimigo. Com muito suor, dor, luta e arte chegamos ao movimento Diretas Já, quando 1 milhão de pessoas lotaram o comício na Candelária. Passaram-se muitos anos... E o que vimos na última quinta-feira na cidade maravilhosa foi a maior manifestação de todos os tempos. Se nas Diretas tinha um milhão, na "passeata sem nome" tivemos muito mais, 1 milhão, 800 mil pessoas, segundo as contas oficiais. Diferente das Diretas Já, quando todos gritavam a mesma palavra de ordem, onde partidos lideravam o povo, anteontem não havia partidos ou líderes, foi uma explosão de criatividade. "Pintou um cartaz e saiu por aí" era o que se via, cada cidadão pedindo o óbvio, o mínimo que qualquer nação deseja, um bom serviço público. Três itens: transporte, saúde e educação de qualidade, e mais um item, o item estranho, multifacetado, o fim da corrupção, transparência nas contas, desmonte de máfias e cartéis como o do transporte público... Enfim, políticos trabalhando pelo bem-estar social e não para seus interesses pessoais, privados ou partidários... Enfim todo o câncer administrativo e institucional que impede a conquista dos três itens básicos. Repito: saúde, educação e transporte, o livre direito de ir e vir. Foi uma manifestação linda, ordeira, poética, quase dançante, as pessoas paravam para ler o que os outros escreviam, os cartazes eram células de troca extremante criativos, multifacetados, plurais. Nosso inimigo agora não tem uma cara única, é muito mais complexo, está espalhado em toda parte, protegido por megainteresses, megameios de comunicação, megaempresas, megaeventos. Esta poesia terminou pelas mãos brutais do batalhão de choque, pela "tropa de elite", os dedos armados de nossa polícia, da polícia do nosso governador, democraticamente eleito por nós, o povo. Ali naquele momento nossos meios de comunicação conservadores, facções, máfias etc. pensaram: oba, em breve, poderemos anunciar o "vandalismo". Fica a pergunta: o que é exatamente vandalismo? O que se viu foi a polícia esperando a oportunidade de entrar em ação. Deve ter se ouvido a ordem: Desce o sarrafo! Até então não havia "vandalismo", ou quem sabe reação agressiva à atitude brutal da polícia com seus robocops equipados com bombas, gases e balas de borracha, a ação começou a mover, empurrar a manifestação de volta para a Candelária, isso não aparece no jornal, TV etc. A lagarta gigantesca se moveu para trás. Nada estava vandalizado neste retorno, nossos olhos viam, mas o RAPA de ELITE, não contente, avançou pelos lados e começou a mandar bombas de gás no meio da manifestação. Notícias de que os dedos armados de Beltrame e Cabral estavam atacando do outro lado, pela Candelária, criaram uma tensão enorme e alguns focos de pânico, dispersão desorganizada, correria. Não vimos quando o resto da Presidente Vargas começou a ser "vandalizado", mas com certeza este veio com a raiva da pancada covarde de nossa polícia pra cima do povo, pra cima daqueles que estavam na frente no front, heróis lutando por um mundo melhor. Sim, pode ter havido até alguns baderneiros – aliás, a quem interessa? Bombas dentro do hospital, no Circo Voador, em bares no centro, na Lapa, na Glória, pessoas sitiadas. Nada disso foi excesso policial, como nosso governante insiste em declarar e nossa mídia finge acreditar. A tropa de elite, como diz o nome, é muito bem qualificada na truculência, sabe muito bem como atuar e, acima de tudo, sabe cumprir ordens, e ordem, vem de cima. Qual foi a ordem do Sr. Beltrame e do Sr. Cabral?

O que fica presente nesta história é que o maior interesse na mídia oficial é manter o discurso do vandalismo, quando o que está em jogo é a representatividade de partidos políticos. Líderes políticos, instituições políticas, estas instituições não se tornaram, desculpem o termo, "podres", ou desacreditadas, por obra desta população que foi à rua, mas por todos os interesses empresariais, políticos e partidários que criaram este estado de insatisfação, a ponto de colocar milhões de pessoas nas ruas. Estas manifestações trazem um espírito brasileiro festivo, criativo, mas não se vai à rua pela festa, vai-se pela oportunidade histórica de tentar modificar o país, para tentar conseguir, na rua, o que se está mendigando com votos, e esses milhões são uma pequena parte. Não se destrói mobiliário urbano, invade-se o Congresso Nacional à toa, por mero vandalismo. O fogo não queima por acaso ou baderna, o fogo queima porque estamos pedindo há muito tempo mudanças, esperando por ela, acreditando na propaganda política, e sendo enganados, ludibriados, enrolados, espancados e roubados. Esses milhões que pacificamente, mas com verbo na boca, desceram às ruas não querem mais ser enganados. Enganam-se nossos líderes quando mentem mais uma vez, falando de excessos isolados da polícia, e os meios de comunicação quando focam suas manchetes sensacionalistas em "vandalismos", tentando diluir a verdade clara de que o povo está cansado. Dizer que vamos utilizar o dinheiro do petróleo para a educação (acho que já ouvi isso, há uns quatro anos) é adiar o problema. É vergonhoso fazer uma copa do mundo, ser uma vitrine internacional, com o esporte-paixão-nacional do qual todos nós nos orgulhamos e pelo qual somos mundialmente conhecidos e amados, mas também com um dos piores índices educacionais do mundo, com gente sendo atendida nos corredores dos hospitais, com um sistema de transporte dominado por cartéis com o poder de colocar os governantes (que mais parecem marionetes de megapoderes) contra a parede. O metrô é coisa do século XIX, estamos muito atrasados, e não vemos nada ser feito para mudar este estado de coisas. BRS é pouco, e atrelado às máfias. Ao mesmo tempo, estádios sobem por todo lugar. Gastou-se com esta copa, segundo dizem, mais que nas três últimas copas juntas!!! Enfim, não vai dar para discutir aqui quem é, e o que faz, a Fifa, mas pessoalmente, "vandalismo é o que fizeram com nosso amado Maracanã". Vem pra rua, Brasil!

ENTREVISTA

RONALDO BRITO

Poeta e crítico de arte

11/11/2013

A entrevista que se segue se desenvolveu a partir da leitura do pré-texto abaixo, escrito pelo autor para iniciar a conversa:

Seria um contrassenso julgar as recentes manifestações, procurar avaliá-las segundo um critério de juízo lógico. Elas parecem atestar justamente o contrário: o cansaço, o desencanto com o discurso político, a descrença cabal na palavra pública. Nem por isso, evidentemente, escapam ao simbólico. Demandam uma transformação histórica, rápida e radical, ou seja, a rigor, o impossível. Suprimir de golpe uma longa história madrasta acumulada, que segue tranquilamente o seu curso, digamos, natural, agora sob o domínio da própria oposição que se construiu graças a um discurso veemente, reiterado ao longo de trinta anos, contra essa própria história. Uma vez no poder, trata de perpetuá-la a todo custo. Uma coisa é o dito colapso do Iluminismo, o fim das grandes narrativas, a falência das ideologias; outra, bem diferente, é a sensação palpável de viver em um país disfuncional e amoral, aparentemente, por decreto perverso do destino. As manifestações, produtos típicos do fluxo virtual pós-moderno, pelo menos são bem reais e concretas. Ocorrem no presente encarnado. Dito isso, não há como deixar de registrar a pobreza de sua simbolização, quase uma afasia. Eis aí de volta velhas palavras de ordem, clichês repotencializados talvez pela energia quântica que agora detêm. Ou não. A vizinha de frente, em uma rua pacata da zona sul do Rio de Janeiro, exibe na varanda uma camiseta branca que simboliza o movimento. E larga, trancados nessa mesma varanda, três cachorros a latir a tarde inteira. É simples: ela não se sente mal infernizando a vida dos vizinhos. Quer dizer: não introjetou regras básicas de um convívio civilizado, que regula ou deveria regular o cotidiano urbano estressante de uma dita democracia ocidental. Ela é gay, liberada e, com toda razão, indigna-se com a situação precária de nossa cidadania. Mas não se sente mal perturbando diariamente a vida dos outros. Como acreditar na atuação crítica pública de gente sem o mínimo de autocrítica? A sórdida classe política brasileira não é reflexo da sociedade brasileira – é parte integrante dela. No Brasil, o governo se considera tranquilamente o Estado, e a sociedade pós-colonial continua a achar que a culpa é sempre do Estado: mudamos o governo, num passe de mágica ele nos mudará. Nesse ínterim, colocamos a culpa na corte.

Por princípio, manifestações de rua atuam no limite do físico, a violência latente é parte constitutiva delas. Vândalos eram um povo germânico do século XV. Os Black Blocs são brasileiros contemporâneos, num certo sentido, típicos, produtos de uma sociedade de brutal desigualdade, baixíssima instrução, quase sem autoestima, a não ser pela patética identificação com os clichês através dos quais o país continua a ser visto pelo resto do mundo.

Pelo visto, os Black Blocs inibiram, se não exterminaram, com sua violência incontida, o que se pretendia ser um saudável grito de indignação coletiva. São ou não orquestrados de cima, coordenados por um grupo político com fins específicos? E quais seriam esses fins? Ou são só o que são: gente que extravasa um ódio social bruto incapaz de se expressar em símbolos? Mas, enfim, não são vândalos, o que é só um modo sumário de querer isolá-los como estranhos, anomalias, que, enquanto tais, não contam em nossa vida pública. Ou muito me engano, ou nosso cotidiano prova exatamente o contrário: vivemos no meio deles, junto com eles, com medo deles. Porque *eles* em certo sentido somos *nós*. Pelo menos enquanto brasileiros.

Em seu texto, você fala em pobreza simbólica dos gritos de ordem, sobre os Black Blocs darem fim a algo que talvez tivesse aparecido. Depois do fim da manifestação como indignação saudável, você vê mudança nessa dita pobreza simbólica? Depois da camisa branca da vizinha, as coisas ganharam outra cara?

Ganharam uma cara mais real. Essa gente está nas ruas, a não ser os muito ricos, que as evitam. Eu não acho que tenha sido uma perversão, embora compreenda que as pessoas estejam falando justamente contra uma situação que, inevitavelmente, gera e continua a gerar esse tipo de gente.

Não sou um animal político; fatalmente me lembro da famosa frase de Hegel sobre a "Bela Alma": a Bela Alma é aquela que julga a política por critérios éticos e estéticos. Cansei de ouvir os comunistas, com os quais trabalhei no semanário *Opinião*, falando da "Bela Alma". Me pergunto se existem leis históricas, ou até ação política que esteja dissociada por completo de ética e de estética, e se a ausência de senso estético, que caracterizava a ditadura, não continua a se perpetuar em muitas dessas pessoas, que foram formadas contra a ditatura. Mas também, em larga medida, pela ditadura. Para eles, o simbólico é coisa supérflua. Acho que este governo, que representou o processo crítico alternativo por trinta anos, no qual muitos de nós, inclusive eu, votou até o primeiro mandato, demonstra uma pobreza de espírito muito parecida com a daqueles primitivos militares golpistas. Pior ainda, desmoralizou, até segunda ordem, qualquer projeto crítico para o Brasil. Como acreditar na palavra pública se o governo faz exatamente o oposto do que pregou durante trinta anos? Passamos oito anos ouvindo o presidente pregar a ignorância e a boçalidade diariamente. A Dilma agora fala da violência como algo extrínseco à democracia. É estranho, porque ela participou da luta armada. Evidentemente, não é a mesma coisa. Ela fazia aquilo, em tese, em nome da democracia, na verdade, em nome da Ditadura do Proletariado. No mínimo, teria que articular um discurso mais afiado sobre a violência. Há uma violência transformadora, ela acreditava nisso. Não sei se acredito, mas ela, em todo caso, acreditava. A sensação é que o Brasil não tem história, tem destino.

Se não me engano, ser brasileiro é abrigar o sentimento de que o Brasil é inaceitável em seus próprios termos. Ser brasileiro é estar aberto à transformação. Evidentemente ninguém acredita mais, como Jefferson e os fundadores da democracia americana, na aristocracia natural: os melhores irão mandar – isso é de um simplismo colossal. Mas não é possível que as pessoas não vejam que essa dita democracia se parece muito mais com a tirania da ralé do que com democracia. Ralé não no sentido econômico, porque o denominador comum é o marketing dos afluentes. Ralé é quando o jogo político é conduzido pelo marketing.

Antes de apresentar os pactos em junho, Dilma se encontrou com Lula e o publicitário João Santana. Se levantarmos a história recente de João Santana, veremos que ele é um ideólogo dos governos ditos de esquerda aqui do hemisfério sul.

Suspeito que seja muito bom para o grande capital, para os banqueiros, um governo que governe para eles, porém com uma retórica de esquerda. Nada mais confortável. Para onde dirigir nossa bateria crítica? Eles governam para o grande capital, o que talvez seja inevitável. O programa assistencialista do governo do PT é muito ambíguo, oportunista e incipiente. Nenhum governo do Brasil, infelizmente, pode prescindir de uma margem de assistencialismo, dada a história inumana do país. Mas obedecendo sempre a uma escala provisória. Caso contrário, vai perpetuar, como todo populismo, a própria miséria. E é um populismo dos mais ineptos, não ameaça ninguém, governa só por governar, perdido na complexidade crescente da economia capitalista mundial.

Até onde vejo, não houve medidas realmente populares desse governo. Consciente ou inconscientemente, se movem muito *à la* ditadura, sobretudo no sentido de aparelhar o Estado. Afinal, são trinta e tantos ministérios. O Mensalão, por exemplo, o que era aquilo? A mania autoritária de formalizar, por cima, uma situação informal historicamente generalizada de conchavos inadmissíveis para uma razão autoritária que quer controlar tudo de cima. O que revela um grau de paranoia típico dos militares golpistas. José Dirceu resolveu formalizar aquilo que, por natureza, não poderia ser formalizado. Enquanto isso, Lula revelou-se o grande político patrimonialista ao estilo Sarney. Acho que, no final das contas, houve um retrocesso em relação àquele governo do Fernando Henrique, que também podia ter feito mais. Uma das poucas satisfações públicas que tive ocorreu por total acaso. Um dia vi o Fernando Henrique falando na televisão: "Agora os ricos estão reclamando. Não quero ouvir reclamação de rico, porque todo dia, contra minha vontade, eu vou para o palácio despachar e governar para eles." Fiquei perplexo e pensei: pelo menos ele assume o dilema com dignidade. Não achei nada pejorativo, ao contrário. O governo atual cala sobre essas coisas todas, os bancos obtiveram os maiores lucros da História... Estamos nos desgarrando um pouco. Enfim, os Black Blocs podem ser uma coisa fascista mesmo, de qualquer maneira, com máscara ou sem máscara, é esta a nossa realidade nas ruas.

Há um aspecto interessante sobre isso, até simbolicamente, que é a dimensão do gozo, da curtição que há no comportamento Black Bloc – existe um êxtase.

Talvez exista uma pulsão de prazer, no que estariam bem perto do cotidiano hedonista compulsório que supostamente criticam. Não existem mais primeiro e terceiro mundos como realidades geográficas. Um se mistura ao outro em todas as metrópoles. Esse complicador Brasil parece impedir discussões profundas sobre os impasses reais entre uma democracia representativa e o mundo da técnica. O modo como o capital se reproduz, o modo como a ciência e a técnica atuam: a transformação contínua da vida não encontra contrapartida reflexiva numa política representacional. Daí o esvaziamento da política, a indiferença em relação à política, ainda mais ostensiva no cotidiano das ditas sociedades de primeiro mundo. Ninguém acredita mais em política. Acho que a discussão sobre a democracia representativa, na era da técnica, é que seria o tema modal disso, na medida em que a era da técnica, por definição, prescinde da mediação subjetiva, da compreensão subjetiva. Dou aula sobre arte há muitos anos, história e crítica de arte, tudo isso passa por uma mobilização da subjetividade. A tendência é tornar sumariamente irrelevantes as condições de formação da subjetividade, as condições de subjetivação, que dariam uma justificativa política para o mundo contemporâneo, aquilo que Edmund Husserl chamava "O mundo da vida". A incompatibilidade entre o mundo da técnica e o mundo da vida só faz se acirrar. Na medida em que a ciência prescinde de autojustificação, a política se veria muito mais vinculada, a meu ver, a um senso ético e estético. Senão, vira mera instância auxiliar dessa mobilização técnica. Max Weber, lá no início do século XX, já temia que a autonomia da razão – que ele chamava de razão teleológica, que inclui a burocracia – iria dominar a autonomia da esfera jurídica, dos direitos públicos e privados republicanos, e a autonomia dos juízos de gosto, dos meios estéticos. As três autonomias caracterizariam, para ele, o mundo moderno pós-iluminista. Por exemplo, os museus são parte da indústria do lazer, do entretenimento. Cada vez menos o artista trabalha no regime da autonomia, cada vez mais atende a um público consumista. Li um sociólogo francês comparando as manifestações daqui com as manifestações de lá. Não há dúvida de que são comparáveis porque são produtos de uma mesma mundialização. Só que, no Brasil, estamos falando de uma nação de 200 milhões de pessoas, das quais somente 50 milhões são alfabetizadas no sentido mínimo. O problema óbvio do neoliberalismo é que ele só compreende a diminuição da desigualdade pela inclusão no mercado, pela formação de novos consumidores. Esperávamos um projeto de esquerda que mudasse isto, mas ele não aconteceu, continua-se a medir a inclusão social com critérios estritamente econômicos. Ser brasileiro é viver essa ambiguidade – como se alguma coisa sempre estivesse faltando. O que acontece aqui não é um sistema de castas milenar, é algo que começou ontem. Quando as manifestações tiveram início, houve um certo alívio, era o mínimo que podia suceder, embora eu ache insuficientemente crítico em relação ao poder instituído. Mas não sei se haveria uma alternativa a esse poder.

Você falou da autonomia como se fosse uma história particular própria da técnica, independentemente dos processos de subjetivação. Talvez isso implique um total apartamento. Fazendo uma análise mais pessimista, significaria que isso aqui iria sozinho para a catástrofe?

Colocar o destino de decisões políticas no marketing é trabalhar apenas com a logística, é como ganhar uma eleição. Como se vai acreditar na palavra pública se o Lula beija a mão do Jader Barbalho? Depois o Maluf o humilha, obrigando-o a ir a sua casa e ser fotografado ao lado de quem tanto criticou. Criticou não, massacrou, esculhambou. Quem vai acreditar em alguma coisa? O que se pode chamar de uma democracia numa era pós-metafísica? No final das contas, com o esgotamento ou não do projeto iluminista, continua-se a supor a instrução: criar filhos na escola, instruir. Tudo isso supõe o autoesclarecimento contínuo de uma sociedade que age e reflete sobre si mesma, o ser humano não tem outra saída.

Você falou do Brasil como um destino. Fico lembrando do Argan, para quem projetar no limite seria ir contra o destino, no mínimo. Você acha que a arte brasileira ainda tem instrumentos de postura crítica para se projetar contra?

Na medida em que o artista exerce sua arte, está sempre trabalhando afirmativamente. Detesto essa retórica da resistência, o trabalho é positivo para a formação da subjetividade, para dar materialidade simbólica, sem a qual o homem não vive. No Ocidente, a arte pós-iluminista exercia esse papel crucial de agente espiritualizador, agente de transformação. A logística domina cada vez mais e nós só fazemos importar isso. A sensação é que o Brasil só muda de fora para dentro. Essa positividade crítica, não gosto de associá-la a uma resistência. Arte é crítica na medida em que o seu modo de ser é diferente do modo de ser da mercadoria. É sempre também um desafio ao senso comum. A ideia de projeto do Argan, o projeto contra o destino, permanece atrelada àquela teleologia marxista da emancipação. De qualquer maneira, é um problema reincidente, particularmente para nós, brasileiros, latino-americanos: a sensação de que a história acaba sendo absorvida pelo destino. O projeto crítico se desconfigurou a tal ponto ou demonstrou sua verdadeira face, que eu temo não haver projeto crítico possível. Acho que nós vivemos isso. Já houve um momento em que a arte ganhava uma distância maior, mas ela vem sendo mais e mais assimilada por uma indústria cultural, pelo visto inevitável. Acho que essas são as questões. Como exercer o pensamento, como procurar condições de subjetividade aceitáveis numa democracia conduzida por uma indústria cultural para quem arte e literatura seriam itens na pauta do consumo? Só não quero ver isso como resistência. Quando leio um bom livro, estou me realizando, me preparando, não me sinto resistindo a nada.

Você falou de uma certa distância para não se deixar incorporar tanto. Isso já foi possível, no sentido de haver uma subjetividade mais viva no Brasil?

Ao contrário da maioria, acho o Brasil muito pessimista. A gente é intrinsecamente pessimista porque as mudanças, as transformações, dão quase sempre errado. Houve momentos em que pudemos até desfrutar um pouco do melhor dos dois mundos, participando do processo capitalista democrático e mantendo ainda uma singularidade local. A grande arte moderna brasileira era viável justo porque não estava muito no mundo. Dito isto, há a incapacidade de o Brasil incorporar a si mesmo. Notem o tema trivial das biografias autorizadas. Ninguém levanta o problema de base. Como sempre, no Brasil, querem resolver questões que estariam na ordem da reflexividade geral da sociedade numa questão de lei. O recurso à Justiça é o último recurso. Ninguém discute o óbvio: o que vieram a se tornar o privado e o público num mundo cibernético?

Você acha que isso é uma condição efetiva do Brasil ou geral do mundo?
A tendência é claramente mundial e aqui no Brasil toma uma proporção desigual porque falta o resto. Há a descrença no pensamento, a gigantesca ignorância das nossas elites. As elites de direita, é claro, com as devidas exceções, e agora as elites ditas de esquerda, que presidem. Um ministro da Educação pergunta: "O que museu tem a ver com educação?" A presidente deveria agir: "Vamos tentar esquecer o que você falou, só peça demissão para não ficar feio." O que a gente vê na atualização dessa esquerda, que conheci um pouco pessoalmente, é que ela se atualizou apenas no sentido do marketing e da cirurgia plástica. São personagens, até caricatos, da sociedade da mídia e da aparência, e assim ficaram perfeitamente direitistas.

Neste sentido, você não acha que as manifestações tiveram um poder de imaginação, de colocar uma agenda que não se conseguia colocar há muito tempo, no âmbito do pensamento sobre a cidade? Por exemplo, a presença do Movimento Passe Livre no início, o próprio fato de se estar na rua, tendo em vista a dificuldade da dimensão pública, especificamente no Brasil. Estabeleceu-se um tipo de agenda que explicita a insuficiência do nosso modelo – no campo da arquitetura, isto é muito claro.
Bom, se houve isso, felizmente. Aqui no texto eu disse um pouco o contrário. O interessante é o movimento, esse elã, mas as palavras de ordem me parecem muito retrógradas, e o que você está dizendo é um pouco diferente. Tomara.

É porque acho que de fato há uma presença de vetores muito variados.

Aí entraria minha incapacidade de localizar essa diversidade. Uma das questões que foram colocadas pela Ana Luiza Nobre é que tudo o que vem acontecendo na arquitetura no Rio de Janeiro passa ao largo de qualquer consenso dos arquitetos, são medidas exclusivamente autoritárias. Essa mania de fazer, numa cidade cuja beleza está no horizonte, no mar e na montanha, pontes estaiadas. É uma barbaridade para a paisagem do Rio, todavia, é moda no mundo. Li outro dia que no Brasil a média é de 6 minutos de leitura diária, na América, quase oficialmente um país semicivilizado, é de 33 minutos. Fico pensando como o ministro da Educação lê isso e não toma providências. É esta força da inércia que gera esse descrédito. Por isso não gosto da retórica de resistência. O Brasil está por se fazer; no entanto, tudo parece indicar uma resistência imbatível a que ele venha a se cumprir.

Quando você fala que as palavras de ordem não pareceram ter tanto significado ou força, diz que as coisas foram para o real, como se nem tivessem tanta importância sobre o que estava acontecendo ali, como se algo transbordasse.

Parece uma reação fisiológica, um pouco, mas não acho ruim. Quando se diz que uma manifestação é pacífica, é para indicar que parou no limite. Se não, inexiste manifestação, fique todo mundo em casa. Escreve-se um artigo ou qualquer outra coisa. Manifestação é ocupação física da rua. Isso que é o bom. Se este ato foi tomado pela violência, então vamos refletir, porque essa violência não teve origem na manifestação em si. Se ela engendra também uma modalidade específica nesses Black Blocs, não há nada de estranho, porque ela está em toda parte. Como a presidente vem falar que a violência não é transformadora? E a violência cotidiana? Quem anda sem medo na rua? Os anos Lula, pelo visto, anestesiaram todo mundo.

E talvez tenham anestesiado mesmo, porque não nos deixam nem a favor, nem contra, deixam todo mundo no meio do caminho.

A gente nunca sabe no Brasil o que é pior: a corrupção ou a ignorância? Eu acho que elas andam juntas, a ganância corrupta é produto da ignorância e obviamente também reproduz ignorância. É o problema da esquerda que está no poder, o que tem em comum com a ditadura. E não há democracia sem meritocracia. Uma democracia digna do nome tem que ostentar um signo ascendente, uma energia de autotransformação, que começa pela autocrítica. Uma boa discussão seria a do politicamente correto. Na minha opinião, é a versão liberal de Pavlov nas democracias ocidentais. A tendência é coibir a crítica, porque proíbe a priori uma livre discussão a partir de conceitos dados. A questão é tratar dos nossos preconceitos, do racismo e do fascismo dentro de cada um, da nossa homofobia, não adianta procurar inibi-las de fora para dentro, tutelar uma conduta que deixa intocada a subjetividade. Enfim, é uma palavra de ordem.

O duro dessa crítica ao politicamente correto é que a própria expressão "politicamente correto" é carregada como que para diminuir a legitimidade de alguém se sentir ofendido com algo que seja evidentemente violento, grosseiro.

"Politicamente correto" já carrega um acento irônico: significa que não estou falando o que acho, não falo o que penso. Claro, é a democracia de massa, com suas condições efetivas, que deve ser discutida nesse plano. Da mesma maneira a retórica da transgressão é passadista; não vivemos mais no universo da repressão e da hierarquia, e sim na permissividade absoluta. Se me perguntarem, hoje, qual o principal problema do Brasil, respondo: a falta de autocrítica.

Você acredita que o Brasil pode trazer um diferencial oriundo da sua formação?
A primeira coisa, que não se pode fetichizar nem nada, é que felizmente houve uma mestiçagem. A tal de cota seria um desrespeito à mestiçagem generalizada. Acho isso constitutivo da nossa cultura e não deve ser confundido com os preconceitos que continuam existindo dentro de cada um. Nós tivemos o Machado de Assis, que para mim é o brasileiro Número Um – um negro magricela de 1,5 metro, epilético. Para engendrar um Machado de Assis não basta só um gênio para escrever: é preciso um certo consenso qualificado que o reconheça como tal. O Brasil é uma sinergia ao contrário, ao invés de o todo ser maior que as partes, as partes são maiores que o todo. Está cheio de coisas boas, mas elas parecem não somar.

Quando você fala que não reconhecemos e não acumulamos, fico pensando que, ao mesmo tempo em que isso acontece, a geração que nasce prescindindo da anterior tem costume de gerar algo novo. Você já viu os meninos que dançam o passinho? É impressionante, são meninos de favela que com certeza ignoram todo o passado e que, no entanto, produzem uma estética poderosa, sem precedentes.
A gente pelo menos não sofre o peso inerte da tradição. Por outro lado, é preciso ver que a tradição não é só o que pesa, também é o que facilita, poupa energia. Uma boa aula poupa não sei quantos neurônios. O bom da América, a América boa, o Brasil bom, é essa gente livre, gente com mobilidade intelectual. O progresso da democracia não consiste em todo mundo viver e pensar junto: são as chamadas singularidades, as pessoas e grupos poderem se encontrar e se desencontrar. É a essa complexidade que acho que a sociedade brasileira resiste, ou não assimila, a começar pelo governo, embora eu ache, repito, que a tendência pós-colonial é colocar a culpa sempre na corte. Passamos vinte anos ouvindo falar que o carrasco do Brasil era o FMI; de repente, o PT assume e nunca mais a gente ouve falar no FMI. Até emprestamos dinheiro ao FMI. A dificuldade é não repetir o círculo vicioso brasileiro de reduzir as questões a um denominador comum, tomar as questões no nível mais rasteiro e particular. Uma delas seria exatamente a sentença: "Esses boçais estragaram as manifestações." Foi algum fenômeno extemporâneo? É claro que ia acontecer, seria insólito se não acontecesse. O sentido público está aqui sempre carregado de ódio social, compreen-

sivelmente. Eles são fascistas? A vida cotidiana das metrópoles brasileiras é, em rigor, uma vida fascista.

Falar isso é fazer justamente o que você identifica, resolver pacificar uma questão negando-a.

Façamos então uma manifestação pós-moderna como fazem no primeiro mundo. Os manifestantes lá, no chamado primeiro mundo, já vão preparados para o confronto físico. Manifestação que não atue nesse limite não é manifestação alguma. Não se trata de uma briga entre dois cidadãos, é alguma coisa de ordem pública.

Você acha que, nesse sentido, estamos mais próximos daquilo que você falou, de se ter uma estética associada à política?

Independentemente da arte, esse senso estético tem que ser computado na nossa leitura do processo político. Quer dizer, o que esse cara lê, o que ouve, como está envolvido nisso para se tornar um político, um homem público. O Lula há quarenta anos vive de política, porém não aprendeu inglês? Há quarenta anos vive com muito mais dinheiro que nós todos juntos, mas dispensa a educação. Quer ser presidente da República e não entende outra língua. Todo mestrando brasileiro tem que ler uma outra língua. Não teria algo errado nisso? Sou eu que quero ser o presidente da República?

O Lula, em termos de ser um intelectual, já é muito melhor do que a Dilma.

Não sei, não conheço o perfil da Dilma, sei que essas pessoas não se formam e isso é parecido com aqueles militares golpistas que tampouco se formavam como homens públicos. A ascensão que a gente queria tanto, do brasileiro comum, de torneiro mecânico a presidente da República, será sempre bem-vinda, acompanhada necessariamente de um processo de autoformação. Meu Deus, seria o natural, não?

Há algum outro lugar onde eles se aproximam, os militares e a esquerda do governo? Projeto nacionalista, desenvolvimentista, esse vocabulário?

Há essa retórica nacionalista, desenvolvimentista, uma pauta meio duvidosa. Em cultura, eles são brutalmente instrumentalizadores. O anti-intelectualismo de grande parte da esquerda é igual ao da direita fascista, tem uma aversão inata ao pensamento. O presidente não tem que ser nenhum intelectual, é uma boa-nova do Brasil quando um torneiro vem a ser presidente, por isso votei nele. Mas quem virou esse torneiro mecânico? Torneiro mecânico é o que ele não é mais, tampouco virou um estadista, longe disso.

Do ponto de vista dos movimentos artísticos e culturais, que caminho você vê no Brasil e de que forma isso se junta às questões de que falamos agora?

O paradoxo é o seguinte: nunca vi tanto espaço na mídia quanto o que os artistas recebem hoje no Brasil. No entanto, isso não se metaboliza em coisa pública. Vem de fora para dentro. Não há um livro sério sobre História da Arte Moderna no Brasil, tudo se resume a matéria volátil de jornal ou livrões faraônicos sobre os artistas, que ficam sintomaticamente visíveis nas mesas de centro, nunca nas estantes. E acho que o Brasil teve uma arte moderna muito forte de 1950 para cá. A ironia é simples: a demanda da arte contemporânea era chegar à condição pública, que no Brasil era confundida com Estado. Condição pública é a incorporação de matéria simbólica. Hoje, público virou apenas público consumidor. Acho que o esforço é tornar a matéria simbólica viva em todos os níveis. Por isso estou me metendo no tema das manifestações – me metendo onde não fui chamado. Aliás, fui chamado, só não sei se é o meu lugar. Nessas manifestações talvez haja uma pulsão estética, a mobilização espontânea de gente que não vem cooptada, gente com pulsão social de vida. Não posso aceitar essa dicotomia – pacífica ou violenta –, porque a violência faz parte da nossa realidade. O problema para os outros manifestantes é: como lidar com isso, vou me deixar intimidar ou não, vou enfrentar, tenho condições físicas de sobrevivência diante disso ou não tenho? Enfim, são coisas que não se decidem daqui, deste lado da mesa. Uma mesa de escritório é um lugar perigoso de onde olhar o mundo, dizem. Hegel observa: "Quem olha o mundo de maneira inteligente, o mundo também olha para ele de maneira inteligente." Se fosse só para ficar falando, no registro da lamúria, nem estaríamos nós aqui conversando.

AS MANIFESTAÇÕES E OS VÂNDALOS

LUIZ CARLOS MACIEL

Filósofo e escritor

21/11/2013

Eu estava na cama do CTI de um hospital quando as famosas manifestações de junho de 2013 começaram. Acompanhei os acontecimentos pela televisão. Havia um monitor de TV para cada par de camas no local, todos eles ligados na TV Globo, talvez para evitar uma possível divergência de algum paciente.

Eu não entendia direito o que estava acontecendo, talvez porque a cabeça – acredito, devido à doença (primeiro pneumonia dupla, depois empiema) – não parecia estar funcionando direito. CTI, ou UTI, parece ser o mais próximo ao inferno que o ser humano conseguiu criar, é indescritível, só vendo para crer. Mas mesmo com esse desconto, o que eu assistia, na telinha, era tão esquisito e paradoxal que não pude deixar de perceber que a própria e pretensa realidade objetiva que eu via não fazia muito sentido.

Há pelo menos 60 anos que assisto, ao vivo, manifestações de rua, e todas elas tinham um propósito definido e defendido pelos participantes – "abaixo a ditadura", por exemplo – durante pelo menos uns 25 anos daqueles 60. Mas a manifestação que a TV mostrava não tinha nenhum. Era um protesto, vá lá, mas contra alvos variados e até contraditórios. Podia-se saber o que este ou aquele manifestante queria, mas não o que motivava a massa, como um todo. As informações que tive depois confirmaram essa primeira impressão. A massa protestava porque queria protestar, talvez apenas para protestar por protestar. Muitos, por exemplo, que protestavam contra a PEC nem sabiam que diabo era isso. Mas não importava. Era um belo *chienlit*, como diria De Gaulle nos anos 1960.

Bem. Tudo começara com uma ação contra o aumento de 20 centavos no preço das passagens de ônibus, objetivo alcançado, mas, ao que tudo indica, não tinha a menor importância. Os comentaristas da TV Globo manifestavam grande entusiasmo e contentamento pelo que qualificavam como um grande despertar democrático do povo brasileiro. A insinuação de que o fenômeno era uma insurgência libertadora contra o governo federal, Dilma e o PT, era só parcamente dissimulada. Mas essa explicação não dava conta da diversidade do protesto. Não era apenas uma passeata contra o governo.

Havia mais.

Dei tratos à bola. Lembrei-me do que li, há pouco tempo, no livro de Norman O. Brown, *Apocalipse e/ou metamorfose*, especialmente o ensaio "Dionisos em 1990". Já escrevi sobre isso em outro lugar. Brown cita um devaneio católico de James Joyce em *Finnegans Wake*, no qual, num futuro indefinido, todas as pessoas se reuniriam em torno de uma única ação à qual Joyce sintetizou nas letras HCE – cujo significado é *Here Comes Everybody*. Brown aplica o vaticínio de Joyce ao destino da sociedade contemporânea, toda ela, incluindo-se ricos e pobres, homens e mulheres, velhos e moços, inteligentes e burros etc. – *everybody!!!* – reunidos pelo consumo, pela felicidade material neste mundo através das novas maravilhas tecnológicas que nos encantam cada vez mais e que correspondem ao sentimento dionisíaco desta vida. Brown enfatiza o crescimento contemporâneo do pensamento dionisíaco que se dirige ao capitalismo total, ao consumo absoluto, à economia da abundância e à felicidade materialista.

Achei, portanto, que estava diante de uma manifestação de HCE joyciano, na visão de Brown. Todos nós queremos é mais dinheiro, poder consumir tudo que desejamos, ser felizes na satisfação fornecida pela glorificação da matéria etc. Escrevi sobre isso, mas lamentei que, nas manifestações de junho, o "everybody" se resumia à classe média. Faltavam os pobres, os milhões de favelados que se espalham, por exemplo, nas milhares de favelas do Rio de Janeiro. Torci para que, nas manifestações seguintes, eles também estivessem presentes.

Mas não foi assim. O HCE brasileiro era seletivo, ao gosto da direita. Eu assistia às manifestações procurando pobres que não apareciam. Os comentaristas da Globo ignoravam Joyce e Brown cantando a democracia em prosa e verso. Passou diante de mim um médico gordinho, barrigudinho, de meia-idade, óculos grossos, ele parou diante da TV, com um sorriso satisfeito e comentou, alto e bom som, combinando uma certa influência gaúcha com um bordão do filme *Tropa de elite*:

– Deu pra ti, Dilminha. Pede pra sair.

O médico, todo sorrisos, olhou para nós, doentes, estropiados, reduzidos a uma massa de carne como são geralmente os pacientes da CTI. Não esboçamos reação. Ele seguiu seu caminho. Mas nem o povo deu o ar de sua graça nas manifestações seguintes nem Dilminha pediu pra sair. Na verdade, as tais manifestações se esvaziaram como a brancura da espuma que se desmancha na areia.

Só uma coisa sobrou delas: os Black Blocs. Here comes everybody? Nada disso. *Here come the* Black Blocs. Chamados de vândalos e outros nomes (baderneiros, criminosos etc.), não dão a mínima e continuam quebrando o que veem pela frente. É uma ação com consequências, eles argumentam. Um ativista escreveu na internet:

> Os Black Blocs barraram e desfizeram o andamento do golpe desfechado pela direita através dos movimentos de rua de junho passado. A ideia da direita golpista era fazer evoluírem aquelas manifestações em um crescendo, amalgamando todas as inúmeras insatisfações que povoam o país principalmente em sua classe média, até que nada mais restasse ao governo federal senão sair ou transformar-se em um pato manco ao sabor de várias decisões do Congresso que culminariam por levar à vitória nas urnas a direita, possivelmente com o nome de Joaquim Barbosa à frente. Os Black Blocs impediram este golpe, que para alguns já eram favas contadas. Não foi pouca coisa, isso.

Dilma não agradeceu aos Black Blocs pela mãozinha, pelo contrário, uniu-se ao coro de xingamentos, acusando-os de agressão à democracia, essas coisas. Também, pudera. Pesquisas demonstram que uns 95% da população brasileira condena os Black Blocs, no mínimo como arruaceiros gratuitos e até como bandidos mal-intencionados. Todos nós somos contra eles.

No plano político, esquerda e direita estão de acordo na sentença, divergindo apenas nas motivações. Os esquerdistas afirmam que os Black Blocs são uma manifestação antidemocrática da direita e que sua violência bruta é a mesma de nazistas e assemelhados, segundo sua tendência natural para teorias conspiratórias. Os direitistas, mais simplórios, moralistas obsessivos (ou, como diz o sambista, "falsos moralistas"), qualificam-nos como meros bandidos, criminosos comuns, que devem ser simplesmente metidos na cadeia, de acordo com um dos princípios basilares da direita, segundo o qual todo mundo deve ser metido na cadeia, com exceção, naturalmente, deles próprios.

Tais argumentos são familiares. Os da esquerda lembram os usados para condenar a contracultura do século passado, reduzida a uma tática da CIA que estaria estimulando o uso de drogas pela juventude brasileira para amolecê-la e tirar-lhe o ardor político na luta contra a ditadura militar. Os da direita já estavam dominados pela mania de querer meter todo mundo na cadeia, mania aliás que só tem piorado com o passar do tempo.

Repito, portanto: todos nós somos contra os Black Blocs. Também repito que eles não se importam, não estão nem aí. Como tantas minorias, eles se veem acima ou além do resto das pessoas. Ao contrário destas, covardes e conformistas, eles são guerreiros corajosos, nada os intimida. São violentos? A ativista Dale responde, na internet:

> Não existe violência contra coisas. Existe contra pessoas, e isso o governo opressor e a polícia praticam todos os dias. Quanto mais nos esquecermos completamente de nosso poder de contra-atacar aqueles que nos dominam, mais completo seu domínio se torna. POR ISSO LUTAMOS!

Conforme já escrevi em outro lugar, o que caracteriza os Black Blocs é o romantismo juvenil e um anarquismo intuitivo. Sua psicologia audaciosa exerce uma atração natural para os mais jovens, capazes – ao contrário dos adultos – de ver na coragem o mais alto dos valores; no risco, no perigo e na aventura, o sentido da vida; e finalmente na guerra, como diria Heráclito de Éfeso, o pai de todas as coisas.

Pode-se dizer que os românticos são irracionalistas, intuitivos, sensíveis, emotivos, imaginativos, mágicos e, numa palavra, subjetivos ao contrário da pretensa objetividade do burguês comum.

Depois das gerações conformistas que marcaram as últimas décadas, confirmando as célebres palavras de John Lennon – "O sonho acabou e os mesmos patifes de sempre continuam mandando em tudo" –, o arquétipo do Jovem Rebelde ressurge, é o retorno inevitável do oprimido.

Não posso deixar de simpatizar com o ressurgimento do Jovem Rebelde depois do conformismo dos últimos tempos. Disse isso numa entrevista recente, mas acrescentei que só não gostava das máscaras dos Black Blocs. Expliquei que a máscara representa o anonimato e que a maior vergonha nacional, no momento, é o estímulo que nossas autoridades, em especial as judiciárias, dão à irresponsabilidade coletiva. "Seja irresponsável" – parece até uma campanha. Estimulam-se a denúncia vazia, a delação premiada, a exigência de que é o acusado que deve provar sua inocência contra a irrresponsabilidade do acusador que não precisa provar nada, o domínio do fato, e outros monstrengos éticos que têm livre trânsito até (talvez principalmente) em nosso Supremo Tribunal Federal, conforme fartamente demonstrado por acontecimentos recentes. Sites na internet ensinam as pessoas a fazer denúncias anônimas, embora já se saiba que cerca de 90% dessas denúncias são falsas e não passam de calúnias infames.

Sou um velho sartriano, ainda hoje vejo a ética fundamentada no princípio enfatizado por Sartre que nossa liberdade envolve a reponsabilidade por nossos atos. Meu pai era advogado e sempre me ensinava que, no direito, toda denúncia exigia a identificação do acusador e a comprovação da acusação. O que acontece no Brasil de hoje é o contrário. Ninguém é responsável por nada, a hipocrisia reina absoluta.

Minha indignação não me deixou ver uma tática fundamental dos Black Blocs e que A. Dale explica assim:

> Ativistas do Black Blocs NÃO SÃO manifestantes, eles não estão lá para protestar, eles estão lá para tomar uma ação direta contra os mecanismos de opressão. Suas ações são concebidas para causar danos materiais às instituições opressivas. Porém, muito mais importante, se destinam a ser um teatro. Como uma ilustração dramatizada de que mesmo em face de um estado policial esmagador as pessoas ainda têm o poder e que os policiais e os bancos não são tão poderosos como eles tentam nos convencer. E o poder realmente está ao nosso alcance para contra-atacar caso se voltem contra nós.

A utilização da expressão teatral em protestos libertários é uma tradição anarquista que foi muito comum na contracultura do século passado, por exemplo. Sob a liderança de um Abbie Hofffman, jogavam-se notas de um dólar na Bolsa de Nova York, causando a maior confusão, ou os jovens fantasiavam-se de vietcongs, portando metralhadoras de brinquedo, para protestar contra o domínio capitalista ou a guerra do Vietnã. O protesto era teatralizado, um teatro de rua. Hoje os Black Blocs usam o mesmo recurso, as máscaras fazem parte da própria história do teatro.

Esse teatro assustou a classe média reacionária das ruas. É difícil que ela volte. Sem a coragem dos Black Blocs, é medrosa demais para enfrentar a repressão das PMs. No último protesto dos professores, no Rio de Janeiro, a PM só prendeu manifestantes pacíficos, sem máscaras – embora o jornal *O Globo*, no dia seguinte, os tivesse chamado de "vândalos". Ao que parece, os vândalos são necessários e, se não existissem, teriam de ser inventados.

No seu livro *O erotismo,* Georges Bataille reflete sobre a dialética entre o *interdito* e a *transgressão*, e conclui por sua interdependência mútua, ou, como ele diz, "a profunda cumplicidade entre a lei e a transgressão da lei". Para que haja policiais, advogados, promotores e juízes é preciso que haja criminosos. Os empregos dessa gente toda dependem destes últimos. Se estes não existissem, seria preciso inventá-los. É o que eles fazem.

EMERGÊNCIA DE ALGO NOVO

MARCUS REIS PINHEIRO

Filósofo

30/11/2013

[...]

5. O Mundo-verdade: uma ideia que não serve mais para nada, não obriga a nada; uma ideia que se tornou inútil e supérflua; por conseguinte, uma ideia refutada: suprimamo-la! (Dia claro, desjejum, retorno do senso comum e da alegria. Platão se cobre de vergonha e todos os espíritos livres fazem um tumulto dos diabos.)

[...]

Nietzsche, *Crepúsculo dos ídolos*

Emergência, corre-corre, deus nos acuda. Surgem, como baratas de bueiros, manifestações por toda parte. Revoltas inusitadas, impulsos originais, rompantes. A sensação de fazer parte de um momento histórico é avassaladora. O que aconteceu com o Brasil do povo pacato e acomodado em sua pobreza?

Quando nos vemos frente a algo novo, são necessárias cautela, coragem e criatividade na análise, com o intuito de fazer surgir conceitos novos, instrumentos novos, que possam diagnosticar o que acontece. Assim, temos que repensar os nossos mecanismos de apreensão da realidade para nos abrirmos a encontrar o que quer que esteja acontecendo hoje no Brasil, tamanha a novidade. No entanto, tais conceitos e instrumentos novos ainda não surgiram e, se alguns deles já se esboçam, estão ainda em fase de lapidação e recebem duras críticas dos movimentos conservadores, que teimam em querer ver o que acontece sempre com as mesmas lentes.

Aqui, alguns indícios nos serão norteadores: falta de hierarquia, descentralização, falta de identidade, falta de teleologia. Conceitos negativos, e o traço negativo é extremamente relevante em uma sociedade que ensaia novos caminhos por onde seguir. Minha ideia geral é que estamos vendo "manifestar-se" a instanciação de impulsos sociais que não são abarcadas pela metafísica tradicional, pautada pelas noções de substância, causas motoras e finalidade. Agora, teremos que pensar os fenômenos sociais fora destas categorias tão embrenhadas na mentalidade do ocidente.

Gostaria de começar sublinhando a imagem de letargia política do povo brasileiro. Desde o conceito de Homem Cordial de Sérgio Buarque de Holanda, ele é visto como pacato e não violento, sem os rompantes que promoveram as revoltas de 1968 na França ou mesmo os excessos da Queda da Bastilha. Mas essa visão estava prestes a mudar.

No início de junho de 2013, presenciávamos episódios isolados de reivindicações pela melhoria dos transportes públicos em São Paulo. Pareciam mais do mesmo, manifestações fracas, que reúnem os "revoltados e engajados" de sempre, sem que nada dali decorresse. Era o pessoal do Movimento Passe Livre (MPL) que estava, mais uma vez, reivindicando suas pautas de melhorias nos meios de transporte, especialmente um que seja realmente público. Porém, de fracas tais manifestações não tinham nada, a semente estava ali.

Tudo começou mesmo em São Paulo, e nós, do resto do Brasil, assistíamos pela internet. A polícia repreendeu duramente as manifestações do MPL, e a grande mídia as atacou veementemente, negando sua necessidade e representatividade social, chegando a, em contraponto, ajudar a formar o bordão "não é por vinte centavos". O desmascaramento radical da grande mídia começou ali, ao criticar duramente em um primeiro momento movimentos que teriam respaldo no Brasil inteiro, foi obrigada a, logo em seguida, com a aprovação em massa das manifestações, voltar atrás, fazer mea-culpa e apoiar o que todos estavam apoiando, tendo que se dobrar e se retratar algumas vezes frente à opinião pública. A cena do apresentador da Band que teve um redondo SIM como resposta a uma enquete em que perguntava, tendenciosamente, se o povo era a favor de protesto com baderna foi de uma obviedade cristalina: mostravam-se a insubordinação do povo e a tentativa da mídia de manipular as informações[1]. O ápice destes retratamentos foi o editorial do jornal *O Globo*, que procurou explicar o inexplicável: seu apoio incondicional ao regime militar[2]. A verdade é dura...

Dois elementos desconcertantes naquelas primeiras manifestações iniciaram o fogo no palheiro: a dura repressão da polícia e a rápida repercussão dos fatos pelas redes virtuais. Pólvora e faísca ascendendo um fogo todo especial naqueles que assistiam pela internet, pelo Brasil afora. Para mim como para tantos, foi um misto de euforia com alforria acompanhar os fatos por uma mídia autônoma, mambembe, engajada, desmascarando online o posicionamento parcial da grande mídia... Foi apaixonante, como é comum aos brasileiros. A sensação era visceral, pois não só presenciávamos um momento histórico, mas dele também participávamos, pois nós, os que estavam em casa praticando o *midiativismo*, éramos microagenciadores de um movimento inverso ao da repressão e da massificação da grande mídia: promovíamos uma resistência à repressão da liberdade de expressão.

E o Brasil pegou fogo...

Uma das consequências centrais das reviravoltas proporcionadas por tais manifestações foi a consolidação de uma mídia alternativa aos grandes veículos. Esta "nova" mídia vinha já se organizando há algum tempo, mas, com o estouro das manifestações a partir de junho, ela se multiplicou e encontrou eco em diversos segmentos da sociedade. Todos aprenderam a baixar os aplicativos que transformavam o celular em instrumento ativista que transmitia ao vivo aquilo que não passava na TV. Foi e continua sendo a internet que deu combustível às manifestações, assim como às várias outras da chamada Primavera Árabe (vale ressaltar que mesmo que a comparação se esgote neste aspecto, com a posição central da internet, já é grande o paralelo). A energia eufórica gerada pelo imediatismo das informações pela internet foi criando uma pressão popular sem precedentes, e o povo saiu às ruas...

Um levante popular como esse pareceu a mim um fenômeno natural, como se um tsunami varresse a mentalidade da população, um abalo sísmico social, onde todos se sintonizam na mesma frequência. Pensei largamente, durante esses dias, na teoria dos estóicos da *sympátheia* entre os elementos naturais. Essa escola filosófica, que teve sua filosofia amplamente difundida na época helenística e durante todo período romano, defendia que determinados fatos na natureza têm uma relação intrínseca e por isso experimentam certo tipo de *afecção em conjunto* (*syn*, junto; *páthos*, afecção) que os relaciona e coloca em contato imediatamente. A sensação que surgia era a de que todos estavam conectados a um movimento mais amplo que aquelas individualidades; era um povo que se levantava, de toda parte, respondendo a um chamado que vinha certamente das redes sociais, mas que mais parecia emanar do âmago mesmo deste povo.

O ocorrido com Felipe Peçanha, o Carioca do Mídia Ninja, quando foi detido arbitrariamente em 22 de julho[3], traduz isso perfeitamente. Ele, que transmitia ao vivo a manifestação no dia da chegada do papa, como o Ninja2, estava com sua bateria terminando no momento em que era levado pela polícia, solicitou ao povo à sua volta outro smartphone para continuar sua transmissão. Ao ser forçado a adentrar o camburão, recebeu, como vindo da mão de Deus (e a voz do povo não é mesmo a voz de Deus?), um celular. Preparava-se, então, para baixar o aplicativo do *twitcasting* e configurar o celular que lhe foi entregue, quando percebeu que o aplicativo já estava baixado e configurado e conectado na rede como Ninja3. Percebia-se ali a solidariedade do movimento, ávido por novas formas de acesso ao que se passava na rua, para além da mídia tradicional, e via-se que algo novo estava surgindo com ramificações ainda não imaginadas. É como se surgisse do fundo do caos original do humano um impulso por liberdade e por um novo mundo.

Certas características dos protestos deixaram todos surpresos: a desorganização, a ambiguidade das pautas, a falta de uma hierarquia centralizadora a partir da qual emanassem as diretrizes do movimento, a origem confusa e diversa dos manifestantes, enfim, características que apontavam para uma desorganização fundamental destes movimentos. Assim, como consequência, a horizontalidade dos elementos que compunham as manifestações, a sua falta de identidade, a falta, em um extremo, até mesmo de pauta poderiam ser vistas, primeiramente, como uma desordem sem fundamento, sem legitimação e, especialmente, que não deveria ser incentivada como algo saudável em uma sociedade. No entanto, atacar de saída essas características é exatamente não buscar a calma necessária para procurar entender o que é que se passa. Julgar rapidamente essas forças é exatamente o equívoco de que falava no início deste texto.

Junto com essa confusão inicial surgiu uma vontade avassaladora de entender de política, de falar de política, de fazer análises de conjunto da História do Brasil, de estudar história e direito, de saber o que é que se pode ou não se pode, quais são os limites de manifestantes e policiais, quem está realmente por trás de cada ato institucional etc. Um desejo de buscar entender o que realmente se passa com o nosso país. O surgimento do *desejo* é sempre algo avassalador, ainda mais assim, quando surge como uma avalanche. Acho que estava surgindo certa sensação ausente em minha geração, nascida no começo da década de 70, de que é realmente possível fazer parte das instâncias decisórias no Brasil.

Um dos pontos centrais que estimulava a insatisfação parecia ser a falta de representatividade da política brasileira, e uma expressão começou a tomar conta dos que faziam as análises de conjuntura: no Brasil, não há a prática da *democracia direta*. O que parecia claro era o desejo de as pessoas atuarem nas esferas de tomada de decisões, uma vontade de participar da política para além do voto de quatro em quatro anos, iniciando-se por ter uma maior participação nas decisões dos gastos com os grandes eventos sediados no Brasil, como a Copa do Mundo e as Olimpíadas. A alegria que nos tomou foi a alegria de acreditar que agora poderíamos, nós mesmos, tomar a frente e interferir diretamente e rotineiramente nos ditames que governam nossa nação. E cobrar daqueles que lá colocamos para nos representar... *Recall* de voto?

A negação aos partidos políticos, outro traço das manifestações, também pode ser vista como uma vontade de inovação política. Novamente, a vontade política não pode nem deve se restringir aos partidos e às eleições, mas toda forma de ocupação do espaço público deve ser reconhecida como tal. Não ser partidário não é necessariamente ser contra toda forma de partidos, mas é acreditar que tomar as ruas com dança, palestras, cartazes, canto são formas originais e essenciais de um povo se encontrar, de habitar a *polis*, de viver a vida criativa que a saúde do homem exige. Toda mobilização do povo é política.

Assim, além do conceito central pouquíssimo empregado no Brasil de *democracia direta*, deve-se pensar que este levante popular é sinal de desejo de existir ali, naquele espaço, de fazer daquele espaço não apenas caminhos de um ir e vir (sempre mais engarrafados), mas de poder criar em sua cidade, em seu espaço público, um momento de encontro para diálogos sobre os desejos e rumos do país. Lugar de povo é na rua! Acredito que em meio a estes traços "negativos" das manifestações – ambiguidade de pautas, ausência de comando central etc. – há um clamor do povo para que a política não se restrinja só aos partidos políticos e às eleições, mas para que as mais diversas atividades populares possam ser absorvidas como legítimas instâncias de desejo do povo e que ele tenha sempre o livre acesso a elas, se sentindo o proprietário privilegiado daquelas instâncias, a começar pelo nosso futebol.

O que fascina nesses movimentos sociais é a sensação de alegria pela liberdade de poder exercer o seu "ser na *polis*" das mais variadas formas: com ou sem máscaras, dançando, gritando suas opiniões, carregando ou não cartazes, através de performances artísticas[4], enfim, ir para as ruas como um ser político em ensaio, em experimentação. Lembremos da liberdade da *polis* grega da época Clássica. Ali vimos surgir os mais variados tipos de ocupação do espaço público: lembremos o Homem-Cão, Diógenes, fundador da escola Cínica, que morava em um barril, nu, na praça pública e era considerado um dos homens mais sábios de sua época, tendo desprezado até mesmo Alexandre, o Grande. A liberdade da Grécia Antiga ainda pode nos guiar e lembrar que a saúde de um povo está na legitimidade em se ocuparem os espaços públicos das formas mais diversas.

Esse me parece ser um dos ganhos mais interessantes desses movimentos: ressaltar que ser político é existir enquanto cidadão que precisa de liberdade ensaística de ser cidadão. A polícia e a imprensa, ao atacarem e denegrirem as manifestações populares, procuram calar uma insatisfação fundamental de um povo que se quer atuante e senhor de si: que o exercício da política não se restrinja só aos políticos, pois é o povo que tem o direito de exercer o estar na *polis*. O povo não quer grandes estádios e grandes eventos em que não é ele o senhor do discurso dominante nem das regras que ditam os seus rumos. Por que não incentivar ainda mais os movimentos populares regionais, as danças e festas de cada lugar, priorizar o artesanal e o singular e circunstancial como forma fundamental de valorizar nosso povo e nossa cultura? Nosso modo singular de existir é o fundamental para a construção de uma nação. Por que tudo deve ter esse padrão asséptico e produzido em larga escala industrial? Por que esse futebol padrão internacional, cada vez mais para inglês ver e com cada vez menos participação popular?

Junto ao desejo de ir para a rua veio a liberdade de estar presente ao mundo de outras formas, a liberdade que legitima o improviso, a criação de espaços novos, de uma nova geografia urbana que absorva modos ensaísticos de existência. Veja bem, em toda tentativa de criação de novas identidades, de novas modalidades de reconhecimento e compartilhamento do espaço público, aquilo que era costumeiro e normativo entra em xeque, é desafiado, e a ousadia dos espíritos livres ensaia novas formas de ocupação. Acredito que o que mais temem os agentes repressores (presentes em várias instâncias capilares, dentro e fora de nós) é a irrupção do desejo, sempre ensaístico, sempre improvisador, sempre buscando as novas formas de se manifestar e usufruir a existência (...). Não apenas pela efetivação da *democracia direta* clamam as massas manifestantes, mas por poder usufruir a existência com suas formas ensaísticas (...). Assim, vejo com muitos bons olhos, sem deixar de sublinhar o eterno risco, o caráter negativo destas manifestações que salientei logo no início: a falta de identidade e substância descreve o retorno ao caótico criativo, sempre necessário para que novas formas de subjetivação possam surgir.

O que vimos eclodir nessas manifestações foi a rejeição das categorias fundamentais da metafísica, como identidade e substância. Até mesmo a ausência de pautas claras são, em verdade, um ataque ao sentido teleológico como exigência a toda atividade política. A teleologia, que exige que toda ação tenha uma utilidade e um fim bem delimitado e demarcado, tão fundamental em nossa história ocidental a ponto de se imaginar ser impossível uma existência sem os seus ditames, esta teleologia que organizou o Ocidente desde Aristóteles e Platão entra aqui em xeque e nos retorna com uma pergunta libertadora: por que tenho que saber exatamente o que me perturba para ter o direito de reclamar de minha insatisfação, para começar a buscar e a agir em prol de uma vida melhor? Sem uma dose de incerteza, nunca se inicia um movimento de busca, e uma total certeza do que se quer buscar é já indício de que o objetivo já foi encontrado.

A rejeição dos elementos da metafísica ocidental é um traço marcante de nossa filosofia desde Nietzsche (talvez até bem antes, se pensarmos nas filosofias dos cínicos ou dos sofistas) e me parece que o lado profético deste pensador que filosofava com o martelo vem à tona com toda sua força nestes episódios do povo brasileiro. Um dos primeiros capítulos do *Crepúsculo dos ídolos* não saiu da minha cabeça quando vi a alegria caótica das manifestações de junho: "O Mundo-verdade: uma ideia que não serve mais para nada..."

A citação de Nietzsche é interessante, pois assinala um traço fundamental em todo momento de quebra de valores e da consequente tentativa ensaística de se procurarem novos: o tumulto alegre, jovial errático e violento dos espíritos livres. Nietzsche, assinalando a morte de Deus, não quer decretá-la, nem apressá-la, quer antes diagnosticar um traço que se inicia na Modernidade e se projeta para o futuro: a derrocada dos valores supremos que nortearam e deram vida e sentido ao Ocidente. Claro que Nietzsche irá procurar esses valores em uma perspectiva trágica e estética da vida, mas o que quero salientar é que nos momentos de indefinição, em que os antigos valores são perdidos e há a espera arriscada e criativa dos novos, a alegria caótica dos espíritos audaciosos é irrefreável. Acredito que, em uma sociedade saudável, um espaço público ensaístico seja necessário para extravasar o poder criativo de tais espíritos, daqueles que se lançam na tentativa sempre renovada de criação de modos de experimentação desse mesmo espaço público.

Na medida em que Deus morreu, isto é, que os grandes valores metafísicos norteadores da vida e de seu sentido entram em xeque e não apresentam mais a mesma força persuasiva, vemos uma liberdade perigosa surgir, uma vontade de recriar espaços em que novas formas de subjetividade e objetividade possam ser vivenciadas, ensaiadas. Esta abertura e indefinição das manifestações pode ser vista como um traço profundamente positivo, pois indica uma exuberância de vitalidade e não um esboroamento caótico e infrutífero. O simbolicamente central na alegria de ter tomado tantos edifícios públicos, como aqueles em Brasília e o da Alerj, é a manifestação do desejo de estar presente de todas as formas nas tomadas de decisão de nossa vida em conjunto – não entro aqui no mérito do quebra-quebra, mas sim no traço simbólico de o povo desejar ardentemente estar dentro da casa que é sua. Muito pior é a letargia e a falta de interesse do povo, isso sim é claramente pernicioso para uma sociedade que precisa em muito se transformar. Parece que a monotonia e o tédio que tomavam conta da juventude – hoje não mais tão jovem – com relação à política brasileira desde a queda do regime militar começaram a cair por terra, e um desejo ardente de querer estar próximo das decisões surgiu de forma franca, legítima e belíssima. Revitalização mais do que necessária, esperada e desejada. Por que não comemorá-la, até mesmo saudá-la como o que há de mais importante para uma sociedade?

Vejamos o que Maquiavel[5] tem a nos dizer:

> Direi que quem condena os tumultos entre os nobres e a plebe parece censurar as coisas que foram a causa primeira da liberdade de Roma e considerar mais as balbúrdias e a grita que de tais tumultos nasciam do que os bons efeitos que eles geravam; e não consideram que em toda república há dois humores diferentes, o do povo e o dos grandes, e que todas as leis que se fazem em favor da liberda-

> de nascem da desunião deles (...) E não se pode ter razão para chamar de não ordenada uma república dessas (...) Porque os bons exemplos nascem da boa educação; a boa educação, das boas leis; e as boas leis, dos tumultos que muitos condenam sem ponderar; porque quem examinar bem o resultado deles não descobrirá que eles deram origem a exílios ou violências em desfavor do bem comum, mas sim a leis e ordenações benéficas à liberdade pública. E se alguém dissesse: os modos eram extraordinários, quase ferozes (...) digo que toda cidade deve ter seus modos para permitir que o povo desafogue sua ambição, sobretudo as cidades que queiram valer-se do povo nas coisas importantes (...). E os desejos dos povos livres raras vezes são perniciosos à liberdade, visto que nascem ou de serem oprimidos ou da suspeita de que virão a sê-lo.

Acredito que Maquiavel expõe aqui a importância de instâncias legítimas que proporcionem liberdade para um povo que precisa de espaço para o caos criativo que há em todo ser humano. Defendo um Brasil exuberante que se compraz em suas manifestações de força, canto e dança, como o carnaval e as festas populares desses interiores. Muito perspicaz a argumentação que afirma a legitimidade da liberdade do desejo em um povo, de se louvar um povo que tenha a radicalidade de fazer um tumulto dos diabos em favor de sua liberdade de expressão em favor de sua existência múltipla, alegre e participativa. Criminalizar a balbúrdia quando ela é claramente um viés político, um escopo que deseja se inscrever nas decisões que definem o rumo de um país, é ir contra o que se pode esperar de um povo que, para crescer, deve passar por crises periódicas: essa balbúrdia é claramente saudável em um povo que se quer sempre renovando e confirmando suas instâncias decisórias. É no embate dos poderosos com os pequenos que devem se constituir os modos de um povo se criar a si mesmo, regular e ordenar seu próprio modo de existir. Assim, condenar sem mais essas manifestações é condenar o que procura surgir de livre e belo em um povo.

E o povo tomou posse de sua própria casa...

Foi avassaladora a sensação de presenciar, no bar Amarelinho da Cinelândia, no Rio de Janeiro, no dia 17 de junho, as imagens televisivas do Congresso e da Esplanada dos Ministérios tomados de gente por todos os lados. Mas a maior onda do tsunami popular ainda estava por vir, no dia 20 de junho, aquela em que o Brasil inteiro foi para as ruas. E novamente esses prédios foram tomados. O desejo do povo agora parecia irrefreável...

Neste dia 17 de junho, cheguei tarde à manifestação que tomou a Rio Branco, mas vi pelas TVs no Amarelinho também a tomada da Alerj. Em casa, depois, assisti pela internet a um vídeo que um amigo havia feito de dentro da manifestação, em que se podiam ver os policiais recuarem frente à vontade popular de tomar o palácio Tiradentes. Fiquei profundamente desconcertado, e a mesma sensação da tomada pelo povo dos prédios em Brasília me arrebatou de um modo ainda mais radical. Ali, na Alerj, viam-se, no início, os policiais fazendo uma barreira, protegendo o prédio e, por outro lado, toda a pressão do povo sobre eles. Logo depois, os policiais começaram a andar para trás e a correr, e no momento em que se viam as forças da suposta ordem em total desordem, fugindo com medo, e o povo ali, avançando sobre os alambrados que caíam e depois adentrando a Casa Tiradentes, senti um misto de alegria e medo, como se eu estivesse presenciando uma deformação espacial, ou melhor, uma reorganização geopolítica, pois ali naquele lugar, onde o estado não estava mais presente, ali – e a marca do dêitico, o ***ali***, é fundamental –, enfim, na frente daquele prédio e dentro dele foi constituído *um novo modo de ser político*... emanou daquela abertura no espaço a possibilidade de haver um local autônomo, exatamente uma dimensão espacial em que o caótico originário do próprio humano pudesse se romper para que novas possibilidades de existência pudessem surgir.

Vale lembrar que aquele prédio, além de ser de uma beleza ímpar, é o símbolo do poder constituído no Rio de Janeiro, e de alguma maneira também do Brasil, já que se encontra em um lugar central de toda nossa história. No entanto, reafirmando o que já disse, a visão que temos de nossos governantes e da regência de nosso poder é tão degradada simbolicamente, com tantas notícias sobre falcatruas e corrupção, que aquele gesto me pareceu de uma legitimidade única: o povo quer voltar a participar diretamente das decisões que são tomadas, o povo ***deseja*** a política, o povo ***deseja*** estar engajado e, afinal de contas, todo poder emana do povo...

Nunca mais olharei para aquele prédio da mesma forma e acredito que isso seja a sensação de se fazer história e de formar um povo que sabe a história que tem. Ali, quando se conseguiu protestar a ponto de fazer recuar as forças que protegem as falcatruas que são cometidas, os espíritos livres e corajosos finalmente têm a possibilidade de propor uma outra forma de existir politicamente.

NOTAS

1 Ver https://www.youtube.com/watch?v=eoPzlvxzTtM.

2 Ver http://oglobo.globo.com/pais/apoio-editorial-ao-golpe-de-64-foi-um-erro-9771604.

3 Acredito ser esta uma das melhores compilações das detenções dos 3 Ninjas no dia 22.07.2013, em que há inclusive o vídeo do próprio Carioca enquanto é detido. https://www.youtube.com/watch?v=SlINOilQ68o.

4 Um exemplo genial disto é o Ocupa Lapa, que sempre se preocupou em ter expressões artísticas em suas manifestações. Ver https://www.facebook.com/OcupaLapa.

5 Agradeço a citação a Mauricio Rocha. Nicolau Maquiavel. *Discursos sobre a primeira década de Tito Lívio*, I, 4 (1513-1517).

ENTREVISTA

JOÃO PEDRO STÉDILE

Membro da direção nacional do Movimento dos Trabalhadores Rurais Sem Terra (MST)

2/12/2013

A primeira coisa que gostaríamos de perguntar é se você se surpreendeu ao ver as manifestações que começaram em junho. Quais foram seus primeiros sentimentos quando elas começaram a aparecer?

Num primeiro momento, quando era somente o MPL lutando por tarifas, havia um clima típico de manifestações que aparecem com frequência nas cidades, como greves. A surpresa maior, não só para mim, como para todos, foi quando, em questão de uma semana, após as repressões em algumas capitais (como aqui em São Paulo e no Rio) e o comportamento da Globo, se insurgindo contra as manifestações, elas passaram a ter duzentas, trezentas mil, 1 milhão de pessoas. No momento dessa eclosão, nós, como movimento social, imediatamente começamos a fazer reuniões nacionais para ver como as forças populares que atuam de forma organizada poderiam contribuir para amplificar as manifestações e começar a dar um conteúdo mais programático para elas. Nessas reuniões que fomos organizando, ainda no calor da luta, já se percebia que as mobilizações eram massivas e que começavam a se alastrar pelo país, porque não eram apenas uma indignação de uma parcela da juventude – havia um substrato socioeconômico e político que fez as manifestações acontecerem –, a questão dos transportes foi apenas o estopim. Em primeiro lugar, a juventude está na universidade, alguns até já terminaram o curso, e moram nas grandes cidades. Eles haviam criado a expectativa de que, com o acesso à educação, gerado pelas políticas do governo, teriam melhores condições de emprego e de renda, mas isso não aconteceu. A maioria deles se formou em direito, administração ou ciências humanas, e não conseguiu empregos qualificados à altura de seus sonhos. O segundo fato é que as cidades se transformaram num inferno, fruto da especulação imobiliária e da falta de investimento do governo no transporte público. A especulação imobiliária elevou o preço dos aluguéis dos imóveis em mais de 200% em todo o Brasil, a média foi 180%, mas a média da cidade, nos melhores bairros, foi ainda maior – a juventude se viu oprimida pelas circunstâncias. Do ponto de vista político, o substrato que sustentou as manifestações foi o fato de que a juventude brasileira não tem nenhuma oportunidade de participação política. O jovem que hoje tem entre 18 e 25 anos, ou 30 anos, não tem oportunidade de ter voz num partido, na igreja, nem sequer no movimento, ou até mesmo na torcida organizada do Corinthians. Nesse momento da vida que estamos mais disponíveis para novas ideias, para participar e, eu diria, mais generosos para as questões sociais, somos castrados e não temos onde nos manifestar. Creio que isso gerou uma indignação e levou-os à rua.

Inicialmente, dava a impressão de que quem estava nas ruas era uma classe média, mas que depois isso mudou. Você vê essa separação?

Essas categorias de classe não cabem nesse processo, a juventude vinha de todas as classes. A leitura mais próxima do que acontecia foi feita pelo André Singer (pode ser vista lendo as pesquisas do Datafolha), e ele diz que essa juventude faz parte da categoria que ele chama de subproletariado, uma classe trabalhadora que emergiu nos governos Lula e Dilma, com uma renda ao redor de dois, três mil. A maioria está no setor de serviços, são profissionais liberais etc. Não é a classe trabalhadora tradicional de carteira assinada e ligada à produção, à indústria. Acho que os jovens que estavam nas ruas pertencem majoritariamente a esse estrato social.

Que caminho você vê o Brasil tomar desde o governo Sarney, depois Collor, Fernando Henrique, Lula e agora Dilma?

Depende do recorte histórico que se fizer. Do ponto de vista econômico, tivemos a década de 1980, em que a economia não cresceu, e que os economistas chamam de "a década perdida", tendo coincidido com o governo Sarney. Depois tivemos, na década de 1990, a saída da crise, que em vez de ter sido pela esquerda, com uma possível vitória do Lula em 1989, foi pela direita. As elites brasileiras encontraram um escape, subordinando-se ainda mais ao capital internacional – o que era uma tendência mundial. A partir do Collor e do Fernando Henrique, o Brasil sofreu a implementação das políticas neoliberais que entregaram as nossas riquezas, privatizaram as empresas estatais e nos jogaram a uma taxa de desemprego jamais vista – chegamos ao final do governo FHC com quase 20 milhões de desempregados. A situação do descalabro das políticas neoliberais levou a classe trabalhadora embora em refluxo do movimento de massas. Mesmo com a derrota política das eleições de 1989, votamos contra o neoliberalismo e elegemos Lula e, depois, Dilma. Como Lula e Dilma não foram eleitos no bojo de um movimento de massa, e não faziam parte de um projeto de país, resultou que seus governos foram e são de composição de classe, dentro deles há de tudo: a burguesia financeira, a industrial, a classe média, os trabalhadores, os camponeses e até os mais pobres – que, com acesso à Bolsa Família, passaram a se identificar com o governo. Assim, nos últimos doze anos, tivemos uma nova etapa, em que os governos procuraram aplicar políticas econômicas que uniam a retomada do papel do Estado como controlador de economia, aquilo que o Fernando Henrique tinha desmerecido. A retomada de investimentos produtivos levou a uma nova onda de empregos e a uma política de distribuição de renda. Desta forma, o salário mínimo aumentou e se implementaram outras políticas sociais nas quais os pobres tiveram acesso a essa renda nacional. Com a eclosão das manifestações, percebemos que essa política, que deu certo durante doze anos, bateu no teto. Ela foi suficiente para sair do neoliberalismo, dar emprego e melhorar um pouquinho as condições de vida. Foram políticas compensatórias, o próprio Lula revelava que todo mundo ganhava no seu governo, especialmente os banqueiros. Mas para seguirmos ampliando os direitos, como a juventude disse nas ruas – "queremos melhorias, queremos mais bem-estar" –, só será possível se o capital perder seus privilégios. Não dá mais para levar no "todos vão ganhar", e o exemplo mais emblemático disso é o tema da educação.

Durante os governos Lula e Dilma, com as várias políticas afirmativas em relação à educação, como o Pro-Uni, o sistema de cotas e a ampliação das universidades federais, a população juvenil universitária pulou de 6% para 12%. Porém, 88% ainda está fora da universidade – o que ficou evidenciado no último exame do Enem, quando 6 milhões de jovens foram disputar 600 mil vagas. O que vamos dizer para esses 5,4 milhões que ficaram fora? "Esperem o ano que vem"? No ano que vem, serão mais 4 milhões. Não tem jeito, para incluir, na universidade brasileira, 5 milhões de jovens por ano, é preciso que haja investimentos públicos massivos, de bilhões, e não uma política de compensação. E para você colocar 50 bilhões de reais do orçamento em educação, ou outros 50 bilhões em saúde – que é um outro tema –, só há um caminho: acabar com a política do superávit primário e, ao invés de pagar os juros da dívida interna, que hoje vai para os bancos e para as grandes famílias ricas que têm os títulos, pegar esse dinheiro, não pagar os juros, ou usar as taxas de juros dos Estados Unidos (já que a burguesia defende tantos os Estados Unidos, onde a taxa de juros é de 0,2% ao ano). Aqui, o Banco Central acabou de aumentar esta taxa para 10%, é pior que tomar dinheiro de cego, como se dizia antigamente. Mexer nisso significa uma perda para o capital financeiro, para aquelas 5 mil famílias de ricos brasileiros e estrangeiros que são proprietários dos títulos da dívida interna – uma reforma estrutural. Se deixar a estrutura funcionar como está indo, ela não resolve mais o problema dos pobres e da melhoria sistemática que a população espera. A mesma coisa vale para o transporte público: ok, baixou em vinte centavos, mas para se meter numa política séria de metrô em todas as capitais, fazer corredores de ônibus em todas as capitais são necessários bilhões. De onde se vai pegar esses bilhões? Pode colocar Jesus Cristo como prefeito de São Paulo. O problema do transporte público não se resolve se não houver um investimento massivo da economia brasileira.

Você vê indícios dessa possibilidade na prática?

Isso é uma necessidade, agora, de que forma essas reformas estruturais vão se resolver, são os próximos anos que vão definir. A atual estrutura de poder político não viabiliza essas reformas estruturais que, no fundo, vão repactuar a divisão da renda na sociedade e criar melhores condições de vida para a população. Mesmo quando, ouvindo as ruas, Dilma foi para a televisão e percebeu que a saída seria uma reforma política e depois um referendo popular que a legitimasse, ela sofreu um boicote do seu ministério e do Congresso. O que isso revela? Que ela não tem forças para implementar as mudanças estruturais, mesmo que seja reeleita.

Nas próximas eleições, com as atuais regras do jogo, em que as empresas financiam as campanhas, certamente teremos um Congresso ainda mais conservador. Hoje os congressistas são reféns das empresas que os financiam, e é justamente aí que é necessária uma reforma para mudar as regras. A essas empresas não interessa mudar, ao contrário, querem se locupletar ainda mais desse processo, e é isso que estão fazendo na privatização dos aeroportos e estradas. Qual é a saída? Como foi anunciado pela própria Dilma, só temos uma saída: uma reforma política que mude as regras da institucionalidade política, e que só virá com a convocação de uma Assembleia Constituinte que se dedique a mexer no atual sistema. Nem o governo, nem o Congresso têm vontade política e força para convocar esta assembleia. Então, neste sentido, ela só pode vir das ruas, de uma grande mobilização popular.

Como movimento social, criamos uma coalisão que talvez seja a mais ampla da história do Brasil. Nela estão desde a CUT até a CNBB, e está se propondo, no próximo ano, fazer um amplo trabalho de base para politizar a sociedade, conscientizar as pessoas de que o país não tem saída a curto prazo se não fizermos a reforma institucional. O método pedagógico que acordamos para todos poderem trabalhar é o que nós chamamos de plebiscito popular. Ele em si não tem nenhum poder real, mas é motivo para pautar o tema comum para todas as forças populares. A CUT vai continuar organizando greve, lutando pela jornada de quarenta horas; a Igreja vai continuar lutando pelas questões de valores humanistas e éticos; o MST vai continuar ocupando terra, e o fio condutor que pode unir a todos numa tarefa única é essa reforma política – que interessa a todos. O que acordamos? Cada um, além de suas tarefas normais, vai colocar energias para, durante o ano de 2014, conscientizar as bases de que a reforma é necessária. É esse trabalho que chamamos de plebiscito popular, e que culminaria em 7 de setembro de 2014, quando faríamos uma votação com a população. Se a ela comparecerem 20, 30, 40 milhões de pessoas para votar pela convocação de uma assembleia constituinte exclusiva, teríamos enorme força política para ir a Brasília em passeata e dizer: "Ó, seus merdas, o povo quer isso aqui." O plebiscito em si não muda nada, mas pode alterar a relação de forças e influenciar até as eleições.

Por outro lado, esperamos que em 2014 a energia que a juventude demonstrou ter volte às ruas já a partir de março. Tem muita gente dizendo: "Provavelmente vão voltar na Copa." Não acredito que voltem na Copa, porque no futebol há uma simbologia muito importante para o povo brasileiro, uma paixão, todo mundo vai se envolver. Além disso, não se pode reduzir as manifestações à denúncia do dinheiro público que foi gasto nessas obras, porque o que foi gasto nos estádios foi entre 6 e 8 bilhões de reais. Do ponto de vista da economia brasileira, isso não é nada, é o equivalente a duas semanas de juros. Esses jovens não podem reduzir os problemas da economia e da sociedade a duas semanas de juros, é muito mais importante lutar contra eles – mais importante do que ocupar o Maracanã é ocupar o Banco Central, porque lá sim a burguesia tem o controle das políticas públicas que vão fazer a repartição da renda – taxa de juros, de câmbio e o superávit primário. Vou torcer para que a juventude se levante a partir de março e paute temas que digam respeito às reformas estruturais às quais me referi, e que estão relacionadas com a reforma política, tributária, educacional, com a reforma agrária, que está bloqueada, e com a reforma judiciária – que é um tema que a imprensa tangencia e que os movimentos sociais colocam na pauta. Como diz a Constituição: todo poder emana do povo, e é ele quem deve vigiar.

Do ponto de vista da reforma agrária e da relação com os movimentos sociais, como você vê o caminho que o Brasil vem traçando?

Do ponto de vista da reforma agrária, tivemos um grande avanço. Na década de 80, com a crise do capitalismo industrial, a falta de emprego, a derrota da ditadura e a redemocratização do país, os camponeses pobres se animaram a voltar a lutar ocupando terra, e a luta se aglutinou no movimento que é hoje conhecido como MST. Durante essa década, avançamos muito, ocupamos muita terra. A burguesia que estava no poder, não podendo reprimir, meio que aceitava aquela pressão por terra, porque pelo menos aquilo segurava os pobres no campo. Tanto é que naquele período tivemos muita repressão, muitos assassinatos praticados pelos próprios fazendeiros, com os jagunços, os pistoleiros e sua polícia mercenária. Não havia uma decisão política por parte do governo para reprimir os movimentos sociais. Já na década de 90, o movimento operário foi derrotado, e refluiu sobretudo depois da greve dos petroleiros, de 1995. Mas como vínhamos, MST e movimentos camponeses, de um movimento de massa, continuamos. Fomos praticamente o único movimento que fez oposição ao neoliberalismo e ao Fernando Henrique. As forças conservadoras praticaram o massacre de Carajás, e criaram uma comoção nacional e internacional – era inadmissível um massacre de dezenove companheiros àquela altura do jogo. Com isso, o MST continuou com muito prestígio na sociedade e avançando com sua luta até 2005, quando tivemos duas derrotas: o governo Lula não teve coragem de implementar o Plano Nacional de Reforma Agrária, que previa o assentamento de 400 mil famílias, porque estava numa crise política e institucional grande, com a história do Mensalão; e também fomos derrotados porque, a partir daquele ano, o capitalismo entrou naquela nova fase do capital financeiro e das empresas transnacionais que foram controlar a agricultura com mais força.

Nos últimos dez anos, são as forças do capital que bloqueiam a reforma agrária, porque eles disputam conosco as terras, os territórios, a água, a produção agrícola, e passaram a implementar o modelo do agronegócio, que só interessa às grandes empresas, para exportar commodities – o Brasil virou refém deles. Nesse modelo, só se organiza a produção agrícola para produzir soja, cana de açúcar, pecuária extensiva para a exportação de carne, e eucalipto para celulose, é isso que se cultiva em 85% das terras produtivas no Brasil, o que é uma vergonha. É isso o que está bloqueando agora a reforma agrária e que fez com que o movimento tivesse que mudar.

Você acha que, em relação ao governo Lula, Dilma piorou este processo?

Piorou no que diz respeito às características do seu ministério. Mas os governos têm cada vez menos ingerência na economia. O capital tem uma lógica de funcionamento, sobretudo na agricultura, em que a maioria dos acontecimentos só é conhecida, até pelo próprio governo, através dos jornais.

Isso reflete uma certa retirada de si de campo, não? Não ter como agir é estranho.
Reflete a natureza do governo, a etapa atual do capitalismo em um mundo onde os governos são reféns das grandes empresas. Pode-se olhar também, em paralelo, o que está acontecendo na Europa: uma crise gravíssima, países com 30, 40% de desemprego. Os governos fazem trezentas reuniões – G8, G15, G39... – e nada se altera. Por quê? Porque quem controla a economia e a crise são os bancos e as transnacionais. O Domenico Losurdo tem feito reflexões sobre a separação que houve nessa etapa do capitalismo, entre o poder econômico e o Estado Nacional. Do ponto de vista da institucionalidade, trata-se de uma crise gravíssima, porque o Estado Nacional que surgiu da revolução burguesa e que operava o Estado para resolver os problemas da economia agora está separado. O Estado pode fazer o que quiser, mas não tem instrumentos para controlar essas empresas. Se vocês virem o que fizeram com a Grécia... tripudiaram do povo, que fez 33 greves gerais nos últimos dois anos, demonstrando claramente que são contra aquelas medidas – nomearam o primeiro-ministro pelos bancos, uma loucura.

Você acha que não há governo que dê conta de lidar com essa separação?
Não. Acho que são necessárias grandes mobilizações de massa para rediscutir a própria institucionalidade do Estado para que ele deixe de ser refém. O Estado atual, como conhecemos, foi organizado pela burguesia industrial. Como nem a burguesia industrial está no comando, os bancos e as empresas transnacionais funcionam tranquilamente sem o Estado. São necessárias mobilizações de massa que recoloquem na pauta da sociedade um novo tipo de Estado, subordinado aos interesses da maioria da população, e não do poder econômico. Até porque o poder econômico está cagando e andando, o máximo que faz, para dar legitimidade a seus privilégios, é financiar as campanhas dos governantes, e daí os mantém reféns.

No Rio de Janeiro, a sensação é de que houve aquele grande momento de junho e julho, mas que, passado isso, o clima não esfriou completamente. Volta e meia ainda se vê uma coisa ou outra acontecer. Com relação à Copa, o sentimento da população é mais ou menos esse: "Tiraram da gente o direito de ver." A população foi excluída da possibilidade de participar. O economista Carlos Lessa, em entrevista para esse livro, falou o seguinte: "É um equívoco o que esses caras fizeram na Copa, porque em cada botequim onde o povo todo vai estar assistindo aos jogos haverá um minicomício em potencial. Não vai ter jeito, as pessoas vão estar loucas." Todo mundo é louco por futebol e ninguém vai poder ver!

É, mas não acredito nisso, porque, quando a Copa é em outros países, todos se reúnem no bar também. No fundo, nos estádios cabem apenas 60 mil pessoas. Pode até colocar o ingresso de graça, e daí?

Uma coisa é não poder ir porque está lotado, outra coisa é não poder ir porque é caro demais.

Sim, mas digo que, no fundo, a população vai se dar conta de que não há possibilidade de todo mundo ir ao estádio, por isso é que essa conjectura não tem base real, e tudo que não tem base real é difícil de transformar em demanda política, porque logo um contra-argumento te tira do cavalo.

Vladimir Palmeira, uma das primeiras pessoas que entrevistamos, falou muito da necessidade de haver um desdobramento. Disse que tudo o que estava acontecendo era muito bom, mas que não vê uma organização popular que possa dar conta das articulações necessárias para um movimento de massa agir de forma realmente transformadora. É mais ou menos nesse sentido que você está falando?

Não, é no sentido de que entre os desafios que estão postos para as forças populares no próximo período está o de construirmos um programa unitário. Nesse momento, a palavra de ordem unitária é a reforma política, mas ela é insuficiente, é apenas a porta de entrada para se fazer as tais reformas estruturais. O ponto é que falta um programa que as explique para o povo – porque você não pode ir lá no bar e dizer: "O negócio aqui é reforma estrutural." Não se entende, não se sabe nem o que é estrutural, acham que é o prédio que está caindo. Tem de haver um programa didático que consiga explicar aos poucos para as massas que mudanças precisam ser feitas. Garantir o direito ao acesso de todo jovem à universidade, tarifas zero para o transporte público, terras para quem quiser continuar trabalhando na terra, um programa massivo de moradia que fuja da especulação das empreiteiras, uma jornada de quarenta horas para se ter mais tempo com a família e ser menos explorado – tudo isso são obrigações do Estado, são itens que comporiam um programa que poderia aglutinar os anseios de 90% da população brasileira, que então diria: "Por esse programa eu vou brigar." Agora, se você reduzir a "gastaram 8 bilhões na Copa e eu não vou poder ver o jogo", o primeiro bêbado vai perguntar: "E você viu a Copa da Argentina?"

Entendo o que você está falando, mas o que estou dizendo é que é como se pelo menos houvesse um sentimento...

Pode ter um sentimento de revolta e indignação, mas esse sentimento é só um sentimento, e isso passa, o que ficam são as necessidades. O que tu estás precisando para melhorar de vida? Ver o jogo da Copa ou que teu filho ingresse na universidade e tenha um bom emprego? Que teu salário aumente e que tu pares de ficar duas horas no trânsito? Essas são necessidades. O programa tem que responder a necessidades, não a sentimentos, senão vira jogo de futebol. O Fluminense vai cair para a segundona e aí a torcida do Fluminense vai se matar? Não, no outro dia vai trabalhar.

Como você vê a relação dos governos com os movimentos sociais hoje? Já esteve melhor? Qual a importância deles para o desenvolvimento de um país?

É muito relativo, porque os governos só dialogam com os movimentos quando há mobilização. Logo depois de junho e julho, Dilma fez aquelas rodadas com vários setores, mas foi teatro para a política. Os movimentos sempre vão dialogar com os governos, e não se pode reclamar que estes não os estão recebendo. A primeira pergunta que se deve fazer é: você está lutando o suficiente para o governo te receber? A negociação com o poder público, seja no município, no estado, ou no governo federal é resultado concreto das lutas e das mobilizações. É uma ilusão da esquerda fazer essa reclamação. Se você não luta, nenhum governo, de nenhum partido, vai te dar bola. Então, mais do que cair na análise de se o governo está mais democrático ou não, a pergunta é o contrário: os movimentos sociais estão se mobilizando mais, estão pressionando mais? Governo só funciona com pressão.

Sim, mas quando penso na questão dos índios, que estão lutando há muito tempo e não conseguem criar um canal de diálogo, sinto que há certa dificuldade do governo em lidar com esses movimentos.

O problema dos índios é diferente, porque no Brasil há 280 etnias, nem eles têm unidade entre si. Não é verdade que não havia diálogo, os índios que fizeram luta conversaram e peitaram o governo. Os Xavante, por exemplo, conseguiram a área deles, que estava invadida inclusive por um juiz. Se levantaram, ocuparam as terras e ficaram em guerra. Existe uma visão meio ilusória de que os povos indígenas são coitadinhos e que são a parcela mais explorada da população. Isso é verdade, o povo brasileiro tem uma dívida histórica com eles, que são nossos avós. Agora, não dá para colocar a culpa da tragédia indígena no fato de o governo não ter dialogado com eles. Todo mês de abril eles vão para Brasília e sentam com o governo, a questão não é essa. Se houver briga de fato, haverá diálogo, porque o Estado vai dizer: "Tenho que sentar, do contrário, esses loucos aí vão fazer qualquer coisa."

Os povos indígenas, assim como qualquer setor social, também têm as suas práticas, suas idiossincrasias, suas ilusões de negociação. Agora mesmo, uma tribo indígena da turma da Marina não vendeu o oxigênio da floresta para a Natura? Que julgamento iremos fazer desse povo Surucucu? Eles traíram o povo brasileiro, e por causa disso vou falar mal de todos os povos indígenas? Ao contrário, somos fiéis defensores dos povos indígenas, mas não podemos tomar posturas genéricas porque entre eles há muitas diferenças. Nesse momento, os dois povos que mais enfrentam o capital e que estão mobilizados são os Guarani-Kaiowá, no Mato Grosso do Sul, e os Tupinambá, no sul da Bahia. Mesmo aqueles povos indígenas da Belo Monte que foram agredidos arrefeceram, provavelmente por alguma indenização, alguma falsa promessa do governo, e não se vê mais nenhuma mobilização desta turma. Como ser solidário com os povos indígenas de lá se eles nem se mexeram?

Com relação à Belo Monte, qual é sua opinião?

Acho que é uma burrice do governo. É claro que a sociedade brasileira precisa de energia elétrica, mas acho que o erro foi privatizar a construção, porque com ela vem a sanha do capital querendo fazer lucro máximo. Poderíamos expandir nossa produção hidrelétrica pelas estatais, pela Eletrobrás, criando outro nível de relacionamento com a população. Outro ponto seria abandonar a política de grandes hidrelétricas e propor um plano energético de pequenas ao longo dos rios, de forma a gerar menos impacto. Elas seriam de escala menor, e o custo do quilowatt seria mais alto, mas o problema aqui não é de custo, a sociedade brasileira iria pagar da mesma forma, porque Belo Monte vai resultar em maior taxa de lucro para a empresa, e não em redução da tarifa.

Voltando mais uma vez ao Estado, se ele tivesse uma política nacionalista e de maior subordinação ao povo, evidentemente poderíamos ter a construção de hidrelétricas de menor escala, de menor impacto ao meio ambiente e às populações, além de um tratamento mais humano.

Hoje sabemos, pelo Movimento dos Atingidos por Barragens, que no governo Dilma praticamente nenhuma família desalojada pelas obras de hidrelétricas foi reassentada. Isso é uma vergonha, uma questão de direitos humanos. Se eu perdi minha terra e minha casa, alguém terá de repô-la, na mesma região e com a mesma cultura. Isso é o mínimo, em nome da sociedade.

Mesmo este mínimo já é um caos, porque sua casa é sua casa, do seu coração, não adianta refazer com tudo o que tinha dentro, que não será a mesma, com tudo o que se construiu ali ao longo de anos – do ponto de vista material e imaterial.
É, já é uma tragédia.

Você falou sobre a necessidade de os movimentos populares às vezes usarem alguma violência. Gostaria de ouvir sua opinião sobre o que muito se falou em torno de vandalismo, Black Blocs etc.
Não comungo com nenhuma das duas visões.

Quais são essas visões?
Primeiro, não comungo com a violência do Black Blocs porque acho que ela só afasta as massas. Ninguém vai para a rua para apanhar da polícia, e não há nada de revolucionário em apanhar da polícia – você tá sendo derrotado pela força do Estado burguês. Também não comungo com a posição da burguesia e dos meios de comunicação que incentivam a repressão a esse tipo de coisa. Qual é a saída? As massas irem para as ruas exercerem seus direitos e defenderem seus interesses sem necessidade de agressão física a ninguém. Se forem milhões, a polícia se sentirá completamente ineficaz para tentar reprimir.

Não foi o que aconteceu no Rio, onde exatamente eram milhões, e a repressão aconteceu de forma brutal, sem precedentes.
Sim, sei disso, por isso estou dizendo que não concordo com nenhuma das duas.

Quero dizer que a quantidade de pessoas presentes na manifestação não foi suficiente para fazer com que a polícia se sentisse mais fraca.
É, a polícia agiu com mais rigor quando as mobilizações já diminuíam. Quando teve aquela de 1 milhão, ela ficou quieta nos quartéis.

Não. Especialmente na manifestação de 1 milhão de pessoas no Rio de Janeiro, houve muita repressão por parte da polícia no ápice da passeata, eu estava lá.
Houve repressão depois que as massas tinham ido embora. Quem ficou lá é que sofreu.

Não, de jeito nenhum. Eu estava lá. A gente não podia sair porque eles fecharam todas as saídas.
Cada um dá uma versão, estou falando em tese. Existe uma ilusão da pequena bur-

guesia que depois da manifestação vai para o seu apartamento tomar vinho, cerveja e comentar o que aconteceu, dizendo que a radicalidade da mudança estaria na violência – isso é uma burrice. Não é a violência que muda o mundo, o que muda o mundo são as massas em movimento. Cria-se esta máxima: "Os Black Blocs vão ajudar agora." Não vão ajudar porra nenhuma, só vão atrair a repressão e afastar as massas – que é exatamente o que a direita quer. O que mais assusta a direita é quando as massas vão para as ruas exercitar o seu direito. Esta parcela da juventude que acha que quebrar banco resolve o problema da humanidade vai continuar existindo, mas não é esse o meio, até porque o Bradesco tem seguro e vai modernizar a agência quebrada.

Que importância tem a reforma agrária, no desenvolvimento de um país como o Brasil, para além da questão da distribuição de terras?

É essa mudança que vivemos agora. Ainda há, no senso comum da população e até das universidades e dos meios de comunicação, a ideia de que reforma agrária é desapropriar um latifúndio e distribuir os lotes para os pobres – esse era a reforma agrária do passado. É por isso que nem mais a burguesia tem interesse na reforma, porque esse tipo antigo ajudava a desenvolver o mercado interno e a indústria nacional. Como agora não interessa nem ao mercado interno, nem à indústria nacional, a proposta perdeu o sentido como política de Estado. A nós também não interessa só distribuir terra para pobre como se fosse a solução, o que queremos é uma reforma agrária que discuta com a sociedade qual o destino do território, da produção agrícola, como vamos organizar a produção agrícola no país. Ter acesso à terra para trabalhar é uma necessidade, mas além disso temos que construir um novo modelo de produção agrícola que priorize a produção de alimentos, que não use agrotóxicos, que use uma outra matriz tecnológica que não esta das multinacionais, com agroquímico, veneno e sementes transgênicas. Aquele que adote a matriz da agroecologia, que é um conjunto de técnicas que eleva a produtividade do trabalho, a produtividade da área em equilíbrio com a natureza, e sobretudo a saúde dos agricultores e dos consumidores. Temos que reorganizar a agricultura para que, em primeiro lugar, ela produza alimentos para o mercado interno, e não apenas commodities, ou seja, combinar a reforma agrária com um processo de difusão de agroindústrias no país: ao invés de ter uma grande Nestlé, queremos ter muitas pequenas cooperativas que comercializem o leite para as populações locais. Finalmente, queremos uma reforma agrária que seja casada com acesso à educação, porque sem conhecimento a população não vai se libertar.

Este é o conjunto de características da nossa proposta que chamamos de Reforma Agrária Popular, para nos diferenciarmos daquela clássica, burguesa. Ela é popular porque não interessa apenas ao pobre sem-terra, mas a todo o povo, porque todos vão se beneficiar dela. Porém, ela só vai se realizar se todo o povo se envolver, sozinho o sem-terra não consegue força para implantá-la; consegue, no máximo, ocupar terra e brigar com o latifundiário. A força para mudar o modelo e reeducar o povo só virá quando toda a população se der conta e entrar nessa briga.

Com as manifestações que começaram em junho e julho, você sentiu que algo nesse sentido pudesse estar surgindo no Brasil?

Acho que as manifestações da juventude funcionaram como um termômetro da sociedade. Elas não têm força de fazer as mudanças porque não têm programa.

Agora, na história da luta de classes, antes das grandes mobilizações do povo, dos trabalhadores, das massas, os primeiros a se manifestarem são os jovens, porque eles vão só pela indignação, pelo sentimento, como você diz. É um processo não linear. Então, se os jovens no Brasil já estão se mobilizando por indignação e por sentimento, isso pode ser o prelúdio de que provavelmente logo ali a população em geral e a classe trabalhadora poderão se manifestar. Nisso há uma esperança, as manifestações como termômetros desta possibilidade. Se eles voltarem a se manifestar, vai acender a luzinha verde para todo mundo também se mexer, como já aconteceu no segundo semestre de 2013: depois das mobilizações da juventude, várias categorias fizeram greves importantes, que nós não esperávamos. Mudou o clima – os bancários, os professores etc.

Todo mundo, até prefeito fez.

ENTREVISTA

NELSON BRISSAC

Filósofo e curador do Arte/Cidade

14/12/2013

Então continua de pé a ideia de fazer um livro?

O livro vai sair depois de março. É que ele realmente foi tomando tempo, a coisa foi ficando mais abrangente.

De qualquer jeito, é um documento muito importante, não precisa ser feito no calor da hora. Até porque pegou as pessoas de forma tão desprevenida, não necessariamente se tem uma boa reflexão no calor da hora. Foi uma surpresa para todo mundo, deve ter sido um chute generalizado, exprimindo mais uma perplexidade do que propriamente opiniões elaboradas. O que não necessariamente vai acontecer com certo distanciamento.

É, e talvez nem seja o caso de entender, foi algo como "vamos juntar umas pessoas e tentar pensar alguma coisa?". A primeira coisa que eu quero perguntar é se você foi pego de surpresa. O que você enxergou quando os movimentos começaram a acontecer, em junho?

Pego de surpresa, todo mundo foi. Agora, acho que a maior surpresa foi o fato de surgirem bandeiras e procedimentos que escapavam aos partidos convencionais, aos movimentos estabelecidos. Estabeleceram-se outra ordem de prioridades, outras questões e outras maneiras de organizar. As manifestações surpreenderam não só pelo conteúdo do que era reivindicado, que era um espectro muito grande de questões, de vontades, mas também e talvez justamente porque não estavam sendo canalizadas por nenhuma organização ou nenhum repertório preestabelecido. Nesse sentido foi uma revolução na agenda nacional. Acho que foi muito importante. Muito difícil de manter isso ao alcance do espectro do que estava sendo reivindicado, mas acho que foi um passo adiante na ordem política brasileira, historicamente importante.

Eu tinha a sensação de que não aconteceria mais nada aqui desse tipo, que ir para a rua não funcionava mais. E foi surpreendente que tenha funcionado. Agora, isso que você falou, de as pautas serem difusas, de a forma ser confusa, foi muito comentado. Tem quem ache que isso é ruim. O que você sente em relação a isso?

Acho que foi positivo, no sentido de abrir o espectro e dar voz a questões e grupos sociais que não tinham voz dentro da agenda dominante. Isso foi legal, mas rapidamente sequestrado por outros grupos. A questão da violência abafou a riqueza das questões políticas e culturais, espantou um número grande de gente que estava manifestando.

Você diz a violência da polícia?

Dos dois lados. Também de outras facções, que estavam ali mais pela violência do que pelas questões. Isso evidenciou a limitação de uma coisa tão espontânea. A força do espontâneo é que acabaria com um monte de gente, mas também é sua limitação, no sentido de que é difícil de organizar. Os movimentos mais ricos, como o do Passe Livre, tiveram dificuldades de manter a pauta. Isso mostra que há uma limitação. E não é possível manter infinitamente reivindicações específicas, elas foram tratadas de uma maneira diferente do que se previu. Por exemplo, a questão do passe livre nem é propriamente sobre o valor da passagem. É sobre o acesso à cidade. Isso é que importa. Eles conseguiram colocá-la com muita clareza. Com o tempo, a prefeitura, o governo do estado, as respostas foram sendo dadas administrativamente. Isso significa fazer mais vias expressas, melhorar o trânsito. Foi uma resposta de engenheiros: "Vamos acelerar o transporte, é esse o problema? Então vamos resolver isso acelerando, pondo mais ônibus, acelera o trem..." Essa não era bem a questão. É uma reivindicação ampla. Acesso à cidade não é só físico. É acesso a serviços, à educação, à saúde. É isso que se estava dizendo. A riqueza das reivindicações estava no desejo de acessar uma cidade melhor, e não só chegar mais rápido no trabalho. Mas essa pauta ficou subentendida fragmentariamente. Todos continuam querendo melhor educação. A gente não percebe com clareza, mas houve uma mudança de eixo histórica em relação às reivindicações sindicais, que eram basicamente por aumento de salário. Foi quando o PT surgiu. Ele se formou numa reivindicação localizada no quanto as pessoas ganham, na renda. Recentemente, fizemos um seminário grande, e os economistas que participaram destacaram uma coisa espantosa: houve um grande aumento de renda na periferia das grandes cidades, sobretudo em São Paulo. A renda aumentou, mas não a qualidade de vida. Não existe uma correlação direta entre a pessoa ganhar mais e viver melhor. Talvez isso esteja na raiz da frustração generalizada. A pessoa trabalhou, conseguiu ganhar mais e isso não redunda em nada do ponto de vista de viver melhor. Essa pode ser uma explicação para esse leque amplo de reivindicações que surgiu e transformou a pessoa de assalariada em cidadã, ela não reivindica mais só aumento de salário. Isso é bacana. Mostra que o Brasil se tornou um país contemporâneo, mais diversificado do ponto de vista de seus problemas e não só centrado na sobrevivência imediata. Ninguém das organizações políticas tinha essa pauta. Não estou dizendo que não entendiam isso, mas não formulavam com clareza. Isso vai exigir um *aggiornamento* dos partidos políticos. E não parece que as próximas eleições vão exprimir isso com clareza.

Mas você acha que mudou? Às vezes parece que ninguém entende...
O problema é: se o prefeito entende, se o secretário entende, isso é uma coisa. Se toda a organização política entende, e como formula o entendimento, é outra. Uma coisa é você dar conta de uma questão e transformá-la em política pública, isso é extremamente complexo. Estavam lá, e tinham um plano diretor já feito para ser aprovado e discutido em todas as instâncias, é muito complicado. Há uma enorme máquina administrativa com questões de recursos complexas.

Conversamos com o Ronaldo Brito, que falou de uma coisa que acho que tem a ver. Ele fala que pode resolver, pode pegar, mas tem uma coisa da não valorização do simbólico, e para as pessoas acho que isso tem a ver com a questão da qualidade de vida, como se isso não fosse importante, como se a gente se esquecesse de que pode querer ter o melhor.
E formular de outras maneiras, com outros sentidos. Nisso eu concordo com ele. O país está ficando menos econômico e mais cultural. O que é importante, porque até agora a inserção social do período Lula, que inegavelmente é um feito, foi feita essencialmente pelo mercado. Do ponto das cidadanias, significou ter cartão de banco, essas coisas. O cara identifica ser cidadão com se inserir no circuito financeiro de compras – só. Essas manifestações também serviram para as pessoas começarem a perceber que a inserção social se dá em um espectro mais amplo de questões, de sentidos.

Fico pensando o papel disso na história do Brasil e de que jeito se relaciona com as manifestações que aconteceram fora daqui. Você vê essa relação?

Não sei até que ponto as pessoas são tão permeáveis à informação internacional. É difícil saber se essas manifestações foram puxadas por pessoas que leem jornal ou caderno internacional, que têm esse grau de sofisticação. Muita gente no nosso meio tem, mas, em geral, eu não sei.

Também acho que não. Creio que seria um sentimento global de insatisfação generalizada.

É, isso é uma questão legal de se avaliar em um futuro próximo. Uma coisa que eu acho que é o termômetro, ou melhor dizendo, que talvez seja a questão paradigmática, pela qual haverá uma mudança necessária, independentemente da questão da consciência das pessoas, é o fato de que as grandes cidades brasileiras entraram em colapso. Essa é a grande questão. Isso está existindo em consenso, consciente ou inconsciente, de que a situação é insuportável, que alguma coisa de muito radical tem que ser feita, que medidas paliativas não servem mais, que não adianta ter soluções de ordem: "Vamos fazer mais uma autoestrada, mais uma pista, mais um viaduto." Não dá mais. Então acho que há um consenso de que as soluções têm que estar à altura da complexidade do problema, e que são soluções combinadas, de ordem de meio ambiente, de ordem de educação, de ordem de tudo. Que não existe, não tem como alguém fazer uma obra que vá resolver, como vem sendo tocado: "Faz mais um viaduto." Isso é uma novidade do ponto de vista da mobilização das pessoas em torno de uma situação que acabou afetando todo mundo, que é inescapável e é gravíssima. Eu acho que não é porque as pessoas ficaram mais cultas ou mais informadas, é que se chegou a um limite. Então talvez a renovação da política e sobretudo das maneiras de se fazer a cidade, de você viver na cidade, vai ter que ser encontrada. Não é legal você viver numa situação-limite. Porque no fundo nos últimos 30 anos já era grave, mas havia um marasmo. Então no fundo era um conformismo quanto à situação, mas agora acho que isso está diferente, é interessante.

Você acha que há uma separação de classes entre as pessoas que foram para as ruas e brigaram por aquilo? Como isso ocorreu em São Paulo?

Isso é interessante. Fui a algumas manifestações só aqui, e evidentemente eram manifestações de classe média, um espectro grande de pessoas de classe média. São Paulo é uma cidade geograficamente muito excludente. Dependendo de onde era a manifestação, tinha gente dessa ou daquela classe social, porque a exclusão é geográfica. Certamente não foram manifestações de periferia ou de classe operária. Com esse tipo de recorte claro, não. Mas também não foi de universitários e cinéfilos, de madames...

Deu uma misturada.
Fortemente. Mas com a cara do Brasil, já que tá aumentando a classe média. Quem se manifestou foi justamente o eixo central da população, que é aquela que ganhou um pouco mais de dinheiro e para a qual nada mudou. Acho que é isso.

É como se isso pedisse um outro modo de a população e o Estado se relacionarem, o que não está acontecendo.
Essa é uma reflexão muito legal que as pessoas começam a fazer porque o Brasil sempre teve pautas culturais de esquerda. É uma marca do Brasil. Todo mundo é de esquerda. Até quem é de direita é de esquerda. Só que na verdade, ideologicamente falando, o discurso de direita de que o Estado atrapalha, de que o Estado é ineficiente e corrupto está cada vez mais dominante.

Inclusive nas práticas.
Isso. Então, depois de muito tempo, a gente tem uma ideologia de direita reconhecível, recortada, que não é só da extrema direita: uma faixa importante da população fala – pode dizer que não, mas fala – do ponto de vista da direita. Elogio ao *laissez faire*, ao individualismo, isso abarca tudo: ser contra os médicos estrangeiros, vai do Mensalão até a privatização da educação. Tudo. Acho que as manifestações recolocaram o problema, demandando que o Estado melhore, o que é diferente de ser contra o Estado. Esse jogo é importante, porque é onde as questões ideológicas vão se resolver segundo parâmetros que não são mais os tradicionais: sindicatos, não sei o quê. Isso aí não vai funcionar. Agora, nessas manifestações tinha de tudo: gente pedindo melhor saúde e uma enorme quantidade de jovens médicos contra os médicos cubanos. Havia posições conflitivas que as pessoas não necessariamente percebiam como conflitivas. Não é muito correto dizer "as manifestações falaram isso". Depende. Ali, todo mundo falou um monte de coisa.

Ouvindo você falar, tenho a sensação de que essa é uma sopa que não se sabe muito bem do que é feita.
E que ainda não se cristalizou. Não tem representação política nem discurso organizado.

Você acha que isso é necessariamente ruim? Não ter discurso organizado e não ter representação?
A longo prazo isso é insustentável. Você não consegue, politicamente, ter eficiência. Se você quer mudar alguma coisa, você tem que ter clareza, melhor dizendo, as posições têm que ser claras. Você tem que saber formular isso, se organizar e reivindicar com clareza. Porque se não... Naquele momento fosse como foi, mas a longo prazo tem que ser diferente. De alguma maneira. Não necessariamente pelos partidos políticos, mas alguma forma de estruturação desse discurso de prática imagino que tenha que ter. A gente não queria ser uma sociedade democrática? Democracia também tem essas limitações.

Parece que o Estado está congelado em suas formas de gerir e que a gente não consegue entrar. É como se isso fosse quase mítico.
A tomada do Congresso, aquilo foi incrível.

E do Itamaraty também.
Aquilo mostrou exatamente isso aí. O abismo entre o que estava sendo dito na rua e o que era discutido no parlamento. Agora, é um abismo: ou você transpõe, ou a democracia para de funcionar. Não sei. Se você olhar para o que acontece na França ou nos Estados Unidos, isso aqui é absolutamente amador. Essas democracias maduras mostram uma apatia, uma falta de horizonte. Agora, por outro lado, são sociedades muito menos desiguais. Infinitamente menos. Todo mundo tem muito mais, então uma coisa explica outra. Do ponto de vista cultural, isso não redunda em grandes fissões, mas talvez não seja o que as pessoas queiram. Aqui a gente não tem nem uma coisa, nem outra. O que me chama atenção, por exemplo, são as similitudes com os argentinos. A mesma ineficiência política, a mesma falta de representatividade. A governanta de lá não me parece nada lúcida, mas a oposição muito menos. E as manifestações são cada vez mais apolíticas, mais violentas, sem significado. Acho que hoje talvez a gente tenha mais a ver com a Argentina, o que não é nada bom. Temos que tomar cuidado com isso, também, e não nos iludir. Eu temo uma perda de consistência política e o aumento gratuito de violência justamente por falta de eixo político.

Você diz violência por parte da população?
Não se enganar dizendo que a polícia é que é violenta. Claro, a polícia é violenta, mas o problema não está só aí. A violência que acontece no país não é resultado da violência policial.

A violência policial também é resultado da violência...
Geral da sociedade.

Depois daquela manifestação gigantesca no Rio, todo mundo foi para a Lapa, e a TV exibia imagens de pessoas quebrando os ônibus. Aí pensei: "Essa galera é maltratada cotidianamente. Na fila do hospital, na escola que não tem..." Não sei se é disso que você tá falando, mas tive a sensação de que se trata de pessoas mal-educadas no sentido amplo do termo.
Eu não sei o que achar em relação a isso. Sempre achei que a violência é resultado da exploração, da carência, da miséria. Mas me preocupa o fato de que a violência esteja ganhando contornos independentes até disso. Está virando endêmica, ela está virando um modo de ser, uma maneira de viver, independentemente de o cara ganhar mais. Muitos dos caras que estavam quebrando coisas eram empregados, até bem empregados. Não eram necessariamente pessoas reagindo a situações extremas de espoliação. Então vamos nos preocupar quanto a isso. Só temo que a violência se torne um traço da ação social, da participação pública dessas pessoas, e não mais a política. Que seja a maneira de a pessoa se expressar independentemente de qualquer circunstância, de qualquer questão. Ao que tiver sendo posto na mesa ela vai agir violentamente. Se é jogo de futebol, se é manifestação, se é carnaval... qualquer chance. Isso é uma perda de riqueza. Não se distingue mais nada, se agride seja quem for. Seja o que for. É uma simplificação perigosa.

No Rio, o governador Sérgio Cabral e o prefeito Eduardo Paes estão fazendo uma coisa muito barra-pesada. Só saíram um pouco do lugar quando houve violência. Principalmente por conta de **O Globo*****, foi-se formando, no Rio (não sei como foi aqui em São Paulo), um discurso contra essa violência. Era um discurso manipulado, que todo mundo comprava, porque ninguém quer violência. É que nem corrupção: ninguém quer. Quando você se dava conta, estava ao lado do Merval Pereira. A sensação era de que, se não fosse assim, as coisas não seriam sequer ouvidas. Como foi isso aqui?***
Eu francamente acho que aqui a violência abafou a riqueza do que estava sendo discutido, das demandas, da variedade dos problemas que estavam sendo colocados. As palavras de ordem: "Desculpem o incômodo, estamos construindo uma nova cidade", isso aí sumiu, foi abafado por "vamos arrebentar o que tiver pela frente". Isso é o contrário. Então eu francamente não acho que foi uma coisa positiva. Mas é temeroso colocar todo tipo de violência no mesmo saco. Eu não acompanhei nenhum momen-

to em que houve violência, então não estou te dando uma opinião a partir de uma observação. Mas é óbvio que houve uma inflexão nas manifestações a partir do momento em que a violência foi aumentando. Mas não estou me referindo só à violência que ocorreu nas manifestações. Acho que está ocorrendo um aumento generalizado de violência em todas as situações. Por exemplo, essa briga da torcida do Vasco na véspera da Copa do Mundo, último jogo do campeonato, foi uma coisa absurda, com cenas dantescas. E aconteceu sem nenhuma explicação.

É verdade, vira um jeito de agir.
É, mas continuo achando que o restante das demandas, das situações, o resto do que está acontecendo é muito bom.

Quando você olha para o caminho do Brasil desde as Diretas, depois com Sarney, Fernando Henrique, Lula, Dilma... Qual é o seu sentimento desse percurso e do momento em que estamos agora?
Parece pré-história, né? Momento Collor e tudo, era um outro Brasil. Isso é uma coisa boa, ver que o país muda com uma rapidez incrível. Mesmo com relação ao período Lula, que já foi uma mudança com relação aos outros, já está diferente, já é outro. Até numa eventual, digamos, volta do Lula, ele atiraria fora do alvo se repetisse as mesmas plataformas. Há uma mudança de atitude, há uma mudança na maneira das pessoas se portarem, formularem suas questões, há um aumento na consciência de acompanhar políticas públicas, de demandar melhores instrumentos para fazer isso, de reivindicar um espectro maior de demandas. Quer dizer, acho que o país ficou muito mais rico do ponto de vista da sua variedade, das nuances.

E o que se fala de uma política muito desenvolvimentista, principalmente do governo Dilma? Qual é seu olhar sobre isso?
A direita usa essa expressão para dizer que a intervenção do Estado na economia aumentou, que tem políticas de investimento em infraestrutura. Se isso fosse realmente significativo do ponto de vista de volume de investimento, se isso estivesse sendo realmente feito, até que não seria tão mal. Pelo menos alguma coisa estaria sendo feita. Se os portos estivessem melhorando, as ferrovias, mas não estão. Acho que a Dilma não conseguiu fazer com que essa agenda efetivamente funcionasse. Isso teria dado um diferencial marcante ao governo dela com relação às políticas de inserção social do Lula, que eram mais diretamente voltadas para a população pobre. Então eu até acharia que teria sido bom, mas acho que ela não conseguiu fazer. Por uma série

de deficiências ou dela e/ou do próprio país. Então esse momento também a gente está perdendo.

Principalmente com relação a Belo Monte, é como se esse governo valorizasse um progresso que signifique mais energia, mais carros, como se esse modelo fosse o melhor; como se não pudéssemos recuar um pouco e falar "espera aí, vamos tentar viver de um jeito um pouco menos padrão".

Eu francamente não sei se a gente está em condições. Por exemplo, a descoberta do pré-sal enterrou todas as políticas de energia alternativa de biomassa, de energia solar, de tudo o que estava sendo feito. Enterrou.

Por que não dá?

Porque é mais fácil tentar ganhar dinheiro com petróleo. O volume de dinheiro é uma tentação. O Cabral, no Rio, faz uma manifestação com milhares de pessoas querendo um dinheiro que nem existe só para o Rio de Janeiro, uma mediocridade generalizada com a Fernanda Montenegro etc. Então imagina se alguém iria lá dizer "não, mas a biomassa..." Não tem isso. A lógica do capitalismo é avassaladora. Introduzir elementos qualitativos em questões de mercado e de desenvolvimento econômico é difícil, precisa temperar com certa eficiência. Não dá para pensar que o Brasil pode não melhorar os portos. É impossível. Não se pode ter caminhões parados na estrada, com tudo apodrecendo... é inviável. E o dinheiro que vai para a escola está aí também. Porque depois você quer que o governo invista em saúde, e ele tem que ganhar dinheiro em algum lugar. Se o dinheiro não entra pela eficiência da economia, entra aumentando imposto. Aí reclamam dos impostos. É um círculo vicioso. O Brasil ficou quarenta anos sem investir nada em infraestrutura. Essa é a questão. Veja o Rio de Janeiro, onde as coisas acontecem perversamente. O sujeito privatiza... Guaratiba, Açu... É um Eike Batista, não é o Estado.

Quando conversamos com o Freixo, ele falou que o Rio, hoje, vive como uma cidade-laboratório, porque todos os serviços básicos são privatizados. prefeitura e governo do estado vivem como se realmente não fossem mais responsáveis por nada. É tudo privatizado, terceirizado. Não temos onde reclamar. Isso acontece em São Paulo?

Acho que esse discurso não é dominante aqui. O Haddad deixa isso claro, de assumir as responsabilidades. Transporte de ônibus é privado, mas a prefeitura, o estado têm que administrar, gerenciar. Do ponto de vista do discurso, há uma inversão contra a privatização generalizada da cidade. Isso acho que existe. O que não significa que se consiga dar respostas eficientes aos problemas. A longo prazo, você pode pagar um alto preço por ter a responsabilidade de um negócio que você não resolve. Mas não sei se a população acha que não tem outro jeito. Uma parte da campanha aqui em São Paulo vai ser em torno da saúde. Candidato do PT é ex-ministro da Saúde, o Alckmin é saúde, o Serra também foi ministro da Saúde. O tema da saúde será central. Em vez de ser mobilidade urbana, vai ser saúde. Mas ambos os temas são contemporâneos. Aí veremos se ideologicamente as posições ficarão claras. A vantagem do Mais Médicos foi ter estabelecido um corte ideológico claro, um posicionamento diante da questão da saúde. Porque até então ninguém entendia nada. "Eu só não quero ficar esperando na antessala do hospital." É basicamente essa a revolta. Mas e aí?

Ser atendido de algum jeito.

É, e aí, o que mais? O que está por detrás disso? Nunca houve nenhuma discussão sobre saúde. Saúde é uma coisa opaca. Ninguém sabe nada a respeito disso. Só sabem que as pessoas ficam jogadas no chão dos hospitais. Mas e aí? Nunca tem uma discussão pública sobre o que fazer com relação a esse problema. Curioso, né? Uma coisa que afeta a todos tão diretamente. É como se fosse uma coisa impossível de você mudar.

Mas o fato de as pessoas irem às ruas, lá no início, foi surpreendente, porque sempre fomos muito apáticos. Não temos a tradição de ir para a rua e pedir uma transformação – esse diálogo não existe.

Aqui em São Paulo, o crack é uma questão e precisa ser discutida. Crack, dengue e atendimento médico... Então a política volta. Não sei o que melhora se você simplesmente desqualificar a política. Não se trata de reivindicar a pólis tradicional, de ser conservador. É preciso ser realista se quisermos que melhore, juntar gente que engendre transformações. Não vai acontecer por acaso ou espontaneamente.

Tem que aproveitar esse negócio...

Que são momentos históricos. Depois de velho, me dei conta de que as coisas acontecem descontinuamente, que existem oportunidades históricas. Que você precisa se dar conta de que o que está acontecendo aqui não vai continuar acontecendo. Que se você não aproveitar essa oportunidade não necessariamente você vai ter isso daqui a pouco. E a pessoa mais jovem não se dá conta porque não tem esse recuo para perceber que aquilo ali é um momento, e não uma situação contínua.

E você acha que é um momento assim o que vivemos agora?

Certamente. De 1970 e poucos em diante, não aconteceu nada nesse país. Não aconteceu nada economicamente, politicamente, quase nada culturalmente. É muito tempo. Isso é um absurdo de gerações frustradas. Porque é só derrota. Quando há mudança, ela é generalizada, do ponto de vista de diferentes dinâmicas. Então é preciso aproveitar esse momento. Por exemplo, estou trabalhando há algum tempo na Zona Leste. Há cinco anos fui pegar o trem para lá: lotado. Hoje o trem continua lotado. A diferença é que todo mundo está conectado em alguma coisa. Antes não era assim. O trem virou uma espécie de espaço público de conexão, é espantoso. Então é preciso aproveitar antes que isso de certa forma se estabilize e o potencial transformador disso deixe de existir.

Você enxerga algum motivo para isso acontecer agora? Depois do marasmo, o que mudou?

Certamente a melhoria econômica do país contribuiu para isso. De uma certa maneira houve uma difusão de um maior poder de consumo, uma melhoria em alguns pontos da infraestrutura. Algumas coisas aconteceram que colocaram a sociedade numa base melhor. Então estamos vendo, de um lado, o reflexo disso. E de outro a emergência de novas formas de relação entre as pessoas, as redes, a maneira das pessoas se identificarem umas com as outras. Isso foi rapidamente mudando e atropelando o que havia. É espantosa a rapidez com que os partidos ficaram obsoletos. A exterioridade deles com relação às manifestações e todas essas formas de organização é impressionante. Você não pode nem culpar os caras, porque é difícil perceber com antecedência que isso está acontecendo. Foi tão rápido que, quando viu, já foi. A história é uma coisa muito implacável, a dinâmica social tem uma força. Isso é surpreendente. Acho que não foi a ineficiência dos partidos, foi um fato de natureza política. Isso é sensacional. Quando isso aconteceu nos últimos quarenta anos? Nenhuma vez.

E sobre o papel do Brasil no mundo, o que você vê?

Acho também que a gente tem uma visão distorcida das coisas porque quem narra essas histórias, ao nível global, é sempre o poder. Quem tem o poder de narrar isso, é quem tem o poder de narrar a história de tudo. É a crítica internacional que narra a história da arte brasileira. Então também nosso papel no mundo é lido por quem construiu essa noção de BRICs, por quem construiu a noção de centralidade europeia, tudo isso. Nós sempre entramos nessa história como alguém que está advogando um papel maior do que tem. Não sei se isso é muito relativo. Eu tinha certeza de que a crise internacional iria permitir a construção de uma outra narrativa, que iria diminuir a arrogância europeia, mas não aconteceu nada disso. Também porque nós não construímos uma outra narrativa. Não são eles que vão permitir isso, é você que vai ter que impor isso. É óbvio. Então isso não aconteceu. Se isso não aconteceu, também é porque isso não era uma prioridade. Também o país não está preocupado que os espanhóis achem que a gente tem um outro papel no mundo. Não sei se isso é bom. Mas o país continua, do ponto de vista da política, tendo suas atitudes as mais convencionais, que é o assento na ONU, as coisas mais banais que você pode imaginar, mas não consegue construir um cinema. Não consegue construir novas cidades, não consegue uma arquitetura nova. Do ponto de vista cultural – que é de onde se poderia advogar uma nova imagem e um poder de mobilizar mentes (porque ocupar um papel econômico no mundo é difícil quando se tem 1% de participação no mercado internacional) –, ninguém lá fora vê uma obra de arte, sabe de alguma coisa que tenha sido feita aqui. Nada. Só exportamos minério de ferro e soja.

Só um pouco de música.

Um pouco. Nem é mais o que era, de jeito nenhum. Talvez seja parte desse período de mudança onde nossos próprios heróis, que eram os cantores, que eram a expressão da vontade popular ou da sofisticação, hoje se degradaram nas pessoas mais retrógradas, foram desmistificados, adotando posições reacionárias individuais. Isso é positivo também. Você não fica dependendo só do Chico Buarque: "O Chico Buarque vai salvar minha alma." Não vai. Então isso é legal também, eles terem se despojado do papel de porta-voz e a gente ter percebido que eles são limitados, a geração deles, da posição deles no mercado. Tudo foi baseado, no fundo, em como eles ganham dinheiro. Então isso foi uma coisa interessante, mas também mostra nossos limites de construir uma imagem do que o Brasil quer ser e que a gente possa querer seguir esse ideal. Nós não estamos criando isso. A arte brasileira não tem essa força, a arquitetura brasileira também não. Nada. Por enquanto eu não vejo nada. É claro que há um monte de exceções, um monte de gente muito criativa, não estou falando disso, não estou desqualificando as pessoas. Mas no conjunto não, e também não sei se hoje em dia o sistema de difusão cultural imediatamente recorta, individualiza, põe o sujeito como superstar, imediatamente consumido e triturado pela repetição infinita. Então é uma coisa...

Particularmente, tenho uma grande implicância com os editais. Acho que pasteurizam. Parece que todo mundo tem acesso a eles, mas não é assim. E a qualidade piora.

O edital é a renúncia do Estado de ter política cultural. O Estado vira um balcão. Ele não planeja mais nada. Não pensa, não tem visão de conjunto.

Só diz: estou cumprindo.

É, te dou uma graninha, você faz uma coisa, ele faz outra, não tem nada a ver uma coisa com a outra, e pronto. O aparelho do Estado não tem mais ninguém capacitado para curar um projeto em qualquer área que seja. É a coisa mais nefasta, culturalmente falando, que você pode imaginar. Independentemente do volume de grana que é distribuído. Culturalmente é uma regressão, concordo com você. E virou um modelo que todo mundo usa. Qualquer governo, no Paraná, aqui em São Paulo, no Rio.

Parece que a arte, hoje em dia, se padronizou.

Muito fortemente. No plano das instituições, na maneira como é exposta, produzida, nas galerias, os circuitos. Você chega para um menino, hoje, de vinte e poucos anos e fala: "Olha, estou fazendo um projeto multidisciplinar, num espaço urbano, vai ter uma chance de..." Ele dirá: "Tenho muita coisa para fazer, minha galeria encomendou quinze obras... Não tenho tempo, isso sai do que estou fazendo. Não posso fazer uma coisa diferente." Isso é muito comum. Há tempos atrás, o cara falaria: "Claro! Vamos lá!" Nossa, isso é chato: "Atrapalha meu cronograma... meu plano de carreira... daqui a dois anos preciso fazer uma exposição." Então o cara virou um cara planejado.

Tudo o que não é para ser. Não que não possa ser planejado...

Mas não pelo mercado.

Exatamente, mas por si mesmo...

Pela arte, pelo poder de criação, mas não pelo que o marchand falou. É muito triste. E o sujeito não se dá conta de que ele está se submetendo a isso e que logo vão se encher... ele já vendeu tudo aquilo e daqui a pouco não vende mais nada, fica exaurido... enfim. Acho que você vai ter um material aí.

SERPENTES

CARMELA GROSS

2013

Grafite sobre papel de arroz (japonês)

25 x 35cm

CRONOLOGIA DOS PROTESTOS

2013

27 de março

Em Porto Alegre, manifestantes reagem ao aumento da passagem de ônibus de R$ 2,85 para R$ 3,05 com uma série de protestos que culmina num ato em frente à prefeitura. Após quase duas semanas, o aumento é suspenso no dia 4 de abril por decisão da Justiça. A passagem passaria a R$ 2,95 em abril do ano seguinte.

8 de maio

Em Goiânia, centenas de manifestantes fecham o cruzamento de duas das principais avenidas da cidade para protestar contra o aumento de R$ 2,70 para R$ 3 na passagem de ônibus.

15 de maio

Organizado nas redes sociais, o movimento #RevoltadoBusão leva milhares de manifestantes às ruas de Natal em protestos pela melhoria do transporte público e em oposição ao aumento da tarifa de ônibus de R$ 2,20 para R$ 2,40. O Pelotão de Choque da Polícia Militar é acionado e dispara bombas de borracha e de gás lacrimogêneo. A PM alega ter reagido a pedras arremessadas pelos manifestantes, que contestam a versão oficial.

24 de maio

Após vários dias de protestos na cidade, o prefeito de Natal, Carlos Eduardo Alves (PDT), determina que a passagem tenha seu valor reduzido assim que o governo federal desonerar os impostos das empresas de transporte, como prometido pelo ministro da Fazenda, Guido Mantega.

31 de maio

O Diário Oficial da União publica em edição extra a Medida Provisória 617, zerando as alíquotas de PIS e Cofins pagas por empresas de transporte coletivo urbano.

2 de junho

O prefeito de Natal anuncia por meio de sua conta no Twitter a redução das passagens de ônibus de R$ 2,40 para R$ 2,30. Dezoito dias depois, dizendo que a cidade não poderia ficar "na contramão do país", o prefeito implementa nova redução para R$ 2,20. Em julho de 2014, a passagem aumenta para R$ 2,35.

Em protesto contra o aumento da tarifa de ônibus de R$ 2,50 para R$ 2,80, estudantes fecham a avenida Paralela, em Salvador.

3 de junho

O Movimento Passe Livre (MPL) organiza o primeiro ato contra o aumento de R$ 3 para R$ 3,20 das passagens de ônibus, trem e metrô de São Paulo. Uma das faixas da estrada do M'Boi Mirim, zona sul da capital paulista, é ocupada por ativistas.

No Rio de Janeiro, manifestantes se reúnem em frente à Assembleia Legislativa (Alerj) e ocupam a avenida Rio Branco para protestar contra o aumento da passagem de ônibus, que havia subido de R$ 2,75 para R$ 2,95, no dia 1º de junho.

6 de junho

Em novo protesto organizado pelo MPL, manifestantes fecham as avenidas Paulista, 23 de Maio e 9 de Julho, em São Paulo. A PM estima a presença de 2 mil pessoas no ato, enquanto os organizadores falam em 5 mil. Ao menos 50 pessoas ficam feridas após confronto com a polícia, segundo organizadores. Quinze manifestantes são presos.

7 de junho

Em novo protesto, 5 mil manifestantes fecham a Marginal Pinheiros, uma das mais importantes vias de São Paulo.

Em Manaus, o prefeito Arthur Virgílio (PSDB) anuncia a redução da tarifa de ônibus de R$ 3 para R$ 2,90. No dia 1º de julho, nova redução leva a passagem ao valor que ela tinha antes do aumento anunciado em março: R$ 2,75.

8 de junho

O preço da passagem de ônibus em Vitória é reduzido de R$ 2,45 para R$ 2,40.

11 de junho

Multidão estimada em 5 mil pessoas pela polícia, e entre 10 e 12 mil pessoas por organizadores, se reúne na Praça dos Ciclistas, na avenida Paulista, para um novo protesto. Apesar de um acordo para que a manifestação se encerre dentro do Terminal Parque Dom Pedro, a PM não permite o acesso ao local, alegando que manifestantes tentavam depredar os ônibus estacionados ali. A passeata dura seis horas e atravessa o centro de São Paulo, até voltar para a Paulista. Irritado com a interrupção do trânsito, um motorista atropela dois ativistas. Manifestantes incendeiam sacos de lixo para bloquear o trânsito e atrapalhar o deslocamento da PM. Nove agências bancárias e 87 ônibus, além de abrigos de pontos de ônibus e lojas, são depredados. Policiais e manifestantes entram em confronto. Dezenas de pessoas ficam feridas, entre elas três PMs, e vinte são detidas. Em Paris, o prefeito Fernando Haddad (PT) e o governador Geraldo Alckmin (PSDB) criticam a postura dos manifestantes. Representantes do MPL dizem que os protestos continuarão enquanto a tarifa não baixar.

13 de junho

No dia marcado para o quarto protesto em uma semana, os dois maiores jornais de São Paulo publicam editoriais exigindo resposta enérgica do Estado. "Chegou a hora do basta", afirma *O Estado de S. Paulo*. A *Folha de S. Paulo* conclama: "Retomar a Paulista."

Os manifestantes se reúnem em frente ao Theatro Municipal. Policiais detêm qualquer pessoa que esteja portando vinagre, usado pelos militantes para aliviar os efeitos do gás lacrimogêneo. A passeata segue pelo centro em direção à Paulista, mas uma barreira policial bloqueia a rua da Consolação. Com balas de borracha, bombas de gás lacrimogêneo e golpes de cassetete a polícia ataca manifestantes, passageiros de ônibus, pedestres, moradores da região e jornalistas. Mais de 105 pessoas ficam feridas, segundo o MPL, e 241 são detidas pela polícia.

Milhares de pessoas assistem aos acontecimentos em *streaming* de vídeo pela internet. Entre os vários canais autônomos, publicados no Twitter e Facebook, torna-se especialmente popular o Mídia Ninja, iniciativa do coletivo Fora do Eixo.

Atingida no olho por uma bala de borracha, a repórter Giuliana Vallone, da *Folha de S. Paulo*, diz ter sido alvejada intencionalmente enquanto acompanhava o protesto. A foto de seu rosto ensanguentado é estampada na primeira página da *Folha de S. Paulo* do dia seguinte, junto a relatos de abuso policial.

O fotógrafo *freelancer* Sérgio Silva também é atingido por um tiro de bala de borracha no olho esquerdo. Embora seja operado, ele perde a visão.

Em nota, a Anistia Internacional afirma ver "com preocupação o aumento da violência na repressão aos protestos", assim como a "radicalização da repressão e a prisão de jornalistas e manifestantes, em alguns casos enquadrados no crime de formação de quadrilha".

O aumento das passagens em Goiânia é cancelado e a tarifa volta ao preço anterior, passando de R$ 3 para R$ 2,70.

15 de junho

No dia da abertura da Copa das Confederações, em Brasília, 8 mil pessoas se reúnem na avenida Eixo Monumental, de onde partem para o estádio Mané Garrincha. Vinte e sete pessoas ficam feridas e 24 são detidas após confrontos com a PM. Dentro do estádio, milhares de torcedores vaiam a presidenta Dilma Rousseff antes do início do partida.

17 de junho

Centenas de milhares de pessoas vão às ruas em dezenas de cidades brasileiras, incluindo as capitais Rio de Janeiro, São Paulo, Belo Horizonte, Brasília, Curitiba, Fortaleza, Porto Alegre e Vitória. Gritos e cartazes dos manifestantes anunciam reivindicações diversas, além da redução dos preços de passagens, como o combate à corrupção, melhoria nos serviços públicos de saúde, educação e segurança, e críticas aos gastos com a Copa das Confederações e a Copa do Mundo.

Os maiores protestos, no Rio e em São Paulo, reúnem multidões estimadas em 100 mil pessoas na avenida Rio Branco (segundo a UFRJ) e 60 mil no Largo do Batata (estimativa da PM), respectivamente.

Em SP, a passeata se divide entre avenida Faria Lima, avenida Paulista e Marginal Pinheiros, chegando ao palácio dos Bandeirantes, sede do governo estadual. No Rio, depois da passeata, um pequeno grupo de manifestantes incendeia um carro e tenta invadir o palácio Tiradentes, sede da Alerj. Policiais são agredidos e se refugiam no prédio. Agências bancárias são depredadas e lojas, saqueadas.

Em Brasília, multidão estimada pela PM em 10 mil pessoas ocupa a Esplanada dos Ministérios. Furando o bloqueio policial, centenas de manifestantes ocupam a plataforma das cúpulas do Congresso Nacional e a rampa de acesso ao prédio.

18 de junho

Uma multidão estimada em 50 mil pessoas volta às ruas em São Paulo. O prédio da prefeitura quase é invadido e um carro da TV Record é incendiado. Em reunião do Conselho da Cidade, o prefeito Fernando Haddad admite pela primeira vez a possibilidade de rever o aumento nas passagens.

Em pronunciamento no palácio do Planalto, a presidenta Dilma Rousseff diz que "a grandeza das manifestações de ontem comprova a energia da nossa democracia" e que as "vozes das ruas precisam ser ouvidas". Em seguida, embarca para São Paulo, onde se reúne num hotel com o ex-presidente Lula, o ministro da Educação Aloizio Mercadante, o presidente do PT, Rui Falcão, e o publicitário João Santana.

Em Juazeiro do Norte, no Ceará, um protesto organizado pelas redes sociais leva 10 mil pessoas às ruas contra a gestão do prefeito Raimundo Macêdo (PMDB), que acaba cercado por seis horas numa agência bancária.

O prefeito de João Pessoa, João Cartaxo (PT), anuncia a redução do preço da passagem de ônibus de R$ 2,30 para R$ 2,20.

19 de junho

Após duas semanas de manifestações, os prefeitos do Rio de Janeiro, Eduardo Paes (PMDB), e de São Paulo, Fernando Haddad, anunciam simultaneamente a suspensão do aumento do preço das passagens. Paes voltaria a aumentar a tarifa, dessa vez para R$ 3, no dia 8 de fevereiro de 2014.

Em Cuiabá, a passagem, que havia passado de R$ 2,70 a R$ 2,95, é reduzida para R$ 2,85.

Em Aracaju, o preço da passagem é reduzido de R$ 2,45 para R$ 2,35.

Em Fortaleza, 30 mil manifestantes protestam no entorno do estádio Arena Castelão, onde Brasil e México se enfrentariam pela Copa das Confederações. A Força Nacional se junta à PM no controle da multidão.

20 de junho

Mais de 1 milhão de pessoas participam de protestos em mais de 300 cidades brasileiras. Os protestos são marcados por pautas diversas, exprimidas em cartazes nos quais cada manifestante anuncia suas reivindicações.

No Rio de Janeiro, 300 mil pessoas (segundo cálculo da UFRJ) partem da Candelária em direção à sede da prefeitura, na Cidade Nova, protegida pela PM. Após confronto entre a polícia e a multidão, ao menos 62 pessoas são levadas com ferimentos ao hospital Souza Aguiar, entre elas oito guardas municipais.

Atingida por fragmentos de uma bomba disparada pela PM, a publicitária Renata da Paz Ataíde fica cega do olho esquerdo. O repórter Pedro Vedova, da GloboNews é atingido por uma bala de borracha na testa.

Rafael Braga Vieira, morador de rua, é preso portando uma garrafa de álcool e outra de água sanitária. Cinco meses mais tarde é condenado a cinco anos de prisão, apesar de laudo declarando ser ínfima a possibilidade de os materiais serem usados como explosivos.

Manifestantes se dispersam pela Lapa e são perseguidos por policiais do Batalhão de Choque, que disparam bombas de gás lacrimogêneo pelas ruas do bairro. Os bares fecham suas portas e clientes ficam impossibilitados de sair à rua até o fim da ação policial, por volta das 2:30. Centenas de manifestantes se refugiam também em prédio da UFRJ no Largo de São Francisco, afirmando que estão sendo perseguidos por policiais.

Balanço da prefeitura registra a destruição de centenas de equipamentos urbanos, incluindo 340 lixeiras, 98 semáforos, 62 abrigos de pontos de ônibus e 31 placas de trânsito. Quiosques instalados no Terreirão do Samba são saqueados e incendiados.

Em São Paulo, pelo menos 100 mil pessoas (segundo o Datafolha) saem às ruas por "uma vida sem catraca". O único tumulto registrado é o enfrentamento entre militantes de partidos de esquerda e pessoas que se dizem antipartidos. Uma pessoa fica ferida e bandeiras do PT são queimadas.

Em Brasília, 25 mil pessoas ocupam a Esplanada dos Ministérios. Furando uma barreira policial, alguns manifestantes quebram vidraças do palácio do Itamaraty e entram no espelho d'água em frente ao prédio. Um deles consegue entrar no prédio e é liberado ao mostrar aos oficiais algum tipo de documento. Focos de incêndio que teriam sido iniciados por bombas caseiras são debelados.

Em Ribeirão Preto, o estudante Marcos Delefrate morre ao ser atropelado, com mais doze pessoas, por um empresário que avança com seu carro sobre os manifestantes.

Em Belém, a gari Cleonice Vieira de Moraes, que sofria de hipertensão, tem uma parada cardíaca após respirar o gás de bombas lançadas pela polícia durante protesto que reunia 15 mil pessoas. Ela é internada, mas morre na manhã do dia seguinte.

Em Belo Horizonte, durante protesto que reunia 50 mil pessoas nos arredores do Mineirão, seis pessoas caem do viaduto José Alencar e são internadas. Duas morrem dias depois: Douglas Henrique Oliveira, de 21 anos, e Luiz Felipe Aniceto de Almeida, de 22 anos.

Pesquisa do Ibope, feita com 2.002 pessoas em sete estados e Brasília e divulgada três dias depois no *Fantástico*, da Rede Globo, atesta a diversidade das pautas que passam a fazer parte dos protestos. As reivindicações mencionadas incluem, além de melhoria nos transportes públicos e aprimoramentos nos sistemas de saúde e educação, oposição aos gastos com a Copa do Mundo e das Confederações e à Proposta de Emenda Constitucional (PEC) 37, que restringiria a realização de investigações pelo Ministério Público.

Os preços das passagens de ônibus em Recife são reduzidos em percentuais que variam de 2,9% a 6,7% (há quatro tarifas diferentes na cidade).

21 de junho

Em cadeia nacional de rádio e televisão, a presidenta Dilma Rousseff faz pronunciamento prometendo "um grande pacto" com prefeitos "em torno da melhoria dos serviços públicos", incluindo "a destinação de 100% dos recursos do petróleo para a educação".

Em seu perfil no Facebook, o MPL divulga nota condenando atos de violência ocorridos em manifestações e, especificamente, as agressões contra militantes de partidos políticos, ressaltando ser um movimento "apartidário", mas não "antipartidário".

Duas mil pessoas protestam na Barra da Tijuca, no Rio. Uma concessionária de veículos é saqueada. No Leblon, um grupo de manifestantes inicia o movimento Ocupa Cabral, criando um acampamento na avenida Delfim Moreira, em frente ao prédio onde mora o governador Sérgio Cabral (PMDB).

Reportagem publicada pelo jornal *O Globo*, com dados do *Extra* e do *G1*, informa que, além das reduções em capitais, 47 outras cidades brasileiras haviam reduzido o preço das passagens de ônibus desde o início dos protestos. Na maioria dos municípios, os cortes foram de R$ 0,10 ou R$ 0,20.

22 de junho

Em Belo Horizonte, cerca de 100 mil pessoas se reúnem na praça Sete de Setembro e seguem em direção ao Mineirão, onde Japão e México se enfrentavam pela Copa das Confederações, deparando-se com um bloqueio da PM na avenida Abrahão Caram. Pelo menos oito pessoas ficam feridas no confronto que se segue, quatro delas policiais.

Em Salvador, 2 mil pessoas protestam no entorno do estádio Fonte Nova, onde Brasil e Itália jogavam.

24 de junho

Em reunião com os governadores das 27 unidades federativas e prefeitos de 26 capitais, a presidenta Dilma Rousseff propõe cinco pactos em resposta aos protestos, dizendo respeito à economia, com ênfase na responsabilidade fiscal e no controle da inflação; à reforma política, como a convocação de um plebiscito para realização de uma assembleia constituinte específica para esse fim; à saúde, defendendo a vinda de médicos estrangeiros para o Brasil; à mobilidade urbana, com a destinação de verbas para obras; e à educação, anunciando que o governo federal pretende destinar os royalties do petróleo à educação.

Após um protesto reunindo 300 pessoas em Bonsucesso, no Rio, um grupo começa a assaltar os manifestantes e se encaminha para a avenida Brasil, onde rouba pedestres e motoristas. Policiais do Batalhão de Operações Especiais (Bope) seguem o grupo até a favela Nova Holanda, no Complexo da Maré, onde há confronto com traficantes. Dez pessoas são mortas, entre elas um sargento do Bope. Moradores acusam a PM de fazer uma chacina na comunidade.

25 de junho

Sob pressão dos manifestantes, a Câmara dos Deputados rejeita por 430 votos a 9 a PEC 37, que restringia o poder de investigação do Ministério Público.

Com o lema "saneamento sim; teleférico não", cerca de mil moradores da Rocinha e Vidigal fazem passeata até a residência do governador Sérgio Cabral no Leblon, no Rio de Janeiro.

26 de junho

Seguindo relatório do conselheiro Antônio Carlos Flores de Moraes e contrariando parecer da equipe técnica do órgão, o Tribunal de Contas do Município (TCM) do Rio de Janeiro determina o arquivamento de processo que investigava a formação de cartel e outras supostas irregularidades nos contratos das quatro concessionárias que operam as linhas de ônibus na cidade.

A Câmara dos Vereadores do Rio aprova a criação de uma CPI, proposta pelo vereador Eliomar Coelho (PSOL), para investigar o sistema de transporte público no município.

27 de junho

Passeata da Candelária à Cinelândia, no Rio, reúne cerca de 8 mil pessoas e é marcada pela volta de bandeiras vermelhas de partidos de esquerda às ruas.

Cinco mil pessoas protestam no entorno da Arena Castelão, em Fortaleza, onde Espanha e Itália se enfrentam pela Copa das Confederações. Após confrontos entre a polícia e manifestantes, 92 pessoas são presas.

29 de junho

Pesquisa do instituto Datafolha indica que a realização de um plebiscito para consulta pública em relação à reforma política tem a aprovação de 68% da população, e a realização de uma constituinte para a realização desta reforma tem o apoio de 73%. No mesmo dia e do mesmo instituto, vem o anúncio de uma queda de 27 pontos percentuais em três semanas na popularidade da presidenta Dilma Rousseff.

30 de junho

No dia da final da Copa das Confederações entre Brasil e Espanha, no Rio de Janeiro, duas manifestações são realizadas no entorno do Maracanã. Pela manhã, 5 mil pessoas protestam, entre outras coisas, contra a privatização do estádio, pela reabertura do parque aquático Julio Delamare (que segundo o projeto original da privatização seria demolido para dar lugar a um estacionamento e um centro comercial) e pela reconstrução do estádio de atletismo Célio de Barros, cuja demolição também era prevista no projeto e já havia sido iniciada. No fim da tarde, um outro protesto termina em confronto entre manifestantes e a polícia. Pelo menos nove pessoas ficam feridas, três delas PMs.

1º de julho

O preço da passagem de ônibus é reduzido de R$ 2,85 para R$ 2,70 em Curitiba e de R$ 2,85 para R$ 2,75 em Campo Grande.

2 de julho

A Câmara dos Deputados arquiva o Projeto de Decreto Legislativo 234/11, de autoria do deputado e pastor evangélico João Campos (PSDB-GO), conhecido como "projeto da cura gay".

No Rio de Janeiro, ação da polícia às 3h remove as 15 pessoas que permaneciam naquele momento no acampamento Ocupa Cabral, em frente à residência do governador Sérgio Cabral, no Leblon.

4 de julho

No Rio, um grupo estimado em 200 pessoas tenta protestar em frente à residência do governador Sérgio Cabral, na rua Aristides Espínola. PMs que fechavam a via reagem com bombas de gás lacrimogêneo e tiros de borracha. Manifestantes correm para a praia, onde são perseguidos e presos por policiais do Batalhão de Choque. Pelo menos cinco são detidos.

8 de julho

Moradores do morro Dona Marta, o primeiro a receber uma UPP no Rio, fazem protesto criticando a violência policial e o que chamam de "obras de maquiagem" na favela.

10 de julho

Preço da passagem de ônibus utilizada por 80% dos passageiros em Belo Horizonte é reduzido de R$ 2,80 para R$ 2,65 (há tarifas diferentes na capital). O preço aumenta para R$ 2,85 em maio de 2014.

11 de julho

Passeata organizada pelas centrais sindicais reúne mais de 2 mil pessoas no centro do Rio de Janeiro. Pessoas mascaradas e vestidas de preto entram em confronto com a polícia, que usa bombas de efeito moral enquanto os mascarados lançam rojões e coquetéis molotov. Mais de 30 pessoas são presas. O confronto põe em evidência a presença nas manifestações de adeptos da tática Black Bloc, objeto de reportagens no dia seguinte na *Folha de S. Paulo* e no site *G1*, das Organizações Globo. Em sua página no Facebook, um grupo que se intitula Black Bloc do Rio de Janeiro publica um relato alegando que policiais infiltrados no protesto foram os responsáveis pelo uso de material incendiário e pelo início das agressões.

Em frente ao palácio Guanabara, sede do governo estadual do Rio, um protesto reunindo em torno de mil pessoas é reprimido violentamente pela PM, que segundo a própria corporação teria reagido a agressões iniciadas pelos manifestantes. Muitos policiais usam fardas sem qualquer identificação. PMs perseguem integrantes do protesto por ruas do Flamengo e de

Laranjeiras. Bombas de gás lacrimogêneo atingem residências e pelo menos um restaurante da região. O gás entra também na clínica de saúde Pinheiro Machado, que tem uma porta de vidro destruída quando policiais tentavam prender manifestantes abrigados lá. Vidraças da clínica são quebradas por balas de borracha. Dez manifestantes feridos são atendidos na clínica. Um deles, Pedro Guimarães Lins Machado, é internado na CTI e liberado dois dias depois.

Em nota, no dia seguinte, a Anistia Internacional critica a atuação da PM, qualificada de "violenta e excessiva" e com uso "absolutamente abusivo e desproporcional da força".

13 de julho

Cerca de 50 pessoas fazem um protesto em frente à igreja do Carmo, no Centro do Rio, durante o casamento de Francisco Feitosa Filho e Beatriz Barata, neta do empresário Jacob Barata, conhecido como "rei do ônibus" por sua participação em nove empresas e três dos consórcios que controlam o transporte público na cidade. A segurança é reforçada por 30 PMs. Mais tarde, durante a festa, aviõezinhos feitos de dinheiro são atirados por convidados da festa em direção à rua e um manifestante é ferido na cabeça por um cinzeiro de vidro que teria sido arremessado da sacada do Copacabana Palace por um dos convidados. De madrugada, a PM usa bombas de gás para dispersar manifestantes que permaneciam em frente ao hotel.

14 de julho

Detido por policiais militares quando chegava em sua casa, na Rocinha, o pedreiro Amarildo Dias de Souza é levado para a UPP da favela e não é mais visto. Durante as semanas seguintes, o desaparecimento detona uma campanha que se espalha pelas mídias sociais e ecoa em gritos e cartazes nos protestos, com o lema "Cadê o Amarildo?"

17 de julho

Protesto contra o governador Sérgio Cabral no Leblon, no Rio, termina em confrontos e depredações. A confusão começa por volta das 22:45, na esquina da avenida General San Martin com a rua Aristides Espínola. A PM lança bombas de efeito moral e gás lacrimogêneo contra os manifestantes, alegando reagir a agressões. Sete PMs ficam feridos com pedradas e 16 pessoas são detidas. Bancas de jornal, vitrines de lojas e pontos de ônibus são depredados e a loja de roupas Toulon é saqueada. O perfil do Black Bloc Rio de Janeiro no Facebook afirma que PMs à paisana saíram de viaturas e se juntaram aos manifestantes. No dia seguinte, o deputado estadual Marcelo Freixo (PSOL), de oposição a Cabral, acusa a PM de ter se omitido e deixado a situação "correr frouxa" para justificar a repressão violenta em protestos anteriores.

Por volta de 1:30, cerca de cem manifestantes se reúnem em Ipanema, perto da casa do secretário de segurança, José Mariano Beltrame. O Batalhão de Choque usa balas de borracha, jatos d'água e bombas de efeito moral para dispersá-los. O humorista e ativista Rafael Puetter, o Rafucko, é detido e relata ter sido vítima de um flagrante forjado pela PM.

Em São Conrado, moradores da Rocinha fecham parte da autoestrada Lagoa–Barra em protesto pela investigação do desaparecimento de Amarildo.

22 de julho

No dia da chegada do papa Francisco ao Rio de Janeiro para a Jornada Mundial da Juventude, o governador Sérgio Cabral decreta a criação da Comissão Especial de Investigação de Atos de Vandalismo (CEIV), autorizando-a a "tomar todas as providências necessárias à realização da investigação da prática de atos de vandalismo" e estabelecendo prazo máximo de 24 horas para "Operadoras de Telefonia e Provedores de Internet" atenderem seus "pedidos de informações".

Manifestantes protestam em frente ao palácio Guanabara, onde a recepção oficial ao papa reúne 650 convidados, entre eles o governador Sérgio Cabral, o prefeito Eduardo Paes, a presidenta Dilma e o vice-presidente Michel Temer. Um coquetel molotov é lançado em direção às tropas da PM que protegem o palácio, dando início a uma reação que deixa pelo menos três pessoas feridas. Nos dias seguintes, vídeos e fotos feitos durante o protesto levantam a suspeita de que policiais à paisana estavam infiltrados no protesto e que um deles teria lançado o coquetel contra a polícia. A PM nega, mas depois de repercutir nas redes sociais a suspeita chega às páginas da grande imprensa nacional e internacional.

24 de julho

O governador do Rio, Sérgio Cabral, recebe a família de Amarildo de Souza no palácio Guanabara em reunião sem participação da imprensa. No mesmo dia se pronuncia no Twitter e Facebook sobre o caso: "Vou mobilizar todo o governo para descobrir onde está Amarildo e identificar os responsáveis pelo seu desaparecimento", escreve.

26 de julho

Após severa condenação nos meios jurídicos, o governador Sérgio Cabral altera o decreto de criação da CEIV, admitindo a necessidade de autorização judicial para a quebra de sigilo de comunicações de pessoas investigadas.

29 de julho

O governador Sérgio Cabral anuncia no Twitter ter desistido da demolição do Parque Aquático Júlio Delamare. O edital de privatização do Maracanã previa que o local, utilizado como centro de treinamento e de importância histórica para a natação brasileira seria demolido para dar lugar a um estacionamento e um centro comercial.

31 de julho

Em protesto contra a criação da CEIV, a violência policial e o governo Sérgio Cabral, manifestantes invadem a Câmara dos Vereadores do Rio de Janeiro. Policiais expulsam o protesto do prédio com cassetetes, bombas de efeito moral e gás de pimenta. Militantes jogam pedras e disparam rojões contra os PMs. Paredes e quadros são pichados e vidraças e maçanetas, quebradas.

1º de agosto

O governador Sérgio Cabral desiste de demolir o Estádio de Atletismo Célio de Barros. Projeto de privatização do Maracanã previa que o local daria lugar a um edifício garagem. A reforma do estádio, cuja demolição já havia sido iniciada, tem custo estimado em R$ 10 milhões.

7 de agosto

Dezenas de manifestantes, muitos vestidos de preto e usando máscaras, protestam em frente à Central de Jornalismo da Rede Globo, no Jardim Botânico, zona sul do Rio, contra a cobertura dos protestos. Eles carregam cartazes com dizeres como "Sorria, você está sendo manipulado" e "A verdade é dura, a Globo apoiou a ditadura".

8 de agosto

Exigindo a renúncia do governador do Rio, Sérgio Cabral, manifestantes ocupam a Assembleia Legislativa, mas são expulsos por seguranças com socos, pontapés e spray de pimenta. Outro grupo ocupa a Câmara Municipal, reivindicando que a CPI sobre o transporte público na cidade seja presidida pelo vereador Eliomar Coelho (PSOL), autor do requerimento de criação da comissão de inquérito.

Professores das redes municipal e estadual do Rio entram em greve, reivindicando aumento salarial e alterações na carga de trabalho, entre outras mudanças.

9 de agosto

A Câmara dos Vereadores do Rio de Janeiro faz a primeira reunião da CPI dos Ônibus, elegendo para integrá-la vereadores que haviam se oposto à investigação: Chiquinho Brazão (PMDB, presidente), Professor Uóston (PMDB, relator), Jorginho da SOS (PMDB) e Renato Moura (PTC). Eliomar Coelho (PSOL) garante vaga por ser o autor da CPI. Manifestantes ocupam o plenário da Câmara e chegam a acuar integrantes da comissão e o presidente da Casa, Jorge Felippe (PMDB), que fogem por uma porta lateral, com escolta da PM.

15 de agosto

Duzentos manifestantes, segundo estimativa da PM, fecham por quase sete horas a avenida Rio Branco, no Rio, em protesto contra a composição da CPI do Ônibus.

21 de agosto

Manifestantes encerram a ocupação do palácio Pedro Ernesto, sede da Câmara dos Vereadores do Rio de Janeiro, após decisão do Tribunal de Justiça determinando a reintegração de posse do prédio.

23 de agosto

Em reunião com representantes do sindicato, o prefeito do Rio, Eduardo Paes, cede e oferece 8% de aumento no piso salarial da rede municipal de educação, além de alterações na carga horária e criação de um plano de carreira unificado. Do lado de fora da prefeitura, uma multidão estimada em 10 mil pessoas faz protesto contra Paes.

31 de agosto

O jornal *O Globo* bota no ar um site com sua história e afirma em texto publicado na internet e no papel que o apoio editorial ao Golpe Militar de 1964 foi um erro. O texto publicado no jornal impresso cita logo na abertura as críticas às Organizações Globo durante os protestos: "Desde as manifestações de junho, um coro voltou às ruas: 'A verdade é dura, a Globo apoiou a ditadura'. De fato, trata-se de uma verdade, e, também de fato, de uma verdade dura."

10 de setembro

Professores da rede municipal de ensino encerram a greve, dizendo ter tido boa parte das demandas atendida pelo prefeito.

12 de setembro

O Diário Oficial da União publica a Lei 12.860, aprovada pelo Congresso e sancionada pela presidenta Dilma Rousseff, tornando permanente a desoneração de PIS e Cofins das empresas de transporte coletivo municipal e metropolitano decretada em maio.

16 de setembro

A CPI do Ônibus é suspensa pelo Tribunal de Justiça do Rio, que acata recurso de vereadores da oposição argumentando que a composição da mesa diretora não respeita o princípio da proporcionalidade entre os partidos que integram a Câmara dos Vereadores.

1º de outubro

Dez policiais militares são indiciados pelo desaparecimento do pedreiro Amarildo de Souza. O relatório final da Delegacia de Homicídios da Polícia Civil acusa os PMs de sequestro, tortura seguida de morte e ocultação de cadáver. Entre os indiciados está o major Edson Santos, comandante da UPP da Rocinha à época do desaparecimento de Amarildo.

2 de outubro

O jornal *Extra*, das Organizações Globo, publica na internet vídeo que mostra um policial forjando um flagrante por posse de morteiro de manifestante detido durante protesto no dia 30 de setembro, no Rio.

15 de outubro

O Dia dos Professores é marcado por protestos em todo o país. O maior deles, no Centro do Rio, reúne 7 mil pessoas, segundo a PM. Após a passeata, policiais e manifestantes entram em confronto e 190 pessoas são presas. Dessas, 70 são indiciadas nos termos da chamada lei do crime organizado (Lei 12.850, sancionada pela presidenta Dilma Rousseff em 2 de agosto). Defendido pelo ministro da Justiça, José Eduardo Cardozo, o uso da lei para prender manifestantes é considerado uma "aberração" pela OAB e condenado também pelo ouvidor nacional de Direitos Humanos do governo federal, Bruno Renato Teixeira. Embora não houvesse nenhuma condenação contra os presos, o jornal *O Globo* publica no dia 17 em sua primeira página a manchete "Lei mais dura leva 70 vândalos à prisão", debaixo da retranca "Crime e castigo". Também na primeira página, chamada para um perfil da ativista Elisa Quadros, a Sininho, é intitulada "Sininho do barulho", enquanto outra sobre Rodrigo Azoubel traz a rima "Engajado e baleado". Nos dias seguintes, a Justiça determina que os presos sejam postos em liberdade até a conclusão do inquérito.

22 de outubro

O Ministério Público do Rio de Janeiro denuncia mais 15 policiais militares por envolvimento no desaparecimento de Amarildo.

24 de outubro

Sob ameaça de corte de ponto nos dias de paralisação, professores da rede estadual encerram a greve.

5 de dezembro

O prefeito do Rio, Eduardo Paes, diz que a passagem de ônibus será aumentada novamente em 2014, afirmando ter recuado por "razões óbvias", mas tem que cumprir o contrato firmado pela prefeitura com as concessionárias.

12 de dezembro

Em nota, o TCM do Rio de Janeiro recomenda que a prefeitura não altere o valor da tarifa de ônibus enquanto o mesmo não concluir a auditoria nas empresas de transporte. O conselheiro Ivan Moreira dos Santos afirma haver uma "caixa-preta" nas prestações de contas das empresas.

20 de dezembro

O Diário Oficial da União publica portaria do Ministério da Defesa, assinada pelo ministro Celso Amorim, estabelecendo normas de atuação das Forças Armadas em operações de "Garantia da Lei e da Ordem". O documento qualifica como "Forças Oponentes" todas "pessoas, grupos de pessoas ou organizações cuja atuação comprometa a preservação da ordem pública ou a incolumidade das pessoas e do patrimônio" e prevê o uso de tropas militares nas ruas para impedir "ameaças à ordem pública". O documento é criticado por abrir caminho para a criminalização de movimentos sociais e atuação do Exército na repressão a protestos.

2014

2 de janeiro

O preço da passagem de ônibus em Boa Vista é aumentado de R$ 2,25 para R$ 2,60.

29 de janeiro

O prefeito do Rio, Eduardo Paes, anuncia que o preço das passagens de ônibus na cidade aumentará de R$ 2,75 para R$ 3 a partir do dia 8 de fevereiro. O anúncio vem um dia depois de o plenário do TCM liberar o aumento, embora apontasse várias falhas na fiscalização dos termos do contrato entre a prefeitura e as concessionárias. Relatório dos técnicos do TCM, no entanto, recomendava a redução do preço da tarifa para R$ 2,50 e dizia que a falta de dados impossibilitava o cálculo real do faturamento das empresas.

6 de fevereiro

Em manifestação contra o aumento do preço das passagens na Central do Brasil, um rojão atinge o cinegrafista Santiago Ilídio Andrade, da TV Bandeirantes. Ele é internado em estado grave e morre no dia 10. O estudante Fábio Raposo se apresenta à polícia dois dias depois e admite ter manuseado o rojão, mas diz que não o acendeu e que o artefato não pertencia a ele. No dia seguinte, ele é preso. Suspeito de acender o artefato, o estudante Caio Silva de Souza é preso no dia 12. Os dois são indiciados por homicídio com dolo eventual.

Nos dias seguintes à morte de Santiago Andrade, o jornal *O Globo*, a Rede Globo e a revista *Veja* noticiam com destaque a tese de que partidos de esquerda financiam manifestantes que praticam atos violentos em protestos. Uma suposta conversa telefônica em que a ativista Elisa Quadros teria dito que Caio seria ligado ao deputado estadual Marcelo Freixo (PSOL) também é noticiada com destaque. A informação é negada tanto por Quadros quanto por Freixo. Diversas sátiras e paródias circulam pelas redes sociais depois que o site *G1*, das Organizações Globo, usa em notícia sobre o caso o título "Estagiário de advogado diz que ativista afirmou que homem que acendeu rojão era ligado ao deputado estadual Marcelo Freixo".

8 de fevereiro

Entra em vigor o aumento para R$ 3 da passagem de ônibus no Rio.

17 de fevereiro

Duzentas pessoas, entre políticos, artistas e intelectuais como Luiz Eduardo Soares, Caetano Veloso e Julita Lemgruber, participam no Rio de ato em desagravo a Marcelo Freixo, criticando a cobertura da morte de Santiago Andrade na mídia e em particular nos veículos das Organizações Globo.

1º de março

Garis do Rio de Janeiro entram em greve, reivindicando aumento salarial. Dois dias depois, a Comlurb e o sindicato fecham um acordo de dissídio recusado pela categoria, que decide manter a greve. Depois de dizer que chamaria a paralisação de "motim", não de greve, o prefeito Eduardo Paes recua e a prefeitura faz um acordo de reajuste salarial de 37%. Os garis encerram a greve no dia 8.

Preço da passagem de ônibus em Maceió aumenta de R$ 2,30 para R$ 2,50.

17 de março

Preço da passagem de ônibus em Cuiabá aumenta de R$ 2,60 para R$ 2,80.

7 de abril

Preço da passagem de ônibus em Porto Alegre aumenta de R$ 2,80 para R$ 2,95.

8 de maio

Rodoviários do Rio realizam paralisação de um dia reivindicando aumento salarial de 40%, em vez dos 10% acordados pelo sindicato. A categoria volta a suspender o trabalho nos dias 13, 14 e 28, recusando a posição do sindicato, que defende a volta ao trabalho.

10 de maio

Preço da passagem de ônibus usada por 80% dos passageiros em Belo Horizonte passa de R$ 2,65 para R$ 2,85. As demais tarifas também aumentam, de R$ 1,90 para R$ 2,05 e de R$ 0,60 para R$ 0,65.

2 de junho

O Tribunal Regional do Trabalho do Rio declara que a greve dos rodoviários é ilegal e determina o corte de ponto dos funcionários que aderiram à paralisação.

5 de junho

Os metroviários de São Paulo entram em greve, a sete dias da abertura da Copa do Mundo, que seria realizada na capital paulista. Após a greve ser julgada abusiva, o governador Geraldo Alckmin determina a demissão por justa causa de 42 metroviários. A categoria suspende a paralisação no dia 9, mas continua reivindicando a reintegração dos demitidos, acusados por Alckmin de promover atos de vandalismo.

11 de junho

Na véspera da abertura da Copa do Mundo, dez ativistas são detidos por policiais da Delegacia de Repressão aos Crimes da Informática (DRCI), no Rio de Janeiro, que também apreendem computadores e celulares como parte de uma investigação sobre "atos violentos em protestos".

23 de junho

Durante protesto contra a Copa do Mundo, em São Paulo, policiais prendem o professor Rafael Lusvarghi e o estudante e funcionário da USP Fábio Hideki Harano, que participavam da manifestação. A polícia acusa ambos de porte de explosivos e associação criminosa armada, afirmando que Lusvarghi portava um pote de iogurte com cheiro de gasolina e Harano, um artefato incendiário. Ambos negam as acusações, mas têm a prisão preventiva decretada.

12 de julho

Um dia antes da final da Copa do Mundo, no Maracanã, 17 ativistas são presos e dois menores de idade detidos no Rio, como parte da operação Firewall 2. Os 105 policiais mobilizados na operação fazem apreensões nas casas dos ativistas, incluindo panfletos contra a Copa, exemplares de revistas e jornais de esquerda, camisetas e bandeiras de movimentos sociais e uma bandana do grupo de rock Nirvana. Entre o material apreendido, há também uma bomba de fabricação caseira, gasolina e pedaços de pano que segundo a polícia poderiam ser usados como estopins de coquetéis molotov. O advogado dos presos afirma que o flagrante foi forjado. As prisões são condenadas pela OAB e pela Anistia Internacional como atos de intimidação para impedir protestos durante a Copa. Doze ativistas são libertados dias depois por meio de habeas corpus concedido pelo desembargador Siro Darlan.

18 de julho

A Justiça decreta a prisão preventiva de 23 ativistas, aceitando denúncia do Ministério Público que os acusa de associação criminosa armada. Na denúncia, o MP diz que o grupo teria objetivos declarados "lícitos – organização de protestos e difusão de ideias que contestam o status quo vigente", mas reuniria indivíduos "cuja atuação seria dirigida, de fato, para a prática de atos violentos". A advogada Eloisa Samy, um dos alvos do processo, considerada foragida pela Justiça brasileira, procura o Consulado do Uruguai no dia 21 e pede asilo político no país. O pedido, negado, é o primeiro feito no Brasil desde o fim da ditadura.

23 de julho

O desembargador Siro Darlan concede habeas corpus aos 23 ativistas que haviam tido a prisão decretada pela Justiça. O desembargador critica o delegado da DRCI, chefe das operações da polícia política no Rio de Janeiro, por ter ignorado ofício que solicitava acesso aos documentos policiais relativos às prisões.

1º de agosto

O juiz Marcelo Matias Pereira nega pedido de liberdade provisória a Fábio Hideki Harano e Rafael Lusvarghi. Em sua decisão, o juiz diz que os dois fazem parte da "esquerda caviar", expressão de origem francesa que dá título a um livro publicado em 2013 pelo colunista da revista *Veja* Rodrigo Constantino.

4 de agosto

Laudos do Instituto de Criminalística e do grupo antibombas da PM de São Paulo afirmam que não havia material explosivo nos objetos apreendidos com Fabio Hideki Harano e Rafael Lusvarghi.

7 de agosto

Após 45 dias de prisão, Fábio Hideki Harano e Rafael Lusvarghi são libertados pela Justiça paulista. Em entrevista concedida dias após sua libertação ao jornal *Folha de S. Paulo*, Harano relata ter sofrido ameaças e agressões de policiais durante a prisão.

18 de agosto

O Ministério Público do Rio de Janeiro entra com ação civil pública contra o governo estadual e 31 policiais militares pela tortura de Amarildo de Souza e de mais 8 moradores da Rocinha, entre eles menores de idade e duas mulheres grávidas.

26 de agosto

O Tribunal de Justiça do Rio confirma a condenação em primeira instância do morador de rua Rafael Braga Vieira, preso no Centro do Rio durante os protestos de 20 de junho de 2013 sob acusação de porte de material explosivo, e revê sua pena de cinco anos para quatro anos e oito meses. Excetuados Fábio Raposo e Caio Silva de Souza, que respondem pela morte do cinegrafista Santiago Andrade, Vieira é a única pessoa detida nas manifestações a permanecer presa.

AGRADECIMENTOS

Agradecemos especialmente à Leila Name, que concebeu originalmente este projeto, e à Rocco, que o recebeu de imediato para publicação – parceiros sem os quais este trabalho não seria possível.

Muito especialmente, agradecemos também a cada um dos autores que aqui contribuíram pelo simples desejo de expor sua opinião e necessidade de ajudar a pensar sobre o momento em que estamos vivendo.

Aos amigos e parceiros que estiveram conosco nesta empreitada: Adriano de Assis Brasil, Catarina Lins, Julia Assunção Rangel, Juliana Bessa, pelas transcrições; Bruno Siniscalchi, Marina Vanzolini, Ana Carneiro, Felipe Süssekind, Violeta Reys, Tiago Borba, Luiz Eduardo Soares, Flora Süssekind, Bel Palmeira, Gilberto Gil e Washington Cavalcanti, pelas contribuições diversas durante o processo de realização deste livro.

COORDENAÇÃO EDITORIAL
Julia Wähmann
Miguel Conde

ORGANIZADORES
Maria Borba
Natasha Felizi
João Paulo Reys

PREPARAÇÃO DE ORIGINAIS
Natalie de Araújo Lima

CAPA E PROJETO GRÁFICO
Izabel Trinas
José Damasceno

Av. Presidente Wilson, 231 – 8º andar
20030-021 – Rio de Janeiro – RJ
Tel.: (21) 3525-2000 – Fax: (21) 3525-2001
rocco@rocco.com.br
www.rocco.com.br

Printed in Brazil/Impresso no Brasil

CIP-BRASIL. CATALOGAÇÃO NA PUBLICAÇÃO.
SINDICATO NACIONAL DOS EDITORES DE LIVROS, RJ.

B83

Brasil em movimento: reflexões a partir dos protestos de junho / organização Maria Borba, Natasha Felizi, João Paulo Reys – 1. ed. – Rio de Janeiro: Rocco, 2014.

ISBN 978-85-325-2951-0

1. 2013. 2. Movimentos de protesto – Brasil. 3. Entrevistas. I. Borba, Maria. II. Felizi, Natasha. III. Reys, João Paulo.

14-15555 CDD-909.83
CDU-94(81)

Impresso nas oficinas da
SERMOGRAF - ARTES GRÁFICAS E EDITORA LTDA.
Rua São Sebastião, 199 - Petrópolis - RJ
Tel.: (24)2237-3769